程千帆全集

11

程千帆 / 著

闲堂日记（下）

凤凰出版社

闲堂日记（下）

程丽则
许　勇
整理

目　　次

1991年

1月

元月1日(2)阴,小雨

蒋光旭、阎韬来,赠挂历一,报以《诗世界》各一册,并带一本赠蒋荫南。郭维森来,送陈书录作业,赠《楚辞讨论》一本。小婉一家带火锅来午餐,甚欢。晚回医院。

元月2日(3)晴转阴

得周伟民唐玲玲函,西北大学韩理洲贺年片,浙江美术学院陶行知研究会征集书画作品函,杨翊强函及贺年卡,蒋寅寄《文学遗产》(内有其文)及函。蒋荫南来,赠挂历一,已转赠万业馨。又得南开大学中文系贺年卡及顾丹柯、杜远澍函。史梅来医院看望,赠饼干等。

元月3日(4)晴

得倪豪士从台湾寄来CLRAR一本(Vol 11 Dec 89),《文献》寄来《自述》校样,福建上杭某君寄来胡言乱语信一封,上海沈寅宪寄来九制陈皮等一包。天渝上午来,饭后陪芸上鼓楼取包裹,购物。得毛翰(襄阳师专)函(要求订书),不理;《诗世界》样书19本。

1月4日(5)阴

《自述》校样看好。小鲲来，给60元嘱代购白皮鞋一双赠晓琴，谢其赠毛衣也。砺锋取回三幅字画，许先生带去三幅，姚雪垠一幅字遗失，可惜。

1月5日(6)阴转晴冷

芸去天渝家午饭。得中玉函，关肇昕函，万万、关道雄贺年卡。《自述》校样寄回《文献》。函黄淑贤。

1月6日(日)晴冷

函复杜远澍、顾丹柯。回家过星期日。天纵、丽则同午餐。送四本《诗世界》给倪明等。下午徐有富来谈《校雠广义》事。周勋初、张宏生来，帆与周共同劝解宏生未能升职称事。上午伯伟来，拟申请霍英东基金事。得王永芬函和作协开会通知。

1月7日(1)阴冷

函复王永芬。电复省作协，不参加会议。与医生谈后，同意本周内出院。

1月8日(2)晴

张伯伟送申报霍英东青年教师基金表。得王兆鹏贺年卡，美洲中华楹联学会潘力生函，唐代文学会秘书处函，上海古籍《诗世界》30本发票。

1月9日(3)晴

复中玉、施议对、杜兰亭。张伯伟申请霍英东基金表已填好，签字交还。

1月10日(4)阴

得山西昔阳梁石函及聘书为《对联宝典》顾问，曾伯藩函(内附给姚继舜,已转),研究生院通知订购《中国博士科研成果通报》。医院需学校开出4000元支票,即可先行出院,再结账,已嘱丽则办理。美国潘力生函已转董健。吴新雷来电话云得邓韶玉函。本栋来,谈一涓调动事。

1月11日(5)阴转晴

王永芬来访,赠挂历一。本栋去医院,赠绢花一束。丽则办好支票,明日可出院。

1月12日(6)晴

今日出院。上午芸带支票来,交与会计,需一周后再来拿收据。丽则下午带车来接,即在家中谈乐,晚饭后始去。孙原靖到干部5送行,赠包子16枚,中午和原靖一起在医院对面饭馆吃饭。得倪豪士函,平田昌司贺年卡及函,晴佳函。

1月13日(日)晴

砺锋来,送报"七五"规划《诗世界》出版消息。周勋初送陈书录代培费,应为225元,实付250元(多付25元)。有富来商谈《校雠广义》事。天渝、美林来午饭,送毛巾、肥皂和皂粉,代购煤油8公斤。

1月14日(1)晴

丽则送选房子表格,胡乱填之,未必有用也。收到《历史文献研究》,原由长沙,继由武汉,今改北京出版,刘乃和主编,北师大挂钩。得《国文天地》连文萍寄来贺年卡。得赵吕甫函,同意寄还前一稿。西北大学韩理洲寄《新编全唐文》通讯。

1月15日(2)晴

二人校对索引,整理赠书名单。填好申请房屋表,送还中文系。得会暾、魏同贤函,唐玲玲寄《明清小说理论批评史》《东坡乐府编年笺注》《苏轼文选》三本。松浦友久托人带来《中国诗歌原理》。下午上街买菜,感不适。

1月16日(3)晴

函嘉真、群华。宏生陪安徽大学黄德宽来访,云著一文字学史,勉之。

1月17日(4)晴

砺锋来,云教委通知其作为优秀博士参加北京会议。吴新雷来,谈《宋文学史》作为教材,可申请若干费用,及送邓韶玉礼物事(请研究生庞坚带)。得台湾罗联添寄来《唐代文学论集》两本,史梅带来。

1月18日(5)晴转阴

函复周祖谟。致李定一函退回,又寄出由屈义林转。

1月19日(6)阴

得巴蜀书社约写《学术自传》,施议对函,陶剑琴函(不复)。姚、曾二生来谈作论文事。又函周祖谟。函陈贻焮索纪念王瑶文集、吴志达。

1月20日(日)阴雨

照董健的意见,函复潘力生。巩本栋来,嘱其今后代充氧气瓶。中午参加为王气老庆90寿的宴席。

1月21日(1)阴,小雨

早晨在校医院看病,巩本栋随往充氧气瓶。天渝来,午饭后去,托他带《诗世界》一本给苏昌辽。南京化工学院李飞赠其诗集一本。莫砺锋送来论文一篇,拟送《文学评论》。周勋初所撰《纪念论文集序》,属砺锋带还勋初,并提一点意见。

1月22日(2)阴转晴

函复会暾、晴佳、淡芳彦邦、雄。得周勃寄来茶叶、香菇。程章灿将住院费报销好。万业馨与老王来访。

1月23日(3)阴雨

函罗联添,谢赠书。函陈翔华,并赠《诗世界》,为程章灿文事。函敏泽,为莫砺锋文事。九三小王来,拜早年,赠水果,托其带书给尉淑玲,转寄尉素秋。姚松送《史通》翻译样稿来,略阅后觉尚好。徐有富来谈想调动事。

1月24日(4)阴

寄罗联添信,陈翔华、敏泽、杨金亭、萧印唐《诗世界》各一本。伯伟送来《诗论选集》样书十五本,送给伯伟六本。天渝送一铁桶来,午饭,下午改卷子后回家。

1月25日(5)昙

函周勃谢馈物。函蒋寅。系里发木耳二包、虾米一包。王永芬来探望,即将木耳一包赠与,又赠《诗世界》一本。系里下午开退休教师茶话会,去参加。得天眉来信及照片;唐圭老家属谢函;巴蜀函(不复),嘱写淮海词赏析,并云影印顾书事可直接找老段,可笑。系中又送物。

1月26日(6)昙转晴

寄函及书给王利器、周伟民、张三夕、张舜徽。得周勃函,江苏诗词学会开会通知。

1月27日(日)晴

约诸家来吃早点。寄杨翊强、张实、宋谋玚、周勃书各二册。得雄哥函及照片。庞坚取去赠邓韶玉礼物,赠以《治学小言》一册,又庞送来其所作诗,颇佳。陈书录送其论文提纲来,与之略谈,为吴调公所写书签交书录带去。

1月28日(1)阴

得中华书局寄挂历,《江海学刊》《求是》各一本。得陈贻焮信。丽则来午饭，代买柑 8 斤，又取去祖菜材料数包。曹虹送来辞赋选注数则，备修改。下午社联三人来，赠水果一包（其中有香蕉二挂，以其一转赠早早等），带来社联开理事会通知，答以不去。

士林流传王瑶先生临终遗言：“前途光明看不见，道路曲折走不完。”

1 月 29 日(2)阴

寄书给彭鹤濂、周退密、林英、李可蕃、赵玉林、胡守仁、林从龙、侯孝琼、李洪明。史梅赠棉拖鞋一双。丽则来午饭。姚松来取《史通》译稿，与之谈。

1 月 30 日(3)昙

函复雄哥。改曹虹文二篇。收蒋寅信，云即归。发本城《诗世界》七册：方放、丁老、季廉方、陈超、俞律、艾煊、海笑。倪明、史建华来取去《诗世界》22 本，又携来曹大铁编《张大千诗集》、萧乾《北京城杂记》。

1 月 31 日(4)晴

程章灿来，送来辞赋注释数篇(7)，后又为余代购煤油 15 公斤。丽则来午饭，并送来年终奖金 760 元。上午写字三幅（天渝所索 2 幅及谈凤梁 1 幅），天渝取去裱。本栋来谈。

2 月

2 月 1 日(5)晴

函天眉。寄《诗世界》给姚雪垠、臧克家、林从周、曹辛之、徐放、林林、林岫，七册。得陈辽《文艺情报学》一本，唐富龄《文言小说高峰的回归》一本，夕佳函。

【贴纸：2 月　程千帆　0188008　等资 415.00　物补 28　洗理 16.0　肉贴 2.50　补发 40.00（每月 8.00）　应发 496.50　房租 4.90　尾款 0.60　实发 491.00】

2 月 2 日(6)晴

浴。芸理发。改程章灿文三篇。

2 月 3 日(日)晴

小鲲携真真来,丽则携二女来,共吃春卷,明日立春。

2 月 4 日(1)晴

今日立春,丽则全家去吃广东点心,携来数件与老人,又修去油尘机。得杨金亭信,李定一信,校友会募捐信。得季廉方诗二首。施蛰存寄《词学》第八辑二册,有《涉江集外词》。得杨冠珊信,不复。赖永海赠《佛道诗禅》一册。

2 月 5 日(2)晴

芸存大额。改程文一篇。小宁、早早晚来吃春卷、馄饨,并各带走两枝红花,甚欢。晚伯伟夫妇来,于辅仁来函云《选集》已运出。曹虹带去赋选注释九篇,借走棉被一床。

2 月 6 日(3)阴,小雨

函复夕佳。改程文二篇。

2 月 7 日(4)昙

市文联送来年礼水果二包。改程文四篇。天渝送储蓄款来,转存定期与大额。晚统战部周维高部长及文史馆办公室主任来拜年,赠 200 元。

2 月 8 日(5)晴

得王淡芳函,钱理群函,杜琇(王瑶夫人)寄王瑶纪念集两本,湖南诗词协会贺年卡,张辉函,周退密寄来诗,叶嘉莹函,李旭强(一个初中学生)函,文学所寄《夏承焘教授纪念集》。张宏生代领《目录编》奖金及奖状。复王夫人杜琇。牛虎愬浴。函杨金亭,请把“医床”改正为“匡床”。

2月9日(6)小雨

函张辉,将书签寄去。得马騄程函。天渝来,陪芸购各种年货。新雷来,送来邓韶玉赠台历一本。

2月10日(日)昙

天纵送鱼来。高国藩送关于敦煌研究的复印件来,与之谈,勉以谨严之道。

2月11日(1)阴

许志英来,嘱写一书签。天渝谈风梁卷子裱好,连书二册命其送陈书录转交。芸裱修好,送来。得敏泽、陈翔华信,谈莫、陈稿子皆不成,即转阅。《词学》致《涉江集外词》稿费90元。得宋谋玚、周祖譔函(均附诗),又刘彦邦、朱寨、林从龙(已移居)、吴志达(言朱桦是骗子)、张舜徽信。得木生函。

2月12日(2)阴

早曲校长、陈懿副校长来贺年并送礼。焕明来送礼。得屈义林函及诗集。得扬州职业大学中文系蔡文锦论祖棻文一篇,并嘱转《东南文化》。刘彦邦寄腊肉。

2月13日(3)小雨

写字两条,一交万业馨转罗邦柱,一寄李定一,即寄出。吴锦送花生酥二盒、板栗罐头二,还书二本(《百种诗话类编》)。蔡文锦文挂号寄还。早早取来刘彦邦寄来腊肠等物。许惟贤来谈,还石禅二书,取去其文复印。艾煊及作协书记来贺年。小海来函,寄来林晖照片。

2月14日(4)阴

复刘彦邦谢其惠腊肉。许惟贤来还潘书。得张三夕信,广州当代诗词约开会函。全家吃团年饭,丽儿置火锅。

2 月 15 日(5)晴

辛未羊年元旦。全家聚会，小海从美打来电话，惟大纲去滨海外婆家未与。屠麟馈酒、冬菇、银耳。伯伟夫妇馈巧格力。天渝馈酒。许结、郭维森、谈风梁、郁贤皓、汪、卞等来。卞孝萱转《唐才子传校笺》(三)。汪越来，赠以《诗世界》《江西诗派研究》。

2 月 16 日(6)阴

去天纵家午饭，归来后发小房颤。上午周勋初、尹禄光夫妻来。下午钟来因、陈书录、静园开保夫妇来。晚成田静香来，托其带书二本(《诗世界》《古典文献研究》)赠村上，另外赠字一幅给成田，并为其取号“若兰”。

2 月 17 日(日)晴

苏昌辽、李书有、李灵年、任天石夫妇来，李灵年代徐复老送来《语言学论文集》。牛虎溷浴。

2 月 18 日(1)晴

芸去小昆家午饭，小燕来共午饭。杭生来信诉苦，因太累。得《王利器论学杂著》(重复)。得王瑶纪念文集二部(重复)。得叶嘉莹《词学现代观》(重复)。得袁行霈《中国文学概论》。得《文献》91 年一期。得《读书》1991/1，载与克木论气韵。得林庚、清水茂函，瑞洁贺年片(有羊币)。吴文治夫妇来访，赠橘子。吴亦有心脏病，劝其节劳。

2 月 19 日(2)晴

天渝全家及丽则来共午餐。丽则写信致夕佳夫妇，责其溺爱小珠，不顾自己工作和身体，为带点点。予亦批数语，赞同丽则所言。得林从周老师复函，劝游大连。郭维森来，还姚继舜论文提纲及重点学科申报计划(现放大抽屉中)。

2 月 20 日(3)晴

莫砺锋来，赠肉松 2 包。汪伯樵(工商银行玄武办事处储蓄科)来，请评圈对联。后《南京日报》陈永昌亦为此事来。晚萧效农来，赠茶叶一包、苹果若干。丽则夫妇亦来。姚继舜来，取去其论文提纲。

2 月 21 日(4)晴

（函徐中玉，推荐莫文。）砺锋已将此文交《学报》。天渝清晨来送鱼及素菜。勋初来，带来卞孝萱著《刘禹锡集》。竟日心脏不适，不厉害，但脉搏快，亦有早搏。

2 月 22 日(5)晴

早起发房颤，服药吸氧后愈，又作文章。得张实函及照片，即复。晚天渝、小宁陪小亚及其男友徐川携小健函来访，小健赠黄山茶两盒。

2 月 23 日(6)晴

草辞赋概说毕，5500 字，花四日。伯伟送来《选集》稿费 2146.72（彼分 630 元，按汪先生集例也）。芸去天渝家晚饭，和小亚等相聚，即不再请他们，嘱天渝代购鸭肫，连同冬菇一盒送小健。

2 月 24 日(日)晴

徐有富来，赠绍酒及糕，取去资金 400 元及奖状，又赠以《王利器论学杂著》。曹虹送被来，带去赋选序。得潘重规、张辉、钱南秀函及林林寄来《俳句选》。

2 月 25 日(1)晴

史梅来。焕明原平母子来。《南京日报》陈永昌来，致评联语聘，又转交丁芒信。

2 月 26 日(2)晴

单汝鹏来，赠以《诗世界》《小言》《诗刊》。宏生来，赠叶嘉莹《词学现代观》。天渝送洗净的衣服来。天纵来午饭，带去赋选序送陆国斌。打电话给丁芒，告诉他不拟去广州开诗会。得匡老赠新版《孔子评传》。得陈继明函，吴白匋函。

2 月 27 日(3)阴

得通知江苏省第六届四次会议三月八日开，七日报到。陈永昌取去对联评选表。下午发小房颤，不重，威克来治，略减。章灿来电话，因父病危即往福州。

2 月 28 日(4)雨转小雪

丽则来午饭。得于景祥、许匡一、胡守仁、李洪明(附照片三张)、南大出版社王步高(附吴庚舜名片)函。科研成果卡交张伯伟、张宏生代填。蒋寅及其未婚妻吴晓斌来，赠以肉松一缶。小雪，虽已入春，然见雪殊喜。

3 月

3 月 1 日(5)阴转昙

复于景祥(附书签)、朱寨、林从龙、李立朴(转武汉教育学院中文系许匡一函，拟注评《淮南子》事)、陈继明(告以询神仙故事出处办法，并斥其将医学写为 E 学)。函天眉。曹虹来问学，交二文。曾广开来。

3 月 2 日(6)晴

十二弟来访，未遇，晚通电话，谈家事颇详。存款。蔡文锦函索字。

3 月 3 日(日)晴

得陈永昌寄来诗集《淡淡的月色》。天渝送被和裤子来，又拿去需洗的衣服。天纵送床单来。为小燕录音标练习的磁带。下午发小房颤。

3 月 4 日(1)昙转晴

上午 8 时后，病停发，去看病。函省政协办公厅，因病不去参加四次会议。伯伟夫妇来，告曹虹可赴日事。得研究生院通知出席表彰优秀博士生大会。得克木函，有诗；刘立介函索二书；又南师大美术系邢文信。下午芸往视成林及孩子，带回傅璇琮为章灿所写序，过目后再给周先生看。单汝鹏送所写拟登《瞭望》海外版文，周三来拿。

3 月 5 日(2)阴

得富寿荪寄《晚晴阁诗存》一本及函，校统战部开会通知（已回复不去）。傅函及序已交姚松复印寄还傅，并交一份给周先生看。翊强来，馈酱油二瓶、菌油二瓶、小菜四包、茶叶一包，又带张实所馈皮蛋一筐、茶叶一盒、家制小菜一缶。

3 月 6 日(3)晴转雷雨，惊蛰

倪明来，赠《掌故今话》一本，内有拙文一篇，今后各省均将出版同类书。单汝鹏来，取去已改好的《访问记》，并赠以《古诗今选》一套。晚宴请杨翊强，小婉一家作陪，芸亲自做菜。席间谈笑风生，各取所需，毫不客气。但客人去后，芸极累，九时余即入睡。巩本栋及其兄来访，赠丰县小麻油一壶。

3 月 7 日(4)雨

得舒芜函，附邵燕祥三诗。海笑赠散文集《天南海北集》。午饭后发房颤，夜晚始愈。本栋为换氧气。

3 月 8 日(5)雨

函复舒芜、南师艺术系邢文。寄《诗世界》一本给富寿荪并附以小笺，评其诗。陶友红来电话，告知砺锋所获奖为“1987 年江苏省哲学社会科学优秀成果评奖二等奖”。得李飞函，胡济沧函，皆不复。得高石斋函及和诗、照片。国家社科基金会要填表，交勋初，俟砺锋归办。复金克木，附寄照片。晚翊强来，坐至九时始去。晚间有较多早搏，后愈。

3 月 9 日(6)阴转昙

复唐富龄、袁行霈,皆因收到所赠书。翊强来,赠以酒一瓶,又赠张实木耳一盒,托其带去。以与潘石禅唱和诗寄江苏诗词学会,徇王忠保之请也。牛虎沐浴。

3 月 10 日(日)阴

函于辅仁,问托运书事并催寄发票。杨翊强晚间来,坐甚久。改曹文一篇。

3 月 11 日(1)阴

改曹文一篇。得巴蜀函嘱写自传,不复。得刘持生遗著《文学史》,其夫人西北大学外语系汪湛白寄。杨翊强来,作别,劝其大度。

3 月 12 日(2)昙,植树节

校《掌故今话》,以校记寄倪明。单人耘在南农大开画展,电约出席开幕式,拒之。老人不堪充广告员也。

3 月 13 日(3)昙

晨二人去南芳园吃早点,拟理发,因出去太早,未开门,遂归。下午谈凤梁陪往江苏饭店请屠揆先医生(常州中医院院长)诊治,嘱少吃盐糖油,不生气,不劳累。得周勃函。

3 月 14 日(4)阴

请史梅找乔医生开中药方并取药。周勋初来谈《唐诗大辞典》请奖等事。得林从龙、韩理洲(附《全唐五代文凡例》等)、天眉函,美国潘力生寄来楹联等,香港邓国光寄《挚虞研究》并附函。大纲来午饭,嘱其带去水果及香肠等。小鲲来,互看天眉来信。苏昌辽陪同周梦庄等来。张伯伟来,示于辅仁信,9 日写,11 日太原发,今日到,附照片二张。郁贤皓来,商量笔谈名单及邀请函。开始服屠医生药。

3月15日(5)阴,昨夜雨

有早搏(昨夜起),即愈。函周勃,作书评事。函韶玉,稿费事。复林从龙,拒评点棻词及选己作。复邓国光,谢惠《挚虞研究》。得张辉及赵玉林函。函杨翊强附致李立朴介绍信及全译书目。姚松送来《刘知幾传》稿,备审阅,及贵州出版社全译书目。丽则来午饭。

3月16日(6)晴

晨二人去理发并发信。下午沐浴。天渝来午餐,送节能灯一。曹虹送来《解嘲》赋注释一篇。陈书录送论文提纲来,告以治学之法。下午参加学校表彰博士、硕士生及留学返国人员大会。南师大博士研究生刘尊明送来张三夕托带的信和豆丝一大包。

3月17日(日)晴

天气始转暖。下午出去散步,购得加饭二瓶,补偿前次有富所赠酒一坛被打破者。上午改曹赋注半篇。巩本栋来,带来其论文摘要,嘱其寄往《文献》。大纲来擦玻璃。函复钱南秀,附照片一、唱和诗一纸。

3月18日(1)晴暖

勋初、砺锋来,谈填流派表等事。得舒芜信,附宪益诗。得关振东《游心集》(广州市政协发出)。

3月19日(2)晴暖

下午二人上菜场,购得橘子、粉丝等物。勋初电话谈《全清词》和古典教研室主任事。

3月20日(3)中午起大风,阴转冷

许惟贤来辞行,即将赴日进课,并交还《敦煌论文》。

“有些人的确永远不会老,因为他们心里永远都充满了对人类的热爱和希望。”“一个人心里只要怀有爱的希望,他就永远都是年轻的。”——录

自《风云第一刀》p678

3 月 21 日(4)阴冷

砺锋来送唐宋流派表签字。复钱鸿瑛,勉之。得《望城文史》6 期 2 册,载《自述》;湖南社科院著述志编写组函;南师大约参加唐诗宋词国际会函;于辅仁函;富寿荪函。复于辅仁。以《闲堂自述》寄长沙德雅村湖南省社科院著述志编写组。

3 月 22 日(5)阴冷

复广州关振东,谢赠诗集。北京中国作协钱世明来赠所著《大明诗稿》《望汾楼词》,陪同来者一川古文献毕业生,武秀成同学,忘其名,现在金陵刻经处工作。赵宪章赠《文艺学方法通论》一册。李子建来,嘱为七一写一诗,并为其论毛诗文题词。天纵夜来,致宜兴大笋一。

【剪报:《全国古籍新书目》1991 年 3 月 10 日第 30 期《两宋文学史》。】

3 月 23 日(6)昙阴

得曾卓、蒋寅、唐富龄信。卞孝萱《郑集》事,法院宣判败诉,电台、报纸均公布,闻卞不服,将上诉北京。曹虹送来二文,取去一文,还书两本。下午发较轻的房颤,历 5 小时,距上次已半个月。姚松送表来签字,带来《唐诗大辞典》一本,带去还给文献所的《诗世界》十一本。晚天渝夫妇来,又赠一节能灯泡。

3 月 24 日(日)雨

早早、小燕、小宁来午饭,各做一菜。今晨心脏病发,改为心动过速,最快时 154 跳,约十时愈。辞赋序改过。

3 月 25 日(1)阴

今日起日服田七一支。得苏昌辽函,代周梦庄请书《汪周词》书签。李子建来,取去其书所题词及登黄鹤楼词一首,并赠以《诗世界》。张宏生来，已得通过任教研室主任，请示，勉之。章灿来，交文三篇，赠香菇一大包。

3月26日(2)中雨有风雷

为周梦庄题《汪周词》签，即寄出。以辞赋说略改稿寄朱野坪，并复其来函。复曾卓，并寄《诗世界》一册，27日托史梅寄出。得白匋先生附小文，其中似略有误，已函询。张伯伟送来照片6张，并谈曹虹访日事。陈书录来，谈杨翊强参加方言写作之问题，并谈写论文事。牛淴浴。天渝来晚饭，并谈甚久，对燃料供应不足颇为焦虑，热水都不敢也不能随便用，真使人感慨。

3月27日(3)阴

《人民日报》张首映寄示季思悼圭璋文。邓韶玉函告稿费即寄出。彭鹤濂复函，并附诗。上海郝树来函，询《诗世界》购处。改文一篇。

3月28日(4)阴

改文一篇。代强姐函陈鹓。复郝树。鲍明炜来电话云金某(南通)询诸信收到否，告以此人似有心疾，未敢复也。徐有富来谈《校勘编》事，借去①《屈赋通笺》、②《敦煌词话》、③《古书虚字集释》三书去复印。郝树寄来一文。早搏，后转房颤，服地高辛一粒，历三小时半始愈。

3月29日(5)阴

得白匋先生函，改正上次寄来之文，即将其文转文史馆(由小吴带去)。改一文。

3月30日(6)昙

始服花粉田七日一支。得福建南平峡阳中学谢瑜函，欲选荼词人“女子诗词选”，不复。得九江师专李定华函询考硕士事，不复。以《诗世界》一册托朱家维带赠吴白老。下午沐浴又出去购物，回来后尚好。

3月31日(日)晴,旬日来所未有也

晨为《唐诗大辞典》作笔谈一则,即寄吴小平。下午天渝、美林来,请他们在五粮液晚餐,不佳。

4月

4月1日(1)晴

得朱野坪函,电话中已谈过,不需复;山西昔阳文化局梁石函索稿,不复。芸臂病,又重感冒发冷。

4月2日(2)晴

得《诗刊》寄来稿费(潘25元,程15元),显然有误,函杨金亭查询,3日发出;无为蒋华寄来文稿,不复。下午发房颤,四小时后愈。郁贤皓带来傅璇琮《唐才子传校笺》第四册(全书完毕)。杨子坚赠所著《小说史》一册,丽则携来。

4月3日(3)晴

原靖小高夫妇来照相。取回《诗刊》稿费45元(内潘石禅25元),发致杨金亭函。顾复生送来不相识的台州地区邮电局吴健函。下午两人去宁海路购物。

4月4日(4)阴转晴

得杨翊强、陈永正函;贵州寄《楚辞全译》,李立朴函;《诗刊》第三期,内有对唱和诗之更正。下午又发房颤,与之抗争两小时后,仍发,夜晚始愈。Atrial fibrillation 房颤。函天眉,写了一整天。

4月5日(5)阴转晴

复李立朴。嘱丽则问柳士镇愿否译《世说新语》。

4月6日(6)阴,小雨

改好一篇曹文。老尹夫妇来谈,赠以湖北茶一盒、《诗世界》一本。

4月7日(日)晴

上午去章灿家,赠以婴儿衣物、玩具等,带回辞赋注四篇。中午在丽则家共饭,回来后虽累,但很好,无不适。小高、小妹送照片来,在途中遇见,拍得很好。

4月8日(1)昙

勋初来,谈在苏州开会等事,甚详。得张三夕、宋谋玚、侯孝琼、香港《当代华人文化名人录》编委会(作协广东分会杨羽仪)、鲁永良(柳州教育学院,拟报考博士研究生)函,浙江师大毛谷风函,武汉工业大学雷绍锋函并附文两篇、邮票一元八角,陈翔华寄《诸葛亮形象史研究》一本。

4月9日(2)雨

骆文寄散集《菱花女》。中午学校宴周林,陪。夜8时起心动速,至翌晨始愈。

4月10日(3)阴

得钱鸿瑛《周词赏析》。得侯井天《绀弩诗全编》。下午填民主党派知识分子情况登记表。函邓韶玉,询《诗世界》稿费。

《宋史》:(530×25+8%－1600)－14%+1600÷2＝6265.3,减去买书125册431.25＝5834.00。

4月11日(4)阴,晨大雨

得舒芜函。为87级学生及宋谋玚作字,宋字即寄,并附诗集中人物介绍。夜沈文冲来,馈牛脯一方。

4月12日(5)晴

芸去医院推拿,有效。淴浴。莫砺锋来,取去香港索要传记的材料。

家庭奖学金规划(草案)

初中生(总)85(50)　　90(100)

(单)5.00　　10.00

高中生(总)80(50)　　85(100)

(单)5.00　　10.00

大学生　考入大学(500)

考入重点大学(1000)

(总)80—89(良)(50)　　90—100(优)(100)

(单)5.00　　10.00

初中生　考入重点中学或中专(金中、南师附中)(100)

从1991年春季学期开始。

每学期结束后,凭正式成绩单发奖。

另有条例,详见条例。

(初稿)

4月13日(6)晴

巩本栋来。章灿送文来,加《钱神论》一篇,带去《古代英华》参考。

4月14日(日)昙

天渝、美林、小宁、丽则来午饭,带来录像机放沈文冲所录之像,不清楚。美林带去二人棉衣洗、改。家庭奖学金条例征得天渝、丽则意见后修订完成。今日起,日服田七2支,明日停851。

4月15日(1)阴雨

写一诗笺赠史复,舒芜所嘱也。

4月16日(2)阴

为杨翊强作书并节录《宋人轶事汇编》一段寄杨。丽则来午饭,带来录像带4盒,告知明日去沪。下午看鼻上疖子,医嘱吃药敷药,两三日可愈。

4月17日(3)雨

竟日下雨,潮湿难耐,枯坐斗室而已。得村上哲见、邓韶玉、陶今雁、许匡一函。陶寄诗来,不复。许函亦不复。村上介绍留学生塚本信也,不知能否进入南大。晚九时发轻微房颤,夜愈。

4月18日(4)阴

复韶玉信,未写完。姚松告山东萧涤非逝世,与勋初联名电唁。校报两青年同志来采访退休后情况。

4月19日(5)阴

砺锋送来香港所要小传,修改后次日寄出,并声明如需改动,必需征得作者同意。砺锋代取古籍稿费。4060.03元,扣书300(1255.5元),净存2804.53元。内含文献所应还200本书费746.33元。

4月20日(6)晴

得江西师大陶今雁寄诗一卷,其人武大毕业,似未亲教也。下午2:45心动过速,150/秒,迅即减轻,5:30愈。天纵来拆炉子。

4月21日(日)晴

函于辅仁催单据。丽则来,带来一些食品及沈家所赠衣料一块。威克晚来,托其带百元给丽则作为创作奖。

4月22日(1)晴

得曾卓函。姚松来,将古籍出版社寄来之发票全部交姚,一张总发票寄还出版社,文献所购200本之发票请其报后将钱送来。巩本栋来,看了录像,换了氧气。

4月23日(2)昙

上午陈、姚、曾三生来,与谈延长毕业时间事,嘱其各打报告给系和研究生院,本月内必须交。天渝来午饭,买了二菜共食,帆请客,带去奖学金条例和丽则所赠寿礼羊毛衫一件。伯伟送来山西出版社于辅仁函,精装书已运出,平装书尚未装好,待后寄。我共购平装50本,价208元;精装100本,价592元。800.00元。文献所购平装25本,价104元;精装185本,价1096.6元。1200.60元。伯伟购平装20本,价83.2元;精装30本,价177.6元。260.80元。文献所与伯伟应还1461.40元+上次收2146.72元,《选集》共收3608.12元(购书800元在外)。天渝传达自五月一日粮油涨价,芸外出时见粮站拥护不堪,抢购粮油。

4月24日(3)晴

得曾卓寄来《抒情诗选》一本;杨金亭函,告以稿费算错,得补寄135元来。姚松取去文献所购的《选集》60本。文献所应付垫款总数为1946.93元。天渝夫妇晚饭后来,赠烧饼若干枚,取去灶具。看病,照心电图,心肌缺血严重。

4月25日(4)晴

函复舒芜,告以朱注聂集尚未收到。函史复,附为其所题诗笺。寄书给陈辽、许总、吴功正、匡亚明、董健各二册。二人理发、沐浴。得研究生院关于博士生答辩的新规定,阅后附注了一些意见送张、叶二院长。丽则来午饭。天渝取去油票,由玄武区代办。伯伟取去其30本书,还书款260.80元。晚6:40发房颤,服地高辛1、安定2,八时许即愈。

4月26日(5)昙

寄书给陈邦炎、王元化、王辛笛、钱鸿瑛、徐培均、黄裳、复旦诸先生。又复于辅仁催寄平本及发票。得周勃函,嘱题书签。砺锋研究生某(忘其名)来谈,聪俊可喜。倪明来谈改动笔记稿事,盖对曾国荃克南京后历官有误记处也。

4月27日(6)昙

寄发雷应行、吴代芳、郝延林、黄瑞云、周本淳、刘立介、张叙之书七份

（各二）。函吴白匋有关笔记事。函王永芬问候。得周勃寄来茶叶及腰果一包，并非信中所言之蚝豉（不知何物），烘脆后亦颇好吃。

4月28日（日）阴，小雨

寄书给朱正、黄秋耘、邵燕祥（各《诗世界》一本）、王以铸、顾学颉、周笃文、孙玄常、吕剑、李荒芜（各二本）。得林庚寄《西游记漫话》，汪中函，《当代中国社会科学家传》编委会邀稿函，南师大开会通知。陶爽自吉林来，赠人参数支。周勋初来，商谈在新加坡开会发言稿内容。大纲来，取走录像机。下午发房颤，三小时愈。

4月29日（1）晴

晨去南大医院看病，温院长又劝去住工人医院，我们二人皆不乐意。后杜主任看，嘱再服异搏定，五月二日去复诊。爽弟夫妇率小外孙女史青来午饭，谈甚久。王永芬接到问候信后来探望。得蒋寅、钟来因函（请题笺）；宋谋玚函，谈《莺莺传》事；舒芜寄来朱注《散宜生诗》；贵州出版社寄《搜神记》《左传全译》；安徽古籍办寄《北山楼集》《三余札记》《方望溪遗集》。巩本栋换氧气，代寄昨已登记之书。南师大中文系学生陈斌以诗来见，可观，勉之，赠以《诗世界》一册，并托其将赠南师诸友书带陈书录分致。胖哥寄来茶叶收到。

4月30日（2）晴

上午去文献所照相。华师大文献所寄来张三夕部分论著，请评审（为升教授职称）。复钟来因，寄去属书《六朝仙道诗精华》书签。天纵来装好纱窗。下午又发房颤。

5月

5月1日（3）晴

下午天渝、美林、小宁来。芸率儿孙辈去南大校园赏花，后购包子回家共食之。得天眉来函及照片，叙述他们在美生活甚详。

5 月 2 日(4)晴

寄书给贾文昭(《选集》)、臧维熙(2)、祖保泉(2)、任继愈(2)、吴孟复(2)、常任侠(《诗世界》)。得唐富龄函(请为升职称出力)，于辅仁函，宋谋玚函，陈辽函(收到书)，杨羽仪(广东作协，上次传略要第一人称，不拟再写)函；叶子铭带来郭豫适赠其学生所写《中国小说批评史略》；邓韶玉代购书三本，共 14.52 元。下午唐文、许嘉璐及其弟子朱瑞平来访，赠朱一本《治学小言》。函复唐富龄，告以不能为其写评论文。小高送彩照多张来，有几张较好。得吴白匋函，附诗两首。晚工人医院吴主任来诊病，系王幼林医生请来。

5 月 3 日(5)昙

复于辅仁，说明各项问题。晚小虹和小严来，赠麦乳精、咖啡各一听。

5 月 4 日(6)阴，小雨

传略抄好，电小虹来拿去打印。得舒芜、黄裳函；《诗刊》补寄 135.00 元稿费；山西大学计算机系刘开瑛函，以为与英国 Mike Short 教授有关系，已回复无此事。寄书与① 白烨；② 李汝伦、刘逸生、关振东、周锡䪖；③ 刘庆云、姜书阁、羊春秋、吕永、刘业超。

【剪报:《人民政协报》1991 年 4 月 30 日第 4 版洪文清《出书奇闻》。】

5 月 5 日(日)阴雨

致舒芜，告书已收到。为张三夕作职称评定，即挂号寄出。小虹、晶晶来吃午饭，取去传略打印。匡老夫妇来，谢收到两本书，并为有好接班人表示祝贺。曾广开来汇报论文进展情况，勉以努力。程章灿送最后一篇辞赋来，已改好，至此全部完结。

5 月 6 日(1)阴冷

章灿、曹虹寄出赋稿，同时寄与马欣来书，均快件。寄骆文、马录程、王得一、杨海明、周秦、张文勋、杨文翰、王季思《诗世界》各一，陈永正《选集》一，又周秉钧、朱祖延书各一包。得周本淳、钟来因、吴功正（愿载两书书评）、王淡芳函，校友会开成立会通知，湖南洞庭诗社寄《诗词选》一本，湖南财经学院成长健寄来《钱歌川全集》四本。

5月7日(2)阴

寄毛谷风、陈耀东、周采泉、吴熊和、殷正林、冯建国、屈义林《世界》各一，谭优学《世界》一、《选集》一。复谢美国潘力生；长沙成长健寄《钱歌川文集》四巨册，价81元。姚继舜来，令作检讨，夜交来。张宏生、莫砺锋来，谈姚事，并以研究生计划及姚考日文事请张办理。

5月8日(3)昙

上午写两幅字，一赠校友会总会，一赠吴更生（天渝所托也）。湖南文史馆李华钰、肖扬来访。程章灿、姚松代寄书八大包（北师大聂石樵、社科院蒋寅2、北大陈贻焮、张少康、川大刘彦邦、武大唐富龄、华师大马兴荣）。得李定一寄所撰《灵魂新论》上篇、《文史杂志》一册；又邓韶玉函，寄下税单，税率为14%；雷应行信。函复蒋寅、刘彦邦王淡芳。于辅仁告书评将于6月《读书》发表。吴新雷来，转松林诗一册，又古籍寄《宋文学史》合同，填写不全退还之。

5月9日(4)晴

寄购书款14.52元给邓韶玉。写字两张，一赠老单，一赠天纵。石连同取去赠校友总会对联。得蒋凡、顾易生及徐培均函，均为收到所赠书。结1990.9—1991.5邮费215.28（收据212.85）账，由丽则去报。天渝送油来，并取去赠吴更生字。

5月10日(5)晴

得克木信，寄近作小文；雷应行寄《佛学文集》；张叙之、臧维熙二函，收到寄书。吴小铁骚扰可恶。函复金克木。函林庚，谢其赠《西游记漫话》并论之。

5月11日(6)阴

书一长横幅送施议对,一小幅给吴小铁,一儿歌给真真。函三夕,将雷绍锋之信及文附去,嘱其转交。函蒋寅,附致施议对横幅。得邵燕祥信,知铭竹《纪德与蝶》重版,将索之。

5月12日(日)阴转昙

天纵夫妇来午饭。天渝夫妇来晚饭。陈美林来谈。七姑娘夫妇携大宝来,赠新茶数种。焕明来还千元,词甚恳切,未忍拒之。今晨天眉打电话来,听不清作罢。

5月13日(1)晴

得四川大学寄景蜀慧论文评阅费20元;武大刘良明函请写序;周伟民函请参加国际会议;祖保泉函,收到所赠书;张三夕函,拟不参加教授竞选;任继愈函复收到所赠书;张舜徽寄来《随笔》一册并附函;《文献》第2期两本(内有《闲堂自述》)。

5月14日(2)晴

得于辅仁函,云购书款收据已挂号寄来,但尚未收到;杜兰亭函,并附诗若干首。砺锋送来赴四川宋代文学国际会议论文,请改。天渝打电话来,云天眉因此处电话打不通,打给天渝,为母亲节祝贺,并谈购药事。鲁国尧返自日本,谈彼国殷富及风俗之美良久,以信笺相赠,报以《诗世界》。周一展以脑瘤病逝。周维培赠所著《论中原音韵》一册。今日早搏多。

5月15日(3)晴

函复刘良明,辞作序。曾广开来问问题。林雪梅送三个人延长博士生期的报告来签名。王庆元来谈武大事,甚久,赠以书两本。

5月16日(4)晴

得朱正、周秦、许总函，皆收到书，许总属组织《宋文学史》书评。得湖南望城县政协唐碧琨函，属告地址，便寄稿费。吴小铁收到字，附来十元，无理之至，退还。温州师院(具名黄世中，中文系教师)寄来开旅游文学会通知，不复。函唐碧琨告地址。退吴小铁十元。函于辅仁未收到收据(挂号)。又得金志仁信，纠缠不已，又附不通之诗，惟有置之不复。葛晓音寄《汉唐文学的嬗变》论文集，未知其何时自美归来。小婉代报邮费215.29元。

5月17日(5)晴

康育义取去台州郑虔石刻拓片。函小海贺生日。吴新雷带来周策纵函、诗及所赠西洋参数枝，又带来《两宋文学史》合同，签了字(其夫人吴南华来京携来)。小鲲来，携走为真真写的儿歌。修煤油炉不成，因灯芯烧过后有杂质，嫌大，需购95×2×190毫米之芯，原为95×2.5×190毫米，型号606071。孙世强来访(武大62年毕业，上过祖棻课)。得史复信，谢写诗笺，云黄苗子赠其一联云：闭门千古事，面壁十年书。

5月18日(6)昙

上午看春天书画展。得唐富龄信。广东邓国光要编咏花诗词，嘱寄稿，不理。复周策纵谢馈人参。詹杭伦赠《金代文学思想史》一册。

5月19日(日)昙转小雨

吴锦来邀25日参加南师大唐宋诗词国际会议，并讲话。已请伯伟代写一发言稿。天纵下午来，送来《社会科学家传》所需传略打印稿和大米一包。早早来玩，训之，并将旧照片本交其母保存。

5月20日(1)昙

得上海古籍寄来《两宋文学史》样书一本，大悦；林庚、陈耀东、黄秋耘函，均为收到所赠书。《南京大学报》登载几位退休博导的近况，有我在内。

张伯伟得于辅仁寄来由铁路托运《诗论选》平装本之提货通知，但铁路上通知尚未到。晨往医院验血脂（星期三可看结果），照心电图，较前略佳。

5 月 21 日(2)阴，中午大雨

复邓韶玉，并告购《宋史》及稿费等事。以社会科学家传略交系盖章，并要丽则发出。川师大赵晓兰来访，系来南师大开会，带来王文才所赠曲酒一瓶，赵念君赠赵尧老年谱。郁贤皓来，约出席 25 日师大唐宋诗词国际会议。

5 月 22 日(3)阴

得李悔吾、马少波、黄瑞云、聂石樵等函，皆收到寄书致谢；岳麓书社寄纸题辞；全椒县儒林路 20 号陈葆经属题《宋亦英诗词选》，不复。

5 月 23 日(4)昙

山西又寄来精装《选集》315 本（前已寄），而平装 95 册则至今不寄，可笑。得王淡芳、刘彦邦、陈贻焮函。彦邦函中附邓韶玉写《宋史》书评一篇，将交新雷。题字纪念岳麓书社十周年，挂号寄出。函于辅仁告误寄精装事，又催平装及发票。徐培均夜过谈，龙榆生弟子也。

5 月 24 日(5)阴雨

看完曲阜师大历史系许凌云所撰《刘知幾评传》。陈书录来交培养计划。单汝鹏来赠《瞭望周刊》海外版 17 期（1991.4.29），内载访问记。赠以字一纸。晚巩本栋、阎广林来，带来唐玲玲赠海南咖啡及伴侣各一。

5 月 25 日(6)阴，闷热

上午去南师大参加诗词国际研讨会开幕式，遇见极多熟人。何国瑞、苏者聪赠二人著作各一。赠坂田新、张如凌及其师侯思孟、王水照《诗世界》及《选集》各一册。得吴代芳函附照片，报告学术研究情况，并索字一幅，赠书收到；蒋荫楠转廖立赠《岑参评传》；朱祖延函，收到《诗世界》；郝延霖函，收到赠书；王淡芳寄还《诗坛点将录》。晚于景祥来，送其所著《唐宋骈文史》，谈其研究工作及准备为《人物》写一有关治学及带研究生的文章。刘庆云、吴建辉（本校研究生）来谈甚久，赠二人各一本《治学小言》。请刘带一本《诗世界》给湖南文史研究馆陈云章。刘带来吕永函。

5月26日(日)阴转冷

晚张奇慧、刘扬中来，为《文学遗产》索稿，允将《涉江词》本事与之，又录吟诗词三首音。扬中遗书两本，各赠以《诗世界》《诗论选集》各一。张奇慧请为之起一字，并以其所写诗送阅。早早送饺子来。

5月27日(1)阴

晨八时应高纪言、陆国斌之邀，参加南京图书馆宣传周活动开幕式，九时半即返，得赠书四册。得周振甫、朱寄尧夫妇函，皆收到赠书；四川社科院寄来稿费162元（章灿写）。下午唐玲玲、蒋哲伦等来探望。倪明来请题书画展幅。

5月28日(2)昙

得于辅仁复信，云平装非久可运出，又以调拨单为发票，已属姚松去问财务处，不知可否。得周笃文函，盛赞余书，可愧。得蒋寅函，云施议对已移居香港矣。于辅仁来长途电话，谈妥三事：1. 补文献所发票；2. 平装95本改发精装；3. 余书200本托此间零售。于景祥赠参二支。赠坂田、王永照及法友书嘱于景祥送去。下午吴锦陪坂田新来，适略感不适，去后转剧，心跳快。夜陶敏来，谈其著作。

5月29日(3)阴

上午陈书录来，送钟振振注《东山词》一册。章灿打电话来，谈连珠用韵事，因嘱其函朱小平、马欣来等改正序文一句。芸作《类编》凡例，甚工细，可嘉尚也。得孙党伯函。辽宁出版社三编辑来访（于景祥陪同，未详其名也）。

5 月 30 日(4)阴

黄进德来，托其以《选集》赠莫绍裘。写字三幅，分赠吴代芳、陈美林、徐放。函吴代芳(附字一幅)。函陈美林(附字二幅)。得天眉函，前日并得其自盐湖发来明信片。得村上哲见函，推荐其博士研究生塚本信也，盼能来南大进修，又写好《唐诗大辞典》笔谈稿寄来(已转勋初)。得周勃、吴白老函(附诗)。

5 月 31 日(5)昙

为坂田、奇慧取字。坂田为新之或又新，君德或子德。奇慧为莲似，并为作一字说。将字画三幅由砺锋托人带给北京大学小毕之父母，托其带往美国，并函小毕之母陈云卿。

6 月

6 月 1 日(6)阴转昙，闷热

函邵燕祥索《纪德与蝶》；寄张奇慧字说，坂田新字函；收到《文献》稿费 180 元。2 日晨办。得周采泉、唐富龄及钱锺书(周振甫转)函；又龙洲中学(今益阳市第二中学)募捐函，不理。又购《选集》50 册，连同前购 150 册，一齐取回。中预订 50 册平装，因出版社寄错，亦拿到精装，而只付 208 元，前已算清。此次购 50 册精装，应付 270 元(未加运费)，尚未寄出。下午巩本栋来，送方延明书托其带去。于景祥明日返沈阳，来辞行，赠以书数册，并略述《诗帆》旧事。

6 月 2 日(日)阴雨

谢家极陪化工学院李正教授来谈，赠《诗》一册，又朱成学《诗》一册。李，陶住中大同班同学。朱，谢之夫。

6 月 3 日(1)阴

寄陈早春、葛晓音《世界》《选集》各一册，詹杭伦、廖立、吴在庆《选集》

各一册。得张三夕函及书评，张文勋函索诗，陆耀东函，台湾吴宏一寄来《中国文哲研究集刊》创刊号。校内送出十三本《选集》。成善楷之婿严大建(山西路百货大楼家电部负责人)代赠成著《杜诗笺记》。夜九时浙江师大(金华)陈耀东携其女助手吴自奋来访，赠火腿一方，报以《选集》各一。谈至十时许始别去。

6月4日(2)阴

于辅仁寄来文献所发票，即交姚松办理。寄发蔡钟翔、张瑞洁、李培坤、陆耀东、吴志达、唐富龄《选集》各一，周绍良、文自成《诗世界》各一，共8册(5日寄出)。天渝来，赠连云港带来鳗鱼干一条。宏生来，取去台湾吴宏一寄文学所集刊，谈出版刊物事，以三夕写书评交阅。

6月5日(3)雨不绝

今日腰痛，去医院电疗，拔火罐，又寄书。宏生来问学，并带来莫绍裘、郁沅、杨翊强(附照片)、于辅仁(所谈问题电话中已解决)、林岫(谈日本汉诗问题)函及海南大学《四库全书》研究中心索稿函。

6月6日(4)阴

上午去医院电疗。定天渝席。丽则送来姚松代报《诗世界》垫款七百四十余元。写徐复八十寿联，孙原靖取去，并送来焕明纪念孙望文章，联云：

儒林尊祭酒，

难老媲苍官。

秦吟寄诗，不复。

6月7日(5)昙

腰痛仍未愈，晨尤甚，因不良于行，未去医院，在家做场效应，亦有效，下午稍好。小海来信，附照片及千岛湖风景照。吴锦、王永芬下午来，谈甚久。文史馆小吴取去台州碑文拓片。赠吴锦、顾复生《选集》各一。以孙老诗稿交吴带回，略定其存删。夜孙平(牛儿)来，九区28号邻居也(余住 29 号)，丽则夫妇陪。孙馈十全大补酒一匣，答以茶叶一盒，请转馈其母王兰英。

6 月 8 日(6)雨

得方延明函谢赠书，马兴荣函索纪念唐老文，《文献》函要稿费回执，马欣来函，山东李广超(鱼台县谷亭镇爱国街，272300)寄《残叶集》，王以铸寄《日本古代随笔选》。史梅来，嘱其从周勋初处取字画带北京。丽则来饭。函包健冬，因小海久未得其消息。

6 月 9 日(日)昙

有富送《中国古典文学文献学》稿来，请修改并署名，再写书签、序文，除拒写序外，余皆允。今日为天渝作五十岁生日，在南芳园摆两桌席，每人 20 元，菜很丰富，共 18 人，又照相若干张。下午洗澡后，心跳加速，服药吸氧后渐愈，晚饭时已无恙。

6 月 10 日(1)昙

函天眉、小海、韶玉(次日发出)。陈书录来谈拟申请项目事。写成纪念圭老文。

6 月 11 日(2)雨

芸抄正《圭翁杂忆》。丽则赴海安公干。得孙玄常、邵燕祥函。又毛大风编《近百年诗词序跋选》强令购买，可笑，不理。韶玉寄来《宋史》样书 19 册，先已寄一册也。下午出购花粉蜂浆。连日以场效应仪治腰痛颇效，渐能行走矣。

6 月 12 日(3)阴转雨

上午两人理发购点心。得《湖北大学学报》来函，为纪念 60 周年校庆出专刊，要求题词；四川江梵众之子江苹来函，要求联系，并附过去为其父所写诗词之复印件。嘱陈书录带一本《两宋文学史》给郁贤皓，《圭翁杂忆》给李灵年。

【剪报:《南京大学报》1991年6月10日第12期丽则《献给中文系小楼的歌》。】

6月13日(4)阴雨,昨夜大雨

得谭优学函谢赠书。孙原靖送其父诗稿及请柬来(徐老寿)。

6月14日(5)阴雨不绝

复江苹(梵众先生之子,亦画家)。看张宏生出席国际会议之论文讫。寄《圭翁杂忆》给马兴荣。函湖北大学寄题词。函韶玉。新雷来,取去《宋史》五册,又共赠教委张辉等四册(待寄),匡、周、郁各一册。下午心跳至110出头,服安定二丸。

6月15日(6)阴雨

上午参加徐复老八十寿辰庆祝会。得吕剑函,收到所赠书。四川人民出版社孙伯迅打电话来(王利器介绍),适去南师大,未邀其来寓。以书鲁迅诗二幅赠志英。寄出赠张辉等人《宋史》四册。湖北大学寄题字费150元。姚松交垫付《选集》款1199.20元。印好《音序索引》凡例复本。吴锦、顾复生来谈整理孙老遗著事。

6月16日(日)阴

天渝来出示生日相片,并约丽则夫妇来晚饭。以《宋史》赠伯伟、宏生、砺锋。

6月17日(1)阴转昙

为《古典文学史料学》定稿一章,徐来即取去,又送短序,为改之。自本日起陆续为之。参加人王继如、吴式超、郑建民、徐有富,余挂名而已。

6月18日(2)阴

得罗宗强《玄学与魏晋士人心态》;吴孟复《语文阅读欣赏例谈》;陶今

雁、吴在庆、张瑞洁函，瑞洁嘱寄《诗世界》及《自述》及要字一幅（李羽立）；望城政协文史委寄稿费 102 元。老尹夫妇来，拟取寄天眉书画，然已由史梅携京矣。

【剪报：《人民政协报》1991 年 6 月 14 日朱兆芬《“咏田字诗”及其作者》。】

6 月 19 日(3)

复陶今雁、张瑞洁，又寄洁《诗世界》一册。巩本栋代寄。殷正林来，赠以《选集》，又请其带《选集》《宋史》各一册给刘乃昌。得天眉函，六月七日自美发。万业馨来。

6 月 20 日(4)阴

寄出山西购书款 277.5 元。天渝、小鲲来研究是否装空调问题。史梅打电话来，字画已交给陈云卿老师。程章灿、成林带程成来玩。章灿送《骈字类编索引》等来。

6 月 21 日(5)晴

和 87 级毕业生合照。去中文系和丽则谈论其所作诗。苏昌辽来谈，赠茶叶和计步器。

6 月 22 日(6)晴

上午看病，照心电图，比前好。许结来探视，拟作书评。郭维森送福建茶叶两包。四川人民出版社《龙门阵》编辑部邱焰美、孙伯鲁托人带来函及《龙门阵》一本。

6 月 23 日(日)晴

天纵来午饭，并商定购空调机。下午二人上街游耍，并购得长短裤各一条。

6月24日(1)晴昙

取购机款。得吕宗林(亮耕子)寄衡阳回雁诗社编《雁翎》一册,内有亮耕诗。上海辞书出版社语编室陈杰寄:1. 李剑尘《劝输救国储金文》、2. 陈擎天《卓君冠侯诔》,皆数十年前旧文。余不识陈,不知何以见寄。得郭预衡函谢赠书。天纵取去购空调费2600元。下午四时心跳加快,晚睡眠后愈。

6月25日(2)昙

天纵购来空调器,价2500元。顾复生来谈孙老遗作事,原靖亦来。本栋送思想家中心开会请柬来,但统战部打电话来请参加省委召开的会,两会时间冲突,决参加省委召开之会,因全南大只请了两人。函程之索十发老人诗稿。函王文才索要易顺鼎诗。

6月26日(3)晴

得四川师范大学魏炯若先生讣告,电唁之;武汉出版社潘长胜函,拟编《珠璧集》;叶子铭赠《梦回星移》一本,茅盾传记也。威克送荔枝来,分与诸娃,小宁已取去自己及小鲲一份。

6月27日(4)晴热

《骈字类编音序索引》页码已写好,基本告成,只需将"卷""页"去掉,中加一"/",并在卷前加一册码,即可矣。复潘长胜(武汉出版社)。

6月28日(5)晴热

上午参加省委召开的各民主党派庆祝共产党建党70年座谈会,坐约一时半,未发言。英国剑桥名人录又来一函,拟收入第11版,不理。准备嘱小毕在美国图书馆查过去所填写者有无已载出者。函木生、小佳,托其询问二汽能否购卡车二部(天纵所托)。

6月29日(6)下午大雨

发木生信,请打听东风汽车。以《选集》《世界》《宋史》各二册分赠韩、曲，上午九时交收发室转。

6月30日（日）晴昙，下午雨，闷热

得淡芳友欧伯衡函附诗，无甚可观，即以复印诗文二纸答之，重庆市中区人民支路80号（630015）。得《读书》三册，舒文极佳，以其一寄辅仁，并复舒，谢之。上午为芸挂微风扇，出体力过多，下午发小房颤，夜愈。

7月

7月1日（1）大雨转阴

饶小平和丽则一家来午餐，临时在餐厅买了一些菜，饶送酒一瓶、鲮鱼二罐。下午武汉大学哲学系萧萐父、唐明邦两教授及《中国文化》主编刘梦溪（有名片）来访，还有研究生一。吴新雷来谈。晚思想家中心在中美文化中心宴，未往参加。晚又发轻微房颤，盖来客太多，劳累所致。

7月2日（2）阴，夜大雨

上午有富来，谈改书事颇长久。下午倪明来邀请参加书画展开幕事。江苏诗词协会李子建等二人送来《毛主席诗词探索》两本。伯伟来谈亦颇长久（松林事可发一笑）。

7月3日（3）大雨

丽则来饭。得吴志达、敏泽、葛晓音、刘乃昌函，均收到赠书；高华平（华中师大）寄来《诗选》书评；白敦仁寄《陈与义集校笺》一本。函饶小平之父，附致周勃之介绍信。另函周勃告知。

7月4日（4）昙

晨与新雷赴银行取款（《宋史》）。函高华平谢其写书评，又另赠《选集》一册。得张文勋寄诗词，又罗宗强、白敦仁（均谢赠书）函。函刘彦邦询抗战时米之计量法。又函余顺尧询《元曲释词》事。

7月5日(5)昙

函天眉附照片。函雄哥附照片与天眉函。勋初来谈。小鲲、大纲同来，为兑及购国库券，甚悦，因可免去奔波。得李立朴函谈工作中困难；刘彦邦函附诗一首；张辉函通知赠教委三同志的《宋史》已转到；周笃文函邀稿，拟复函拒之；刘乃昌寄书一本；系里赠《陈瘦竹纪念集》两本。

7月6日(6)竟日雨

由芸复周笃文，告以因病不能为帝王诗赏析。以南大画册及小纪念章若干枚托苏广平带给小海。夜天渝夫妇及小玲来玩。小鲲配好遗失之空调器螺丝。天眉带来心脏药又巧格二 lb。

7月7日(日)昙

晨九时许出鼓楼购食物，至中午在马祥兴吃牛肉面而归。邓绍基赠《元诗三百首》，托郭维森带来。吴锦、顾复生送孙老遗稿抄样来，抄写颇佳。

7月8日(1)雨

早晨去医院，心脏与血压俱佳。美国带来之药与 digoxin 类似，发病时可用。得白雉山函，邀稿及题词(《荆楚诗词大观》)；江苏民盟函，要求为《吟月》写字；陈早春函，《选集》尚有数十本，拟全部购下；沈玉成函，收到书，其女刘宁，将随其母来；全国哲学社会科学规划领导小组公函，了解“七五”课题执行情况，交砺锋经办；张国光寄学术论著目录；李立朴托其同事袁华忠带来信函及天麻一包；林从龙寄《当代诗词点评》一本。

7月9日(2)阴雨

为《荆楚诗词大观》题词及词稿寄白雉山。以旧写一幅字寄省民盟。贵州人民出版社袁华忠来谈太久，致发心动过速。勋初得傅璇琮函云，匡老将接李老工作。小燕、早早均得奖。小燕总平 92 点几，得 100 元。早早平均 81.5，得 50 元。小燕全班第三名，并评为三好生。夜不适，早眠。

7 月 10 日(3)阴雨竟日大雨

倪明来致讲话稿，约明晨去文史馆出席书画展开幕式。下午天渝、小宁来，小宁领去奖金 50 元(全班第 6 名)。晚赴勋初招待邝健行等宴会作陪，来去皆大雨，裤袜均湿。

7 月 11 日(4)雨

上午参加文史馆书画展开幕式，统战部林部长参加，与馆员们会面。馆员程研士要一幅字。赠《诗世界》一本给洪乔。得舒芜函，允为《珠璧集》作序；武汉出版社潘长胜来函，《珠璧集》不拟选新诗；晴佳来函云琼琼手臂跌断；南师大函索有关唐圭老函件等。丽则送诗来改。捐水灾救济款 50 元、粮票 50 公斤。

7 月 12 日(5)阴

复潘长胜，详述选诗之意。上午存款购物。下午发房颤。得湖南文史馆长陈云章函，收到带去之书。

7 月 13 日(6)昙

晨往理发。本栋来换氧气。得蒋寅函，又《文学遗产》91 年 2 期一册；张辉来函告《文学史》经费 4 月 9 日已拨；台湾文哲研究所寄《中国文哲研究通讯》一卷 1、2 期，并要写要求继续赠阅的卡片；王淡芳寄《龙门阵》五册，中皆有《百年诗话》。丽则、小燕来晚饭。

7 月 14 日(日)昙

晨未起即发病，直至午饭前始愈。下午邮局送《两宋文学史》来，共 25 包，这里留 18 包，余 7 包由邮局径送吴新雷处(每包 8 本)。后孙原靖来，又找到其父一些遗稿，回去誊录后再拿来。

7月15日(1)昙

上午九时沈玉成之妻刘昆(音)、女刘宁来,刘宁请教很多问题,直至十一时余始离开,颇累,但亦颇喜此女慧而肯学,能领会。赠玉成父女《宋文学史》一本、《沈祖棻选集》一本,又托其带两本《文学史》到上海分赠王运熙和王水照。教委补助《宋文学史》之1000元,由吴新雷去财务处找到,已收入"唐宋诗歌流派"之本内。

7月16日(2)昙

以《宋史》寄舒芜、黄裳。天纵带工人来装空调。得小佳信,买汽车事不谐。

7月17日(3)晴,开始高温

山西又寄来精装五十册,想系6月20日寄去上次书款277.5元,彼又以为另购50册也,只有置之不理。李开宝请全师傅来装插座。大纲来擦窗封窗,并清除昨日挖洞之瓦砾。吴新雷交来教委补《宋史》经费1000元,各半,多116元作寄书邮费。复辅仁,告又寄来50本《选集》之荒谬及书评事。

7月18日(4)晴热

收到37—47《新文学大系》第14卷一册,武大编,内收棻诗一首。得马镜泉、王淡芳、邢文函。复邢文。吴新雷来,共签署寄发《宋史》。丽儿全家来饭。威克及早早明日赴皖。

7月19日(5)晴热

李开宝带二友来装好插座,现在可以开始用空调。威克来修好小插板,电视、收音机等皆可用矣。和芸一起写好装好《宋史》若干,未完,明日继续。砺锋来还书,又借去陈贻焮《杜甫评传》,准备开始写中心要他写的《杜甫评传》。许结送《选集》书评一篇,即转中玉。函马镜泉,告以家中地名,劝其暑热时不必来。美林来,问空调器插座是否装好,送西瓜一个。

7 月 20 日(6)晴热

上午签写赠书并包扎。打电话给陆国斌,请其保留杨翊强文章。函书录,请其来拿书并转致南师大各位。晚伯伟来谈。又祖棻在江苏师院的老学生余华(幼儿师范退休教师)送来《湖州师专学报》一本,内载《论沈祖棻》一篇,亦为其学生所写。

7 月 21 日(日)晴热

学颉寄来《元曲释词》(四),以前询余顺尧,或顺尧转告之也。詹杭伦来函嘱为其书作序,嘱莫、张二生婉辞之,允为题签。芸得陈鹨书。丽则来,嘱发寄中玉稿(许结评《选集》)。以吴志达(《武大学报》)祖棻传、朱郭(《湖州师专学报》)祖棻论交丽则(武报 85/4,湖报 88/1)。屈义林来函,嘱作字,天热,当俟秋凉。所需赠送之《宋史》,均已包扎完毕,除带四川者外,共 31 包,下午由砺锋、宏生送邮局寄发。

7 月 22 日(1)晴热

书已发出,共 73 元余。曾广开送论文来,并提出论文中问题。于辅仁打长途来,多寄来之书暂存此处。建议出版社向新华书店交涉,并告以另两篇书评亦将刊出。

7 月 23 日(2)晴热

改《史料学》文,第二部分即将看完。晚宏生打电话来云,陈香梅之女明日上午拟来看我,因家中太热,嘱其与外办商量,另找地方。

7 月 24 日(3)晴热,38℃

上午去校北大楼会见陈香梅之女陈美丽女士,赠以书三本(《文学史》《诗世界》《选集》),陈还赠香水一瓶。后又在文献所会到高津孝与西村富美子(爱媛大学教授)。得武汉出版社潘长胜函,讯问《骈字类编索引》稿费需要多少,以便核算成本。

7月25日(4)昙热

晨复潘长胜函，交徐有富发出。有富来，取去“检索”稿，交来《校勘编》目录。函任笃行，问《版本编》出版事及开具拟购单。吴文治来电话云，已收到《宋文学史》，并拟寄来诗话类编样稿，请审阅。文史馆送来橘子水两大瓶。宏生电话告中心仍可去消夏，议不去，告之。宏生又告已得车票，勋初亦得机票，可作蜀游。作一函致彦邦、淡芳，宏生带去。

7月26日(5)昙热

夜中决定仍去中心休息，家中由丽则、小燕来住，亦可稍稍改善。晨电话通知章永丞，下午许结即送通知来。拟明晨去中心。工人来装闭路电视，极脏，洗抹之，又出稍许力。下午心跳加快，夜间始愈。砺锋取去带往四川的一纸箱书。晚伯伟送推荐书来签字，劝其赶紧写完论文集，托其将收录机送出去修。函任笃行。

7月27日(6)昙

一清早丽则、小燕来，向文史馆要来汽车赴中心，住202号。函吴碧莲，请其为丽则代购赴林车票。

7月28日(日)晴

晨出去散步、发信，回来后有早搏，晚饭又心脏不适跳快。丽则、小燕晚间来，带来信件等及西瓜。得徐中玉函，同意安排许结书评；章子仲函谈在美情况；余顺尧函；人民大学中文系方兢函，嘱填唐代文学学会登记表；王运熙、黄裳函，皆收到书；张文勋寄《云南诗词》；泰州秦鸿函寄词数首；赵熙文函。

7月29日(1)昙

上午返家，寄天眉函附照片3，又寄唐代文学会表格与“100037，阜成路轻院甲2楼2—164黄敏兰”。在家晤禄光夫妇，似欲为其女说项调工作，未之允也。函顾学颉，谢其惠《释词》(4)。选排列公式，12个，24个。

7 月 30 日(2)昙转晴

函复张文勋,询文生地址。章灿来谈石刻研究计划。

7 月 31 日(3)昙

得南艺电话,臧云远逝世,托孙原平送花圈表哀。得三夕函;鲁国尧函,对《宋文学史》稍有意见;烟台师范学院王立函及书(《中国古代文学十大主题》)一本;《龙门阵》一本;新雷转来邓韶玉函。丽则、小燕来午饭。复张三夕。命小燕送 10 元与孙原平租花圈。伯伟夫妇来谈,转赵昌平函,又于辅仁嘱寄精装《选集》二册至新疆供评审用。《挚虞研究》一册在伯伟处。

8 月

8 月 1 日(4)阴,微雨

章灿来午饭,代寄《选集》二册至新疆,又函辅仁告之。早早寄款西安买学习参考书,缺货,6 元退还。复赵昌平,谢允为《宋史》作评。

8 月 2 日(5)阴

上午返家取稿及衣物。章灿送来修好收音机,花 23 元。下午不适,心跳,夜愈。

8 月 3 日(6)阴转昙

复余顺尧,又以《选集》寄顺尧及烟台王立。交徐发。改完《史料学》(3),徐稿,徐取去。阿姨请假休息数日。得天梅函,索字。湖南文史馆来函催稿。

8 月 4 日(日)阴

初步完成《记汉寿易氏与寒家之世谊》。丽则母女来午饭。得傅璇琮函,建议写一书,自记学术生涯;程之函寄十发老人诗稿,并言已拍一电视连续剧《哀乐江湖》，年底可播放；横山弘寄来《江户诗人选集》第三卷一本；詹杭伦寄《杜甫学刊》一本，内有八行信纸数张，未知其意也。

8月5日(1)阴

上午开始看《史料学》第四编。下午参加省委书记沈达人通报江苏灾情会议。丽则父女迁回。丽则明日去南宁，为之向韦其麟作一介绍函。姚继舜交论文提纲来，尚可。得罗宗强函，收到《宋史》。得杭州师院马一浮研究所函，属书湛翁佚事。杭州(310012)文一街96号。得臧云远讣及传略。

8月6日(2)阴转阵雨

芸抄文史笔记稿，复改定之。丽则赴汉。

8月7日(3)雨，26℃

函湖南文史馆附笔记。函王淡芳附笔记。均交小燕挂号寄出。芸冒雨返家取《索引》稿，水大不能成行而返。

8月8日(4)阴时晴雨

芸返家取稿。帆完成《史料学》4编第1章。得小佳函，瑾瑾够分数线或入哈工大。伯伟夫妇来，谈虹赴日事。砺锋夫妇来，带来君惠《方言研究序》，曾广开论文稿(勋初已看过)。

8月9日(5)晴

得陈贻焮、周一良、欧伯衡(《重庆艺苑》)、李培坤、吴功正函，万业馨代购白云笔二支。

8月10日(6)昙

迁返，天渝来助。任笃行复信，《版本》四季度可出。

8 月 11 日(日)阴

函二妹，并寄瑾瑾、琼琼各 50 元。寄《宋史》与川大邱俊鹏。12 日寄出。托曹虹带《选集》与松冈、田仲，带《宋史》与清水、兴膳、村上、横山、平田(共七册)。得马騄程函。吴新雷电告金大校友会欲为陶行知先生诞生百周年纪念会题字，因拟四语云：

学而不厌，诲人不倦；

吾闻其语，吾见其人。

8 月 12 日(1)昙晴

得张叙之、刘彦邦(2)、徐公持(谢赠《宋史》，云将发书评)函；周振甫赠《修辞学史》；唐玲玲发海南大学辛稼轩会通知；湖南图书馆名人文库约赠书物；《江西师范大学学报》编辑黄颇一稿，要转《南大学报》，不复。

8 月 13 日(2)昙

王永芬来，赠《宋史》一册。杜文莞乞作字，子名王和豊，又另一张不要上款。伯伟夫妇来，取去带日书七册。

8 月 14 日(3)昙

得马录程寄甘肃 13 家诗抄。

8 月 15 日(4)晴，又转热，34℃

做冬菇蒸鸡，请小燕吃午饭。小燕送来下列各件：黄天骥函，收到《两宋文学史》；湖南邵阳诗社社员唐可省函，寄倡议书，不复；江梵众子江苹函，寄一幅画，索要字一幅；陆伟民函，索一“艺”字；顾学颉长函，叙述其恶徒事；张三夕函，附中英文论文各一；中文系函，附唐宋诗歌流派调查表，拟交砺锋办理。今日改完有富等《史料学》，6 月 9 日起，8 月 15 日毕，共花 67 天。50 多万字。

8 月 16 日(5)晴

徐有富取去文稿，并告以不能署名之理。《生育神与性巫术研究》(宋月麟），7.00，文物出版社。勋初出示台湾《国文天地》75 期介绍文献所文章。

8 月 17 日（6）晴

得上海古籍转来香港教育署函，要求转载祖棻《八声甘州》赏析一文，已复函同意；江苏诗词函征稿。天纵来，馈淡菜、蛤。天渝来，馈力士皂二。作字五幅（程研士、陶行知、杜文莞二、陆伟民"艺"字）。

8 月 18 日（日）昙

作字三幅（江苹嘉士、余顺尧、詹杭伦）。小燕来午饭，送来信件：舒芜函，要求给其二友一书一字；武汉出版社函，同意出版《骈字类编索引》；白敦仁函，收到书两本，附照片一张；周笃文函，请任中华诗词吟唱社社长；余顺尧函，收到《选集》；高华平函。下午周勋初、叶子铭、许志英来开会，研究带日本高级研究生名单。高津孝送小册子一本、点心一盒。富美子送日本酒一瓶、小册子一本。孙昌武赠小册子一本。

8 月 19 日（1）昙

陈书录来，汇报送《文学史》情况及论文进展情况。早早打电话来，已于昨夜返家。写字三幅（屈义林、荣晓新、钟明）。函雄哥。

8 月 20 日（2）晴

得淡芳函，送晓新字已寄北京。为近三日所写字盖章。得王淡芳信，云托彦邦告文才抄十七郎歌事。

8 月 21 日（3）昙

挂号寄写字：史建华（程研士）、陆伟民、余顺尧、屈义林、钟良允、詹杭伦、江嘉士（苹）。寄方咏莪《选集》一册。又发下列复信：蒋寅（附致早春）、横山弘、马录程、顾学颉、舒芜、三夕（附致潘长胜）、周振甫。丽则回。

8 月 22 日(4)晴转昙

晨发出各信。苏洗斋来馈火腿片一盒。萧君取去纪念陶行知字一张。砺锋来借书数本(为写《杜甫评传》)。

8 月 23 日(5)晴

今日起看曾广开文。得王文才函告解放前成都警察打学生事。

8 月 24 日(6)晴

复潘长胜。张宏生携子津来玩,托代发函。赠张《水浒争鸣》1—5 册。

8 月 26 日(1)晴转昙

函陆耀东,谈出《新诗集》事。得十二弟信即复,告十发翁诗印本已收到。得周本淳函,谢收到《宋史》。得君惠函,诗二律,欲余为其八十寿辰作书;齐鲁寄屈兴国等《古典诗论集要》二册,余题签也。葛洲坝水电工程学院教师孙世强托严杰转交五月回来见时所拍照片二张。

8 月 27 日(2)昙闷热

丽则引马鞍山市四位来访,馈茶叶、咖啡。冯其庸来电话,告收到《宋史》,并拟赠书二册。得荣晓新寄来小海托带之物,有照片数十张、胶卷三卷、袜子(长二双,短八双)、巧克力豆二包、刨子两个;雄哥函。章灿送来于辅仁还寄书费 15 元,赠章灿《古典诗论集要》一本。章灿带去《选集》十本,嘱姚松托书亭寄售。

8 月 28 日(3)晴

复荣晓新,收到包裹。天渝来,请写辛亥革命八十周年字。章灿还书。

8 月 29 日(4)晴

孙原靖来,谈请高斯为孙老集作序及签定古文献专业学士授与权事。

卞孝萱返自香港，致饶固庵赠所著诗词集，并乞作一序。

8月30日(5)阴昙

丽则全家来午饭。冯其庸托人带来《吴梅村年谱》《秋风集》各一册(由殷亚昭转)。得孙祖荫讣，8月27日逝世。得陆伟民复谢写字，瑞洁函，任笃行函。即复瑞洁、任笃行。

8月31日(6)晴

得成田静香函、照片。得《荆楚诗词大观》郑自修函，饶小平父德和函(与周勃联系教研事)，湖南社科院著述志编写组函，周振甫函。致《荆楚诗词大观》。又函邓韶玉买书。湖南文史馆寄来笔记打印稿，订正后立即寄还。

9月

9月1日(日)昙

天渝、小宁来午饭，取去辛亥革命纪念书画展字。小鲲、真真来，出示天眉信，取去长袜、胶卷。函雄哥、爽弟。

9月2日(1)阴

史梅陪去人民医院诊耳。星期一、二上午殷明德主任门诊，家中电话303836、303837转742。

9月3日(2)昙

得蒋寅信，南秀信，李立朴寄《庄子》译本。函天眉。

9月4日(3)昙转小雨

下午去工人医院治耳，以后每日须注射及理疗。

9 月 5 日(4)昙转晴

得吴志达函,收到《宋文学史》;望城格塘乡丁翁云寄《格塘诗词选》。向文献所借来有关陈寅老之书(后面还姚松)。《阿坝师专学报》刊余撰《赵少咸遗著序》,致 100 元。

9 月 6 日(5)昙

张宏生来,送南韩材料来看,嘱其将三本书寄饶宗颐。张伯伟送稿来。巩本栋来,送给《宋文学史》一本。作好一律并写好,贺刘君惠八旬大寿。看完曾广开论文第一部分。吴建辉(本校硕士生)来谈论文拟写吴均,并送茶叶一包。

9 月 7 日(6)昙

上午不适,肠胃亦不佳。嘱严杰将曾广开论文送给勋初看。

9 月 8 日(日)阴,阵雨

寄车淑珊、钱南秀美国,又王淡芳、刘君惠。天纵来午饭。

9 月 9 日(1)昙转晴

看耳。得洪乔信,有论宋家淇词小文,不复。南师大中文系学生陈斌以诗话来见,地址 210024(南师大信箱 116 号)。姚松来取去我的学术档案,又将重点学科计划交他保存。以《全清词》奖金余款三笔交系保存。得陈列、陆耀东、张三夕、晴佳信,周振甫译《易》。

9 月 10 日(2)晴

清新诗稿。许结来赠《汉代文学思想史稿》,乞为其伉俪作字(许结、徐静)。复陆耀东。伯伟来告,曹虹已将书转致平田或寄出。天渝来。

9 月 11 日(3)微雨,阴

以《宋史》赠曾广开、姚继舜。得北京图书馆寒冬虹函,询《百名家词钞》家数问题；白志彦函索书，不理；邱俊鹏函谢得到赠书；《阿坝师专学报》两本。张宏生问张惠言词之评价问题。

9月12日(4)阴

复北图，请转询黄裳、施蛰存。答张宏生问张惠言词，交丽则转。得邓韶玉函，刘梦溪函(及《中国文化》三期)。

9月13日(5)晴

周勋初先生来谈李白特异性甚久，疲。晚饭后服安定，睡，愈。

9月14日(6)晴

得上海邓韶玉寄《王批唐诗选》，39元，亦云贵矣；又《宋史》五册。得王淡芳、于景祥函(附教师节卡)。校友会嘱作字。研究生院嘱作小传。耳疾愈，不更疗治。得屈义林信，附挽张安治诗及乞作书画展题字。得《韵文学刊》总5期。吴翠芬来借去《骈文史论》《八代诗史》各一册。郭维森来，请看全译陶集前言。得马镜泉函，嘱写马先生回忆录，又寄马集七册尚未收到。

9月15日(日)晴

天渝全家来午饭。写研究生院导师绍介。下午心律不齐，卧。

9月16日(1)阴

李立朴自北京来电话，告以不能去京。姚松取去书评材料，并请其复印自传(研究生院用)。

9月17日(2)阴雨

上午与勋初召曾广开、姚继舜谈话。后砺锋来谈纪念集事，明年可出，又谈江苏古籍拟出各种名家选集，请我选宋诗一百首，已允，准备和砺锋合作，由其注释。下午上街购物。

9月18日(3)晴

收到蒋寅寄《生育神》(7.00+0.16)。收到马镜泉寄湛翁诗七册。

雁过长空,影沉寒水,雁无遗踪之意,水无留影之心。——云门宗僧义怀语(叶梦得《岩下放言》上)

9月19日(4)晴

得湖南文史馆俞润泉函,附复印苏雪林自传《浮生九四》一页,诋弘老及余也。为宏生改毕业论文条例。宏生还书数册,内有台集刊。得方咏莪、余顺尧、湖南省志办公室李羽立函。报邮费130余元。

9月20日(5)晴

去检查血脂,作心电图。去餐厅订菜。晚小婉送来新鲜葡萄。

9月21日(6)晴

今日79初度,家人置酒。上午匡老召集座谈古籍整理事。彦邦、淡芳寄寿礼100元。得吴宏一函,书收到,即分改。得张少康日本函,蒋寅北京函。

9月22日(日)晴

中秋在家休息。

9月23日(1)阴

得村上函,收到《宋文学史》。得淡芳函。看完伯伟、维森稿,还之。章灿母夫人来宁,以新鲜桂圆见赠,分半与婉。

9月24日(2)阴,小雨,凉

写信:1. 刘梦溪(附《宋史》)、2. 周振甫(附《宋史》)、3. 蒋寅、4. 马欣来、5. 傅璇琮、6. 王淡芳、7. 马镜泉、8. 屈义林(附字)。

9月25日(3)雨

昨夜觅得十七郎歌，即分别告湘文史馆、淡芳、文才。写字数幅，有与许结夫妇、校友会及屈义林者，即寄出。得淡芳寄《龙》五册，又还《梦苕庵诗话》、台湾本《光宣诗坛点将录》及论余夫妇诗话稿。得缪彦威、周裕锴、刘定中(湄村丈子，附先君石刻诗照)函，芜湖章绍斌函(不识)求教诗。

《䴙戏斋诗编年集·癸未下》(刊本页75)《刘云巢以诗来问近日有无题咏书此答之》：何必商山问紫芝，各持孤愿度危时。黄花野圃如相见，寂后心情是好诗。

9月26日(4)阴

上午出席计算机软件(《史料学》)鉴定会，得酬60元。改淡芳诗话即明日挂号寄出。夜黄进德来，馈茶二盒，借去台静农《百种诗话》三册。

9月27日(5)晴

上午永芬来。李子建来，致稿费50元。下午发病，以多谈也，早睡。今日起看《校勘编》。得天眉来信。

9月28日(6)阴昙

得赵瑞蕻赠《回忆吴宓先生》一书。得舒芜书。天渝为办妥款来。寄邓韶玉代购书费76元。周本淳来未遇。

9月29日(日)昙

王弋丁女庐云自南宁来，在化学系进修，馈月饼一盒、乌龙茶一盒。庐云住19舍704室。韦其麟已调广西文联，弋丁调政协。巩本栋来。函罗宗强询李笠事。函任笃行请为有富提供样书五册。

9月30日(1)晴

看完《校勘》第一章。郭维森送来《文化要览》新目乞订正。上午出看病，血脂已正常。又去鼓楼购物，买水笔一支，34.51元，似奢也，然好写。

10 月

10 月 1 日(2)昙

天纵全家来聚餐。以《选集》及《诗世界》寄王弋丁,3 日发。

10 月 2 日(3)阴

复学诗青年章绍斌(芜湖阀门厂)。在丽儿家午饭。

10 月 3 日(4)阴

陈书录来谈论文。与王庐云通电话,进修事。

10 月 4 日(5)昙

赴系得台灯一座,又复印券。下午不适。

10 月 5 日(6)晴

砺锋来,送对联,告文集事。《草堂》编辑丁浩、周维扬、张志烈三人来馈茶、酒。与研究生院张小明联系照片及自传事。砺锋带来日本西村富美子书及论文三册又西村淳论文(京都),不知二人关系,或伉俪也。写字二幅,即寄王永芬。得周振甫复信,收到《宋史》。

10 月 6 日(日)晴

以《杜甫研究集刊》赠邓韶玉,其中有《诗世界》詹杭伦书评也。小鲲来,送来小海托人带来之小收音机和林晖录像带。

10 月 7 日(1)晴

函耀东,连复印诗等封好,待武大秦志希来取。得高仲华台北函附诗十二首。村上哲见惠书,又其弟子塚本信也来校进修,呈论谢诗一篇。

10月8日(2)晴

得罗宗强复信告李笠女地址，即发函询李生平。天渝来晚饭，送来美林做好的绸衬衫及小说两本。丽则送来生日时所照的相片，甚好。有富来，得任笃行复信，嘱其10月20日去济南取样书。

10月9日(3)晴

芸上午去山西路购物。下午不适，晚和勋初通电话，谈《刘知幾评传》及其他事。

10月10日(4)晴

《骈字类编音序索引》毕功，可贺也。章灿来还书。得淡芳信，寄稿均收到。

10月11日(5)晴

王长发归自日本，来谒，赠电子体温计一，答以新出书三册。

10月12日(6)阴

黄石师院曹毓生(黄瑞云同班)来出席茅盾研究会议，今日来见，颇谈往事。得蒋寅函(《沈祖棻选集》可购100册，75%价)；马欣来函(辞赋选争取按时出)；辽宁大学中文系《中国文学史著版本概览》编者函，拟将《唐代进士行卷与文学》收入，并询有无其他文学史作品。

10月13日(日)阴

天纵来，馈玉米笋1缶。夜天渝来电话，告天眉退休事办妥，每月171元，甚妥。

10月14日(1)晴

写《读蠲戏斋诗杂记》稿，约千字，应马镜泉之请也。收到淡芳函告谈易实父文已转《龙门阵》。得台湾台南成功大学中国文学研究所张高评寄下列四书：1.《左传导读》、2.《左传之文学价值》、3.《左传文章义法撢微》、4.《宋诗之传承与开拓》。得兰州西北师大中文系卢燕华寄《唐代诗人审美心理》。得中国现代文学馆北京8101信箱(邮码)100081舒乙代寄汪铭竹遗著《纪德与蝶》。汪铭竹遗孀俞俊珠，子汪鲁希，亲属俞小蘋、俞小薇。地址：

Mrs S. w Chou

6009 Walton Road

Bethesda MD 20817

U. S. A.

函天眉。

10月15日(2)阴

得《史通》审稿费510元。寄人文《沈选集》100册费145元。蒋寅婚礼100元。莫砺锋来谈生日事。陈书录交论文导论稿。改定纪念马一浮丈文，芸再抄之。以金凤寺诗拓本寄刘定中(湄丈子)成都。

10月16日(3)昙，重九

成诗一首。

闻夷洲近事

青骨成神十六秋，惊波日夕尚回流。
方酣孰胜南柯战，待虑微闻楚国囚。
劫后旌旗难一色，别深霜雪总盈头。
无多岁月偏多感，三妹新来又远游。

小鲲来，将带美之物托其友人带往北京。扬州琼华书画社之社长青年画家沈威峰来谒，属为其画册作序，以魏心饮介，诺之。李立朴来长途，告全译书展在京开幕。连文萍来函，商量介绍事。李雁晴女继芳复函，云月底来宁，示李老生平资料。

10月17日(4)晴

将马老诗集及纪念文字包好，待李继芬来带杭。写缪钺信、舒芜信、陈翔华信，均寄文（缪、舒附诗）。又复李继芬、高仲华（寄诗、照片）、连文萍（传记）。南师大中文系三年级陈斌（紫月）来见，索字，并还其所呈诗话。苏州第六中学教师闻一波乞为其诗集题签。王庐云夜来，交乃父弋丁函，并告进修事已办妥。

10月18日(5)晴

朱野坪来谈《古典文学知识》改进问题，并求写一张字。陈美林来，赠《儒林外史》作者吴敬梓评传。

10月19日(6)晴

得巴蜀寄《关汉卿赏析》，屈义林函及诗，司金銮函（文理极不通，不答）。丽则取杂书数种，备赠马鞍山文联同志。得陈邦炎函，附纪念俞平伯文。

10月20日(日)晴

下午迄晚不适。

10月21日(1)晴

上午仍不适，后转好。得王绍曾、袁仁霈信。赵宪章出示所拟奖金证书及申请表，甚佳。

10月22日(2)晴

上午赴省委统战部开座谈会。函三夕询《索引》事。

10月23日(3)晴

作协庞瑞垠来采访乔大壮遗事。常熟曹大铁托地方志办公室副主任周文晓求题“四十填词图”，并索作砚铭。

铭曹大铁所藏四古砚

云之腴，墨者流，忠义研磨足千秋。我思古人俾无訧，俾无訧兮，复何求兮。

题大铁四十造像

古德云:雁过长空,影沉寒水。雁无遗踪之意,水无留影之心。然则画中人真邪,幻邪?敢以质诸铁老。辛未秋,千帆。

10 月 24 日(4)晴

竟日在马鞍山游。晨七时半,史梅领马钢杨科长和濮本林来接,连同丽则共乘车前往。九时抵马,即往采石矶公园太白楼等地游览。见到自己题写之联,跋语中“一首”误为“一目”,幸系小字,不显眼,已告该处工作人员,不识是否会添补。孙望所撰石碑亦见到,而本人却已先去,可哀。三元洞因较远,未去。芸上高处望之,依稀五六十年前光景,并以洞为背景摄一影。中午在太白楼附近餐馆用饭,有大量螃蟹,芸大饱口福。饭后在宾馆休息。午睡后写字五幅,其余所求者拟带回后再写。晚由吴本星(党委副书记)等宴请,酒菜细致丰盛,又各赠以文房四宝一盒,所费不赀。晚乘车归,抵家已九时。这一日即见到大企业用于招待之费用甚为惊人,与我国目前经济状况相比,令人慨叹。晨起即有早搏,靠药物支持,勉强完成此一日游,以后仍不宜多出游。

10 月 25 日(5)晴

草王绍曾《清史稿艺文志拾遗》序,甚顺适,可谓一挥而就。勋初来,以汪荣祖《陈传》还之,又借与《古代巴蜀》一书。勋初以二李白文见示,属订之。

10 月 26 日(6)晴

得王绍曾《渔洋读书记》;福州工人业余大学李乡浏求定笔名稿,写“寄语”,删去笔名稿 70%,又以旧稿一篇应之;臧维熙来函告旅游文学在雁荡开会,嘱写一张字以鼓励之;闻一波嘱写词幅。以《艺文志拾遗》序寄王绍曾。改勋初剔骨葬文。以文献所藏陈寅恪二书还姚松,并取回复印之稿。闻丽则昨上午骑车碰伤,今日令去医院。

10月27日(日)晴

寄王绍曾序，又福州李乡浏笔名稿函。看丽则，伤不重。郭锡良徐寒玉夫妇自北京去厦门开语言学年会，馈果脯一盒。与李洪明、马赫同班，武大旧侣也。以季刚师《音韵学未刊稿》二册、汪辟老文集一册、《古文献研究》一册、《宋文学史》一册赠之。闻程一中来宁，未得见。晚李立朴自京来电，告今译发布会事。

10月28日(1)晴

改毕周李白婚姻文。以研铭等寄曹大铁。四川蓝菊荪来访，五十余年前曾晤其人，忘之久矣。久坐不走，致下午又不适。下午李雁晴先生之女李继芬(已在杭州师院退休，金大52年中文系毕业)来，谈李小传事，托其将马镜泉寄来一浮先生诗集带回。得舒芜、清水茂、叶庆炳(得《文学史》)、冯亚明(要求写一箴言)、姚桐椿(补充汪先生文集一些材料)、刘定中(收到拓片)函暨清水茂赠书两本(《中国目录学》及《日本诗史》)。

10月29日(2)晴

复姚桐椿、冯亚明、袁行霈(附重阳诗)、陈邦炎。以《诗世界》一本寄方咏莪。以带港饶、佘二人物交勋初(饶——铁观音，佘——《选集》、沈书词影印本)。塚本信也由莫陪同来谒，赠以《选集》一册。

10月30日(3)晴

作字四纸(闻一波、陈斌、朱野坪、旅游学会)，即寄出。勋初赠《文人别集版本目录》一册。李子建来，适不适，未见。严杰赠所译《笔记小说》一册。

10月31日(4)晴

丽则来午饭，跌伤处正渐愈。芸去新街口购物，美林陪，购得夹克一、帆衬衫一。张宏生来汇报去北京取《全清词》稿的情况。复西北大学教师卢燕华，勉之。

11月

11月1日(5)晴

入梦四首

入梦飞熊遽化烟,金仙临载亦潸然。寒衣无待山河改,枉种红桑七十年。

丹陛年时噤万灵,霓旌玉节满春城。登真帝子如重降,且听秋林落叶声。

小星三五侍霞觞,娇妒犹传抵死狂。一夕凤蝉零落尽,影娥池上月如霜。

莫为兴亡叹逝波,千秋恩怨复如何。难求痼疾三年艾,苦忆逋人五噫歌。

寻出旧写字四幅赠马钢诸公,可少写数纸也。得天眉函,甚详,所带各物均到。云:买一眼镜128美元,合人民币则800也。

11月2日(6)晴

章灿代借到《选堂集林》三本送来,并带来二信:一、马昌松函请重题书签;二、南京社联函请《南大学报》赞助,不理。徐有富从济南归,带来《版本编》各五本,大悦。写字两幅。得中华书局《全清词》审稿函。

11月3日(日)晴

写马钢字(毕)、严杰字、马昌松书签。天渝来,致色拉料一事。景凯旋来,代致吴金华《三国志校诂》一册,附信及词。在天渝家午晚饭,观美寄录像。晚八时归。

11月4日(1)晴

复吴金华,赠以《史通笺记》。为陈美林书近作五首为一卷。复马昌松为题书签。心跳快又腹泻,恐昨过劳伤食。有人欲为默存作八十生日会,答云:“此用不明不白之钱,请不三不四之人,说不痛不痒之话。”诚哉此言,吾甚愧之。适砺锋以论文集书名来电话相商,吾谓不妥即可撤回,犹可退也。得蒋寅函,报告婚事;王绍曾函,收到序文;陈翔华函,已辞去《文献》主编,由权儒学接任。近日所书各条幅,马钢的七幅已交丽则,章灿、严杰的已给他们。

11 月 5 日(2)晴

莫、张去古籍交涉书名事,旋得国斌电话,已允不改名。此事算告一段落。

11 月 6 日(3)晴

与芸赴胜利午饭,后至金陵购物中心买杏仁及饼干,庆其生日也。夜婉夫妇来,威克以衣一件相赠。婉以腿部囊肿作小手术。夜天眉打电话来祝诞辰,并云前寄录像有误。

11 月 7 日(4)阴,小雨,风寒

得曹虹、马镜泉函(告诗集等收到)。蒋荫楠等来,赠一漆盒(代表《学报》)。

11 月 8 日(5)晴

致潘长胜、陆耀东,皆稿事。得福州市工人业余大学李乡浏函,附给子铭函,即转。又得三夕函,加藤国安函。购橘子一大包(55 斤),分赠各孩及本栋、史梅。史梅来,商议沈祖棻奖学金赠书印卡片事,由史梅去接洽。伯伟来,借去小说批评史二种二册,又商《文教资料简报》纪念册事。

11 月 9 日(6)晴

巩本栋来,馈以橘,并请其送书与吴金华,卷子与陈美林。章灿来,令其办复加藤国安函及寄复印书评事。复张三夕,翌日发。小红来取橘及改毛衣。

11 月 10 日(日)晴

以《版本》及诗文寄黄裳。下午小鲲来，改装煤油炉，又取去毛衣加袖。夜天渝夫妇来，送红大衣，极佳。中午早、燕二孩来饭，以文房四宝赠燕。上午赴校看病，归来在院中遇一人，强欲介绍人，收购其字画，不理，恐来路不明也。

【剪报:《南京大学报》1991 年 11 月 10 日科教版《博士生导师介绍·程千帆教授》。】

11 月 11 日(1)晴

郑尚宪来查唐圭翁著作，以诗属转白翁。鲁国尧来电话云詹伯慧到宁开方言学会，拟夜间来见。得臧维熙复信，朱野坪谢字，村上寄文三篇，舒芜寄绀弩纪念文集。夜詹伯慧、陈思泉来，赠以《世界》《选集》，詹馈茶叶。

11 月 12 日(2)晴

发昨写复舒芜函、诗卷、《版本》。又寄傅璇琮诗、《版本》，乞作书评。

11 月 13 日(3)阴

作沈威峰画册序成。

11 月 14 日(4)晴

得缪钺(附文)、王绍曾、李立朴函，国务院古籍小组函嘱填表。天纵来，赠新米及苹果。丽则来。二人均留吃大馄饨，并各赠以香蕉。下午洗澡。张宏生来谈系内事。

11 月 15 日(5)晴

程毅中寄赠《唐代小说史话》。省广播电台侯燕玲来采访，Tel644290。徐有富送《校勘编》第一章来。周本淳来，谈《全清词》。芸不慎跌伤唇齿，幸不严重，婉来看视。

11月16日(6)晴

以《全清词》试稿、《全明词》试稿及中华二次退稿函交张宏生转周本淳。平田昌司来谒，赠以铁观音茶，彼赠点心。吴翠芬夫妇来，转来陈美丽赠欧文书一册（英文本）。齐鲁致《古典诗论集要》题签50元。复王绍曾。

11月17日(日)昙转阴

天渝夫妇陪芸去配眼镜，以镜于前日跌伤时破裂也，晚在此饭。小鲲来代买尖嘴钳，又为煤油炉涂膏。

11月18日(1)晴

汉生来，谈甚久，故知零落者几人，为之慨然，然各道著述成就，亦可喜也。致陈早春函，催书。得黄裳、许匡一、马欣来、刘梦溪（寄《中国文化》第2期）函，思想家中心赠评传三本（宋应星、吴敬梓、李时珍）。许匡一系武汉教育学院教师（武大学生），地址：汉口六合路3号（430010）。曾介绍其译《淮南子》，云贵州已允签合同。

11月19日(2)晴

上午写好沈威峰画集序长卷，甚累。又函沈，令其来取。函复黄裳。原靖来，谈其父遗作及在省档案馆立档等事。

11月20日(3)晴

为饶固庵诗集题词，并近作交勋初带去。寄《宋史》与程毅中，附函。

11月21日(4)昙

惠小砚介绍之工人来装煤气暖气，整日甚忙，直至晚九时未成功，两人都累极。

11月22日(5)阴

上午暖气和热水器均装好。下午不适。陈书录送论文来。上午和万业馨同去参加陈大羽书画展览开幕式。

11 月 23 日(6)阴转晴

上午二人收拾房间,整理和安放书箱。下午点燃暖气洗澡,极为舒服。得方咏莪、舒芜、陆耀东函及《南京年鉴》函征购该书。发出热水器修理卡(明)。

11 月 24 日(日)晴

书箱整理好,亦安放好,浴帐挂好,过冬一切均已准备妥帖。函陆耀东,附致武大陶德麟函。

11 月 25 日(1)

复马欣来,附赋选分工单,又告暂不能写文。复缪彦威、曹虹。姚继舜来填表,令其呈验作业后再书评语。后写姚评语,下午取去,勉之甚久,不知能有效否?得周幼琴函并所作诗词二册,知倪豪士所带书已收到。邮局送来《祖棻选集》100 册。得贵州出版社审稿费 300 元。得中山大学中文系(510275)吴承学函,乃王运熙博士生,曾为其《中国文学风格学》提意见。张忱石寄《唐会要人名索引》,卞孝萱转交。

11 月 26 日(2)晴

去金谷中山大厦购物,来往步行。沈威峰来取去所书卷子及赠书,承馈酱菜 8 缶。

11 月 27 日(3)阴,小雨

上午二人理发。下午拟洗澡,而热水器不灵,已打电话给惠小砚请人来修。下午写信给天眉,寄赠小林晖生日卡,并写一儿歌于其上。今日开始用煤气暖气,甚舒适,但升温不高。

11 月 28 日(4)阴

许结赴厦门开文论会,以《祖棻选集》二册托其带去,分赠祖諆、晋华。

并勉其治汉代文学。得巴蜀书社袁廷栋先生来函，约撰学术自传丛书，拒之（附去君惠原函复印本）。得璇琮函，允为《广义》书评，又云有严重胃病，拟寄西洋参若干慰之；王绍曾函，云已寄《渔洋读书记》与有富。

11月29日(5)

寄西洋参与璇琮，并函劝其静养。砺锋、有富、章灿、宏生、伯伟与余夫妇宴三夕于南芳园。

11月30日(6)

复周勃，其书已于11月9日付排。林雪梅来取去著作目录。

【剪报：《南京大学报》1991年11月30日第2版《我校又有33位教师成为今年首批政府特殊津贴人选》。】

12月

12月1日(日)晴

章灿夫妇携孩来。发致张叙之函，为《音序索引》事。天渝、美林来晚饭，带来宽胶纸贴好地毯，早作此事，芸可免跌跤之厄。晚两楼二室户集会，讨论房屋改造问题，结论为改造后必须有像样的改善，否则不如不动。

12月2日(1)昙

得四川师大常思春函，欲为屈守元编80寿辰纪念文集，以旧作《李颀诗题校释》应之，即复。

12月3日(2)晴

丽则来告入选国家级有贡献专家事。勋初从港返，携回雪曼所赠画册。得杨坚函告，已寄出王船山全集一本。夜印唐婿陈孝乡来访，携来君惠赠茶叶、太阳神各一盒。

12 月 4 日(3)

总务处长来与同舍商扩建住房事。陈书录来,交、取论文。九三属填老龄调查表。改定《校勘编》第一章讫。

12 月 5 日(4)晴

赴鼓楼医院配助听器(DANAVOX)336 元,验听力 7 元。小电池 Hearing Aid Battery, C13,1.4V,Zinc Air,PR48,1.4V,JOF3,广东珠海拱北汉通电池厂。得叶嘉莹函,自天津南开大学专家楼 103;杨坚寄《船山丛书》(四)、《礼记正义》。文化交流中心约 12 月 23 日(六)在夫子庙瞻园路宏泰娱乐厅举行理事会,告知与芸同去。复杨坚、叶嘉莹、吴承学。寄丹麦公司助听器包修卡。皆明日发出。助听器型号 793u,编号 GB81266。

12 月 6 日(5)晴

函饶小平买小电池。得雄哥函。天纵来,馈橘、小核桃糖、米。天渝亦来,送眼镜,正合适。有富来,取去《校勘编》第一章改稿,又送来《教育报》记退休博导文,涉及贱子略有出入。林雪梅陪其母张老师来看煤气暖气。卞孝萱来约出席苏州《中华大典》审稿会。

12 月 7 日(6)

晨砺锋来,谈其报职称事,并赠《国际宋代文化讨论会论文集》一本。函教委古委会曹亦冰先生问《广义》经费三千元事。宏生来代周本淳借 1000 元,买除烟器。已借。吴金华来,交徐士复兄赠《全宋词》之典。北大出版社寄来《全宋诗》1—5 册,李立朴寄来《周易全译》。得陆耀东函(附《世纪的脸评》),云《诗集》大抵可在武大出版。王立兴赠有关近代戏剧论文一篇。

12 月 8 日(日)阴

复陆耀东信。给士名、程之、瑞洁、任之、寅宪、夕佳、晴佳、雄哥寄全家照片并贺年。

12月9日(1)晴

得陶德麟函,同意出书;赵昌平寄《注郑谷诗》;韩理洲寄《西大学报》,中有其《唐文拾遗》。

12月10日(2)小雨

复赵昌平并请其以诗寄蛰存。写笔谈一则寄马欣来。许结自厦门开文论会返,带来复旦七卷本《文评史》(明代卷),又贾晋华馈漳州水仙花二枚。得陈贻焮寄诗及缪彦威函,允以与弘老往返书札交《文献研究》。为丽儿作生日,上午出购一大蛋糕,晚全家吃面。

12月11日(3)晴

下午3时在图120发特别补贴证书,并7—12月600元。张宏生来谈申报省级科研项目事并汇报,已得到樱松奖金一等奖。

12月12日(4)阴

以英雄笔寄寅宪上海,请其修理,花去一元五角。芸赴银行转存款,而未到期,彼此皆胡涂,幸及时改正,免受损失。镇江某君寄文一篇,求刊《学报》,已转请阎、蒋二先生处理。函王绍曾,告以《渔洋读书记》标点之误一事。

12月13日(5)晴

瞻园研究部贺采(已离休)送戴敦邦佛像求题。文史馆司机吴智华送挂历。

12月14日(6)晴

为贺采题好佛像图。得巴蜀袁廷栋、曹月堂函,汪应果赠《科学与缪斯》。

12月15日(日)晴

上午十时和江苏古籍出版社同人一起去苏州,参加《中华大典·文学典·隋唐五代分典》评审会。下午一时余抵苏，寓园外楼饭店，在留园与西园之间。黄进德带来叶橹赠书三本，闻叶橹近况仍不甚佳，去年系里通过评为教授，院方未通过，住宿条件亦差，为之叹息。黄进德书评已写好，带来。

12 月 16 日(1)晴

上午开会，由卞孝萱报告筹备经过。下午开会讨论时，作长发言，颇得好评。芸去西园游。晚听评弹。得评审费 100 元。

12 月 17 日(2)阴

上下午开会讨论，主要是分点问题。芸上街漫游。

12 月 18 日(3)阴

上午会议结束，又作发言。中午出版社在松鹤楼宴请，然后往桃花坞参观，购得大笔一枝、洒金笺五大张。

12 月 19 日(4)晴

晨与陈贻焮夫妇合拍数影。上午乘车再度去同里退思园游，并在同里午饭，价廉物美，胜过松鹤楼。

12 月 20 日(5)晴

上午二人上街，购得家乡肉，久未食此物，颇思大啖一顿，但不知是否尚存过去之味。下午六时仍和出版社同人乘火车归，到家已十时。此行六天，身体尚佳，堪慰。以上数日收到函件如下：1. 王季思寄其《学术论著自选集》；2. 武大徐鸿寄其自传《阿妹头自述》；3. 王永芬来二次，均未遇，赠挂历，又云：暂迁居其二女枚君家（天津新村 42 幢 501 室，邮码 210013），来年四月始可返旧居；4. 中国文联出版公司贺新辉来函，聘为《全清词鉴赏辞典》顾问并嘱写稿；5. 陆耀东函，诗集事；6. 曹月堂函，黄先生学术论丛事；7. 杭生函，言退休购房事；8. 杜琇贺年片附言，超华已入加州大学读书；9. 袁行霈、钱鸿瑛、尹禄光夫妇、艾妹贺年片。

12 月 21 日(6)阴

收到台湾成功大学张高评函，欲在台出《宋文学史》。与新雷商，由上古办理。以《两宋文学史》校本寄李国章(新雷办)。周本淳函告，屈等校点《全清词》错误极多。又得其寄诗。王绍曾寄《渔洋读书记》刊误表，并告《清艺文志拾补》序已交中华《古籍简报》。叶嘉莹来函并寄岳麓书社所出词论集。龚任之来函，并寄全家照片。得闻一波、蔡厚示、陈致贺年片，旅游学会告大会闭幕电报。收到《古典文学知识》稿费 135 元。羊春秋寄所校点《曾国藩家书》精装二册。以陈、曾二生论文交勋初，又交与致曹亦冰函及缪彦威、刘弘度论学书。贺采取去题范曾画佛像。上午在系资料室照重点学科相。

12 月 22 日(日)晴

天纵来补墙壁。函复耀东、曹月堂、艾妹。以张高评函转寄魏同贤。

12 月 23 日(1)阴

复缪钺、徐鸿、张高评。函尹禄光、王永芬(芸写)。下午到夫子庙宏泰娱乐厅参加文化交流中心举行之联欢会，余夫妇皆首次见卡拉 OK，真乡愚也。

12 月 24 日(2)雨

为张蔚星作书一条，并复函。陈贻焮夫人打电话来，告以今日即回京，书签当另寄去。

12 月 25 日(3)雨，耶诞

函韩、曲，重点学科事。李灵年来，致稿费 30 元(《文教资料》题辞)。得寅宪函贺年，并寄照片；蒋寅函；河南洛阳文化艺术学校赵君平函，寄赠元稹书墓志拓本，与今集所收文字有改，可宝，乞书(471002)；沈祖庄从加拿大来信，无地址；加藤国安、省文联、陕西全唐文委员会贺年片。郭维森属定所译陶诗，借去今人译诗四册。USSR 寿终正寝，享年六十有九。

12 月 26 日(4)雪

威克送来挂面 5 斤,代购柑橘 25 斤,115 枚。改曾生论文毕,其中一节要重写。

12 月 27 日(5)阴寒

因雪未赴南师大之会。

百年那得更百年,今日还须爱今日。——《弇州四部稿》V. 37

大雪,威克送一颗大白菜来。改完陈生文。大纲来午饭,馈以甘子并属其发出致陈贻焮函及题诗集签。

12 月 28 日(6)晴,寒

下午吉林大学王同策来访(武大 56 年历史系毕业生),托其以小石先生书卷赠丛文俊。

12 月 29 日(日)晴

小红、小严来告已登记结婚,赠 500 元,又甘子一篮、西女挂历一轴。韩、曲来谈重点学科事。天渝夫妇来,馈面、饼等。

12 月 30 日(1)阴

助听器换电池。5 日至 29 日,用了 24 天。邀郭维森来谈译陶诗事。托章灿汇款至珠海买电池。以《索引》稿送出版社(章灿交时惠荣)。得天眉函及林晖照片,黄淑贤函,傅璇琮函,张叙之函,唐富龄函,周晶函,臧维熙函,张瑞洁函及照片,曹虹函及贺年片,王淡芳函,许匡一函及照片,余顺尧、魏利华、李悔吾、李飞贺年片,张奇慧、刘扬中照片,纪念杜甫筹备会邀请函,山大古籍所《渔洋读书记》题签费 50 元。倪明来嘱题文史笔记封面。

12 月 31 日(2)阴

复瑞洁、淡芳(内附诗文)、魏利华(附书签)、傅璇琮、周晶、张叙之、倪明(内附书签)。电话告许志英对系事态度。

1992年

最是风云龙虎日，不胜天地古今情。

一九九二年元旦题绀弩句

生活流水，大吉大利！

1月

元旦(3)晴

早早、小燕来，吃午饭。本栋夫妇来。贺年卡：刘宪章、张祖彬(《河北师院学报》)、唐玲玲周伟民、周笃文、齐鲁书社、吴志达。有奖贺年卡：曾卓、蒋寅、王弋丁、《莫愁》。今日电炉及煤气打火器俱坏，幸尚煤油炉。寅宪寄还所修笔，以邮片谢之。又以邮片复辽宁大学朱明伦，告以购《宋文学史》地址。晚小鲲夫妇携真真来。

元月2日(4)阴

函重禹，寄与早早合影一帧。以诗一纸寄周笃文。

元月3日(5)阴

江苏古籍周骋(638954—324)送新诗来看，借去叶橹书二册(一、《诗弦断续》，二、《哲理小诗分析》)。函李立朴介绍章灿《刘克庄年谱》。得钱南秀函及贺年片上贴有其合家照片，刘永济侄刘敦纲函，韩理洲函。贺年片：施蛰存、马瑞芳、赵丽坚。

【贴纸：1月　程千帆　0188008　等资415.00　校内8.00　其资100.00　综补47.50　应发470.50　房租4.90　储蓄50　尾款0.60　实发515.00】

元月4日(6)昙转阴

函复刘敦纲辞顾问衔。复韩理洲。孙原靖来，馈柑。万业馨夫妇来，馈桃脯。今日大纲20生日，夜与天渝全家宴于南芳园。昨夜起微不适，服“地”二次。

元月5日(日)阴

函复南秀。寄诗蛰存。得武大新闻系退休教师徐梅芬函(东中区8栋303室)。

元月6日(1)阴

复徐梅芬。老尹、淑贤来访。武汉出版社来长途，决定出版《索引》，春节后来取。请其来一正式公函。省社联秘书长赵杰，冒名芳及刘××来贺年，并送水果、太阳神。

元月7日(2)昙

出外，至中山购物。遇曲，言莫事。木生托人带来豆丝及糕点四盒。得吴庚舜、于景祥、陈贻焮贺年片。得朱新法寄六朝丛书条例。得许总函，《宋史》书评即安排发出。李立朴寄《诗经全译》。寄钱南秀书三册至美国。王庐云返南宁，来辞行，以茶一盒赠乃父。

元月8日(3)阴雨小雪

宏生来，与商编词人评论汇编事。小鲲来，不日赴港。

元月9日(4)阴

得曾伯藩、小佳信。南大毕业生单景龙(仪征化纤厂)、王鼎诰(省公安厅)、孙守明(仪征市委党校)来访,请为仪征市刊物《知与行》题签。伯伟来,带来陈平原赠《小说史》,以水果等物赠之。今日伯伟生辰也。

元月10日(5)阴

吴金华来电话,云所为书《荀子》字幅被裱画店遗失,允为重书。

元月11日(6)晴

看完曾广开论文,交勋初。得舒芜函,得祖孙照片后,对早早颇有赞誉;周笃文函;历史文献研究会开十三届年会通知及其他文件。晚赴省委统战部宴,在丁山宾馆,林副部长(女)主持。欢迎新任文名馆副馆长胡公石,曾佐于右任创标准草书,常熟人,久居宁夏,今始归乡,年八十矣。

元月12日(日)阴

小严、小虹来,将煤运走,并在此午餐。函天眉、小佳。

元月13日(1)阴转昙

草就安平秋要的笔谈,约二千字,芸抄正。昨日修好之炉子又坏,终日无暖气。单景龙等二人来,取去为市委党校刊物《知与行》的题字,送食物等8件。

元月14日(2)晴

徐有富送《校勘编》稿二章。省九三吴耘来问候,赠水果一包。珠海挂号寄来耳机电池4只。得武汉出版社公函及潘长胜信。收到上古赠猴画册,给小燕。

元月15日(3)晴

周骋来谈诗,并取去习作,还叶橹书。张伯伟代为去出版社取回《索引》稿。暖气修理人朱吉宏,电话 625578,地址:航天部干部管理学院。今天将锅炉开关修好。

元月 16 日(4)晴

以旧文学史稿交章灿,属其合作写一通俗性之文学史。

元月 17 日(5)晴

收到包忠文赠《艺术与人学》及所主编书三种,又购杨绛《洗澡》一本。得韩理洲寄赠拓片二纸及信。得四川师大常思春函,已将校东川诗题一文收入纪念屈守元论文集。得任继愈函,约开《中华大典》之会。得江西艺术师院曾伯藩函,吉大丛文俊函。

元月 18 日(6)晴

复韩理洲,寄去元稹段志拓片抄本。汪超伯、王永芬来。

元月 19 日(日)阴

改完陈书录论文摘要。天渝来饭。

元月 20 日(1)多云

伯伟来谈《文教简报》集稿,并定 22 日下午会日本女生原田。天纵去北京,来谈。早、燕来晚饭,吃馄饨及蒸包子。

元月 21 日(2)晴

章灿来谈文学史事,并赠以敏泽《美学思想史》三卷。文史馆赠年礼四色。得刘彦邦、曹月堂、周本淳函,又湖南社联约开王船山会信。

元月 22 日(3)晴

寄陈平原《诗论》,潘长胜挂号函。得王淡芳函,贾文昭函并寄《中国近代文论类编》,李立朴函及《编辑业务》专刊。鲁国尧来谈,问一日本罕见材料的处理。省委统战部副部长林敏端（女）及干部季俊秋（女）来访，各赠以《选集》一册（季夫程杰，郁贤皓博士生），受所馈西洋参二包、绞股四盒。

元月 23 日(4)晴

复刘彦邦王淡芳、曹月堂、贾文昭、李立朴、周本淳共五函。又函魏同贤询《宋史》出台版事。

元月 24 日(5)晴

得王同策函附两文。见江，合影。昨夜以《诗世界》交郭赠乃叔树峰。晚赴文史馆宴。下午勋初来，拟定曾、陈二生答辩人名单。

元月 25 日(6)阴

上午起《中华诗词鉴赏辞典》发布会，得书一册、笔一支。《校义》经费单已交科研处，不知何故未发下。已由姚松与科处韩新民交涉，允查。（交有富办理。）得魏同贤函，允付外汇，与出版社各半。得黄瑞云函，述生平甚悉，亦可哀者。与勋初商定博士答辩诸事。子铭赠现代组集体编《中国现代小说史》第一册。得胡济沧函及诗（年 85，无家可归，从六合迁居夫子庙地区老人公寓）。

元月 26 日(日)阴

函魏同贤商《宋史》台版事。函张高评（同上）。

元月 27 日(1)晴

得陈列函；北师大函，嘱为文祝钟敬文 90 寿；东台粮食局张海滨函，要学词，不复。

元月 28 日(2)晴

上午参加思想家评传会，并在中美中心午饭。校对《文史知识》稿，寄京。

元月 29 日(3)阴雨

市文联同志来,馈水果。凌萍萍来,赠银柳一束。

元月 30 日(4)阴雨

得钱鸿瑛信,清水茂和诗。天渝夫妇、丽则来午饭。得《文哲通讯》1:4。

元月 31 日(5)晴

得李继芬函及陈中凡为乃父撰小传。吴锦馈田七二盒。徐有富取去《校勘》稿,送来末章。苏昌辽来,馈乐口福。史梅来,《沈选》赠送标签印就。

2 月

2 月 1 日(6)晴

威克来,带来老白送酱菜、酥糖、麻油。砺锋来送菊。黄希坚拟来谈重印沈词事。(改明日上午。)函韩理洲,为题书签,并点元段夫人志。

2 月 2 日(日)小雨

黄希坚来细商菜集事。老白来饭,威克陪饭。改《校勘编》初稿毕。

2 月 3 日(1)雨雷,除夕

全家老小共 18 人在家里聚会,庆祝新春,很热闹。

2 月 4 日(2)晴,春节

中午在丽则家午饭,食饺子和牛尾汤。得陈继明、杨翊强函,罗联添贺春节卡,山东大学开苏轼纪念会通知,《龙门阵》一本(92.1)。

2 月 5 日—6 日(3、4)晴

在天渝、天纵家午饭欢聚。

2月7日(5)阴

函潘长胜,询愿否出宋词人评。小燕来贴《茱集》标签,与早早共午饭。得南秀、吴功正函。复陈继明、刘泰焰、李继芬、陈列。王步高来。得胡济沧寄诗。

2月8日(6)

复钱鸿瑛、黄瑞云、杨翊强。寄章灿南通。郁贤皓来。曹济平来,赠所笺《芦川词》。蒋寅夫妇来,明日北返。

2月9日(日)晴

头昏,未做事。

2月10日(1)晴

上午去医院看病,血压略高94—136。周勋初来,索季刚先生赋,取去湖北印《诗文抄》。得闻一波函,索书祖棻词。下午沐浴。

2月11日(2)晴

系中新调来湘籍教师潘知常嘱签名寄《湖南日报》。蒋广学来,借去张振佩《史通注》。陆国斌来,① 属为小石师草书作跋;② 涉江词本事改为小笺;③ 为编选一宋诗选,约100首。函湖南、福建谈诗词重印事。

2月13日(4)晴

威克取去《选集》64册送系。写钟敬文90寿对。写赵君平、闻一波、贺新辉字寄出。以周骋诗数首寄骆文,请其在《长江文艺》发表。天渝夫妇来玩。阎韬来谈《学报》事。

2月14日(5)阴多云

出购面包。连日写字,讫。

2 月 15 日(6)晴

得陈平原信;晴佳信,告凯凯于 6 月 10 日结婚。得武汉潘长胜长途电话,云不日来。

史外祁彪佳传论:乌乎,山川人物之故,夫岂幻哉! 昔张煌言司马被执,临行见青山夹岸,喈曰:"好山色!"不知山色正以公等好也,不然,马首、巢由,痴顽老子,涧愧林惭,何好之有?

2 月 16 日(日)

复陈平原。马钢杨功武来,送诗集及礼物,又属写字一幅赠该厂党办副主任苏鉴钢。早、燕、天渝在此午饭,吃蛋皮。以字四请天渝托苏昌辽装池。

2 月 17 日(1)晴

吴文治夫妇来,馈酒二瓶又橘。

2 月 18 日(2)晴

巩本栋来谈。得李立朴寄贺年片及《贵州书讯》。

2 月 19 日(3)阴

得天眉函。

2 月 20 日(4)晴

得周祖譔信,谈唐代文学国际会议事。得姚柯夫编《陈中凡年谱》,王水照编《日本词学论文集》,郑光仪编《历代才女诗歌鉴赏辞典》,留法女生(客岁南师大唐诗宋词会议相见)张如凌寄相片,湘乡市文联寄《碧玉箫诗词》打印征求意见稿(邮码 411400)。

2 月 21 日(5)晴

以元微之拓片寄苏昌辽,乞代付裱。函小鲲。勋初示所为论赋文,并商谈学会事。

2月22日(6)晴

复周祖譔。

2月23日(日)晴

单人耘、宗良纲来谈，托宗治数印。市文联寄来40年纪念文集，寄件人陈学诗求字。得政协开会通知，请倪明代为请假。得龚任之甥函及淑芬姐92岁像。

2月24日(1)晴

以新诗手稿及照片寄陆耀东。伯伟取去《文教资料》稿交书录。得邓韶玉信，寄回《宋文学史》样稿，告暂不重印，又《宋诗三百首》75折3.15元；郑光仪夫陈瑜信，告赠《才女诗典》；湖南出版社朱正函，告《涉江词》版权等问题；王镇远告古籍社同意按所设想处理《宋文学史》台湾版；福州工人业余大学政文教研室李乡浏以编作家寄语要“知识爆炸”文，并求改正简历。

2月25日(2)晴

寄陆耀东新印相片。复郑光仪之夫陈瑜，告以郑撰辞典前言失实之处。复李乡浏，并寄照片。复王镇远，还邓买《宋诗》款3.15元，附去。校一新底本，备台版用。得雪曼香港函，庆祝母校90大庆。得宁乡诗词协会函，属为顾问并题额。潘长胜来长途，定三月上旬来宁。

2月26日(3)晴

函齐鲁书社催书。函朱祖延，托序《音序索引》。人民日报社徐放赠所译唐人绝句。赵君平寄赠神道拓片一纸(篆文)。

2月27日(4)昙

为宁乡诗词协会题榜，又为市文联陈学诗写字一幅，即分别寄出。感冒。

2月28日(5)阴

感冒。写学校90周年贺联：

经济文章，成德达材九十载；

诗书礼乐，旧邦新命五千年。

林雪梅告科研反馈款已取得。

2月29日(6)晴

得陈一新函，附照片多帧。得刘敦纲函，强欲为刘永济研究室顾问，不复。得洞口县毓兰镇中学刘梦舟函询考研究生事。康育义转来澳门梁披云赠诗集《雪庐诗》。

3月

3月1日(日)阴，微雨

以《诗世界》及复印丛稿寄梁披云。受永芬兄托为人作字三幅。

3月2日(1)雨，温度由20余降至8

3月3日(2)阴，微雨，寒

曾、陈二生开题报告。收到珠海寄耳机电池10枚，王淡芳信，贺新辉信。以“不伏老”章赠吴翠芬。

3月4日(3)阴，微雨，寒

上午打电话与朱家维，痛斥某文之谬。开会讨论重点学科取得之因及保持之道。与会者勋初、砺锋、宏生、伯伟、章灿、姚松。维森缺席。

3月5日(4)阴

陈致寄刘冬等编《通俗小说提要》。

3月6日(5)晴

复王水照、徐放、陈致、杨咏祁，皆谢赠书，并问王复旦硕士课程。史梅送存《李渔全集》二包，暂置家中。王永芬函告收到书字三纸。孙原靖来，告将赴蜀。

3月7日(6)晴

周骋来，借去《牧女与蚕娘》及王水照编《日本人词论集》，请其催齐鲁发书及稿费。得任笃行函，即复，请速寄书。江苏古籍送《宋诗选》样、稿纸来。

3月8日(日)晴

宏生来谈系事，还书(周亦托代还)。《宋诗选》试笔(一首花2小时)。

3月9日(1)晴

天纵、小婉来饭。收到陆耀东信。

3月10日(2)晴

领一订专机，不佳。以中华祝词寄璇琮。函天眉。有富来托向匡老荐其女昕。

【剪报:《南京大学报》1992年3月10日第2版《程千帆教授的来信》。】

3月11日(3)晴

为徐昕作书荐之马先阵。街头买桔二斤，女骗子借换钱骗去90元，后当引以为戒。

3月12日(4)晴

芸写信给鼓楼区公安局反映被骗事。扬州职工大学蔡文锦函告，其介绍祖棻文章已于3月8日于江苏二台播出，未收听。得陶华函。

3 月 13 日(5)阴

函复华妹。以字一幅赠德育教师周某(陈瘦竹的硕士生)。小高送孙老事略来,准备作碑文。程章灿来告知,他的第一本已印好,并借到一本送来看看。

3 月 14 日(6)阴,微雨

今日南大又成立五个学院,文学院长董健兼任。收朱祖延、林英(告放弃沈诗版权)、刘君惠(附长诗甚佳),又徐放寄诗集《情和爱之歌》,湖北大学琴园诗社毛诗辞典约任顾问。

3 月 15 日(日)阴

天渝夫妇来午饭。

3 月 16 日(1)阴雨,寒,霰

得天眉信。

3 月 17 日(2)阴雨,寒,霰转雪

潘长胜来,宏生来与之谈词人汇编事。高雄市复文图书公司负责人杨丽源。见赵昌平文,甚佳,即复,并寄诗词。卞孝萱来,嘱为韩愈会书件。徐有富送来《版本》样书五本,又谈其女昕工作事。

3 月 18 日(3)晴转阴

得王水照(告复旦课)、任笃行、周晶(《版本编》)、张高评(《宋史》)信。夜潘长胜来,商酌合同。复张高评、致王镇远函及《宋史》底本,交新雷处理。任信交有富处理。伯伟交重点学科报告,略改后交勋初。托伯伟以卷子交董健带美交南秀。潘长胜属书"几何如斋"榜,又刘昌钊书诗词。

3 月 19 日(4)阴

嘉莹托乃侄言材携来新著《唐宋词十七讲》及文稿《花间词与女性》。

小海打长途来，告已得绿卡，拟 5 月归省。砺锋来，赠之《版本编》，又宏生、伯伟各一本。潘长胜将返汉，请宏生代宴之，又由文史馆派车送至码头。并托潘将马昌松所记梦窗词刘氏说稿交还。

3 月 20 日(5)雨

参加古籍小组座谈会，并晚饭。

3 月 21 日(6)阴

得《古籍简报》稿费 65 元。吴志达寄来《明文学史》，其一与莫。广西师大秦冬发要《涉江词》。函陆国斌荐徐昕。

3 月 22 日(日)阴雨，寒

昨日不适，今愈。

3 月 23 日(1)阴，寒

有富打电话来，齐鲁所寄书七包，已由教材科收。

3 月 24 日(2)阴

函雄哥。系补 210 元。中华张世林来函，赠《书品》并索字。以静闻 90 寿联托万业馨带北京。得小鲲香港函。

3 月 25 日(3)阴雨，寒

今日写字数幅：河南韩愈纪念馆、南大九十校庆(制版)、潘长胜、刘昌钊、张世林(中华)。因写字，停著《宋诗选》。史梅来谈《全清词》账目事，告以五月十日结婚，索横幅一条，并代裱画师邱晓刚索字。史梅夫名倪东明。今日起炉子开关又坏，威克修不好，小严出差，改用电炉。

3 月 26 日(4)阴

写史梅要字二幅，《社科战线》一幅。

3 月 27 日(5)晴

得中南财经大学(430064)张人价函。将丽则纪念刘厂长文寄马昌松,请其设法发表。

3 月 28 日(6)阴

周安华来,赠其博士论文及另一书。徐有富来,谈购书事。阎韬、蒋荫楠来谈《学报》事。以《版本编》赠赵国璋、徐复、陈书录。

3 月 29 日(日)晴转阴

周本淳夫妇来,赠以《版本编》。小严夫妇来,修蒸气炉,旋至胜利午餐,费 158 元。晚勋初召饮,余偕芸往,宴本淳夫妇也。

3 月 30 日(1)阴

得上海古籍代寄柳存仁《和风堂文集》三册;陆耀东诗集序及信;陈平原信;曾卓信及《长江文艺》(载我致曾信);四川古歆(德阳县西小区 22 栋,邮码 618000)寄《杜甫律诗释译》一小册,又信;张文勋信,属为其诗集题辞。出席《学报》编委会,得编辑费百。

3 月 31 日(2)

致函小海。

4 月

4 月 1 日(3)阴

宏生来取去展览书籍。章灿来,为题《刘克庄谱》签。复君惠。许结来,赠以《广义》二册。

4 月 2 日(4)昙

得三夕信,云将去海南。长影制片厂总编室曹积三属为《人生百爱集》写稿，不复。

4月3日(5)昙

得湖南益阳夏五信，询齐己诗。小鲲来，带到可可四罐，赠巧格一盒，又香水赠丽则。

4月4日(6)晴

陆国斌与其兄国强、刘毅强来，皆上海书店编辑，约稿，却之。函曾卓、三夕、印唐。为湖北大学写字一张。以朱正、林英函交陆国斌存档。

4月5日(日)晴

早、燕来午饭。以《版本》寄志达。

4月6日(1)阴

王静和小鲲全家来晚饭。下午中宣部有人来校，由戴安邦、冯端和我三人会见，谈教育界情况。

4月7日(2)阴

孙原靖来。史梅拿去所书横幅。

4月8日(3)阴

买铱笔一支。函周晶，关于邮购《版本》事。

4月9日(4)阴

得王镇远信，告协议书及样本已寄台；马昌松信，丽则文5月发。函柳存仁，谢赠书。收到张世林寄《书品》，即复，并为作字一幅。复益阳教育学院(413000)夏五，附去严杰条。

4月10日(5)晴

函晴佳，并汇款200元，赠凯凯结婚。

4 月 11 日(6)昙

威克来传功。曾广开来,以《版本编》赠之,并托带与高石斋、姚继舜。曾以华钟彦遗文一册见惠。

4 月 12 日(日)昙

天渝夫妇来午饭。赵国璋来。

4 月 13 日(1)晴

上午在校医院看病,照心电图,较前稍好,甚慰。下午上街购桔子,感到累,但情况作好。

4 月 14 日(2)晴

下午曾广开、陈书录答辩,均参加,并参加晚宴,历时 5 小时,虽累,未发病。章灿来,聂绀弩散文二册托其还。

4 月 15 日(3)阴转晴

上午省台湾事务办公室许功溥来,为《中国时报》拍我指导曾、陈二生情况的照片,以资宣传。

4 月 16 日(4)晴

伯伟来馈糕,借去柳存仁《文集》。甘肃甘南藏族自治州合作民族师专中文系教师桑吉扎西来访,赠以《选集》及《诗世界》。

4 月 17 日(5)晴

刘庆云介绍其硕士生聂安福来见,该生拟考博士生。刘赠养生精二盒。托聂带给姜书阁《版本》一册。周笃文来函,请任中华诗词评奖顾问。周勃寄来新茶。

4 月 18 日(6)阴雨转晴

函复周勃、周笃文。

4 月 19 日(日)晴

得天眉函,小海拟五月廿六日回国。天纵上午来,送来新茶约一斤,在此午饭。天渝傍晚来,送来新茶一小包,在此晚饭。下午上街,走到金谷,喝了一杯可乐,晚上胃胀痛,不知系饮可乐所致,抑或近日食豆过多。

4 月 20 日(1)晴

昨夜腹痛,今日疲乏无力。写一整幅纸字,寄徐州朱从秀。伯伟来,谈拟去日本讲学。晚赴江苏古籍出版社宴。吴奔星来约明晚共宴请侯敏泽夫妇。得萧印唐函;吴志达函,请写书评;《龙门阵》稿费;人民银行取款通知(中华书局稿费 135 元,收据已寄回);王镇远转来台湾复文图书出版社承印《两宋文学史》合同。

4 月 21 日(2)雨

复吴志达,谈有关书评事。与吴新雷一起将《两宋文学史》合同签好,寄回上海古籍。晚与吴奔星一家共同宴请敏泽夫妇。夜晚腰痛,不能入眠。

4 月 22 日(3)晴

晨去费医生处按摩,痛稍减,晚威克来治疗。函武汉出版社及张三夕,询问《索引》事。

4 月 23 日(4)晴

车队熊广余为其岳父黄长兴八十寿求联。请巩本栋将捐赠南大九十周年校庆自己批点的书 42 本送往校长室。早晚经费医生及威克治疗,已愈大半。得吴于廑、骆文函,唐富龄函及《文学史》,夏五函并赠诗,王见函附诗。

4 月 24 日(5)晴

程章灿来还文献所所借《辞海》等,并带来赖永海所赠禅学及诗歌。

张伯伟送来《诗品》稿，请审阅。张宏生来谈写重点学科材料事。武汉大学打电话来，索书评，告以不能急就，详已函吴志达。写对子二副（一系车队熊广余所求，一赠骆文夫妇）并写跋。

4 月 25 日(6)阴

得周晶函，内容与任函同，即待 70 本《版本》及稿费寄来，此账即清；刘彦邦函，云淡芳将赴美探女。孙钦善来，赠《龚自珍诗文选》一本，未遇。晚嘱砺锋去回看，已回京，亦未见到。晚《文学遗产》编辑李伊白来访，江苏文学所周某（省社科院文学所副所长）陪来。

4 月 26 日(日)晴

阎韬陪任继愈来访，赠以《广义》《宋史》，任馈铁观音一匣。天渝夫妇、小婉来。小鲲来，购得粉红纸一张。管雄稿费交小婉转管嗣昆。今日恢复工作，写张耒诗三首 55—57。

4 月 27 日(1)晴

寄出孙钦善、金克木、陈贻焮、袁行霈、张少康《版本》五册。寄骆文对联。寄邓韶玉《宋史》一册，请调换（有缺错页）。朱邦蔚来，取去道雄稿费。

4 月 28 日(2)晴

函于辅仁，拟将存此的《选集》购下（266.4 元）。本栋陪往南医牙科门诊所拔牙，牙根未动，故极为方便，吃东西已不痛。陈书录来，谈南师大校长对他的看法，拟于会到谭时，为之说明。又吴奔星不收宴请敏泽的钱。函天眉、雄哥。得陈帆、晴佳、蒋寅函，陈帆索书。福州李乡浏来信要稿，已交姚松复印寄去。姜书阁寄《说曲》一本。

4 月 29 日(3)阴雨

函周晶，告以来函所扣书款数目不对。寄书并函吴于廑、陈帆。

4月30日(4)晴

理发。周明来，取去《文学遗产》之稿费，赠以《诗论选集》一本，托其带《版本》一册给吴文治。

5月

5月1日(5)晴转阴

早早、小燕来吃午饭。

5月2日(6)晴

七姐、老白带孙白雪初来，赠新疆糖食三样，回赠酒一瓶。下午天纵来，谈阿晶升学事。晚小鲲来，代购到彩色纸10张。

5月3日(日)晴

得王绍曾函，王镇远函及关于《宋文学史》的合同，加藤国安寄《东方杂志》三本(莫、张各一)，《全清词》第一册校样(责编：文学编辑室徐俊)，黄裳寄《清代版刻一隅》一本。潘长胜打长途来，言因妻病耽误时间，合同订好后即寄来。

5月4日(1)阴转昙

送史梅礼，已托本栋送去。得辽宁大学电报张震泽去世，已打电报去吊唁。周骋来还书，索字。《全清词》校样已由文献所赵益取去，交周勋初看后，拟寄给周本淳校对。

5月5日(2)昙

汪越来，送人参茶一包。

5月6日(3)晴

得文研所寄来《文学史》两本(南北朝与元)，交与章灿先看，由砺锋、新雷致复；高津孝送论文二篇（张伯伟转来）；冒舒諲代其兄冒叔子寄诗集一本；柳存仁函；岳阳楼函请写碑文刻石；四川射洪县函邀参加陈子昂纪念会，不复。郝阿姨之母送人参糖数粒。

5 月 7 日(4)阴雨

复冒舒諲，并寄《诗世界》及单页诗词各二份，其一属转其兄叔子（效鲁）。以《版本》寄徐中玉、施蛰存、王运熙、刘君惠、王文才、缪钺、罗宗强、周勃、朱祖延、张舜徽、张叙之、贾文昭（交章灿于 8 日寄出）。

5 月 8 日(5)晴

得周勃函告《索引》事，又白匋函询冒叔子消息。永芬来谈。

5 月 9 日(6)阴

得赵熙文寄来茶叶两盒，并函。程章灿来，借去书若干本。早早、小宁来午饭，天渝赠茶叶两包。得王绍曾函，附台湾《书目季刊》转载《清史稿艺文志拾遗序》；陈贻焮函，得到《版本编》；田翠竹函，寄其八十生日诗；张三夕函，谈《索引》事；于辅仁函，同意将书七五折卖给我；陈平原寄《千古文人侠客梦》一本。

白下弦歌九十年，依然学苑着先鞭。
每肩道义光青史，长使科研迈昔贤。
翠竹高松真磊落，夭桃秾李总芳鲜。
承先启后吾曹事，阔步昂头共向前。

母校南京大学成立九十周年志庆
壬申初夏程千帆时年八十

5 月 10 日(日)晴

寄于辅仁函，又汇 266.40 元。函岳麓书社询汇款。苏昌辽来，谈校友会捐款建楼事，赠茶叶一小罐。天纵来，代购沙拉作料二瓶。天渝、美林来午饭，又赠茶叶一包。收到古籍小组开会通知。张伯伟来，送稿审查。老学生王财仁（毅）来探望，送咖啡及伴侣二大瓶。

5月11日(1)晴

晨写好庆祝校庆之诗，待来取，《南京大学报》用。得曾卓转来《长江文艺》稿费25元。得耀东信，寄来《新诗集》合同。得孙钦善信，齐鲁周晶信，克木信。晚史梅、倪东明送糖来。美国韩大伟偕邓瑞来，各赠《选集》一本。

5月12日(2)

函复陆耀东，请将编辑费和购书费在稿费内扣。复周晶、孙钦善、赵熙文、三夕、陈平原、黄裳、叶嘉莹、吴白匋、蒋寅、姜书阁、田翠竹（附字）。校报字取去。

5月13日(3)晴

明天天渝去沪出差，今日来饭，带去送雄哥的茶叶和人参糖。函小海，告以去北京开会事。得袁行霈、张少康谢赠书，齐鲁补寄算错稿费108元。函周晶（挂号）告以稿费未到，请查。

5月14日(4)阴，微雨

无事。

5月15日(5)昙

邓韶玉寄《宋史》一册（换错页本）。得吴志达函。得黄永年寄陕西师大《古文献集林》Ⅱ。

5月16日(6)昙

写寄禅《梦洞庭》诗一首寄岳阳楼风景区殷本崇。

5月17日(日)昙

许惟贤来谈日本情况甚久，并拿去横山弘等所著书，准备校庆展览。

天纵送茶叶及糯米来。

5 月 18 日(1)昙

晚徐中玉、钱谷融来谈，约一小时，颇兴奋，睡眠较差，并各带礼物来。程章灿送《世界史》来。

5 月 19 日(2)晴

校庆办送廿一日大会票来，并盼能接待外来的校友。张宏生来，拿去有关《诗世界》书评、《江海》和《杜甫学刊》各一本。得武汉出版社寄来合同，陈帆函，王运熙函(均为收到书)，社联函。购得香菇和香肚，分赠徐、钱。晚勋初宴横山于接待餐厅，横山赠量血压计及巧格力各一、纸簿二、杂志二册。邓启东女婿袁奎荣(桂林地质冶金学院院长，燕华之夫，南大 62 届地质系毕业)夜来访。

5 月 20 日(3)晴

函复周勃、吴志达。合同寄还武汉出版社并附为潘长胜所写条幅。今日起暂停《宋诗选》的写作，休息十日，拟六月初再继续。今日开始用血压计。晚武大李进才等三人来探望。晚上参加校庆聚餐会。朱寿桐送其著作两本，送他《选集》一本。小鲲来，谈强姐身体不好。

5 月 21 日(4)

上午出席江苏古籍出版社颁奖会。下午出席南大 90 校庆会。

5 月 22 日(5)晴

得罗宗强函，收到《版本编》；蒋寅函，收到《版本编》；施议对编《现代散文辞典》索稿，即复蒋寅，嘱在《选集》选用；王见函附词数首，不复。苏国函拟购《宋文学史》，函复嘱其向出版社购。今晨去医院看病，血压增高，恐系连日疲劳所致，今日全天休息。张祖还先生昨日出席庆祝会，劳累致脑溢血，病危。可戒!!!

5月23日(6)晴

为周骋作字一幅，寄去。丽则来午饭，嘱其照料家中。下午二人去看强姐，人瘦极，仍不甚清楚，一字不谈，只连呼“走，快走”。送吴志华女儿一小计算器，送倪明一温度计、一计步器，皆日友所赠。姚继舜交来论文一章。

5月24日(日)晴

与周勋初、郁贤皓同机赴京，参加国务院古籍规划会。10时15分起飞，11时45分降落，乘车至香山饭店已1时余。晚饭时见到许多老朋友。余冠英、张璋、宗福邦、王运熙晚间来谈，宗谈武大事甚久。

5月25日(1)晴

上午开幕式。晚周振甫、周绍良来谈，又为中华书局三青年书三条字，为大会写一条。得《全宋诗序》稿费100元。上海古籍二编室由副主任王兴康代。齐鲁书社社长孙言诚催《校勘编》稿。

5月26日(2)晴

上下午均开小组会。蒋寅来访。李彦同志介绍两种药——654—2及多烯康。

5月27日(3)晴

上午大会发言，我所作的发言甚得好评，均谓思路极清晰，可见尚未头脑糊涂，颇慰。下午去北新桥门诊部(东四北大街69号，100007)检查，医生说可以吃山海丹，西药照旧，遂购得5瓶(200元)归，即服。医生又云心功能尚好。得古籍小组聘书。

5月28日(4)晴

晨游双清别墅，空气清新。上午开小组会。会后人民文学出版社陈建根来谈，托向匡老说情，拨款给《古代文学论丛》。又得人民文学出版社为周祖譔书写书签费 25 元。午饭后黄墨谷、冀淑英来略坐。下午去中关园毕金献、陈云卿家看小海，林晖壮实可爱，小海极少变化，给小海 500 元零用。

5 月 29 日(5)晴

小海率林晖来玩，午饭午觉后返。小鲲一家亦已抵京。晚周祖譔来谈唐代文学会事甚久。

5 月 30 日(6)晴

上下午小组会。钱伯城索一诗幅。

5 月 31 日(日)晴

大会代购得今日 7:30 机票，故未等待闭幕式即行回宁，周、郁仍同行，宏生来接。家中颇乱，中午胡乱煮面食之。午睡时阿姨来收拾好房间。旅外一星期，极好，每日测血压及脉搏，都尚可，见身体有好转，或尚可参加《中华大典》编辑会及唐代文学年会。得齐鲁函；岳麓书社函告汇寄稿费 150 元之账号；姜书阁函，收到所赠《版本编》；张舜徽函，收到《版本编》并回赠《清儒学记》；张叙之函，收到书并报告近况；于辅仁函，寄来购书收据。

6 月

6 月 1 日(1)晴

续写《宋诗》。得上海古籍汇来两个 54 元，岳麓 150 元亦拿到，齐鲁稿费仍未到。莫砺锋来，取去赠村上两本书《目录》《版本》，托日本留学生带去。舍委陈君来谈，房屋改造需投资 4500 元，已签名同意。

6 月 2 日(2)晴

以 400 元交丽则，托人在北京购山海丹。万业馨来，赠毛笔三支。得台湾《文哲通讯》Ⅶ1、《文哲集刊》2，吴白匋《戏剧论》一册。

6月3日(3)晴

邮局送来《版本编》8包，共56册，尚缺2包。

6月4日(4)晴

邮局送《版本》2包，70本全到。得吕永函，嘱题书签。小海由京抵宁，天渝、大纲去接，丽则、美林、小宁、小鲲均来会面。小海住九宿舍110号，带来很多礼物分送大家，我们收到鞋各一双，照相机一，毛衣一件，糖果、饼干等甚多。

6月5日(5)晴

夜勋初宴祖譔，贤皓及余夫妇陪。小红、小严夜来，省海若。

6月6日(6)昙

赴军区订席，付400。市文联人来询土星笔会事。章灿来治铁窗塑料条。伯伟来，谈去日本事。

6月7日(日)晴

函雄哥、吕永。晚全家欢聚于后勤招待所食堂大吃烤鸭，价廉物美，热闹已极，两娃叫跳不已。晚小海率林晖去天渝家。

6月8日(1)晴

武汉出版社6月1日汇来2000元，5日到。齐鲁书社6月3日汇来4764.81元，4日到。蛰存寄《花间新集》。湖南文艺出版社前社长、湖南作协副主席弘征寄《唐诗三百首新译》及诗词集小册，又函。田翠竹复信谢赠祝寿字幅。中华来信属题《全清词》签。新雷示邓韶玉信，台湾复文公司尚无信来。清水茂以邮片告收到横山所转《广义》。

6 月 9 日(2)晴

有富取回齐鲁、武汉稿费。得赵昌平函,云书评《文遗》6 期发。砺锋送文来请审阅。陶著来送一画册,回赠咖啡及伴侣。小海、小鲲带林晖、真真来,午饭后去。芸算清《版本编》稿费账,有大功。

6 月 10 日(3)晴

沈祖棻奖金首次颁奖,二等 12 人(一等缺),人各 100 元、《选集》一册。徐有富将其稿费取去,2209 元。庞老稿费 450 元已寄与王文才转。函中华,附《全清词》题笺;湖南文艺出版社弘征,寄诗稿;周晶,催扣书费发票。下午张伯伟陪《文教资料简报》编辑来谈特刊事。

6 月 11 日(4)晴

以学术自传寄国务院古籍小组。函张高评索稿酬,并附寄黄进德书评。芸送鸡至佛心桥,小海甚好。得周一良寄所著《魏晋南北朝史论续编》一册。晴佳寄来凯凯结婚照片。凯妻小徐在二汽动力厂(襄樊市),凯拟调去。章灿来,论学甚久,还折叠床来。

6 月 12 日(5)晴

南秀同学梁侃来,带来南秀函及所赠花旗参。赠梁、钱《广义》各二册,校史共一册。发出赠霍松林、冀淑英《版本编》各一册。

6 月 13 日(6)昙转雨

倪馆长来告,馆将① 办一文史研究,② 开一文化服务社,③ 明年举行成立 40 年纪念。林晖发烧,带往南大医院和儿童医院看病。得杨坚函;古代文论会会员通讯及嘱汇款订购集刊;韩理洲函并附文稿;驻马店师专陆刚拟编索引(《全宋诗》),请教。

6 月 14 日(日)雨

上午宁健率小红、小严带菜来午饭,本以为小海在此,后带去部分菜去看小海。晚成都中学的老学生谢懿来访(有名片)。函周晶(经营部),催收据。砺锋文稿交丽则带还。

6月15日(1)晴

寄10元与华东师大陈怀良,预定《古代文艺理论研究》16—17册。夜天渝宴小海,余夫妇陪。

6月16日(2)昙

为陈永正升研究员作鉴定。周骋来呈诗数首,赠《朱熹佚文》《日本俳句论》各一册。得雄哥函。购得《杨家将》连环画赠道深,《斯佳丽》赠天眉。

6月17日(3)昙

图书馆副馆长杨克义已收到赠书目录。史梅送来北大影印本金书(六函)。发出陈永正鉴定。湖南师大黄钧寄赠与马积高合编之《中国古代文学史》上中下三册。北大葛晓音弟子陈伟强寄其硕士论文《论杜甫以赋入诗的历史渊源和艺术成就》。郑先仪寄《女子词鉴赏辞典》顾问费40元。周晶来信言发票已寄出,即复。黄涛询《全清词》出版事,即复。吴代芳来信求写书签,已书就。

6月18日(4)晴

马昌松寄来《长江日报》,内有潘长胜写我的短文。上海周道南征楠园诗,不复。本栋来,带来吴调公《神韵论》一册。

6月19日(5)晴

小海下午来,吃饺子。其大学时同学两对夫妇来坐谈。

6月20日(6)昙

小海明日去沪转美,今日来告别,天渝夫妇亦来,午饭后皆离去。小海出国六年，才回来探亲一次，转眼半个月就过去了，孩子们打闹时感到吃不消，走后又颇为思念。

6 月 21 日(日)雨

终日在家中休息。

6 月 22 日(1)阴雨

发咟电，吊咟唐文。和毕业班照相。得吕永函附诗；张奇慧函附照片两张；曹月堂函，谈《论丛》事未向三联提。王庐云回广西，来辞行，赠水果一袋。

6 月 23 日(2)昙

陈书录来交论文提要，拟为转《文献》曹月堂，托以《广义》二册送吴锦。托宏生看《宋诗选》，以《广义》二部分送赵宪章、朱家维。《宋诗选》今日粗毕，用 100 天，14 万字，选诗 150 首。吴、王夫妇来，问十发老人事。

6 月 24 日(3)昙

昨夜小宁得天眉电话，小海母子安抵，甚慰。今日小鲲来电话，云小海所携各物均已带去，鲲昨晚返。

6 月 25 日(4)阴

《宋诗选》毕功(自传 2 页，前言 9 页，正文 457 页，共 468 页，合 14 万字)。得王博仁(武大 55 年毕业)函，并附其学生郝鸥君作之画；蒋寅寄《东方的美学》；中文系《文学研究》一本；贾文昭函；刘梦溪寄《中国文化》第四期，并附函。叶子铭介滁县文联副主席吴腾凰来访，问宋代文学研究者情况，赠《美的殉道者——吕荧》一册，答以《选集》一册。

6 月 26 日(5)阴

函天眉。出席中华鳌精赠送仪式。

6月27日(6)阴

改完姚继舜文。复刘梦溪,赠《版本编》。复曹月堂,寄陈书录论文提要。复韩理洲、林家英(谢赠酒)。潘知常来谈,赠以《世界》《选集》各一册。至宁海路工商处理款事。得冀淑英函,谢赠《版本编》。得松林函,乞为《全唐五代文》序。得周晶函,补一影印发票。齐鲁1992年3月31日发票:3240,《版本》100册,1160元;3241,《版本》50册、《目录》50册,1025元。共2185元。山西1992年3月20日发票:6341,《选集》48册,266.40元。共2451.40元。

6月28日(日)昙

复周晶,请按优惠价退203元。复谢马积高、黄钧赠书。复谢马昌松寄潘长胜文。复谢王博仁赠画。复谢杨坚赠《船山遗书》。复谢吴调公赠《神韵论》。

6月29日(1)阴

谢周一良赠书。函叶嘉莹、霍松林、赵昌平。交姚松报账共2451.40元。

6月30日(2)阴

写字三张,一送钱伯城,一送于辅仁,一送姜昕。周骋来,略谈,其诗稿尚未看。许志英来谈再荐高尔泰事。

【剪报:《南京大学报》1992年6月25日第1版王金杰《喜看沃土发新枝:中文系隆重颁发三项奖学金》。】

7月

7月1日(3)昙

寄所写字与钱伯城、于辅仁。题小石师遗墨为陆国斌。

【贴纸:7月　程千帆　0188008　等资437.00　校内8.00　其资

100.00　综补 54.50　房贴 12.00　应发 611.50　房租 16.60　储蓄 50　尾款 0.90　实发 544.00】

7 月 2 日(4)昙

得小佳函(不必寄钱给晴佳);王文才函,附庞珠收到稿费收据;田翠竹函,云前寄斗方被窃,希再写一幅;盐城湖海艺文社征集书画;中华诗词学会聘为首届中华诗词大赛顾问;上海古籍出版社寄《古诗海》二大册。

7 月 3 日(5)阴

成《全唐五代文序》。巩本栋来谈一涓事。命以《广义》二册呈匡老。国务院古籍规划小组办公室孔素枫寄来照片四张,内有与冠英合照。

7 月 4 日(6)昙转阴

莫砺锋、程章灿来还书。武秀成送报销之稿费来。

7 月 5 日(日)昙

作字:湖海文艺社陈毅诗、田翠竹南山、赵宪章寄禅诗,即寄出。

7 月 6 日(1)昙

以石章二托徐兴元带扬州,乞张汉怡刻,以《选集》一册赠张。许总来商其兄絅来拓印事。以血压计交伯伟携日修理。

7 月 7 日(2)昙

得松林函,催序。得周晶函,告 203 元已补寄。完成孙望墓表初稿。

7 月 8 日(3)昙

焕明取去孙老墓表稿。函国斌取《宋诗》稿及小石师遗墨。康育义来,赠《南大书画荟萃》一册,中载余字一幅,乞书。

7月9日(4)大雨转阴

齐鲁退还多扣书款203元(半与徐)。得贾晋华及瑞洁信,约游闽及湘。侯井天寄来《绀弩诗续编》。

7月10日(5)阴

吴新雷来校《宋文学史》三条,并托其函王兴康将校文转台,催稿费。为浙江圣达公司作字一幅,又为新闻专业杜骏飞作。小妹取去与常国武函。陆国斌取去《宋诗》稿又胡先生遗墨。谈凤梁致《文言小说鉴赏辞典》顾问费100元。早早、燕燕来吃面,分别给奖150元及100元。

7月11日(6)晴

函饶宗颐索稿,附诗文。函谢侯井天赠《聂诗续编》。函张瑞洁附书迹二纸、《自述》一份,告以不能来长沙之故。以圣达公司书纸及杜骏飞件交林雪梅转。小宁、小晶来,分别给奖100元及30元。

7月12日(日)阴

王继志赠《沈从文论》一册。校《文献》马湛翁稿,即寄还。得校补增资260元(5个月,云本65,退休者减20%也,未详)。《南充师院学报》寄稿费30元,赵集序。

7月13日(1)昙转雨

赴婉家食饺子。

7月14日(2)阴

周绍良来函,谓周扬长子艾欲编《历代高僧诗集注》,求序。单汝鹏寄《垒石集》一册。湖南师大黄钧函,云是武大进修生,尝受业于先室。得张国光信,寄孔学会刊报纸一份。

7月15日(3)晴到多云

函谢王继志赠《沈从文论》,报以《选集》。得天眉函。

7 月 16 日(4)晴热

以《唐五代文序》挂号寄松林。

7 月 17 日(5)阴

函高雄杨丽源催稿费。得朱祖延函并《骈字序》;韩理洲函,嘱设法要钱;叶嘉莹函告返加拿大;刘梦溪函告文可刊七期。

7 月 18 日(6)昙,闷热,34℃

发杨丽源信及朱祖延信。看完巩本栋、张宏生文共 6 篇。卞孝萱转交聂石樵赠《屈原论稿》一册。李书有来,赠《中国儒家伦理思想发展史》一册,又请再参加江南文化书院活动,拒之。

7 月 19 日(日)昙热,35℃,夜大雨

进步常常是令人悲伤的。——(加)阿瑟·黑利《钱商》中译本 390 页 4 行(人指不适应进步的人。)

7 月 20 日(1)晴昙,34℃

函张高评催稿费。

7 月 21 日(2)晴,35℃

得于一平《阳春集》(泰州市政协);田翠竹复函并诗;白雉山函求寿诗,拒之。

7 月 22 日(3)晴,36℃

得武大古籍所寄赠杨鸿年《隋唐宫廷建筑考》、李步嘉《韦昭汉书音义辑佚》各一册;赵昌平函;马昌松寄《古典诗歌论丛》(余旧著);徐中玉嘱为《自学考试大纲》提意见,并致酬 150 元;厦门大学邀开唐代文学会函。

7 月 23 日(4)晴,37℃

致贾晋华函。天纵来午饭。

7月24日(5)晴,38℃

总机313111—2003或1103房。今日去南苑住宿,有空调,极凉爽,唯三餐须外出,虽很近亦不太方便。周勋初夫妇亦来住。新华社记者王惠堂来访。改订孙老诗集。

7月25日(6)晴,37℃

函天眉。《自学大纲》寄还袁招娣。早早高考得分511,南大中文系有望,皆大悦。

7月26日(日)晴,37℃

看孙老诗稿。小严、小红、小晶、早早、小燕来午饭。卞老馈罐头二,天纵瓜二,小严果粉二。

7月27日(1)晴,37℃

看病,血压略高。

7月28日(2)晴,37℃

早早得到正式成绩511分。得饶宗颐信附文稿,霍松林信,钱伯城信,马昌松信。

7月29日(3)晴,37℃

函复松林、昌松。填市文联表。天纵来,赠牛肉、稀饭,云即将去北京出差。

7月30日(4)晴,38℃

寄市文联表,又汇人名录款10元。函谢聂石樵赠《屈原论稿》。

7月31日(5)晴,35℃

古典文学批评的特征:1. 主要形式为语录体,直略过程,直出结论,因而形式为“话”。2. 批评主要为提高创作服务，故商量文字者多，主观意图倾向皆显著。3. 艺术地意象的批评多，严密谨严者少。4. 微观者多，宏观者少。社会学批评宏观多，文艺学批评宏观少。5. 体系自有，而不用体系的架构来体现，系统性的意见潜在于个别论点之中，有待读者之发掘与理解。

8 月

8 月 1 日(6)晴，37℃

吴新雷转示邓韶玉信，谈《宋史》台版进度。山东大学古籍所寄《古籍论丛》一册。丽则归，晚一家四人来谈。

8 月 2 日(日)晴，35℃

天渝夫妇来午饭，送在苏联(独联体)以运动衫换来之餐具一套，皆不锈钢制，但极笨重，又购得老毛子香水一瓶，不高级。共同商讨小宁升学事。姚继舜长途报告，准备将论文写好印好，15 日寄来。

8 月 3 日(1)晴，36℃

威克携早、燕赴皖。

8 月 4 日(2)晴，36℃

上午赴政协开会，通报戴顺智调工作事。谨谨来函，文学思路颇好。

8 月 5 日(3)晴，34℃

小宁来，赠二菜、香水一瓶。

8 月 6 日(4)晴转阴雨，33℃

小鲲来，还信与照片。寄生日卡给天眉。得杨翊强、贾晋华函及季啸风、张辉、陈致贺寿函。为晋华题《皎然年谱》书名，即寄去。

8 月 7 日(5)昙转阴,31℃,实际 33.6℃

复杨翊强。生物系应届毕业生吕女士来访,谈喜搞创造,拟转文。

8 月 8 日(6)晴,34℃

丽则送工资来,在此午饭。萧莲父博士生吴根友送其论文来,请审阅。

8 月 9 日(日)晴,33℃

上午将吴生论文审阅毕。

8 月 10 日(1)昙,33℃

今日返寓,在南苑住十七日。

8 月 11 日(2)昙,35℃

函周晶询文献所购《版本编》。函耀东询《诗集》。

8 月 12 日(3)昙,31℃,闷热

早早姐妹来,前日自皖返也,威克未回。勋初、许结来商答辩人选事。中玉电话要宪章询《自学考试大纲》事,告以已于 7 月 25 日挂号寄袁招娣矣。

8 月 13 日(4)阴雨,夜大雨,30℃

得天眉函附照片等,有些需转交。阿晶来,在此吃午饭,付与奖金及学费各百元。丽则来饭,早早奖金及威克奖励金带去。得林从周老师函附《文汇报》,上载有其纪念冯沅君之文。晚萧效农夫妇来,赠田七等二盒。

8 月 14 日(5)阴,小阵雨,凉,29℃

复林老师并寄《量守庐学记》。以林函转白匋。以萧莲父研究生鉴定寄段启咸。晚天渝夫妇来。

8月15日(6)阴转昙,27℃

上午二人去饮茶,芸购得一套衣料(47元)。史梅打电话来,告以其父明日结婚。

8月16日(日)大雨转小雨,28℃

天纵来馈虾米、淡菜。小鲲来取其母信,并取去相机及说明求解。

8月17日(1)晴,29℃

今日开始做编棻合集之事。

8月18日(2)晴,29℃

上鼓楼闲游,并在鼓楼公园饮茶纳凉,不累。

8月19日(3)晴,31℃

美林来,带来小宁赠Ponds样品一盒,带去芸所购衣料,请小裁缝做衣一套。丽则夫妇来谈,带来孟锡平赠茶叶一盒。

8月20日(4)晴,31℃

宏生来谈,还书。一女硕士毕业生(砺锋之徒)来辞行,已分在长沙工业大学社科系教写作。吴新雷来谈托人去上海领台版《宋文学史》稿费事。得海盐县志一本(内有祖棻传);《文学遗产》一本(内有蒋寅文);贵州寄来《诗经全译》一本;薛涛研究会开会通知,不复;晴佳函;蒋寅函;村上哲见函;贾晋华函;张叙之祝寿电报;古籍小组寄稿费52元;《中华大典》通知一份(九日上旬开会)。王永芬来,赠人参一匣,其女未君之婿自韩国携回。姚继舜来谈论文。

8月21日(5)昙,31℃

改好姚继舜论文及英文提要。巩本栋夫妻来,赠糖一盒。王一涓已在中文系报到。

8月22日(6)阴,30℃

江苏诗词协会王忠保送来《中华诗词协会年鉴》一本,王白坚《夏完淳集笺校》一本。助听器交早早寄往厦门修理。孙原平来取去孙老墓志及诗稿。姚继舜取去其部分改好之论文。

8月23日(日)雨

小严、小红来,馈葡萄,送印件(文录)。小早姊妹来晚饭,吃面。

8月24日(1)阴雨

陆国斌来电话,明日来照相。

8月25日(2)昙

老白来,馈葡萄、哈密瓜。吴翠芬电告,陈致已出国,读于华盛顿大学东亚系。得陆耀东函,谈《诗集》出版事;姜平函,问郑秀梓事及打听进修班事;贾锦福函,问刘弘老生平,即复,明日发;刘宁(沈玉成女)函,问学;《古典文学知识》第四期,内有砺锋代我署名之文《杜甫的山水诗》;《碧玉箫诗词选》一本;广西大学中文系寄来《中华大典通用书目表》请审核。孙原靖来,带去底片数张,请小高印。陆国斌和江苏古籍摄影编辑数人来拍照,备纪念文集用。康育义来电话通知吴白老今晨去世,享年87。

8月26日(3)晴

复陆耀东、刘宁(寄文)。复王文才,寄文。函邓韶玉,买书。

8月27日(4)昙

严强、阎韬来谈,并询简历。以文复印本寄君惠、退密。李培坤寄来《唐都学刊》,内有其与贾文昭合写之论余诗论之文。

8月28日(5)昙

姚继舜打电话来云，论文已印好发出，今晚回赣。得天眉函附照片一。

8月29日(6)昙

芸坐骨神经痛加剧。郭维森嘱郭欢送来刻有“福如东海”之金瓜。得文华嫂函，寄来200元为生日贺礼。

8月30日(日)昙

万业馨来，为陈大羽之孙转学事托向袁相碗说项。请丽则夫妇来午饭。得张高评函，云稿费已全部带至上海，书已付印，并索序；林从周师函，又附报纸一张；贵州出版社寄来编委奖金500元；《中华大典》办公室寄来开会通知，不拟参加；江西黄涛函讯数事，不复；湖南张大兴函，拟九月八日上午来访(武汉大学余吴恩)；顾学颉寄来诗集《艺文传家》。吴晓斌打长途来问生日期，蒋寅拟来。

8月31日(1)雨

陪芸去向阳卫生院针治坐骨神经痛。丽则取去500元汇票，请人代取。得雄哥寄来生日礼200元。

9月

9月1日(2)阴

上午赴医院取药，下午陪芸扎针。小宁来，购得Ponds香液两瓶，又送赠品二，在此晚饭。

9月2日(3)昙

卞孝萱送生日礼，大瓶咖啡及伴侣各一。文史馆送节，苹果及月饼，小吴送来。黄希坚来谈赴京开文献大典事，以芸神经痛却之。

9月3日(4)晴

勋初来,商生辰宴客名单诸事。原田小姐来,转平田昌司赠果冻一盒。顾复生来,带来金启华赠《词史》一册。新雷送来《宋史》台版序嘱改。下午改好寄台。潘力生自美国寄来所书联印件,属评,不复。湖南财经学院金融系徐唐龄寄词乞正,不复。胡济沧寄诗,不复。台州寄《郑广文祠集》一册。《荆楚诗词大观》寄所选诗词属校对。吴代芳来函,云张实与杨翊强绝交。周笃文来函,《入梦》在《台湾新生报》发表,殊多事。周晶来函,告《版本编》印发。

【剪报:《台湾新生报》1992年6月24日会昌老人《入梦四首》。】

9月4日(5)

寄还《荆》诗词校稿。取武大哲学系论文审查费四十。复吴代芳、周笃文。宗良纲送来所治印二方,留纸乞书。周勃寄来茶叶。国家出版局伍杰来电话嘱出席北京《大典》会,由江苏古籍买飞机票。

9月5日(6)晴昙,32℃,热

天纵来午饭,以苹果及小红面脂付之。周先民自日返省亲来谒,以文、词各一册属转蹇翁。周骋送来8号赴京机票。

9月6日(日)昙,32℃

胡守仁致贺诗。天渝夫妇、小婉在此午饭。

9月7日(1)晴

函天眉。宏生来,送出席唐代文学会论文审阅。得陆耀东函,敏泽函,邓韶玉函(校《宋史》误字事,已交新雷)。敏泽嘱列名同贺《光明日报》出8版。得陈辽赠《周太谷评传》。

9月8日(2)阴雨,北京晴

复谢陈辽赠《太谷传》。八时半赴机场,十时去京。十二点准时到达,无人来接(后知有人去而未接到),乘出租车去京西宾馆。下午会见李彦、伍杰、高纪言、黄希坚等。晚刘乃和来邀稿,郁贤皓来谈。

9 月 9 日(3)晴

晨出外散步,极凉爽。上午开幕式。至京后始知已被聘为《大典》编委会三位副主任之一。下午小组会,作一发言。芸被接去中宣部医务室电疗。晚蒋寅与吴晓斌来,馈葡萄两串,回报花生一包。

9 月 10 日(4)晴

上午小组会未参加,因略感不适,休息后即愈。下午大会,发言十分钟。晚宴于海淀全聚德,周林为余寿,并宴古委会成员,在座有夏之翔、安平秋、裘锡圭、李修生、许嘉璐、孙钦善、郁贤皓、章培恒、袁世硕、董治安、曾枣庄及工作人员等。饭后又去古委会办公室饮茶,临行赠月饼一盒。

9 月 11 日(5)晴转阴

傅璇琮晨来,馈月饼一盒。凌晨二人因梦虎扑羊,均跌在床下,幸未伤。上午开编委会,接开编委会常委会,直至十二时。下午闭幕会,亦甚长,颇累。晚周笃文、陈贻焮来谈甚久,陈馈月饼一盒、湘茶一盒。陈带来其研究生(已留校)一,不知其名。

9 月 12 日(6)阴,南京阴

上午敏泽来谈约一小时。中午乘车赴机场,与高纪言、黄希坚同行。飞机 3:15 始起飞,4:45 抵宁,高、黄送余等回家。煮面充晚餐,甚为可口。因未吃午饭,又多日未吃面矣。回来即打电话给天渝,知小宁进金陵职大事已妥,甚慰。

9 月 13 日(日)阴

昨晚睡眠甚佳。打电话约曲钦岳谈,为《大典》事,曲允明谈。张伯伟夫妇来,送寿联、领带、手帕。刘彦邦王淡芳送寿仪 100 元。以文寄刘乃和。复谢胡守仁以诗为寿，又寄论韩愈书。

9月14日(1)阴

函陶国泰询其里贯，并问吴富。函安平秋致国外学者名单。邓韶玉寄来《宋史》五册。文研所寄来俞平伯纪念文集一册。陈致又寄《小说提要》一册。张实、贾文昭等来贺电。《咸阳师专学报》编辑韩梅村求题《文学鉴赏录》书签。山西太原《学术论丛》函告《宋诗选序》将刊该刊第五期。张瑞洁来函，告岳麓书院将展出所捐书画并要照片，又谓前寄三拓片未收到。（查旧日记乃89年事，渠忘之也。）高国藩赠《敦煌词欣赏续集》。赵宪章赠《马克思主义文艺美学》。张国光之徒寄来攻击周汝昌，皆可笑也，弃之。老尹夫妇来。天纵来送工资，取去月饼。夜钦岳来谈，取去《大典》资料，赠以《宋史》一册，承告特聘会之事。

9月15日(2)阴

以照片一幅寄瑞洁，告以致开会词内容（程千帆先生捐赠湘贤书画展）。为韩梅村题书签寄出。

9月16日(3)阴

柳士镇赠新著《魏晋南北朝语法》一册，甚佳，大赞赏之。缪钺先生90大庆，电贺。于景祥、王淡芳信。王决赴美。改完宏生江湖派与晚唐文，交还。致中国银行证明信交新雷，《宋史》稿费事也。《校雠广义·版本编》到，交姚松取。王绍曾来函论修书籍目录，并反对《中华大典》。陈辽函谢提供资料线索。巩本栋王一涓夫妇来，送联、蛋糕。《宋史》五本23.25元（五册，75%）。《版本编》812.00元（七十册，80%）。

9月17日(4)阴

晨书联祝彦威九十，即挂号寄出：

学海文宗，永享年寿；

光风霁月，常乐玄真。

吴锦来，馈枸杞一包、麦乳精一缶。万业馨来馈笔三支，赵诚同来。

9 月 18 日(5)阴

文史馆送笔记一套。坐馆车去李顺昌购外衣一套、衬衫一件，芸购一夹克，432.60。吴锦、顾复生、李灵年来，赠诗一首(集鄙句)、镜框一事。南师大博士生刘君送来周勃、王兆鹏赠玻璃茶具。陈书录送来《文教资料》十册。章灿送来《纪念论文集》一册。发寄贺彦威联。南大中文系二生及《南京日报》记者一人来采访，与谈家常。夜朱家维来送礼。天眉寄照片及信函祝寿。

9 月 19 日(6)阴转晴

陶德麟寄来《新诗集》二册。丛文俊送画。焕明送人参，蒋寅送人参，各一支(活性)。朱、柳、章送礼(系)蛋糕、镜框。赵国璋来查《八指头陀集》。点房 101 号 4 室 1 厅。匡老在中心晚筵，祝余寿辰，并请古籍小组、思想家中心等人。晚吕永、三夕来，三夕带来湖北大学及朱祖延礼。

9 月 20 日(日)阴

下午姚继舜、王青答辩，校外委员傅璇琮、安平秋、章培恒、郁贤皓、吴文治。函辽宁少儿出版社催《辞赋》出版。以翔冬师资料寄林从周老师。张辉从河北×县来电祝贺。章培恒、安平秋来赠礼(安带李珍华)。章:五粮液 1、日本茶叶 1，安:果珍 2、人参 1 包。马赫来，叙旧，送水果。李立朴等同学(硕士生)来。陆耀东来。得刘彦邦函，告王淡芳即出国，刘婉已得学位，在美得职。夜观昆剧，与演员合影。傅璇琮夫人徐敏霞赠所标点《郎官石柱题名考》。

9 月 21 日(1)晴

上午与博士生照相多张。万业馨同大羽子某来，赠大羽为余寿作桃一幅。日本学生长仓孝文、冈村翠送蛋糕一个。作协、文联来函通知开文代会，托包忠文请假。下午 3 时，生日庆祝会夜宴，8 时归。匡老、韩书记、傅璇琮、安平秋、高纪言、陆耀东、吕永、郭维森等讲话，余答词。夜尽欢。

9月22日(2)昙

吕永来，带来刘业超函，赠二人《选集》各一。广开来，带到高石斋函，赠冬菇一盒、点心二包。天纵夫妇来，送毛衣各一件，又设计新居装修。

9月23日(3)阴，小雨

到军区招待所定明日下午宴席。武秀成来，馈鱿鱼、磁文具各一。阎韬、蒋荫楠来，代表《学报》赠贝雕屏1具。函于景祥，答其问，并托询《辞赋》事。函贾晋华询助听器(芸笔)。夜钱林森来送芸药，谈良久。劝其培养一中法文化交流接班人。

9月24日(4)阴转昙

函天眉，复函黄淑贤。吕永来辞行，谈及所知老同学有吴开斌(广州市62中)、蒋兆鹄(武汉市公安干部学院，已离休)、姚中琦(武汉市江汉大学)、吴碧萍(已赴美)、陈正凯(已赴美)、韩毓贤(陕西省党校)、方雨晴(孝感教育学院)。杨坚寄来《船山全书》(3)、(11)二册。方诗铭寄来《冥报记·广异记》校注合一册。山西社会科学学会寄来《学术论丛》五册，内有余《宋诗选注序》(太原市桃园南路28号)。齐民友、曾卓贺寿电。川大历史系索纪念缪钺文。沈玉成函，周本淳函，均收到《文录》。江苏《古典文学知识》寄来92年4期与砺锋联合署名文稿费117元。此文出砺锋手，余不当取酬。安徽一农村青年来函谈古文字学，不复。夜在军区招待所宴傅夫妇，周夫妇作陪。

9月25日(5)晴

郭维森来赠石章二方。史梅来，赠饼干等。张宏生送文来审阅，赠以《艺苑卮言》一本。以《选集》一册寄方诗铭，答其赠唐人小说校本。

9 月 26 日(6)昙

又收到杨翊强等所赠湘绣枕套一对、枕巾一对。王立兴夫妇来,要求为王所著书题笺。莫砺锋率女来,借书二册而去。

9 月 27 日(日)阴

中午天纵送栗子烧鸡来,正合二人心意。下午许惟贤来,赠日本漆盒一套三个、日本青茶二盒,又代留学生部赠录像带一盒,所录即为廿一日下午至晚间寿庆情况。

9 月 28 日(1)小雨

严杰来呈诗二首,尚可。又受王步高托,索余友寿余诗,以君惠、修人二篇付之。

9 月 29 日(2)晴

丽则来午饭,赠巧克力一盒、洋奶粉二包,为余二人寿。并带来下列各件:辽宁少年儿童出版社责编李玲函,并寄来《古代辞赋》样书十册;天眉生日卡及支票 100 美元;王达津贺信及诗一首;王步高函;王淡芳函告去美事,并请题笺;刘乃和函,收到寄去之文;陕西韩梅村函,并汇款百元,拟寄回;研究生院开会通知。大纲送录像机来,并同观录像(生日庆祝会)。晚天渝夫妇来,送虾米一包、一弥勒佛玩具。

9 月 30 日(3)晴

原靖来,带来南师大文献专业十二人所赠田七花粉八盒,并谈其父墓碑事。

10 月

10 月 1 日(4)晴

题《重庆艺苑》签寄文史馆罗光杰。复王绍曾。为于世明、曹亦冰书册页。退返陕西咸阳师专韩梅村寄款100元。曲校长辞《大典》事，以其信转高纪言。函葛兆光请代购《吴宓日记》。

10月2日(5)阴，下午晚转雨，大雷

作字一大幅寄安平秋。江苏古籍王华宝（南师大文献毕业）来采访，以致高纪言函付之。得陶国寿医师复信，告彼等三人略况。得成都学生伍术木信，附诗（成都仁厚街5号华协辅导站，610015），即复。夜家宴照相（烤鸭店），尽欢。

10月3日(6)阴

致吴孝感、葛兆光（《吴日记》）、王步高、安平秋、伍术木，4日早发出。

【剪报:《南京大学报》1992年9月30日昭巍《中文师生喜贺程千帆八秩华诞》。】

10月4日(日)阴

得瑞洁函，附荣誉证书、捐赠会讲稿、四十岁夫妇合影，又牛币（赠余80）等物。得周晶函，《版本编》售完，仅余36册；林老师函，又复印费10元；黄建中函，明年5月又黄先生学术讨论会邀请信。中央商场团委戴立明来邀任联语大赛评委。

【夹纸：南京中央商场团委戴立明、沈光芒电话402766、401996、406346。】

10月5日(1)阴转晴

复瑞洁。山东师大党委统战部长陆某（微昭之子）打电话来，要求一捐赠清词目录，出版后赠一部与其母。朱家维与闻其事。中央商场送来征联稿。

10月6日(2)晴

得钟来因赠《真诰研究》、肖瑞峰赠《日本汉诗史》各一册。改好吴志达文，明日寄出。

10 月 7 日(3)晴

复谢肖瑞峰、钟来因二人赠书。去中央商场评对联。得齐鲁寄来《版本编》到货通知，已交姚松办理；教材科已同意让《版本编》50 册给文献所，也交姚松办。下午许结陪其兄许絅来，赠毛笔二枝，为其题字并印图章。许总来函云曾来送书，已遗失，托许结告之。中文系古典组全体来贺寿辰，赠帆船一。

10 月 8 日(4)

自编好《涉江词外集》，已辍此业多日，今日起，始续笺诗稿。永芬来，赠以《文教资料》《纪念文集》。为《韩愈研究》题笺，交卞孝萱。

10 月 9 日(5)晴

砺锋来定寄发《纪念文集》名单。市作协冯亦同寄来《文学报》，内有谈台静农写祖棻词文字。得刘茂舒寄台湾印弘老诗，又方诗铭收到《诗论》函。许总来，赠《宋诗史》。

【剪报:《文学报》1992 年 9 月 20 日冯亦同《翰墨千秋故人情》。】

10 月 10 日(6)昙

王长发来，为匡老问古书目事。

10 月 11 日(日)晴

为中日建交二十周年书画展作字一幅，已送给康育义，又为王长发作一小幅。天渝率小宁来午饭。做寿时家人合照之照片已分给丽则、天渝等。

10 月 12 日(1)昙

上午在校统战部听十四大开幕式中江泽民作报告，后又座谈约一小时。下午校报(中文系 90 年学生)及省统战部来采访。徐无闻,名永年。

10 月 13 日(2)晴

函刘茂舒谢寄弘老遗诗,冯亦同谢寄《文学报》。函黄天骥询汪先生日记下落。曾子雍生卒:1909.1.29—1964.12.22。以《游仙词笺》寄缪元朗。

10 月 14 日(3)阴转晴

尉素秋来谈甚久,馈以人参、茶叶,由其侄天王纵陪来。得东安一中学教师询考研究生信,不复;蒋寅信,索文;宋谋玚信,索汪先生文集;周祖譔信,谈会事;韩梅村信,不复;李立朴信,寄照片多张;太原《学术论丛》寄稿费 81 元。复周祖譔。以《宋史》寄蒋寅转陶文鹏。复宋谋玚,并寄汪先生集。苏昌辽来,馈咖啡,赠以《纪念文集》。

10 月 15 日(4)晴

函游介眉询中大旧事。周来祥来宁开美学会,过访,赠以《文集》《资料》一套。

10 月 16 日(5)晴

二孩来上课,晚吃面后去。

10 月 17 日(6)晴

得南京制药厂教育科张蔚星函,赠字画各一幅;季廉方诗一首,庆 80 也;岳麓书社王德亚信;清华葛兆光信;杭大肖瑞峰信。

【剪报:《扬子晚报》1992 年 10 月 13 日第 5 版宁耘、卢德传《访程千帆》。】

10 月 18 日(日)晴

天渝来饭。

10 月 19 日(1)晴

王德亚寄 300 首序列五种。伯伟、章灿各赠新书。以《纪念文集》等寄廉方。

10 月 20 日(2)晴

得罗光杰函,《重庆艺苑》题笺已收到;许匡一函,《淮南子》已译完;吴孝感函,告其与富娴寿之情况。史梅送来裱好之画两幅。

10 月 21 日(3)晴

以章灿论《西京杂记》稿寄刘梦溪,请刊诸《中国文化》,附去《纪念文集》。曾广开陪河南大学一教师及陈尚君来。

10 月 22 日(4)阴

祖棻集笺初稿毕功。8 月 17 日起功,共用二月余(65 天)。得教委古委刊物《古代典籍与文化》稿费 74 元;季啸风函;大珠妹自衡阳来函,数十年无音问矣。

10 月 23 日(5)昙转晴

砺锋来,转沈玉成赠《左传学史》一册。夜勋初宴周策纵、策横兄弟,金启华、杨子坚及余作陪。得季廉方诗;华师大黄建中信;重庆诗词学会来函,作一骈体,尚可观;国务院古籍小组来函,拟办一刊曰《传统文化与现代化》征稿。

10 月 24 日(6)晴

上午去尉天纵家访素秋,悉高仲华逝世。(住二条巷十一中宿舍二单元 402 室,有电话。)

10 月 25 日(日)晴

复大珠妹,附照片三张。得天眉函,附照片一。

10月26日(1)晴

以下列各种赠周策纵：1. 汪先生文集，2.《祖棻选集》，3.《涉江诗》，4.《校雠广义·版本》《目录》，5.《纪念文集》《文教资料》，6. 复印诗文，7. 沈尹默手书三家词稿。晚周策纵、策横兄弟来访。

10月27日(2)晴

函天眉，附照片10张。下午参加周策纵报告会。晚参加南师大宴请。

10月28日(3)晴

得周勃来函，询去武汉过冬事。

10月29日(4)晴

老尹、淑贤来访，馈土产数事。得舒芜函，附一文(载《文汇读书周报》)；古籍小组函，索聘书回执；敏泽函，求字；缪钺及其孙元朗函，已收到寿联及文；高文函，附其和祖棻诗；季廉方函；邓韶玉函；谭任杰函；周振甫函，附《钱锺书谈艺录读本》；周来祥寄《中国美学主潮》。得《宋诗选》二校样，托章灿校。

10月30日(5)晴

中午应尉素秋邀参加午宴，丽则亦去，将三太子戏龙王杖赠尉。得杨明翰函，收到《纪念文集》；王淡芳函，已抵美；陈致函，索介绍信；徐中玉函，收到《纪念文集》，并嘱为《文艺理论研究》专栏撰稿；吴志达函，请作序；王兆鹏函，请为郝梦龄将军传写诗；澳门谭任杰寄来其诗词复印稿，属作序或题签。

10月31日(6)晴

王华宝来，送来载有其访问记之《江苏教育报》。王，南师大毕业，现在江苏古籍出版社工作。得马騄程函，收到《纪念论文》；夕佳函，又寿礼

200元;杨文翰书《诗美断想》一册;陆耀东函;黄天骥复信;湘省图函,索文库陈列品。

【剪报:《江苏教育报》1992年10月21日王华宝《程千帆教授寄语中学生——治学之道　在于求真》。】

11月

11月1日(日)晴

复夕佳、陆耀东、舒芜、邓韶玉(在台印书事在联系中)、周勃(告以冬季不能去,并附致王兆鹏复函,拒为将军作诗)、吴志达(同意作序,嘱再问李涵学历)、谭任杰(为写书笺并附文词稿)、周振甫(附文稿)、周来祥(谢赠《美学主潮》)。函卞岐、姜小青,告以《宋诗选》应注意事。

11月2日(1)晴

发出昨日所写信。严杰来送交所作辑佚学计划。裘锡圭、陈初生由万业馨陪同来访,各赠以《纪念论文集》及《版本编》。陈赠余其《书法选》一本,陈武汉大学毕业生,现任教于暨南大学。丽则游八卦洲回来后,作古诗一首,为之批改。失手表。

11月3日(2)阴

作吴志达《文言小说史》序。天纵兄弟自港安返。

11月4日(3)阴

为陈致作推荐信,砺锋办,即寄。得刘梦溪寄《中国文化》5期,同意用章灿文(《西京杂记》)前半,交章灿复。

11月5日(4)

郝延霖来80贺电。以《行卷》《考索》稿及函寄天骢。以推荐书寄陈致。以五千寄一中。复李飞赠寿诗,并赠《文教资料》一册。

11 月 6 日(5)晴

小鲲来，送苹果、豆豉。小海寄生日卡来。王长发衔匡老命，嘱作文，辞以异日。为新点房屋请装管道煤气报告签名。函华中师大黄建中，商黄师纪念文集事。

11 月 7 日(6)晴

得林从周、詹伯慧、石廷玉(不识，求字及考察)。

11 月 8 日(日)阴，昨夜雨，降温

丘良任来访，赠以《诗论选集》《诗世界》及《纪念文集》《资料》，共四种。丘带来钟敬文赠《北师大学报》一本。芸抄《外集》毕功，仅余诗矣。

11 月 9 日(1)晴，7℃，寒

有富送来《新诗集》34 册(2 包)。得张文勋函及赠书《华夏文化与审美意识》。张三夕赠书《史通研究》。

11 月 10 日(2)晴

三夕书有缺，寄还，附送《新诗》一册。

11 月 11 日(3)晴

上午十时乘飞机去厦门参加唐代文学学会年会，十一时半正点抵达。住悦华酒店，乃四星级宾馆，设备甚好，伙食质量亦可，但烹调不佳。遇见很多熟人，可喜，但人事纠纷烦，可恼。晚开常务理事会，商量会议程序。周祖譔读霍来信，表示愿作老百姓，余亦坚决表示不担任任何职务，包括名誉职。陶敏要《版本编》。

11 月 12 日(4)晴

上午九时大会开幕，开幕式后提前回房休息，两新华社记者及一《厦门日报》记者来访。下午休息，未参加会议。四时半开常务理事会，研究换届选举事。周祖譔夫人来访，赠以小礼物。周本淳托找万树《香胆词选》6卷（清华大学）。晚举行酒会。晚饭后又开常务理事会，确定理事会候选人，至此换届事结束，余将无官一身轻。贾晋华来访，赠以胡蝶屏。

11月13日(5)晴

全日在家休息。上午散步，遇澳门胡君，同摄影。下午林家英来访，赠夜光杯一对。晚二日本学者来访，赠其所著论文，均曾引用《唐代进士行卷与文学》，并问有关古文运动事，听到解释后，连称“我懂了”，并合影。

11月14日(6)雨

上午贾晋华陪游市区，购得衣料、食品等，厦门物价较南京便宜。中午周祖譔全家以西餐宴余二人，晋华作陪。下午周祖譔来谈，甚久。游泉州者遇雨，甚为狼狈，晚七时半始返。八时始进晚餐，并与同桌青年学者漫谈甚欢。

11月15日(日)晴热

上午参加换届选举并首次出席讨论会。下午游鼓浪屿，只在岸边散步，未登山，在新建之皓月园游览一番。

11月16日(1)阴

周祖譔赠Salad油，贾晋华赠鱿鱼。回宁后拟将Owen所著论文集寄贾。下午闭幕，后赴厦大参观。胡咏絮夫妇在等我们，晤谈甚久，赠鱿鱼、冬菇，回报以小肚。晚厦大宴请全体代表，菜颇精美。大会赠铜镜一、水仙球二。

11月17日(2)昙

上午休息。下午去南普陀，并会餐。

11月18日(3)晴

乘飞机回宁，飞机延误近五小时，十二时余起飞，一时四十分抵宁，回家感到很舒适。回宁后共收到下列各函件：姜小青函，附《宋诗精选》合同；宋谋玚函，附诗稿，收到寄去各书；上海古籍函，云《宋文学史》不拟重印；胡济沧寄诗，附言想入文史馆；江苏统战部约稿；于辅仁函，索《史通笺记》；王博仁长函，拟为余作肖像，索一照片；华中师大函，请为张三夕提升教授作鉴定；邓韶玉函；祖保泉函，收到书，问祖棻简历；周振甫函；唐富龄函，收到《版本编》；吴志达函，讲李涵学历；石天宝寄诗。

11 月 19 日(4)阴，小雨

晨去医院治眼疾。汇书款（23.25 元）与邓韶玉。得舒芜函，附王西彦《文革回忆录》，阅后需寄还；刘国武函；安平秋寄来国家教委古委会与《校勘编》之合同，需寄还，即交姚松办。

11 月 20 日(5)晴冷

函姜小青，附合同；哈尔滨师大历史系，询游寿夫姓名；贾晋华，寄还飞机票等；葛兆光，询《香胆词》有否（周托）；林从周、詹伯慧，告以已为谭任杰书题词；上海古籍，购《两宋文学史》百册；王淡芳、吴志达、祖保泉；裴斐，附文；高石斋，附诗；张三夕，催寄所著新书。寄王西彦《纪念文集》和《新诗集》，于辅仁《史通笺记》，舒芜《新诗集》，贾晋华 Owen 论文集，方咏我《新诗集》，王博仁《诗世界》《诗论选集》。天纵、天渝、丽则、早、燕来，分去饼干。得山东大学编《鉴赏辞典》。朱祖延嘱为《尔雅诂林》题辞，并嘱代求匡老题。王仲镛寄文及寿诗。西安陕棉十厂王仲石求字。

11 月 21 日(6)晴

以朱祖延材料交匡老。为王仲石书一寿字，即寄西安。

11 月 22 日(日)晴

补书技术鉴定会，余以病未出席。天纵夫妇及小鲲来（下午）。早早及墨非来问作字法（上午）。

11月23日(1)晴

复王仲镛,寄《文录》一册。大纲还《文革史》。夜芸不适,畏寒。

11月24日(2)晴

周勋初来谈出版论文集事。张宏生、莫砺锋代取厦门寄来之书送来。胡济沧又寄二文来,不复。张三夕来信云,另寄一书来,以便为之评审。山东大学刘乃昌寄《中国文学名篇鉴赏辞典》稿费。孙世强寄《宜昌·夷陵·欧阳修》一本,拟转赠严杰。广西陈国才函请为其所撰《回文》集作序,拒之。得缪钺纪念册。丽则送来脚踏磁力按摩器。芸病稍愈,但仍不思食。

11月25日(3)晴

匡老来谈,送来为朱祖延题辞。宏生来领取稿费,并赠以《古文鉴赏大辞典》,为具函马兴荣索《词学》第5期。钟鹏之女钟光珞来探视,赠押纸一、印盒一。兰州《少年文史报》杨爱民来访,赠《文言虚词类释》一本,为报纸题辞。

11月26日(4)

寄文章及函潘重规。以《文言小说史》序寄吴志达。函朱祖延,寄匡老及余题辞。函周祖譔,附文章。寄《纪念论文集》给徐章煌。函耀东问五千及书、稿费。函天眉附小林晖生日卡。

11月27日(5)

二孩来,授《论语》、唐诗。已旷课二周矣。小燕作诗二首,颇有希望。

11月28日(6)

芸视强疾。王庆元来谈武大事,可叹,馈咖啡,报以《版本》《纪念集》。丽则送信来:林老师寄还《量守庐学记》;谭任杰复函,收到所寄题记及文、词等;石廷玉函,收到为其所题字;张三夕寄来《史通批判》一书;王季思寄来其文章之复印件;《文献》稿费 47 元。

11 月 29 日(日)晴

朱吉宏来,取去工具,电话 398083。小宁来洗澡,送来苏老赠喜对。函马昌松,索找刘老四首词。

11 月 30 日(1)昙

得华中师大电,张舜徽 27 日仙逝,即电唁之。三夕鉴定交邮。函李玲催稿费。(以上章灿办。)为补书技术鉴定书签字。江苏古籍汤敬昭(副总编)、高纪言、黄希坚来谈《大典》事。陈书录来,赠以《古代辞赋》一册。张宏生送来照片数张,内在厦门摄四张,在家中与周策纵兄弟摄一张。得大珠妹函,谈家事甚详;吕永寄文一篇;阴法鲁寄来《中国古代文化史》三本。天纵送挂面来。周勃打长途来,云《考索》购不到。

12 月

12 月 1 日(2)晴

徐有富及出版社徐雁来,有富送《史料学》12 本,徐代《光明日报》采访。倪明和曹大铁来。巩本栋来,赠以《史料学》一本,并托其带一本赠蒋广学。

12 月 2 日(3)阴转晴

复王季思,附诗三首。得贾晋华函,收到欧文书,还旅费(机场修建费)80 元。函曲校长(高纪言求见事)。

12 月 3 日(4)昙

以《版本编》寄阴法鲁等二人,谢其赠《文化史》。文史馆小吴送来曹大铁馈赠之水果。巩本栋来还蒋所借《史通》。

12月4日(5)阴转昙

黄进德自扬州来,还《诗话百种类编》。

12月5日(6)阴

寄阴法鲁《版本编》二册。订鸭,明天婉长尾也。

12月6日(日)阴,小雨

得天眉函,舒芜、方咏莪、邢燕铭(游介眉之外孙)函。中午与丽则一家同进餐,大吃烤鸭,甚欢。南师大寄来《文史资料》稿费235元,拟舒芜50元,莫、张、张、程、严、巩、陈各10元,余115元分之。

12月7日(1)

函吴志达,问序收到否,内附致耀东函,问五千元及《新诗集》事(航空挂号)。汇舒芜《文教资料》稿费50元。购得袜子若干双,拟带给天眉。得陆耀东函,钱已收到,《新诗》尚未寄出;三夕函,谈张老逝世事;刘彦邦函,告杨淑媛去世;贾文昭函;吴调公函转来胡济沧函;周祖譔函;钱鸿瑛函,索《宋文学史》;李立朴寄来全译四本:《文心雕龙》《说苑》《贞观政要》《宋词三百首》。陶敏来,赠以《版本编》及《史料学》。天渝来午饭。

12月8日(2)晴

复陆耀东,函陶德麟。

12月9日(3)阴雨

贵州出版社编辑费三百元;詹杭伦寄《川师大学报》增刊六辑一册;陈一新贺年片;雄哥信,得良药,略瘥(嫂笔)。

12月10日(4)晴

上午史梅陪往胸科医院检查心脏,做了心功能、心脏透视,尚需做动态心电图(挂器械24小时),待安排时间。朱美医生说是脑动脉粥状硬化引起的房颤，不是冠心病。

12 月 11 日(5)晴

得韩国丁范镇教授贺年片及照片；上海古籍复信，属寄款购书；羊春秋嘱任经典主编；得南京文联通知，得文艺奖，嘱领，已过期；卞岐函，关于《宋诗精选》合同事。《宋文学史》620 元，打 75 折，再照书价加 15%，100 册共 558 元。周晓扬赠挂历一。

12 月 12 日(6)晴

今日起停服山海丹，改服朱美医生所开 Panagin 及 Dilzem。复羊春秋，致谈风梁，顾问报酬事；钱鸿瑛(《宋史》可在沪购)；卞岐(告订书 100 册)。

12 月 13 日(日)晴

函吴调公(谢《神韵论》)。函韩国丁范镇、刘彦邦、贾文昭、方咏莪。七姐、老白来，馈苹果，报以孔府酒一瓶。张伯伟来谈其所进行之项目，赠以《史料学》。

12 月 14 日(1)昙

上午十时在胸科医院装动态心电图盒。得辽宁少儿出版社李玲函，言稿费事；朱祖延函复谢题词，并仲华事；广西师大孙明非寄照片二张；陈得芝赠论文一篇。

12 月 15 日(2)晴

晨去胸科医院拆去动态心电图。勋初来以论余诗学文见示嘱阅，告将以《续提要》赠之。

12 月 16 日(3)晴

函尉素秋、丹徒通讯设备厂。章灿送其所写娇女诗来。王长发取走为古委会二人所写册页。张宏生送其所撰中玉所需之文。伟华来，赠Scarlett 一本、复合维生素一瓶，在此晚餐，小鲲及真真亦在。赠伟华绣屏一，为婚礼。

12 月 17 日(4)晴

周晨取去赠勋初之书(《续四库提要》十三册)。得陶爽函；蔡厚示贺年卡；李飞贺年卡；新加坡王国璎寄来《中国山水诗研究》一本、论文数篇；程一中函；四川大学历史系索作者简介及祝贺文字；马昌松寄来《诵帚盦词》，并索我的生平简介。小红送做好的裤子来，带走一包笋衣。

12 月 18 日(5)阴转晴

复缪元朗，彦威论文集事。以宏生所写短文寄中玉。以西彦《回忆录》寄还舒芜(挂号)。下午王永芬来，赠挂历两幅，报以笋衣一包。《沈祖棻诗词集笺注》抄完。

12 月 19 日(6)小雨转阴

函雄哥，附贺年片。发贺年片给陶爽、陈贻焮、尹禄光、孙明非、程之、陶华。《涉江词笺》稿交砺锋审。得陶华函，程之贺年片。

12 月 20 日(日)阴

复程一中。宗良纲来访，赠茶叶一匣。收吴志达函，已得序文；韩理洲《唐文考辨》精装本；林先生函及记事本 4 个；武大出版社函及 300 册《诗集》发票 1785 元。

12 月 21 日(1)昙转晴

复林从周、韩理洲。复武大出版社催样书、稿费。

12 月 22 日(2)阴

得董健赠《文学与历史》，胡国瑞赠《诗词赋散论》。陈平原函告将于月底来访。命伯伟打电话给平原。下午曹虹来，送系赠贺年片，以旧赠铃木虎雄文赠之。

12 月 23 日(3)晴

晨腰扭伤。陈书录来，拿去还徐复的《闻一多选集》四册，赠以徐有富所著《史料学》。

12 月 24 日(4)晴

赴医院看腰伤。武秀成来，赠以《史料学》一册。邮局送《新诗集》220册来。《历代才女诗歌鉴赏辞典》主编郑光仪 85 年在北京师范学院分院开过讲座，如赠书，可请周笃文转。

12 月 25 日(5)晴

王立兴夫妇有所请托。得李立朴寄《唐诗三百首》译本，国务院古籍会议纪念册，澳门青州小学纪念册，村上哲见、傅璇琮、张蔚星、琴园诗社、《河北师院学报》刘宪章、孙祖彬、臧维熙贺年片，傅璇琮、贾文昭、王文才函。张涤华逝世，即发唁电。

12 月 26 日(6)阴，小雨

上午到校医院作理疗，用红外线照疗，有奇效。湖南文史馆馆长彭小峰、馆员戴铁珊今晚来宁，后日将来晤。中央商场团委戴立明来商谈对联事。

12 月 27 日(日)小雨

湖南文史馆彭、戴二人上午来，谈一小时，赠稿费 200 元，还赠以《文史资料》及文稿。天纵来改换莲蓬头。得陶敏函，龚任之贺年片。

12 月 28 日(1)阴转昙

孙原靖来，取去常国武书写的孙老墓碑，托其带五本《新诗集》赠霍、金、吴奔星、吴调公、林咏泉，并带去旧挂历赠赵国璋。小戴（人民商场）取去评选的对联，不去参加讨论。得徐中玉函，收到寄去之文；王西彦寄来《凄怆的镜子》一本；高文函，附字一幅；张大兴函；蒋寅寄来《大历诗风》两本；潘重规寄来《顾亭林诗》一本。贺年卡：蒋寅、西安唐代文化研究中心、杨翊强、夕佳、裴斐、贾晋华、湖南诗词协会、方咏莪、于景祥。伟华、天瑜来晚饭，赠伟老虎鞋，又托其带《诗集》一册与充和。

12 月 29 日(2)晴

陈平原由张伯伟陪同来访，赠其所著《大书与小书》一本，报以《宋文学史》《纪念文集》《沈祖棻选集》《新诗集》各一。市文联送来得奖证书及所赠电火锅一个。得宗良纲函，请题诗一幅；潘重规函；李培坤函，请题书签；陆耀东函，寄还舒芜信；于景祥函，请题书签。贺年卡：李悔吾、富美子（照片二张：余夫妇及富美子、笕久美子、静永健合影）。《沈祖棻诗词集笺》稿复印好。曾明扬来访，和天瑜合请其晚饭，伟华在座。

12 月 30 日(3)阴

得小佳函；钟来因函，请题书笺；诗坛联谊编辑部函；曾卓、加藤国安贺年卡。

12 月 31 日(4)阴

寄照片一张与湖南文史馆作“文史拾遗”之用。函李继芬询雁晴先生生平，以有富失其材料也。徐有富夜送来《校勘编》清稿。得群华贺年卡。送一挂历给理疗女医生。

1993 年

93 大利！

1 月

元旦(5)晴

巩本栋夫妻率子、曹虹率子来拜年。万业馨、天渝打电话来拜年。郭维森来。周勋初来送文章改，周月结婚赠糖，送厦门时拍的照。张璋寄照片来。

1 月 2 日(6)晴

赵国璋来。芸视强疾。以漆盒一具赠勋初女月，贺其新婚，早早送去。

1 月 3 日(日)雨

高纪言、黄希坚、卞孝萱来谈《中华大典》事。诗词稿准备好，黄来带去，约隔日来。下午新任文史馆副馆长王葆权及倪明同来访，并赠礼品水果等。晚黄永随其母来，已长成一大汉，并已与胡松华之女胡青结婚。

1 月 4 日(1)晴

写书签三枚，又为宗良纲印集题一诗：

大匠斫山骨，雄浑肖天造。

妙手偶得之，非代拙以巧。

嗟彼俗薄儿，徒矜姿媚好。

章灿来坐，谈评级事。周勃托出版社马蓝婕送200元。得佘正松（原山大研究生）函，并寄来《高适研究》一本；香港黄锦鋐寄《黄天成先生诞辰论文集》一本；韩梅村寄《多棱透镜下的人生》一本；周策纵诗及贺年卡；刘君惠函；韩理洲函；丘良任函及书三本（景宋本三册）。贺年卡：吴在庆、市文联、湖南省图书馆、平田昌司。

1月5日(2)阴雨

发宗良纲、李培坤、于景祥、钟来因题字。王立兴带来张国光赠有关《红楼梦》之书。复佘正松、于辅仁、丘良任，均为收到其所赠书。

1月6日(3)阴

复傅璇琮、陆耀东、陶敏。函曲钦岳荐程。吴新雷来谈售书事。史建华送《张金沙书法选》等件来，请作序，并赠高丽参茶一盒及海珍宝二盒。复谢周勃赠泉二百。

1月7日(4)阴

武秀成代结古籍书店代售《诗论集》账，取得84元。贺年片：王弋丁、林庚、武大刘良明、姚继舜、王兆鹏、潘世秀（兰州大学）、韩国金在乘、吴志达、葛晓音、张三夕、佘雪曼。葛晓音、刘良明函。今日起本栋来理售书。郭维森赠《妇女诗词辞典》一册，盗用余名为顾问。

1月8日(5)阴

徐有富来致《史料学》校订费千一百元。

1月9日(6)雨

得钱南秀信及贺年卡，胡济沧赠《杜诗新话》，刘良明赠《中国小说理论批评史》。天纵、小婉、小鲲来，发过年费及小晶学费。小鲲修好煤气灶。写《张金沙书法集》序。

1月10日(日)阴

天渝全家来饭，美林烧羊甚佳。

1月11日(1)昙转晴

砺锋来还书，并呈所写论荆公诗文。伯伟来还书。中心来取第一批书。小鲲来饭，真真同来。吉首大学瞿明刚(现为包忠文先生研究生)来访，道刘敦纲先生、刘永济研究室事，并送茶叶。

1月12日(2)阴，小雪

文史馆韩文忠主任陪省委统战部林副部长(女)来，致年礼二百元。浴，甚畅。得《中华诗词大赛获奖作品集》；张可礼寄《东晋文艺系年》；张高评贺年片，告三月中来游浙东，或来访；李培坤函；武大出版社陶佳珞函；邗江县政协寄《扬州竹枝词》；唐富龄函；吕永贺年片；瑞洁贺年片。

1月13日(3)阴，微雪

闭门。

1月14日(4)微雪，阴

预报暴雪，不灵。宏生来送系中发柑一箱，嘱寄《龙门阵》祖棻词笺稿(挂号)。黄希坚来电谈来取稿事。

1月15日(5)晴

黄希坚取去沈集稿。闻吴奔星夫人逝世，函唁之。小宁来，得奖金50元。杨军来访，馈洋河大曲及桂圆。

1月16日(6)晴

函罗宗强，询问李笠之生卒年。得黄瑞云寄《寓言》一本，蒋寅寄《大历诗风》一本、《李商隐索引》一本、《张舜徽生平》一本，叶嘉莹函，刘孔伏函，屈守元函附顾印愚先生书联影印件。省社联冒名芳、赵杰来，赠电汤婆一、人参一盒。马鞍山杨功武赠酒三瓶、桂圆一盒、莲子一盒。小佳来信，木生迟来。

1月17日(日)晴

复小佳函。上午芸与丽则赴南大食堂购年货。函鲍振元寄照片。凌萍萍送银柳来。伯伟来借棉被，并带《诗学》第一期来看。

1月18日(1)晴

天纵来，送小包装肉类数包。以不需要之杂志及废纸交大纲出售。

1月19日(2)晴

得陶德麟函，蒋寅函，程一中函并附投资款收据，曾伯藩函，江苏古籍寄来《宋诗精选》合同。鲁国尧来，伍杰打长途来拜年。

1月20日(3)阴

以《新诗集》二包寄耀东。辞重庆诗词协会顾问。复曾伯藩、刘良明。得谭任杰信及贺年片；晴佳信，云寄百元为余寿。得安徽大学中文系姜海峰函，要为三曹学术会题字。董健来贺年。黄希坚来谈《大典》名单。

1月21日(4)晴

天纵来送点心。吴锦来，馈香肠、皮蛋，报以《诗集》，另一请转顾复生。复蒋寅、叶嘉莹函。赖永海赠《禅学研究》杂志一册。

【剪报：《南京日报》1989年1月29日第3版程千帆、陈永昌《关于对联的对话》。】

1月22日(5)晴，除夕

复程一中。卞孝萱来，送一台历。傅璇琮来长途，告漓江出版社事。

得齐鲁书社题字(《艺苑卮言》)酬五十元。得岳麓编辑胡渐逵函,黄瑞云函。夜吃团年饭,尽欢,共19人。

1月23日(6)癸酉元日,晴

雄鸡一声天下白。大吉大利。贺年:郁贤皓(来),陈美林、叶子铭、朱寿桐(电),许结、巩本栋夫妇(来),吴新雷、曲校长夫妇、伯伟夫妇、郭维森(来),康育义、潘知常(电),吴翠芬(电),许志英、朱家维(来),尉天纵(电),蒋广学(电),姚继舜(电),王步高(来,谈办词学刊物事),周勃(电)。夜天眉打长途来贺年。

1月24日(日)晴

贺年:金启华(电),陈书录(来),砺锋夫妇(来),徐有富(来),裴显生、凌焕新(来)。砺锋全家来,以桂托砺锋送浦师傅。天渝全家来午饭。

1月25日(1)晴

丽则今晨赴武汉。改砺锋论荆公文毕,交宏生带去。贺年:许邦政、吴翠芬夫妇、勋初夫妇、张宏生(来),霍焕明、原靖(来,赠水果,报以桂圆)。

1月26日(2)晴

威克携二孩来午饭。天纵来。今日起看《校勘编》。得陈继明函,晴佳寿礼百元。七姐夫妇来,带来洋参丸及新疆土产。

1月27日(3)晴

早出存款。阎韬、蒋广学、蒋荫楠来。连文萍贺片,云已辞《国文天地》,读东吴博士班。购得饼干三包,嘱美林送与姐。

1月28日(4)晴

吴文治来,赠水果。小鲲来,修好各种电器,并赠香蕉。

1 月 29 日(5)晴

得任秀金(吴白匋夫人)函,天眉寄来 Calendar。复任秀金。函潘重规。

1 月 30 日(6)晴

得成田静香贺年片及婚照,吴调公函,李正宇函,许匡一函,马昌松贺年片。以《诗集》分寄蛰存、中玉、谷融。

1 月 31 日(日)晴

得罗宗强复信,杜兰亭寄诗,及武大样书。天渝全家、早早来午饭。得天眉函及照片一张。

2 月

2 月 1 日(1)晴

寄本市《诗集》,平邮。复天眉。

2 月 2 日(2)晴

复李正宇。函邓韶玉催书。复黄瑞云,收到《寓言》。复陈继明。复胡渐逵。复胡国瑞,收到论文集。算《新诗集》字数,共诗行十七万二千字,文四万五千字。

2 月 3 日(3)阴

得华中师大黄建中信,办会哭穷;清水茂贺年片;陈贻焮明信片;丘良任诗词集《补蹉跎室存稿》;余恕诚谢寄资料信;上海《文学报》(200031)李福眠赠《文学报》;辽宁少儿出版社信通知购书以 50 本为限,已由曹虹收到,又整套一部;陆耀东信,云将改图。

【剪报:《文学报》1993 年 1 月 28 日《闲堂老人程千帆》(摘自《光明日报》)。】

2月4日(4)晴

赴匡老茶会,漫谈,一时归。看胃病,吃霍香正气丸。

2月5日(5)晴

卞岐来送《文苑丛书》一套。以《名家推荐丛书》付早早。二雏来午饭。芸统计蓁集字数毕:1. 诗词(十行千字)849800字,2. 序笺等33880字,共883680字。

2月6日(6)晴

章灿交来评《宋人传记索引》稿,即挂号寄璇琮。复张高评。以《诗集》寄《诗刊》同人。威克来告丽则在武汉玩乐甚欢,拟11日动身归来。即留在家午饭,饮酒。

2月7日(日)晴

寄耀东信(《诗集》稿费细账),舒乙、蒋寅、敏泽《诗集》各2册。省出版局图书处刘光祖(高云岭56号,210009)寄赠《书与人》一册,内有余相。

2月8日(1)昙转阴

早晨去看病,脚肿、牙肿。得关道雄函及文,请为之推荐读博士;陈辽函,收到书;丁芒函及《散文集》;《书与人》稿费(照片)30元,寄书四本。抄词笺付文史馆。砺锋来,嘱其代办关道雄所需推荐书。

2月9日(2)晴

伯伟代寄王国璎、连文萍、叶嘉莹、周策纵书。周勃打长途电话来云,托王兆鹏带来腊鱼、腊肉。

2月10日(3)昙转阴

寄书与刘光祖等。

2 月 11 日(4)晴

文史馆史建华取去馆刊稿件。得曾卓函,诗词大赛纪念品。新加坡大学要求评金启华。收到《文教资料》代垫舒芜稿费 50 元。

2 月 12 日(5)晴

收上古高克勤信,买书款未收到;王博仁信,附字二纸。尉淑玲来电话告台稿收到,正设法中。寄关道雄、金启华推荐书(次日)。

2 月 13 日(6)晴

丽昨返,今晨来,带来咖啡(垂华)、泉二百(小佳),又烧卖 17 枚。芸改二孙女小结。

2 月 14 日(日)晴

得李继芬告雁晴生卒。蛰存函告收到《新诗集》。杭州师院寄马一浮纪念集二册,稿费 22 元。

在各阶段中必然有一些人,他们既然对物质上的解放感到绝望,就去追寻精神上的解放来代替,就去追求精神上的安慰,以摆脱完全的绝望处境。——恩格斯《布鲁诺·鲍威尔和早期基督教》

2 月 15 日(1)阴,微雨

丽儿请为其中学师某君(章诚杰)题黄鹤楼诗,半夜醒,成一绝。复施蛰存、王博仁。

2 月 16 日(2)阴

得张志岳赴,杨文翰信,徐小跃赠《禅与老庄》,晴佳信及其孙女照片。刘难白(曾在武汉大学见过,现在新疆)托燕子矶中学王老师带来所写剧本,是根据吴志达为祖棻所写小传改写的,事实不符,写作技巧亦差,决不能让其出版。

题宗良纲印集

大匠斫山骨，雄浑肖天造。妙手偶得之，不代拙以巧。嗟彼俗薄儿，徒矜姿媚好。

忆黄鹤楼

偶忆江楼矗晓晖，如何西笑不成归。楼边官柳依然好，饱阅兴亡应长围。

2月17日(3)阴到昙

复刘难白，以《宋史》寄张璋，未即交邮。王兆鹏来，馈口服液二盒，又带来三夕赠豆丝(托南师大研究生刘尊明带)，周勃赠鱼肉。

2月18日(4)阴，微雨

文史馆送文具来。万业馨夫妇来。咸鱼以酒泡而封之。古籍汤敬昭、黄希坚来谈《大典》事。得潘石禅复信，马一浮讨论会邀请信。

2月19日(5)阴

以《宋史》寄张璋、张可礼。复杜兰亭；上古高克勤，寄书签(《神女之探寻》)。

2月20日(6)阴雨

二孩来上课。小鲲来修电，示天眉信。赖永海赠《佛学与儒学》。

2月21日(日)阴

上午天纵购得踏花被送来(82.5元)。下午天渝全家和小红、小严来晚饭。晚丽则夫妇来。得雄哥；舒芜(附纪念吴白匋文)；宋谋玚函，谈《诗坛点将录》事；李立朴函，谈出版事；《诗刊》社丁国成函，收到《新诗集》。

2月22日(1)晴转阴

得蒋寅函；李福眠(《文学报》)函，收到《新诗集》；朱正函，收到《新诗集》；于景祥托人带来人参两盒。夜华东工学院党委宣传部陈东林及该校编辑出版中心徐广联来访，询其撰文(论雪莱《西风颂》事)，赠所译《民俗辞典》一册。华东工学院，南京孝陵卫，邮编 210014，Tel432145 转 2231。下午散步至新街口。

2 月 23 日(2)晴转阴

下午散步至鼓楼，购得麻油及芝麻酱。得周笃文函，附林岫函；绿原函，收到《新诗集》；四川西南师范大学新诗研究所邹绛函，收到《新诗集》，并寄来《中外诗歌交流与研究》一本，1992/4；张叙之函，收到《纪念文集》和《新诗集》，并为其弟张学植索字；安平秋寄来《校勘编》资助合同书；黄裳寄《榆下杂说》；罗孚寄《绀弩诗全编》。

2 月 24 日(3)阴

周骋来谈，《沈祖棻诗词集》责任编辑为冯保善(三编室)。赠思想家中心书，本栋已清完。《校勘编》毕功，交有富。

2 月 25 日(4)晴

廿一中老学生翟春高、汪先义、朱知富、胡育岭、陈春芝、张莲、吴春英来谈，甚欢，带来果珍二瓶、汾酒二瓶、中华鳖精二盒、香蕉一挂。

2 月 26 日(5)阴

得武大校友总会约写自传信；《中国文化》稿费 100 元；谭任杰信及其在《澳门日报》刊《新诗集》书评；国际旅行社上海分社姚桐椿函，要《涉江词》及清人词话集评；山东省教委要殷焕先祝寿文字。函刘梦溪寄《古典文献研究》一册，并向索《中国文化》第六期。函复舒芜。

【剪报：《澳门日报》1993 年 2 月 19 日第 29 版谭任杰《玲珑透彻　意境无穷——读〈沈祖棻程千帆新诗集〉》。】

2 月 27 日(6)阴，微雨

复蒋寅、姚桐椿(问清人词选集评买处)。得钟敬文诗一首，由其博士生杨利慧转来，又附《文汇读书周报》记敬文与绀弩事文一篇。诗曰：

两老隔南北，相望思郁苍。京西留艺语，岭表共心香。忠义谁相激，清修世或忘。吾身甘淡泊，不羡拜金狂。

得一中信，又南京制药厂教育科张蔚星函（无事，谈宋诗而已）。得蒋寅寄《文献》四册，即交有富。

2月28日（日）晴

函陶德麟、佳珞、丁国成（附丽则诗）、邹绛（西南师大新诗所，同意其收入祖棻诗）。《两宋文学史》款2月15日要财务处汇出。

3月

3月1日(1)晴

复周笃文、宋谋玚、李立朴。钞饶固庵纪念文集、沈词笺毕。得吕剑函，收到《新诗集》；中国旅行出版社寄来张秉戍编《中国诗分类鉴赏辞典》一厚册，已转送丽则。参加校长换届会，致欢送词。

3月2日(2)晴

寄还华东工学院徐广联文与陈东林（见前2月22日日记）。致李立朴、连文萍、宋谋玚、周笃文。寄饶宗颐纪念文集稿与复旦大学中文系徐鸿玉。孙小妹来告系漓江出版社，书名“历代文艺精品综览”。陶敏寄来刘禹锡集样稿。吴在庆函谢《新诗集》。中心取去全部书，交五千讫。

3月3日(3)晴

得丘良任函，附钟敬文纪念绀弩100岁诗。长沙湖南财经学院徐唐龄寄一五言绝句，似是某诗集尝选其诗，误以为余选之也。得野谷信，收《新诗集》并约作文字；蒋寅信。李立朴自贵阳来电话。函王馆长，拟赠诗集与文史馆。

3月4日(4)晴

复丘良任、王文才。致钟敬文。嘱章灿将《涉江诗词笺注》图画文字及需删改的地方送江苏古籍。

3月5日(5)晴暖

早二人步行至大三元吃早茶,尚可,较翠园为佳,并购得咖喱鸡饺十枚。下午洗澡。

3月6日(6)阴,微雨

复杨文翰。得关道雄、张可礼、林从周师复。文史馆王馆长取去诗集约60种。

3月7日(日)晴

写字三幅(一成田,一老许,一殷焕先——精研苍雅,老学不倦;专隆教诲,德泽周流)。陈东林、徐广联来询稿,告已寄出,各赠《新诗集》一册。以殷焕先寿对寄李志华(山大出版社)。

3月8日(1)晴

收《文教资料》(序跋)稿费80元,李培坤、黄建中函。午宴三八战士。以书纸寄成田、安大三曹会。

3月9日(2)阴,微雨

写永芬、丘良任、张学植字,寄出。得王季思信,欲发表《独携》,似未可。

3月10日(3)晴

作字二幅,丽儿请。函程一中,询葆真丸。复蒋寅,删其文集(又寄《新诗》三册与之)。

3月11日(4)阴转昙

寄字与敏泽、野谷。写字毕。函周勃、舒芜、王季思。寄蒋寅《诗集》三册。

3月12日(5)晴

得傅璇琮、王淡芳信,葛晓音寄《田园诗研究》,李立朴寄《国策》《陶诗》译本。

3月13日(6)阴雨

改勋初二文毕。勋初来谈,取去。复王淡芳。《宋诗精选》所选诗共1196句(12万字)。得陆耀东信,武大擅改合同,可笑。

3月14日(日)阴雨

复耀东附寄武大要传记。得《西北大学学报》(《全唐文》序)稿费30元。

3月15日(1)阴雨

资料室徐天健取去史梅交来《金瓶梅词话》《三续金瓶梅》《李渔全集》三种六函,有收条。

3月16日(2)阴

书联赠葛晓音。函陆耀东改传记一句。陈美林来。中心送购书约来签字。得湖北社会主义学院(武珞路一号)《荆楚诗词大观》郑自修信,云将出版第一集。

3月17日(3)晴

得余顺尧、贾晋华信。

3月18日(4)晴

省电视台杨宪泽、杨林来,各赠《新诗》一本。周骋来,赠以《宋文学史》一册，又托其赠黄希坚、冯君各一册。得雪曼开画展帖（在杭州展出其重庆雪曼艺文馆藏画）。包忠文赠《现代文学观念发展史》，佳。

3 月 19 日(5)阴

收到《宋文学史》，章灿去取回。

3 月 20 日(6)阴

得马騄程函，嘱题签，即书寄。天纵来，带到沙拉酱二瓶。

3 月 21 日(日)阴

将寄出《诗集》包扎毕，共 69 册。取二千交天渝。

3 月 22 日(1)阴，微雨

一良寄 80 寿辰纪念文集。陆耀东来函，附谭任杰《新诗》评，又云稿费即寄。剑桥传记中心函，云已入名人录。陈美延函告收到《古典文献研究》。

3 月 23 日(2)阴冷，微雨

昨及昨夜至今晨发房颤，久不发，或系多运动之故，后当戒之。丘良任信，询青骨、夷州等。

3 月 24 日(3)阴

复丘良任、周一良，以《纪念文集》及《宋史》赠一良。巩本栋为寄出《新诗集》（大宗 69 本）。

3 月 25 日(4)阴雨

3 月 26 日(5)阴

得野谷函，为沙鸥要《诗集》；陶佳珞函；程一中函（拟续集资）。浙大中文系教授陈望衡，湖南师大毕业，治美学，拟赠书一册，未到也。舒芜函告罗孚事。又《华夏诗报》二份，拟寄一《诗集》与之。

3月27日(6)阴

以《诗集》寄沙鸥、《华夏诗报》、周良沛。得蒋寅22日发信，似11日所寄信又《新诗集》三册均未到。得汪孝文函，寄《徽州词征》。

《名人传记》1993年第3期唐玉宏《你的梦轻轻坠入我的梦中——记我国当代著名学者程千帆沈祖棻夫妇》，名人传记社，郑州市农业路73号(450002)。

3月28日(日)阴

写寿季思从教70周年联，并托俞为民赠人参一支。

蕙树兰滋，苍芳遐布；

词山曲海，教泽周流。

复蒋寅。复程一中，拟集资贰仟元，并附函耀东将稿费转一中。得小海寄来年历和曹明扬在宁时所摄照片，邓启东子邓安华函。许逸民、刘石、张世林由王长发陪来。刘石，启元白博士生。张世林，即原《书品》主编。

3月29日(1)昙

上午赴匡老《现代化》刊座谈会。晚张高评、林庆彰由张宏生陪来(收稿费30元，又代黄进德收12元)。羊春秋寄所著《散曲概论》。曹月堂寄《文献》三册，又索字。李立朴寄来推荐函稿。

3月30日(2)晴

寄李立朴介绍信，曹月堂字。为文史馆书横幅“右文敬老”。得葛晓音函，熊鉴赠《路边吟草》，陈望衡赠《心灵的冲突与和谐》。晚参加请张高评、林庆彰宴。陈望衡住址：浙江大学求是村72栋308室(310013)。熊鉴：广州东山美华北路九号当代诗词编辑部(510080)。

3月31日(3)晴

复熊鉴,赠以《文史资料》。复羊春秋,谢赠《散曲》书。复陈望衡,谢赠美学书,又赠以《选集》《世界》《新诗集》《文教资料》。复程一中,收到寄药。漓江出版社社长彭石生(彭匈)。

4月

4月1日(4)晴

致辽宁少儿出版社函。收到北大《全宋诗》五册(6—10)。为丽、林各买风衣一件(共88元)。湖南省图书馆张建国来,赠以93年前出书存者十余种,列入名人文库。

4月2日(5)昙转阴

得潘石禅、王淡芳、敏泽、《南京日报》严中(记者,湘人)。省委统战部林副部长(女)来告政协改选事。

4月3日(6)阴

得王利器复伯伟所询俗字,《诗刊》稿费100元。下午赴省委开会,通报省人事变动事。

4月4日(日)阴

为刘母、陈师作百岁寿字各一幅,即寄。天渝、丽则二家来,中午吃担担面。威克未来,买赖汤圆与之。复《南京日报》严中,询其所作对联之意见。得连文萍台湾信。

4月5日(1)阴晴

陆国斌电话谈香港出文学史丛书事。以寿刘母字寄王淡芳。得《诗刊》稿费百元。

4 月 6 日(2)晴

黄希坚来谈《沈祖棻诗词集》订合同事。得黄进德复函;中华代寄《全唐诗补编》三册;屈守元八旬寿辰纪念集;华师大、南开图书馆收到《新诗集》复函。周祖譔托中华代寄陈尚君《全唐诗补编》,开唐学会赠品也。勋初赠《考索》《纪念文集》各 10 册。

有容乃大,无欲则刚。

4 月 7 日(3)晴

黄希坚来电话谈妥棻集稿费,总约一万七千,预支六千。复屈守元。得蒋寅信,周一良信。函天眉。陈纳逊先生寿辰字及函送生物系。清华大学、北师大图书馆函复收到《新诗集》。路遇徐师吴奔星之学生张亚夫,在文化局工作,喜搜集雨花石。为总机房卢兴国新生小女取名英丽。

4 月 8 日(4)昙

上午参加文史馆 40 周年庆典并午宴,座中有统战部长周加才、省府秘书长许京安、政协张澄寰等。

4 月 9 日(5)晴

黄希坚来电话,同意一万八千。出席省委座谈会,及谢之送行。收到《荆楚诗词大观》。

4 月 10 日(6)晴

得张学植收到书件复函。得武大《校友通讯》92 年 2 期,其中徐正榜《武汉大学历史始于自强学堂的考证》一文,有光绪二十二—二十八年,十发翁任自强学堂及改名方言学堂时“提调”的记载。

4 月 11 日(日)乌云

改勋初文毕。天渝全家及丽则午来包饺子。小纪家中电话 319216。

4 月 12 日(1)昙

古籍冯保善送来《清诗纪事》三册,要求出鉴定推荐书,携去沈集合同稿。辽宁少儿出版社复信,社长名于耀先。作对联"有容乃大,无欲则刚"赠本栋。康育义送参观书展照片三张。复周一良,询芸在京学校事。

4 月 13 日(2)阴

周骋、冯保善来,签沈集合同。史梅取去赠大馆书,又《诗刊》,及代售《诗论选集》8 册。伟华来,带到 Frank《宫女与梅花》一本,又充和小笺,报以《宋文学史》《宋诗精选》各一册。伟华赠人参及食物数种。

4 月 14 日(3)阴

补牙,毕功。《华夏诗报》、浙图复收到《诗集》。收《铁道师院学报》稿费 100 元。嘱宏生代复一小学老师问题。水新之先生带来钱谷融赠参 10 支。

4 月 15 日(4)阴

写完推荐《清诗纪事》书件。得叶嘉莹《词学古今谈》及函。羊春秋约作某公百年书画评委。

4 月 16 日(5)阴

得武大吴于厪讣,即电唁。万业馨来,示以卜辞材料,汪珍如问也。

4 月 17 日(6)晴

发唁吴于厪电。买领带被骗 10 元,以赠天渝,又合用,奇。收古籍预支六千,日期 93 年 4 月 17 日,支票号码 453592。得淡芳信,收到寿刘太夫人字。得安徽凤阳中学汤明珠函,求教。人民文学出版社绛云求题"魏晋南北朝文论选"。上海图书公司刘毅强求写格言,拒之。

4 月 18 日(日)晴,23℃

芸代复汤明珠。自复羊春秋、刘毅强、绛云。柳定生来电话索《纪念文集》。宴李黄、伟华。

4月19日(1)晴

以《纪念文集》寄定生。复谢钱谷融赠人参。函潘长胜询《索引》进度。得三夕函,决去海南。

4月20日(2)昙

得复旦赠《近代文学批评史》。武大《新诗集》余额1850元。

4月21日(3)昙

蒋寅寄清华出《吴宓与陈寅恪》。舒芜信,黄建中信。取回武大稿费,同时寄一中二千。

4月22日(4)昙热

复舒芜,同时寄《精选》。复黄建中,辞赴会。

4月23日(5)晴热

砺锋来谈编集事,又告勋初。赠以书数种。许总来,约为《江海学刊》作文。

4月24日(6)晴

函高纪言、饶大姐(钦珩),复算《精选》稿费。复邓安华、蒋寅。朱寿桐赠《新文学现代化》一册。以数书赠宏生(有《主客图》)。寄出《纪念文集》与柳定生。

4月25日(日)晴

《上海文化艺术报》桂兴华来访谈南大拍片事,赠以《纪念文集》《文教资料》《诗集》《诗论集》共四册。晚小燕来饭,久未见矣。

4 月 26 日(1)晴

一良来函,告其夫人与芸同学。上海出版公司刘毅强强令作名人,不理。以录像带二请朱家维交宣传部。收到周勃寄茶叶,即复谢,并告上半年不一定能去武汉。赵宪章为社科院约写回忆录稿,辞之。

4 月 27 日(2)昙

得四川大学《宋文化》集刊第二册。看小佳与婉儿信。

4 月 28 日(3)雨

定生函告诚忘逝世情况。

4 月 29 日(4)阴

晨唁定生。得程一中信,收到二千;又黄瑞云信,托学位点。复一中,告不去武汉。

4 月 30 日(5)阴

芸去三医院请钱夫人看病。得屈义林函告在台北开画展;又曹月堂函告收到作字,并赠吴孟复之子怀祺所编《郑樵文集》。

5 月

5 月 1 日(6)雨

天渝来午饭。

5 月 2 日(日)昙

天纵、小鲲来午饭。以电话与业馨论书艺。

5 月 3 日(1)昙

得舒芜书。

5 月 4 日(2)晴

得黄建中、王庆元函,皆黄会事。

5 月 5 日(3)阴,小雨

晨与芸往三院作 B 超,芸系胆石,须服药。回来两人皆累,不适。本栋送评传五本来。研究生院请余评审本校文史博导,已允。书录来。

5 月 6 日(4)阴,微雨

山东鱼台县带动就业安置办公室(272300)李广超赠诗集《落英集》。季思托周维培赠《玉轮轩戏曲新论》《玉轮轩前集》。蒋寅函。

5 月 7 日(5)阴

得耀东信。以借支稿费六千收据寄还古籍。

5 月 8 日(6)阴

函傅璇琮,《笺记》版权事。复黄瑞云。勋初来谈《全清词》事,博导事,出版文集事,又交李白二文阅。

5 月 9 日(日)阴

发傅、黄信。伯伟同时函赵昌平。

5 月 10 日(1)晴

复曹月堂。史梅取药来。得连文萍函,杨坚函告又出《船山遗书》二册寄来。得汤明珠函(安徽凤阳中学),不复。得浙大中文系陈望衡妻李晓湘函,告陈去新加坡,李为《浙大学报》编辑,约稿。得吕永函,询对其太极图文意见。打电话与高纪言询稿费。

5 月 11 日(2)晴

杨坚寄《船山遗书》二册。马鞍山市公园新村湖东路(243000)11—

303 号张才良来函云编古诗吟咏百首，嘱填一表。

5 月 12 日(3)阴

复张才良（马鞍山文联）、《浙大学报》李晓湘（陈望衡妻）、杨坚、吕永。函辽宁少儿于耀先催稿费。

5 月 13 日(4)阴

市文联赵洛生陪赵俪生来，砺锋适在，命各赠《纪念文集》。砺锋来详商文集事，托其以书寄连文萍：1.《纪念文集》、2.《大历诗风》、3.《宋文学史》、4.《宋诗精选》、5.《古代辞赋》。上次寄《新诗集》《诗世界》。

【剪报：《解放日报》1993 年 5 月 10 日《南京大学师生开展“重塑理想”讨论：在商品经济中要端正价值观念》（摘自《人民日报》）。】

5 月 14 日(5)晴

为勋初改文，讫，还之。得志达函，赵吕甫函及纪念少咸先生稿件，郁沅赠新著《文学审美意识论》。

5 月 15 日(6)阴

函天眉。伯伟来谈赴内蒙文论会事。

5 月 16 日(日)昙

渝、纵及大纲来饭，渝赠茶叶，纵送云腿、高邮盐蛋，皆珍物。

5 月 17 日(1)阴

得清华大学出版美延、流求编寅老诗集。又宜兴谢润良要任顾问，不理。

5 月 18 日(2)昙

夜丽则夫妇来。清华出版寅老诗存，北大校友处发出，不详何人，拟谢美延。

5月19日(3)阴,小雨

上午为陈纳逊师祝寿。下午出席91周年校庆。卞岐来电话稿费事。

5月20日(4)大雨

于景祥自沈阳来电话,告已调至辽沈书社。

5月21日(5)阴

得璇琮函,允《史通》改由南大出版。得毛大风《现代千家诗》,长沙弘征《诗品今译》。海南大学约开《四库全书》会,不复。陈书录来送《文教资料》15册、《文献》93年2期1册(内有其论文提要)。

5月22日(6)昙

5月23日(日)阴

评审会全日。

5月24日(1)晴

评审会半日。汤敬昭、黄希坚来谈《大典》事。

5月25日(2)晴

得中华函,同意将《史通笺记》由南大出版社收入集内,但保留其再版权。杨克平打来唁电,不知何人误传余去世,已及时回电更正。

【剪报:《人民日报》5月5日头版方延明《端正价值观念取向　不忘国家民族利益:南京大学师生开展"重塑理想"讨论》。】

5月26日(3)晴

复中华书局及傅璇琮,致魏同贤,皆文集。黄建中携二学生来见,赠黄师讨论会材料数种,又麦乳精、茶叶各一。刘君惠赠《方言研究》。寄唐代文学学会会费 20 元。程章灿送来《文学史》第一章神话。函王庆元索王煜评《闲堂文薮》文。

5 月 27 日(4)阴,微雨

致杨克平电,因地址不合退回,因更作一书与邝健行。周勃来电话,托王兆鹏事。开封师专王基来函,以开元好问学术会求书。咸阳师专韩梅村寄来所著《文学鉴赏录》五册。

5 月 28 日(5)阴,微雨

李立朴自美返,来电话,同意出《十笺》。得吕永信。文史馆韩文忠等送馆刊首期来,致稿费 206 元。黄进德来赠《唐五代词》书二册,报以《精选》,并托其以《选集》《精选》赠叶橹,交与稿费美金 12 元。

5 月 29 日(6)

5 月 30 日(日)

生病,发烧。天渝夫妇、小鲲下午来。

5 月 31 日(1)

去南大医院治疗、住院,诊断为尿道炎,挂水。

6 月

6 月 1 日(2)大雨

仍有低烧,继续挂水。医院伙食甚差,开水亦不热,现已由阿姨早上送一瓶开水,早早晚上来冲一瓶解决。胡国瑞赠诗集。上海古籍来函,同意三本书由南大出,但保留再版权。

6月2日(3)晴

仍有低烧，继续挂水。四瓶水一般需3—4小时，睡在床上不能动，很难受，遂改滴快，2小时即滴完。

6月3日(4)晴转阴

因昨日滴水过快，影响心脏，今晨脉弱而不正常，经照心电图，为房性心律失常，医生颇为紧张，有转院之意，幸渐转好。勋初来。

6月4日(5)雨

热度已退，心脏也恢复，仅有少许早搏，自我感觉良好，但仍挂水四瓶。为董健改某文，周先生已取去。胡芝湘，武大北三区27栋587号。黄鸿剑上午来谈评审意见。得中玉函，已介绍伯伟参加文论会，稿亦发，并提起多年前所谈退休后组讲学团事，可见中玉身体精神状态均佳，施蛰存亦获上海市文学界杰出个人，可喜。省中医院施启生来函问候，甚为感动。施医生退休后迁居共青团路5—9—402，Tel216321(210012)。得张文勋纪念集。

6月5日(6)晴

武秀成来签某文。函蛰存贺其得奖三万元。今日检查一切正常，下星期一出院，凡病七日而愈。砺锋来谈拍片事，本约下午人来而未至。

6月6日(日)阴

中午天渝、丽则、小燕来吃，接待三个干菜包子。晚餐宏生送水饺来。

6月7日(1)晴

上午出院，小吴来接，一切顺利，回家后非常舒适。阎韬、蒋荫楠来谈《学报》开会事，并馈香蕉。得魏同贤复函；赵昌平函，内容同前函；江苏海峡两岸文学研讨会通知，7月11、12两天开会，邀请参加；林震公讣告，请裴显生代办花圈。

6 月 8 日(2)晴

南师大中文系学生陈斌毕业，赴广州邮电部门工作，来别，赠以《诗论集》。其人温雅能诗，余颇重之。函赵昌平、魏同贤，托赵买《诗世界》20 册。函复施启生。上午及晚上拍电影，莫生等均携孩来，谈笑甚乐。

6 月 9 日(3)晴，33℃

晨复黄霖并赠《宋史》。复弘征、郁沅，并赠《新诗》。民族学院王尧教授来访，与勋初、维森、忠文等同班，赠以《选集》《纪念文集》。王尧交来周绍良函介绍周艾若(周扬子)。得蒋寅函，晓斌尚安。河南开封师专王基乞为元好问讨论会题辞，作字一幅寄之。

6 月 10 日(4)阴

去医院看前列腺，未能作 B 超。得柳定生信，附曹逸峰信。

6 月 11 日(5)阴

去医院作 B 超，有前列腺肥大及尿痛感染。史梅代购小蜜蜂，160 余元。

6 月 12 日(6)晴

购圣露 20 支，40 元。蒋寅寄来《涉江诗》10 册。复蒋寅、柳定生。以《涉江诗》《菉选集》寄品玉、逸峰。夜天眉来电话。

6 月 13 日(日)晴，31℃

老尹夫妇来，赠以茶叶。老白夫妇携大宝、雪初来，并馈小麻油二瓶。昨夜发心跳，今晨始稍痊。

6 月 14 日(1)晴昙

以游仙词寄《龙门阵》。以《祖菉选集》《涉江诗》寄逸峰、品玉，并附函。得周秉钧讣，湖南老辈又弱一个矣。岳麓书社胡渐逵属题书签。

6月15日(2)昙

砺锋来，交与上古来函，并商《行卷》改动事。

6月16日(3)昙

天渝代取治前列腺新药。

6月17日(4)昙雨

本栋来换氧。得王庆元函，云王煜只寄目录，无论文（不复）；高增德函，寄来小传校样；蔡文锦函，附《才情骏发子宓词》；吴培德（云南师大）函，要求为其书题笺，并索要著作一本；毛大风函，附诗，不复。

6月19日(6)晴

为云南师大吴培德题签，并寄《宋史》。复高增德、蔡文锦。复赵吕甫并寄还二稿。得杨克平信；成都人民商场抚琴宿舍2—1—2黄振富信，托为张圣奘诗集题签。

6月20日(日)晴

天纵来取钥匙去。天渝夫妇来。为张圣奘诗词选题签。

6月22日(2)雨

上午看病，尿感尚未痊愈。复毛大风，盛赞其释“学长”之谬论。得三夕海南信；陈继明来信，要为《独生子女》写稿，可笑；胡国瑞信；天眉信，小毕可得Dr矣。

6月23日(3)昙

中午文献硕士生宴会，席间闻徐永年、黄典诚之丧。武秀成赠成善楷诗。托有富复三夕，报账。复陈继明，辞约稿。

6 月 24 日(4)昙

顾易生过访,赠以《版本编》。本栋来,托其报药品账。函国家版权局、作家权保会。复陈继明,拒为文。得《龙门阵》稿费 73 元。

6 月 25 日(5)昙

文史馆王馆长、韩主任、小朱来谈馆刊第二期出版事。天纵来云,工人已开始修缮。以《精选》寄蛰存。以《宋史》《精选》《辞赋》《新诗》赠何剑叶。

6 月 26 日(6)晴

出席祖棻奖金二届颁奖会。雷雯寄诗集《萤》。

6 月 27 日(日)晴

函李彦、伍杰。

6 月 28 日(1)晴

发李彦信。得臧克家诗集。

6 月 29 日(2)

函蒋寅,嘱向权保会了解。函伍杰,为误写其姓致歉。以近作二首寄《诗刊》。复王永芬附诗三首。赠克家诗一首,即寄去。如次:

克家诗老惠赠新集,浣诵之余,敬题二十八字,即乞粲正

颇忆惊心黑手篇,
诗林独步迈时贤。
丰城剑气依然在,
岁月堂堂七十年。

6 月 30 日(3)阴

南师大属评徐复《广雅诂林》奖。吴新雷告刘乃昌寄赠王安石诗文集。许结来。刘乃昌寄赠王安石选集,由吴新雷代谢。郁沅函,王国璎寄论文,《钱塘诗刊》。黄建中索黄先生纪念文集。潘知常来赠《中国美学精神》,报以《宋史》。

7月

7月1日(4)阴

得三秦稿费64元;江苏补《精选》稿费466元;雷雯信;四川人民出版社曾濬修信,关于涉江词笺。

7月2日(5)晴

改周本淳清词后记稿。汤敬昭来谈《大典》事。

白强　子宗杰(大宝)　邢氏。

白峰　子宗哲(欢欢)　赵氏。

白皓　子雪初　剑华。

7月3日(6)阴

伍杰来长途告杨牧之签诗稿费算法。吴志达来信,告《小说史》交齐鲁。

7月4日(日)阴

香港中文大学博士生陈建樑由章灿陪同来访,赠论文数篇,报以《选集》。上午丽则带其汽标旧同事夫妇二人来访,现任职长江航运公司。天纵来,片刻即去。天渝夫妇来午饭,下午三时始去。小晶成绩有进,得奖金四十元。

7月5日(1)

看病,仍+,医嘱赴工人看。扬师戴伟华来,赠《唐代幕府与文学》,佳士也。报以《选集》《诗世界》《宋史》。

7月6日(2)阴

7月8日(4)晴

去工人医院看病，史梅、吴智华陪同，云要做小手术。返，商之学校，拟入鼓楼医院。下午经周医生诊断，同意工人之意见，需做手术，但尚需查几项，故必须住院。运气甚好，恰好有一两人的房间，有空调，同病房病人又已走，医院同意芸陪伴，今晚丽则先陪一晚。今天各方面都极凑巧，如此好运，此小病当无妨也。得伍杰函，证明旧诗词稿费算法，已交丽则复印。武大校庆拟送礼20元，交丽则寄去。

7月9日(5)晴

入院手续办好。晚吴锦夫妇、史梅夫妇、丽则一家来，吴送八宝粥及椰子汁。得臧克家、张伟华函。

7月10日(6)晴

莫砺锋来，又陪同一起去检查。小早、小燕均来，并带来小燕自己做的菜。小燕听于兰说，南师附中分数线为559分，小燕得562分，高三分，尚有望。已做过心电图、血型检查。八宝粥分赠早、燕各一。今日开始用医院正常伙食，颇佳。晚伯伟、曹虹来看。芸回家接天眉电话，得雄哥信。得中华寄来《古文观止今译》及……

7月11日(日)晴，高温

上午本栋、一涓来，赠鳖精6盒。宏生来，赠荔枝，并嘱其购蛋糕来。因发烧未退，挂水，下午已退烧。下午志明、小虹来，赠西瓜一。

7月12日(1)晴，高温

今日仍挂水，故未进行胸检。上午又来一病人，芸只好早来晚去，待做过手术后再夜陪。夜丽则夫妇来。文史馆王馆长、韩主任来，赠田七、鳖精各四盒。得版权局复信，蒋寅信，均为诗行事。得武大周大璞讣告，迟到未电唁。

7月13日(2)晴,酷热

做B超、胸透。芸赴吴锦家午睡。天纵来。胡若定、王继志来探,馈食品,云章灿未获特批,可异也。

7月14日(3)昙晴,高温

章灿、砺锋、勋初来。砺锋带交交流会论文,勋初馈香蕉,又谈章灿落选事甚久。小燕来陪,未挂水。芸发高热,赴卫生院挂水,电丽则、天渝,商量住南大医院。

7月15日(4)昙,高温,有雨

晨打电话知芸热退,将由天纵夫妇陪往看病,宁健侍。陈书录来,托买饭菜票40元。砺锋来告芸由曹虹、史梅、一涓侍,可放心。曹虹来馈虾。严杰来。芸37.9℃,能饮乳食瓜,宁健侍。夜伯伟夫妇来,赠咸蛋二,又借给余英时《犹记风吹水上鳞》一册,记其师钱穆之作也。

7月16日(5)晴,有雨,热

曹虹馈玉米一枚,又烧鳗鱼。丽则送玉米。读伯伟借余英时论钱穆书,甚佳。王长发来,馈日本瓜四。砺锋来,馈苹果,借《张中行小品》。有富来告已辞系副主任,可专力校雠矣。宏生来,借武侠6册。

7月17日(6)雨,凉

早早来午饭,携家水果等。丽则来告小燕差一分,学校可能敲诈巨款,不拟应之。勋初、砺锋来告即赴浙江。曹虹来,馈青豆炸肉。姚松携雏,与万业馨同来。

7月18日(日)昙,30℃

天渝、美林来,馈点心。天纵、小晶来,馈牛肉汤。宏生来,馈桃,以余英时书付之,俾与砺锋共阅。有富来,谈《典藏编》事。陈书录来,送武侠三册。郭维森来,送鳖精二盒。

7 月 19 日(1)晴,32℃

章灿来。曹虹来馈食。许结来。二雏来。得曹月堂函,有关黄先生纪念集事,已请许惟贤办。

7 月 20 日(2)昙有阵雨,33℃

友红携莫杞来,赠花一束。徐有富来,赠椰子奶粉二瓶。巩本栋来。史梅、曹虹、林雪梅来。丽则来。史梅赠面包、生姜。虹馈菜。得刘业超函,求写书签,已复;高增德函,请写条幅。

7 月 21 日(3)晴,29℃

友红来,馈桃、菜。中文大学邝健行之学生陈来访,章灿陪,赠威尔液。高津孝赠《宋行卷考》,又点心一盒。本栋来,馈菜。校党委孙亦平同志来慰问。姚松送来《胡适年谱长编》《梁实秋回忆录》。伯伟今夜赴呼和浩特,与曹虹来谈。大珠妹托为其孙入南大事,丽则已办。

7 月 22 日(4)阴,26℃

下午大纲、曹虹侍芸来,谈小燕事。有富来。早早来馈二加里饺。夜丽来谈小燕事。中玉来函,同意用徐广联文,已转徐。

7 月 23 日(5)阴雨,26℃

上午砺锋来,昨夜与勋初等返。下午勋初夫妇来,馈汉口酥饼一包。小燕来。省委统战部林部长来探视,赠泉 500 元。

7 月 24 日(6)阴雨,27℃

主任医师告以在检查癌细胞。晚返家,适砺锋来送虾,携归。

7月25日(日)晴,29℃

在家,宁健、天渝夫妇、丽则来。函汤敬昭、黄希坚,寄去版权局函及伍杰函。上午勋初及横山弘来谈甚久。横山赠点心、电池、饮料及往岁照片,报以《宋诗精选》《古代辞赋》二书。下午周勃打来长途,已辞行管主任,名额仍在该系,而为中文系带研究生,又谈雪垠事。华东工学院徐广联论雪莱文,中玉已采用,转去通知。

7月26日(1)昙,29℃

本栋来馈毛豆烧鸡,甚佳。有富来,告以注意申请《典藏编》经费事。胡公石来探病,馈宫宝、肉松、奶粉。看本淳清词校记,讫。将版权局及伍杰复函复印件挂号寄汤敬昭、黄希坚。

7月27日(2)昙,32℃

芸上午来。砺锋来,馈熏鱼、菜瓜丝。得复旦饶宗颐论文集目,陶光《无邪续集》。

7月28日(3)昙,31℃

甘卫东医生告,无癌细胞。手术日期问周志耀。本栋来送鳝鱼。勋初来谈吴、屈要求工作,又出示严杰欧谱序嘱酌。即改讫。砺锋来馈鸡腿、青豆,将勋初欧谱序交其带去。有富来。朱书记来。严杰来。早早、丽则来。闻徐复夫人逝世。

7月29日(4)晴,下午转雷雨,33℃

曹虹陪芸来,芸午饭后由大纲接回。卞岐偕章灿来,求一《文苑丛书》推荐书。史梅来代买康师傅面3盒。

7月30日(5)阴,31℃

医生姓名:1. 周志耀、2. 孙则禹、3. 甘卫东。孙则禹主任嘱为渠及周院长作字,另为医院作字数幅。本栋中午送水饺。武秀成、章灿来(江苏《文苑丛书》推荐稿)。有富来。

7月31日(6)阴雨,29℃

焕明、原靖来,馈肉松二包。晚返家休息。在医院期间收到下列各书:中华寄《古文观止》,北大寄《国学研究》V.1,贵州寄《孙子全译》《韩非子全译》,周振甫寄《文论散记》(已复),华师大寄《词学》10,张秉成寄《历代词分类鉴赏辞典》(已复),冯锦诸寄《七律回文集续编》,《杜甫研究学刊》93.2,重庆文史馆寄《重庆艺苑》13,高校古籍寄《中国典籍与文化》92.3及93.1,西南师大寄《中外诗歌》,宗岳寄《论抗战戏剧》,吴辰旭寄《少年文史报》,《社会科学战线》两本,《古代文论研究》16,吴志达寄《武大学报》。

8月

8月1日(日)阴雨,30℃

在家。康育义来赠中日书画交流册一本,又嘱贺合作协议签字,漫书16字应之。以旅蜀词笺(三)寄《龙门阵》。丽儿母女来午饭。晚6时半返医院。得天眉、陶爽函。

8月2日(1)阴雨转晴,30℃

友红来馈菜。本栋馈鱼。江苏古籍汤敬昭、黄希坚来,馈口服液6盒。医告用激光,做"射频",先交千二。严杰来,命办此事。勋初来。

8月3日(2)昙转阴,33℃

严杰送来现金千二百。有富、伯伟夫妇、惟贤来。伯伟馈瓜1枚。

8月4日(3)昙,33℃

上午8—11时,至市医做射频手术,章灿陪去,甚顺利。统战部某君(前数年南大调出去)来送花,惜忘其名。本栋午来送菜,下午久坐。鲁国尧来,云平田明日来。芸丽母女来共晚饭,二娃做包子,甚佳,苦瓜豆角亦出二孩手,可佳,赠以康师傅面各一盒。梁公甫先生出院。

8月5日(4)阴,闷热,31℃

友红馈豆腐,辣不能食,从医戒也。本栋馈炸鸡、西瓜。小便已颇畅。小燕送来著书备赠平田昌司。有富来馈燕窝六缶。伯伟夫妇偕平田来,赠以《版本编》,馈糖一盒。

8月6日(5)阴昙,30℃

午后小便全通畅,无苦。勋初、章灿来。芸、丽来。函伟华、天眉、陶爽。

8月7日(6)阴,31℃,立秋

下午返家。周勃、李立朴打长途来问安。函邓懿、文华、张谷穗。

8月8日(日)阴,31℃

函连文萍(著作出版事),得其来函即复也。丽母女来午饭,二雏即出游。

8月9日(1)昙,31℃

晨返医院。史建华来,代文史馆致泉三百。姚松来,赠花。有富来。万业馨代购《诗世界》20册,并赠点心两包。汪越来。

《胡适之先生年谱长编初稿》第八册3021页引李恕谷(塨)语:“交友以自大其身,造士以求此身之不朽。”

8月10日(2)晴昙,30℃

芸来晚饭。万业馨来。再次测尿动力。章灿夜来,即去南通。

《答晏同叔题汉阴丈人画》(荆公):“赐也能言未识真,误将心许汉阴人。桔槔俯仰成何事,抱瓮区区老此身。”荆公此诗极表人当有为之意。

方惟深(字子通)《过黯淡滩》(见南宋龚明之《中吴纪闻》卷三):“溪流怪石碍通津,一一操舟若有神。自是世间无妙手,古来何事不由人?”忆王荆公极赏方子通此诗,德业有合诗意,谨书以赠,老无笔力,可愧也。志耀先生。癸酉秋,八十翁程千帆。

8 月 11 日(3)昙,29℃

下午老尹夫妇来,馈麦乳精一缶。宏生来。有富来。周、孙医生同意明天出院。上午砺锋来。邓韶玉函附其纸得奖状。香港陈建樑函附照片。美林、大纲送纸盒来。小严送退休金来,即将所送茶具嘱其带去。

顾亭林五十生日诗:远路不须愁日暮,老年终自望河清。

8 月 12 日(4)阴,29℃

今日出院回家,三月后再去做 B 超。新居钥匙已拿来,要求 9 月 12 日前搬迁。周勃来长途问疾。

8 月 13 日(5)阴,28℃

写书签寄刘业超。

杨万里《桂源铺》:万山不许一溪奔,拦得溪声日夜喧。到得前头山脚尽,堂堂溪水出前村。

谢谭优学赠《广斗室居随笔》。谢邓韶玉以奖状复本见寄。

【剪报:《少年文史报》1993 年 7 月 15 日头版杨爱民《著名学者程千帆话文趣》。】

8 月 14 日(6)阴,29℃

史梅来,馈柠檬姜,托其报账。于景祥来长途问疾。收《词学》(《圭翁杂忆》)稿费 20 元;李立朴询丛书计划;曹逸峰信,泛泛语不必复;作协作家权益保障会函;蒋寅《大历诗人研究》提纲及函;《匡扶诗存》(内有一首及予)。小芹来探病,送香蕉。

8月15日(日)阴,29℃

为兰州《少年文史报》编辑吴辰旭作字一幅,即寄。又赠志明小红新婚贺字一幅,即取去。

8月16日(1)阴,28℃

复李立朴(全译丛书事),同意介台湾地球出版社长魏成光。

8月17日(2)晴,28℃

得弘征复,知其外曾祖为白香亭主人。勋初来,带来《全明诗》第二册,又培恒著《献疑集》。以《国学研究》卷一借与勋初。函谢袁行霈、章培恒赠书。复蒋寅。文史馆王馆长、韩主任来谈出席广东会议情况。

8月18日(3)阴,28℃

函潘长胜询《索引》。

8月19日(4)阴

宏生来,赠以诗词录音带数盒。早早姐妹归自海滨。寄10元至珠海买助听器电池。

8月20日(5)阴,28℃

砺锋来。今日不适,早搏,109。

8月21日(6)阴雨,25℃

函杨克平托买助听器。得赵幼文赴,寿87;周一良寄论文。

8月22日(日)阴,26℃

写字二:联一、条一。天渝来。

8月23日(1)晴,33℃

天纵来。不甚适。唁赵振铎。

8 月 24 日(2)晴,30℃

心跳 120,不适。

8 月 25 日(3)晴转昙,34℃

高纪言、汤敬昭、黄希坚、卞孝萱来谈《大典》事。王庆元、郑传寅从武大来,送莲子桂圆、银耳燕窝,欲余出任黄先生全集主编。

《传记文学》93 年 4 期陆霖《风流长忆涉江人——沈祖棻与〈涉江词〉》。《名人传记》1993 年第 3 期唐玉宏《你的梦轻轻坠入我的梦中——记我国当代著名学者程千帆沈祖棻夫妇》。

8 月 26 日(4)阴,31℃

王庆元、郑传寅来,谈武大及黄先生文集事,各赠《宋史》及《选集》一本。得江苏古籍汤敬昭函,承认一行即一句;蒋寅函,晓斌南旋生子;邓长风自美国来函,收到《八十寿纪念文集》,其地址见地名簿;万业馨函,求职不遂;杨爱民函(甘肃《文史报》),寄照片及报纸。

【剪报:《少年文史报》小学版 1993 年 2 月 1 日程千帆字:“希望少年朋友们认真学习祖国的历史,只有了解过去,才能把握现在,开拓未来。一九九二廿十一月程千帆。”】

8 月 27 日(5)阴,32℃

丽则母女来,晚餐赖汤元。函王庆生告黄建中事。得浙大陈望衡信,已从新加坡返。

8 月 28 日(6)阴,32℃

董健来,谈文集事,未遇。草答宏生问,准备《文学典》报告。

8 月 29 日(日)阴,29℃

今日写完鼓楼医院字,共七纸。小鲲来装电炉。

8月30日(1)阴,26℃

复周一良,谢其赠论新井白石文。以字交伯伟,转孙则禹。赴政协开两岸文学交流论文集定稿会,与会者孙颔、董健等。

8月31日(2)阴,28℃

国务院学位办公室函,谓余等去函多有失实之处,拟驳之。交周。李培坤寄来与吴代芳合撰《唐人绝句艺术谈》。

9月

9月1日(3)昙,29℃

复李培坤、吴代芳。复陈望衡,并寄去涉江鄂渚词笺。吴枝培来问病,赠洋参冲剂二盒。维森来谈暑假某女被害事。

9月2日(4)昙,30℃

早早送耳机电池来。勋初来谈国务院学位办公室函事。

9月3日(5)昙,30℃

宏生来论清人词论。砺锋来告时惠荣对出《选集》意见。以文二篇及《江苏文史研究》、相片各一寄刘梦溪。于景祥打长途来谈出版我全集事。

9月4日(6)晴(阵雨),32℃

天纵带人来做新居最后之安装。

9月5日(日)晴,30℃

拆卖暖气片得30元。偕游中山大厦,不出二月余矣。

9月6日(1)昙,31℃

伯伟交来交流会稿。宏生来谈清词严评博士。

9月7日(2)昙,31℃

收到高增德谢为作字信,89年同住人民医院病友许兴中寄来所作《三可词选》,成田静香寄《白居易研究讲座》第一卷,三夕海南函。下午胡若定、朱家维来谈清词事。早早来学隶书。

9月8日(3)昙,29℃

许结来候。勋初来,严事不直接去函。下午出席省委反贪污座谈会。得舒芜新书《周作人的是非功过》,施议对香港函,《龙门阵》编辑杨启宇函。

9月9日(4)昙,29℃

武秀成、严杰、巩本栋来搬书两车。周勃来长途,告武大态度。

9月10日(5)昙,31℃

教师节。韩星臣来,与详谈张宪文事。复《龙门阵》杨启宇(附诗文)。复省农科院许兴中(寄赠《三可词选》,四年前曾同住医院)。发出告迁居函26封。

9月11日(6)阴雨,26℃

林雪梅、档案馆徐燕燕来取去照片、《行卷》手稿、奖状、聘书等多件。档案馆长:包世同,Tel3518;科档室:徐燕燕、王振银。复舒芜、三夕、施议对。砺锋来商《选集》说明稿。

9月12日(日)小雨,26℃

拟贺武大百年校庆联:

江汉炳灵,济美开基绵教泽;

芝兰竞秀,含华佩实重儒林。

《人民日报》潍坊站记者胡孟祥来访,嘱题字,即为书之。美林夫妇、宁健母女来,助理物,又看新房子。于景祥来长途,告领导同意出《选集》。

9月13日(1)阴转昙,28℃

周勋初来,拟好复国务院信。档案馆王女士送来贴照片本及收据。得王庆生复电;(730060)兰州市西固东路兰州平板玻璃厂厂办室陈胜寄来《栗荆诗文选》一本(陈宗周遗著);教委古委会寄来《中国典籍与文化》93.2;人民日报文艺部《书评》版函,约稿;刘业超寄贺卡。

9月14日(2)昙,30℃

辽宁大学(110036)朱明伦来,馈咖啡及伴侣。汤敬昭、黄希坚来谈《大典》事。许云和(孝萱新招博士生)携张文勋函、诗词集三册、茶叶一盒来见,勉之。勋初晚宴许逸民(荟萃楼106),余夫妇陪。席间定董、周及余致学位办函稿。

9月15日(3)昙,30℃

章灿来谈《文学史》出版事。史梅来谈取清词提成费事。

9月16日(4)阴,闷热,30℃

卞先生转来山大古籍所赠《古籍整理研究论丛》第二辑。卞先生要报告稿。安徽大学姜海峰函嘱题书笺。苏州姚建忠信,无事,不答。

9月17日(5)昙,33℃

今日亲戚来访,午宴于接待,162元。1. 程重——会煦震荪长子;2. 李支蕃——会蔡大珠长子,妻邓路伊——支蕃妻。

9月18日(6)阴雨,29℃

九一八事变62周年,昔日本欲以武力取之我国者,今不血刃数倍之矣。可痛也。

9月19日(日)阴雨,25℃

小鲲来,换新居门锁,修电铃、煤气灶,小红姐妹亦至,遂共晚饭于赖汤元，鱼汤甚美。基建处邢处长家电 3265。

9 月 20 日(1)阴大雨，24℃

收王淡芳刘彦邦赠 80 生辰礼金 100 元，彦邦信，吕永贺卡，吴代芳信，蔡厚示信，湖南名人文库信，丘良任寄诗，陈望衡信。

9 月 21 日(2)阴雨，24℃

宁健、小虹来为余作生日。严杰、秀成、章灿助清什物。复刘彦邦、吴代芳。

9 月 22 日(3)晴昙，27℃

夕佳寄寿金 100 元。晴佳来信。大纲治院中地毕功，午饭，丽亦来。

9 月 23 日(4)晴

晨九时离家赴苏州开《中华大典·文学典》工作会议，芸同行。在苏州市区午饭休息后，乘汽车去太湖西山石公山庄。旅馆设备差，但环境优美，伙食甚佳，有鳊鱼、白鱼、鳜鱼、黄鱼、银鱼等各种新鲜鱼，已多年未尝。尽日奔波，很累，又未午睡，晚九时即上床，但入睡较迟，又醒数次，不如在家中之酣眠也。

9 月 24 日(5)晴

听广播知 2000 年奥运会将在悉尼开，中国北京申请，未通过。晨在湖边散步，看日出，甚美。黄进德介绍神功元气袋(505)有效。上午开大会三小时，讲话 20 分钟。下午分组开，亦二小时半，甚感疲劳。晚八时即入寝。

9 月 25 日(6)晴

上午开大会后摄影，余二人亦留二影。下午小会(主编、分典主编及出版社)，此次会议即告完成。8352 元或 8640 元。

9月26日(日)晴

上午八时许去苏州，在沧浪苑午餐，菜很精致可口，闻需千元一桌。饭前饭后大家上街游耍，余二人则在桃花坞休息，并购得笔三枝，茶色宣纸二十张。下午回石公山庄，往返舟车需四小时，颇为疲劳。尤感费时费钱，但客只能由主便，无可奈何也。

李彦、伍杰，北京和平门中宣部(100051)。桃花坞经理——张荣官。

9月27日(1)昙

上午八时离石公山庄去苏州。逛观前，购得西服一套，325元，又肉月饼22枚。中午吃鳝虾面，在桃花坞休，又购得画叉一，久想此物，不意在此买到，以后挂字画，可以省力多矣。晚乘5:48火车回宁，抵家已十时，吃康师傅面各一碗。

9月28日(2)阴，小雨

今日搬家，莫、张、程、巩、严、武等来帮忙。搬家公司十一时才到，只装一汽车，一次搬完，芸在新居指挥家具安放，余在旧居坐镇，搬好后才回新居。下午诸生及威克又来帮助将家具放好。晚上煮稀饭吃肉饼，丽则、小燕共食。得天眉、舒芜等函。美林下午来帮助整理，甚得力。

9月29日(3)晴，24℃

继续整理各种物品，美林又来协助。电话已转来。晚省出版局局长请余夫妇、卞、郁在丁山吃晚饭。文史馆老史送节礼来(苹果与月饼)。

9月30日(4)晴，25℃

卧房已基本就绪，主要是书房未清，须等学生来将书上架。张宏生、程章灿将修好之电视机送来。小鲲来帮助修理各种电器，送苹果及无锡肉骨头。余将一屏给小鲲，作为天眉赠张晓若之结婚礼，小鲲甚悦。徐有富来谈《校勘编》出版事，并送一篇文章来改。周勃打电话来，云武汉大学力请余夫妇去参加百年校庆。得陶爽函。

10 月

10 月 1 日(5)晴,27℃

继续在家清理。得中玉函,云许杰去世;赵吕甫函。

10 月 2 日(6)晴,27℃

古委会成立十周年。

考献征文,苍芳遐布;
推陈出新,邦国之光。

全国高等院校古籍整理研究工作委员会成立十周年志庆
一九九三年冬程千帆

天渝一家来共午餐,叙谈甚久。天渝赠毛背心。周骋送诗集来。

10 月 3 日(日)晴,26℃

打电话给王毅、七姐,通知已迁居。和万放、刘舒通电话,悉万放曾生病住院。

10 月 4 日(1)昙,26℃

上午伯伟和书录来将书上架。得谭任杰、刘采隼、王庆生(关于黄建中传讹事)、张伟华、程之、佘雪曼函,上海古籍转寄高文赠《唐诗简编》二册,毛谷风寄《二十世纪名家诗词钞》附函,吴代芳寄《唐人绝句艺术谈》。购神功元气袋二。郭、顾老师来,赠金瓜、黄山蕨菜。函天眉、夕佳、晴佳。发致上海华师大唁许老电。

10 月 5 日(2)昙,25℃

顾学梅送竹竿来。叶子铭来谈,带来张辉赠人参蜜片。基本清理完毕(9.28—10.5 共七天)。

10 月 6 日(3)晴,26℃

上午章灿、伯伟来,帮助挂壁毯和画。为伯伟写青年骨干分子推荐书。函赵吕甫。徐有富送《典藏编》大纲来,嘱将《湘雅》送图书馆。下午莫绍裘来赠香蕉与补品,还以《诗世界》和《独携》。巩本栋来,嘱其将二堆杂志送中心。章灿来谈教委对《文学史》作教材的意见,我们不拟作教材。

10 月 7 日(4)晴,25℃

得吴代芳、董治安函,赖永海赠《佛典辑要》。填交国家人事部发专家调查表。写好推荐伯伟为青年骨干分子书,交伯伟。写好两首旧诗重刊说明,交徐有富。人参蜜片托天渝去沪时赠雄哥。大纲携友来,出清自行车棚下之砖石。晚威克又铲平自行车棚下之地面,至此外部环境亦已整理清理。威克又协助挂字画,美化居室。

10 月 8 日(5)晴,26℃

和阿姨及其表姐协力将自行车棚冲洗干净,甚累,但进门即望而乐之。函复佘雪曼、高石斋、屈义林、周晶、毛谷风、吴代芳。寄杂志二本与周骋。寄武汉大学校庆贺联与周勃,请其代裱。

10 月 9 日(6)晴,29℃

函林岫请书静闻诗。复谭任杰。函许逸民请补寄杂志。得蒋健兰寄《袁世海的艺术》,淡芳信,赵振铎信。

10 月 10 日(日)昙,28℃

复程之、中玉。以书寄邓路伊:《新诗集》《祖棻选集》《宋词赏析》《宋文学史》《诗世界》《诗论选集》《文教资料》,共七种。复蒋健兰,寄以《文教资料》。小鲲来告天眉已得绿卡,十一月一日返国。小严、小虹来装好浴室百叶窗。七姐和老白来。

10 月 11 日(1)昙晴,25℃

函克平告勿购助听器。得蒋健兰函,即复。函黄淑贤。莫绍裘来,拿去《新诗集》三本、《诗世界》一本送友人。

10月12日(2)晴,26℃

砺锋来问编文集事。填好北图所需“博士生导师联系卡”。下午上海世纪杂志社沈飞德来约稿,拒之。文史馆老史、小吴来取我所赠书籍,顺便接我二人去山西路购物,购得床上台灯、剪刀等。沙发看中一种,未决定买。

10月13日(3)晴,27℃

大纲来,令其以陈书录所借武侠三本送南师大中文系。得连文萍函并寄来苏雪林《浮生九四》。复王庆生,对处理黄建中传谣事表满意。函王庆元,寄王庆生函及监察处报告。以有关博士导师材料寄北图学位论文中心(100081)姚容,白石桥路39号。复连文萍,寄去与复文订约样式。

10月14日(4)小雨,20℃

旧居钥匙还房产科。江苏出版局金海峰为《书与人》杂志约稿。

10月15日(5)小雨,18℃

勋初来。下午吕效平陪同去浦口新校参观,并为文科新生讲半小时。

10月16日(6)阴,18℃

晨和芸同去菜场买菜。章灿来,为填写教材《两宋文学史》参加评奖事。得蒋寅函,得一子,早产,不足4斤,抚养困难;长沙水电师范学院刘景华(410077)寄来《十五十六世纪东西方历史初学集三编》(为庆祝吴于廑八十寿辰)。致佘雪曼函欠资再寄。

10月17日(日)阴,小雨,19℃

天纵来,购得宣威火腿10包,65元。天渝夫妇来,与天纵、小晶在此共午餐,并叙谈甚久,带来雄哥赠生日礼100元。淑贤、老尹来访。填好科学技术同行评议专家登记表。

10月18日(1)阴转昙,19℃

写字数幅(叶櫓、高纪言、市艺术交流中心)。上午去南园取药,看眼疾,理发。文史馆办公室韩主任和小朱来谈出版文史刊物事,赠《三吴风采》一本。研究生会王锋(5舍105室)来采访有关自费生现象的看法。得中玉函,告知致许老唁电及时到达;王庆元寄郑传寅函及《黄侃全集》出版报告;黄建中函,申述其传谣之经过;曾枣庄函,关于分典事。

10月19日(2)晴,22℃

出购沙发(800元)。访胡公石,赠以日本印怀素千文,承报以《标准草书》。又访尹夫妇,会其姊何浩若夫人,93岁矣,极清健。

10月20日(3)晴,22℃

写字两幅(叶櫓、左平[天渝所托])。市国际文化艺术交流中心总经理徐澄取去书件。砺锋来商《选集》事。函黄建中告事已过去,不必介意。以书件寄叶櫓、高纪言。又为天渝作书,赠左平。函于景祥询《选集》事。夜勋初宴唐学会诸人,有璇琮等,作陪。

10月21日(4)晴,22℃

得蒋健兰信,甚详。知乃和乃乃崇之姐,索《宋文学史》,当寄去。又得91年有贡献学生师生合影一张。以改正文交徐有富转介与曹月堂,又与稿纸300余张。王永芬来。

10月22日(5)晴,25℃

复蒋健兰并寄《两宋文学史》。得夕佳、小佳函,均附照片,即将二姐妹函代为互相转寄。徐有富代订妥明年报纸四种,共151.20元。贵州人民出版社寄全译本两种:《颜氏家训》及《博物志》。古籍小组寄《传统文化与现代化》第二期。

10 月 23 日(6)晴,25℃,老人节,重阳

张宏生来与之谈改其文事,并谈系内事。下午王继志代表工会送来大蛋糕一,又五十元,祝贺 80 寿辰。适伯伟、曹虹率张博来,遂共食蛋糕。曹虹赠柚子二枚。

10 月 24 日(日)晴,22℃

天渝全家全天来玩。美林带来方盆一,并挂好窗帘,贴好门窗上花纸。小鲲等三人来,修好台灯。小严、小虹来谈结婚诸事。中午六人吃饭,晚饭十一人,好不热闹。小燕来拿蛋糕,但未吃饭,因需回家读书。

10 月 25 日(1)阴,21℃

得陶华函,月底拟来宁;王国瓔寄文一篇;李庆立寄《谢榛研究》一本。为大纲购钢笔字帖一本。天纵父女今日起暂住家中。

10 月 26 日(2)阴,小雨,29℃

复李庆立并赠《宋史》一册。于景祥来电话谈《选集》二三周内可决定。如 20 元/千字,则 1300×20=26000 元,加 8%(2080 元)=28080 元,扣 14%所得税(3931.2 元)=24148.80 元。小虹结婚,家里客多,天纵与阿晶寓此。函高纪言,请将出版局所赠之 500 元全部购买即将出版之《沈祖棻诗词集》。

10 月 27 日(3)阴,16℃

得陶德麟函,谈有关出版《黄侃全集》事;赵吕甫函。

10 月 28 日(4)阴雨

小红、志明结婚,游药物园,晚宴于清雅园。

10 月 29 日(5)阴,11℃

发下列诸函:1. 本校匡亚明;2. 台湾潘石禅;3. 本市徐复(季刚师遗

集事）；4. 周勃（学术报告）；5. 郑传寅，附致陶德麟黄师遗集及学术报告二份；6. 本市高纪言（500 元报销事）；7. 李庆立，赠《宋史》。下午去鼓楼医院作 B 超及尿动，动力与 3 个月前出院时同，增生有好转。今日天纵父女未来。

10 月 30 日(6)晴，16℃

周勃打电话来，云给武大的贺联未收到。当即另书，当天寄出，航空挂号。在退委会订购踏花被一床，付订金 10 元。

10 月 31 日(日)晴，18℃

武大郑传寅打电话来坚约去武汉，答以视健康情况而定。得连文萍、屈义林、顾农（附文《祢衡论》）函，《中华大典》工作简报，古籍小组函告改名“国家古籍整理出版规划小组”，《词学》第十辑。

11 月

11 月 1 日(1)晴，20℃

打电话给医学院綦南平书记，请与周志耀院长约定时间去看病。与黄希坚约定出版局所赠 500 元转购《沈祖棻诗词集》。本栋返自广州，季思托其以相片相赠，并索《新诗集》，即属本栋寄一本去（忘题字）。

11 月 2 日(2)晴，21℃

黄念宁来谈先师遗集等事。陶华、高占明来。孙原靖来。至西苑食堂购多种点心。陈辽赠与王臻中合著之《现代美学》一册。加强了油暖炉之功率，花 20 元。

11 月 3 日(3)晴，22℃

上午取药，和苗圃吕师傅联系种树事。美林代购羽绒被一床送来，价 681 元。宏生来，送来中华书局与《全清词》订的合同。得武大校庆请帖；

李飞函附诗；叶橹函已收到字幅；沈威峰在京画展请帖；江苏省美术馆叶宗镐转来波多野太郎问候之名片，另一需转致胡忌；古籍小组寄《传统文化与现代化》第二期和第五期。陶华、高占明晚来，约其明午在家吃饭。晚九时半天眉打电话来，已抵小鲲家。

11 月 4 日(4)晴，23℃

上午晓琴送天眉来，余二老昨夜未能安眠，见女来，甚悦，亦忘疲劳。中午华妹、占明、天渝均来午餐。天眉赠金链一。匡老嘱秘书送来中华鳖及洋参片各二盒。

11 月 5 日(5)阴，小雨转晴，21℃

复陈辽、李飞，谢寄书及诗。函作协、政协，改地址。以《涉江词本事》寄李培坤。夏树芳电告九三要为老人作生日。为连文萍、扬师青年教师顾农各作字一幅，并附函。明日寄出。

11 月 6 日(6)小雨，24℃

园林工人来植冬青与蜡梅等树，共付 371 元。章灿陪同找周志耀院长看病，检查结果甚好。芸与天眉往理发。得蒋健兰、郑传寅、黄建中、叶橹(附书评)函，《中国韵文学刊》稿费 42 元(包括潘 6 元)。又是龙灯又是会，又是老太太过八十岁。因候出差子女回家，大宴改在七日中午。

11 月 7 日(日)阴雨，21℃

芸寿宴，终日尽欢。惟天纵夫妇因事未到。于景祥来电，告《选集》事大体就绪。丽儿劝不赴汉，拟去函谢召。

11 月 8 日(1)阴，小雨，18℃

得吕甫函，嘱刊汪辟疆、龚向农、徐行可致赵先生遗札，又相片。勋初、砺锋来谈 211 工程事。周勃来电话，告联已收到(前后二副)，告以不能去。函郑传寅不能去。以叶橹评诗之文寄还。

11月9日(2)阴,16℃

得王庆元函,报告《黄侃全集》筹备情况。徐有富来,拟去海南开会,请中文系资助旅费,已电告姚松办理。丽则来午饭,并送来各种照片,7日在家中所摄各照均佳,在雁荡所摄风景不够好,丽则不悦。又送来早早的创作,颇佳。函雄哥嫂。

11月10日(3)阴,16℃

天纵来,送来香港助听器,佳。杨军来候,馈食物(奶粉二包)。整修新房账已结,仅约3400元,余1600元。天纵购房需交6000余元,拟明日再取5000元。天渝、美林夜来。

11月11日(4)阴,小雨,15℃

谭任杰寄《听雨楼词》二册、《澳门报》三纸、信一封。郑传寅寄戏曲书二种。陈辽信一封。卞孝萱答复曾枣庄《大典》体例意见。得聂石樵邓魁英夫妇赠《古代诗文论丛》一本(郭维森转交)。

11月12日(5)阴转昙,16℃

天纵来,取去4000元。窗帘修好。

11月13日(6)晴

康育义送来日本人奖状及赠品照相本一册。顾农函(论樊诗及鲁迅论唐诗);叶橹函(《新诗》评事);曹月堂信,说黄先生论文集已发;吴志达信,告将移居山下;陶德麟函,附复印致匡、潘、徐函。

11月14日(日)晴,20℃

赴天纵家中午餐,小严、小虹请客,菜甚多,并有螃蟹。复吴志达,劝其宽大;叶橹,嘱其将评《新诗》文寄来。函三联总编,请其务必将黄侃学术论丛出版。

11 月 15 日(1)晴,23℃

得翊强、支蕃夫妇(收到书)信。卞孝萱转川师大郑宏华《李东川诗注》。蒋健兰寄其父彝诗集及纪念文集。

11 月 16 日(2)阴,20℃

得《大典》简报 2、3 期。起草复曾枣庄函。天眉患尿感,请杨医生开药,服后愈,需休息。复蒋健兰、杨翊强、李支蕃夫妇。复郑宏华,谢赠《李颀诗校注》。

11 月 17 日(3)阴,18℃,寒潮至

得李庆立寄《谢茂秦诗注》二册,中华寄《书品》二册。芸赠玉牛祝寿。文史馆小朱来,送稿费 100 元,告《江苏文史研究》第二期已出,寄去登载明年第一期之照片、书法及奖状。

11 月 18 日(4)阴,12℃

复谢李庆立赠《谢榛诗注》。吴翠芬携日本学生三野丰治等二人来见,赠酒一杯。报以《宋史》三册(有一女生和泉未来)。

11 月 19 日(5)阴,7℃

周明来求书《哲理诗辞典》签,赠花一束。黄希坚来取去复曾枣庄信。

11 月 20 日(6)阴雨,8℃,夜雪

收到三联寄款 2000 元;中华寄陈植锷译松浦《唐诗意象论》;郑传寅函,对黄建中事未置答。为谭任杰作字一幅。函于景祥告以不去武汉。九三作生日。

11 月 21 日(日)阴,6℃

函谢陈植锷。以字寄谭任杰。函于景祥,告不去武大及稿件理讫。与勋初、惟贤商黄先生学术论丛及二千元处理之事,决二千交文献所作集刊印刷费。处理稿件粗毕。函三联，并出正式收条，在文献所存底。付九三社费10元，交统战部。小鲲家三人来和美林母子三人包饺子，玩一天。

11月22日(1)晴，1℃

勋初来，将黄师学术论丛稿件分别处理，并将三联来往函件及2000元交与，分别办理。晚陈美兰自苏州开会路经南京，来访，带来鳖膏一盒，江苏古籍小吴陪同。

11月23日(2)晴，8℃

函复文研所刘福春，寄去复印祖棻诗稿，又自写"雨意"诗稿。

11月24日(3)晴，5℃

得李培坤函，稿子已收到，请写字。周骋来，云致曾枣庄函20日已发出。黄进德送来莫绍裘稿。得潘重规函，同意为《黄侃全集》主编。

11月25日(4)阴，8℃

以叶橹文转寄徐中玉。

11月26日(5)晴，8℃

恒通公司送来电油汀，588元，Tel2751(校内)、3327287。

11月27日(6)阴，14℃

于景祥来电话，告《选集》已送国家古籍组审批。周勃昨日来电话，告以今日在武大代余作学术报告。钟敬文赠《诗论》、茶叶。出游山西路。

11月28日(日)晴，15℃

函傅璇琮《选集》事。复谢钟敬文，并请转求元白字。王僔仁嘱其弟子王玉珏(广东省画院院长，女)作水仙一幅相赠，茶叶一包，寿余八十，托其弟子阮雍崇(南京艺术学院雕塑系副教授)送来，附一函。中午与天渝全家、天眉等吃四川火锅，天渝请客，120 余元。下午天纵夫妇来小坐，以八十寿纪录片交严志明剪辑。晚食大馄饨，兼南翔小包。

11 月 29 日(1)晴，10℃

得石樵函，云静闻诗定稿后当寄来。致杨克平请其不购助听器函退回，公司已迁。贵州出版社寄来编辑费 500 元。

11 月 30 日(2)阴雨，12℃

复李培坤，附《唐都学报》题词。复王博仁，商阮雍崇为余塑像事。

12 月

12 月 1 日(3)

得连文萍、杨翊强函。姚继舜馈橘一篓，武秀成送来。洗照片。《两宋文学史》由新雷送校内评审。

12 月 2 日(4)阴，12℃

复谢姚继舜送桔子。李立朴来函询今译目录，即复。

12 月 3 日(5)阴转昙，5℃

订《扬子报》收据寄往《扬子报》广告部报销。文史馆朱崇才送来馆刊 8 册，并商笔谈《中华大典》事。

12 月 4 日(6)晴，8℃

勋初告璇琮来电，辽沈书社不可能得补助，嘱章灿为书告于景祥。

12 月 5 日(日)晴，10℃

天眉做菜请天渝一家，小鲲一家也来玩了一天。天渝带来录像机，看了小海新居的录像。周勃打长途来，谈武大校庆事。

12 月 6 日(1)晴,11℃

得赵吕甫函,附赵少咸老先生事略;文学所刘福春函,请寄祖棻手稿;林岫函附诗;湖北大学欧阳代发函,请署签;曹慕樊讣告。吴文治送《文学年表》中下卷,并请为《历代诗话汇编》作序。黄建中函收到寄文十二篇,内二篇已发过。古籍小组赠挂历一。文史馆朱崇才、韩主任来为日本奖状摄影。

12 月 7 日(2)晴,12℃

复黄建中、林岫、欧阳代发(附书签)。

12 月 8 日(3)晴,11℃

收《龙门阵》旅蜀词(二)稿费 158 元。得夕佳函,其友要祖棻诗词,即复。

12 月 9 日(4)阴,小雨,11℃

校宣传部来为理想讨论录像。复黄石市财贸学校(435000)陈略,赠《诗集》《诗论》。

12 月 10 日(5)阴,12℃

为丽则作小生日,天眉同去。为武秀成改译文。得王淡芳信,即复。得刘茂舒赴,享年 68。又前数日得曹慕樊赴。得马欣来贺年片。

12 月 11 日(6)晴,11℃

郭鸿森寄诗集,即复谢。枣庄来信,讨论《大典》体例,颇怼出版社失信不付款。即与希坚电话商谈。省委送陈焕友八届七次全委扩大会议报告,嘱提意见。此报告甚佳。函皮公亮唁茂舒之逝。

12 月 12 日(日)阴,8℃

函张高评,询《宋史》已否出版。天眉宴请老同学赵永健夫妇(王子明)和朱晏(李植未来),天纵、天渝亦来相会。王在公安专科学校教中文,系徐师中文系毕业，赠以《两宋文学史》一本。

12 月 13 日(1)阴有小雨，7℃

老吕率三小花匠在花园栽石榴、芍药、花包菜等。王庆元自武汉来电话谈先师全集事，告以：1. 大权应归陶德麟，不归黄建中；2. 要先作总规划；3. 对海外要不亢不卑；4. 匡老已约谈。得谭任杰函(附照片二张)；杨翊强函(附武大校庆纪念章一枚)；王博仁函，仍拟请阮君为塑像；韩梅村贺年片。

12 月 14 日(2)昙，6℃

张宏生交来论张惠言词文，即转徐中玉，15 日挂号寄。朱崇才交来《文史研究》备用谈《中华大典·文学典》稿三篇，又找相片等。

12 月 15 日(3)阴，5℃

上午与芸上街购小取暖器。下午砺锋来谈韩国留学生论文题事。浦口分校一同志来电话云，有易海峰(住扬子石化十村)拟联系，此人已多年不见，嘱其先来函或电话联系。黄希坚来电话，高老已回，《大典》经费问题不日解决。

12 月 16 日(4)阴，4℃

勋初送古籍十年展览讲稿，嘱为酌定，即为之。复殷焕先，谢其赠诗词墨迹。周骋来送日历，请其以所著诗集赠叶橹、陆耀东等。得饶宗颐贺年卡，答之。

12 月 17 日(5)阴转晴，7℃

复翊强函，寄一照片。致晴佳、小佳，各赠二照片。

12 月 18 日(6)晴，8℃

有富来，转交三夕信。三夕馈人参糖果，有富馈胡椒粉 4 瓶。周骋以其诗集十册嘱分赠人。校团委打电话来，香港中文大学学生拟来见(31

日),已允,届时再联系。

12 月 19 日(日)晴,6℃

中午天纵家来吃点心。得舒芜函。晚天渝全家来玩,小鲲、小严夫妇留此,吃羊肉。

12 月 20 日(1)晴,7℃

得白雉山寄诗集,即复。得关道雄、姚桐椿、许匡一、蔡厚示贺信。函谢赵瑞蕻赠《诗歌与浪漫主义》,并赠以周骋诗集《混沌外的乡愁》一册。

12 月 21 日(2)晴,4℃

起草复曾枣庄函,芸誊正。卞先生来谈《大典》体例,并送一挂历。得沈玉成、金启华、臧维熙、老尹贺年卡,唐代文学会顾问证书。莫砺锋来呈一文(苏诗札记),又询于景祥《选集》有无消息事。郭维森来谈研究生课程事。

12 月 22 日(3)晴,5℃

朱崇才来谈《文史研究》载《大典》稿事,赠以《诗世界》。腹痛不适,吃藿香丸略痊可。

12 月 23 日(4)晴,6℃

得中玉函,送叶橹、张宏生文均收到。得吴代芳函。又古籍高克勤函,同意挖改《宋史》误处。周钟灵逝世(22 日),送花圈。

12 月 24 日(5)晴,10℃

得河南大学中文系、河南大学中文系唐诗研究室各一挂历,齐鲁书社台历一,武汉大学古籍所、周晶贺年片,张群华、雄哥夫妇、老尹夫妇贺年卡。心脏不适,昨今皆然,而腹胃则愈。

12 月 25 日(6)晴,12℃

得杜兰亭寄小词二首。

12月26日(日)晴,14℃

天眉请丽则全家在家吃西餐,自做。陈贻焮托卞孝萱带来李冰若《花间集评注》。中玉寄中国文艺理论学会第六届名单,余为顾问。

12月27日(1)晴,10℃

复张三夕、杜兰亭。得夕佳赠芸八十寿辰礼100元。在中山大厦购得人造绒衣一件,189元。得蒋寅贺年卡及函,baby仍在医院,但治疗有效;岳麓书社胡渐逵、万业馨王志良、樊凡、重庆文史馆贺年卡。

12月28日(2)晴 12℃

函陈一新,谢赠李翁《花间注》。勋初以一文、宏生以二文交阅。陈辽以谈南大博士生答辩短文见示;湖南名人文库、傅璇琮徐敏霞夫妇、杨翊强、欧阳代发贺年片各一;吴志达贺年片及信;连文萍贺年片。

【剪报复印件:陈辽《论文答辩有我师》。】

12月29日(3)晴,13℃

今天下午教材评奖,《宋史》特等,《版本》一等,由新雷、有富出席领取。黄希坚电话,沈集电子照排已发至车间。

12月30日(4)晴转阴,12℃

得陈植锷函及贺年卡,贾晋华贺年卡,四川高师师资培训中心寄来屈守元文摘录复印件。苏洗斋来赠一刘海粟书福字。巩本栋来,赠一日历与其子贝贝。

12月31日(5)晴,6℃

王立兴来,有所图,拒之。黄希坚打电话来云,款节后付。王海若馈一挂历,然不能因此应乃翁之求也。董《大典》款今日汇出。下午赴系会,将改好勋初论唐稗文交与。九三年,过得康康健健、快快活活,希望年年如此。帆、芸。

1994年

94万福！

1月

1月1日(6)晴,8℃

章灿夫妇携卉来,赠以挂历。灿云,于景祥有电告以缓来。以《涉江集》交其与严杰先阅,备校对。邓瑞来,赠《吴文化史》(王友三主编)一册。合家欢聚,至晚始尽散。

1月2日(日)晴,10℃

八时半与香港大学中文系学生会文社18人座谈,多及季刚师学术。一小时始散。赠其领队研究生某君以《版本编》。周勃来长途告《骈字索引》出版延期,又属作笺论文,将赴装池云。伯伟来谈系事,多可叹者。文风之恶,皆急于成名所致,恐非少年学士之福。

1月3日(1)阴转昙,13℃

得横山弘寄赠正仓院展览说明书,图片极精;陈辽函;欧阳代发函,附武汉出版社刘昌钊同志函,要写不通的书名,拒。徐有富来,取书所赠与挂历,送来《南大书友》13期数纸,有余旧诗二篇。

【剪报:《南大书友》1994年1月1日总13期程千帆《旧诗两首重刊题记》。】

1月4日(2)晴,12℃

致周勃书,告以不能为欧阳写不通之书签。连文萍寄来台产肉松二缶,丽取其一。王淡芳托温江县中学刘明寄俞平伯纪念文集,并有信。皮公亮来信告茂舒病因。得兰州西北师大古籍胡大浚、曾卓、张叙之、日本学生塚本信也,《华夏诗报》书页稿费20元,系过年退休教师50元。巩本栋来,嘱代询稼轩资料,并借去《宋人轶事》(4)、《宋稗类钞》(2)及《词话丛编》(5)共十一册。

1月5日(3)阴,12℃

不适少食,卧,下午略好,以昨夜与天纵、小鲲在天府吃锅巴太多,后当戒之。宏生来问赴新加坡讲学题目。晚天渝夫妇来。

1月6日(4)昙转阴,12℃

得香港、台湾寄来书籍,贵州书,钱南秀信,平田贺片。

1月7日(5)阴,10℃

新雷取来《宋史》,以一赠系资料室,一赠邓韶玉,每人留四册。李立朴寄《西京杂记》《晏子春秋》《论衡》译文。黄、卞告唐五代部分即拨寄,黄告曾、董部分由四川、山东拨来。《文学典》5%,先秦1980(实付2309元),唐2880,宋3456(实付3450元),共8316元。

1月8日(6)阴,10℃

得张高评复,知平装《宋史》十外,尚有精装二册未到;王兆鹏信,嘱为《词人年谱》序。武大校友会在南林大开年会,不赴。得长沙高扬、西安韩理洲贺年卡。

1月9日(日)昙晴,12℃

复连文萍,谢寄食物,并以一函请转林庆彰。复横山弘。复王兆鹏,辞作序(其书名《两宋词人年谱》)。周勃来电话,告欧阳代发书签、王兆鹏序及《武大学报》文事。

1月10日(1)阴转晴,10℃

函刘梦溪告改地址。函赵昌平询稼轩资料。得屈守元寄《文选导读》;林庆彰《日本经学论著目录》;坂田新贺年片云,不忘曾为命表字曰"士德",盖取"日新其德"之意,余忘之矣;湖南诗词协会发来一公文,控诉纪念毛100周年纪念排斥诗词项目,其事当有内幕,所未详也;许匡一(武汉教院教师)来函,所译《淮南子》已付排,深为感谢云;王绍曾寄《山东藏书家史略》二册,一赠有富;赵瑞蕻函告收到周骋诗集。

1月11日(2)阴,10℃

希坚来电话,曾、董处5%已去函说明。《沈集》已排出初样,电子照排,速度可惊,才一周耳。蒋寅来函,葱葱出院,很好,《戴容州集校注》已出版。买一10安倍插线板,18元。

1月12日(3)阴雨,7℃

复王淡芳、王绍曾、屈守元、许匡一、钱南秀、蒋寅。将《词笺》交章灿等校对。连日大雾,能见度不过十米,云颇罕见。

1月13日(4)阴,6℃

王子明夫妇来,馈柿饼、薯条等。卞老交来《大典》唐2880元。厕所浴室堵塞,三工人来为疏通,各赠大重九烟一盒。

1月14日(5)晴,12℃

周笃文寄《金榜集》——全国诗歌大赛作品选也;曾伯藩信附贺余生日联;《光明日报》文艺部东风附刊记者李宏伟信,约稿,无以应也。

《古籍整理出版情况简报》270期(93年5月21日)载本淳《读〈全清词·顺康卷〉初稿后记》。

1 月 15 日(6)晴,11℃

为史梅子女命名:男也,远志;女也,远韵。威克晚约天眉饭,余夫妇陪,早早做肉酥饼甚美。

1 月 16 日(日)阴,小雨,10℃

凌萍萍来,赠银柳 11 支。王庆元函告赴台事。得胡国华、张瑞洁贺年片。艾若(周扬子)、林凡(画家)、沈玉成、郁贤皓来访,勋初在坐。艾若欲来写右派回忆录,未有以应之。砺锋携莫杞来,看所校《词笺》。丽则、美林、宁健、小鲲四家约来,吃饺子,以天眉明日飞港也。

1 月 17 日(1)雨雪,8℃

天眉 1 时许赴机场,鲲、渝送,殊黯然也。章灿来,出示萧氏《离骚图》,嘱送出版社研究。

1 月 18 日(2)中雪转晴,0℃

戴阿姨迁居。得吴组缃讣告,陈致、关道雄贺卡。托伯伟打唁电给北大。

1 月 19 日(3)晴,2℃

复《光明日报》记者李宏伟约稿,拒之。复周笃文寄《金榜集》。李立朴函询译《唐才子传》事。岳麓书社胡遐之寄诗。王馆长、老史来致春节礼泉二百、水果二包。复谢岳麓书社胡遐之寄诗(《湖南诗词》主编)。省委统战部副部长周加才来贺年,致泉三百。(原女副部长名林敏端。)

1 月 20 日(4)晴,2℃

以治鼻炎报销事报告,请威克送医院。下午赴南空门诊部激光治鼻炎,费 270 元,挂号 2 元。

1 月 21 日(5)晴,6℃

为宏生改论鸦片战争中词一文毕。

1月22日(6)晴,6℃

上海古籍转来香港《中学国文参考资料》五册,内选祖棻释柳词一首。林岫寄书钟诗立幅。《书与人》94年1期到,中有余书诚斋诗。新雷转示邓得台湾《宋史》后来函。八时出席校档案馆表彰会,十时返。勋初来告,李珍华以癌症逝于美国,骨灰已运回其故乡霞浦,作四言韵语悼之,刻石,非体也。

闽海毓奇,群彦汪洋。李公挺生,冠冕兹邦。学辨玄儒,诗究宋唐。跌宕文术,翱翔殊方。中外交流,若汉入江。夙亲謦欬,颇忆仪光。忽遗杖屦,游从痛伤。志之贞珉,来者勿忘。

1月23日(日)晴,10℃

复李立朴函,甚详,以其多询具体事也。复林岫,谢作字。丽则来,为迟到而奔波事懊恼,慰之,留吃晚饭。

1月24日(1)晴,9℃

复张高评,即寄出。得王兆鹏、毛谷风函,不复;陈美延函,索寅丈致刘丈手书稿;贾晋华寄水仙。省九三馈年礼:野冬菇、木耳。云南师范大学教师吴培德赠所撰《诗经论集》三册,嘱以其二转校图书馆。曾枣庄寄宋典5%。李培坤寄题签100元。

1月25日(2)晴,12℃

上午去文史馆开会,发新馆员聘书,省长季允石、统战部长沙人麟、副部长周加才出席。取回晋华水仙二枚。

1月26日(3)晴,9℃

汤敬昭、黄希坚来谈《大典》事,黄交董款。函余行达,索《师石山房书》。函谢吴培德赠书。函皮公亮,索寅老致弘老手书。谢晋华赠水仙。告枣庄款收到。得田翠竹电赴(其子田双发自湘潭)。得《龙门阵》,川大张志烈贺卡。校集资六千,交袁玲。

【剪报:《个人所得税如何计算?》】

1月27日(4)晴,8℃

上午开会研究科研项目及研究生课程人选。得王绍曾函,告王伊同在匹兹堡,又《山东藏书家史略》勘误表。

1月28日(5)晴,1℃

杨克平来赠港币各五百,又礼物甚丰(两份,一致匡老)。于景祥来电话,告等出版局批文。万业馨返自北京,来谈已定调入语言学院之汉语学院或文化学院,又赠挂历一、果脯一。

1月29日(6)晴,9℃

小燕生日。奶奶、早早共四人去湖南路加州牛肉面大王,又买蛋糕一,晚吃烧卖、稀饭,祖孙四人共乐一日。《雨花》94年1期载叶橹评《新诗集》文。王凡(市文联常务副主席)来贺年(其子偕来),馈芦柑一箱。老尹夫妇来详谈话旧。得杨翊强、刘涤源函;蒋寅函附葱葱照片,并告著新文。章灿送来与程卉。张辉函告《笔记研究》已在华东师大出版社出版。

1月30日(日)阴,5℃

砺锋送来《词笺》校稿,略检视。焕明、原靖携高岑来,送一挂历。天渝全家来午饭。

1月31日(1)阴,小雨,5℃

匡老秘书朱维宁取去克平送礼,余亦赠参一支。小佳信。社联约2月2日茶会。

2月

2月1日(2)阴转晴,4℃

勋初来出示其唐人小说稿及挽李珍华诗。

2月2日(3)晴,10℃

下午省社联在知行楼举行新年座谈会,馈干果四包。得袁第锐寄诗;《浙大学报》7卷4期,载祖棻鄂渚词笺;蒋寅寄《文遗》(载有其文);《华夏诗报》(载余函论望舒诗);巴蜀书社《岷峨诗稿》22期,邓南昕寄(成都盐道街3号四川古籍小组,610012);胡培周自澳门寄《青洲小学校讯》(有余夫妇与之合影)。高纪言、汤敬昭来拜年,馈饼干一匣。

【剪报:《华夏诗报》总第78—79期《谈戴望舒诗及其他——程千帆致本报主编》。】

2月3日(4)阴转小雨,10℃

与卞通话,谈《大典》审稿事。

2月4日(5)小雨转阴,6℃

宏生来,馈一巨鱼。书录来,亦馈数鳊。

2月5日(6)阴,小雨,8℃

校办函询学科及个人国外影响,电话告以可询莫砺锋。得雄哥函,细字如牛毛,老病孤寂,庞嫂信教过笃,转成虐待夫婿矣。朱崇才来,送《文史研究》1期8册、3期(94.1)5册。

2月6日(日)阴,小雨,6℃

天渝父子来午饭。天纵下午来,馈五粮液1瓶。

2 月 7 日(1)雾转昙,8℃

省委统战部又派人致三百,19 日周加才已致,或重复,不便问,疑莫能明也。吴锦来馈西洋参、茶。陈美林来。卞孝萱来,谈《大典》审隋稿事。

2 月 8 日(2)晴,8℃

郑传寅来长途,告文章印出及约讲学。李立朴来长途,告《选集》亦可出。清水、成田、唐富龄来贺卡;沙鸥寄诗集《一个花荫中的女人》(重庆大田湾小学);陈永正寄《沚斋诗钞》;古籍小组来函,告每月致津贴 100 元;陈继明来函;成田静香寄在《东方》155 期之评介《八十寿辰论文集》文。校党政领导来贺年,赠鲜花。吴枝培来,送绢花。老白、七姐携大宝、欢欢来,馈食物多种。

2 月 9 日(3)晴,8℃

鲁国尧来,带来信。贾晋华嘱推荐到普灵斯顿读比较文学,即签字寄出。谭任杰寄照片及所书蕖词稿照片。上海《文学报》李福眠寄报,上摘编余《旧诗重刊题记》。巩本栋来送饺子。除夕,丽儿全家、天渝、大纲欢聚(美林携小宁归宁也)。周勃长途贺岁,可感。

【剪报:《文学报》1994 年 2 月 3 日 673 期《一个富强的祖国比什么都重要》。】

2 月 10 日(4)昙转雨,8℃

甲戌元辰。郁贤皓来,谈《大典》事。曲校长来。郭维森夫妇、巩本栋夫妇来(郭赠糖一匣)。卞孝萱、许惟贤来。康育义夫妇、叶子铭夫妇、许结来。赵永健王子明夫妇来,赠蛋糕、银耳。柳士镇、王主任来,致 60 番。砺锋夫妇来,托其印材料,写二张材料。

2 月 11 日(5)阴雨,5℃

写致曲荐二张函。邓瑞来,馈鳖精二盒。

2月12日(6)阴转昙,8℃

早早生日,20岁,全家聚(天渝父子亦来)。吴翠芬王立兴夫妇来。宏生笑梅夫妇来。白峰来,送米及寅宪家照片。

2月13日(日)阴,5℃

勋初夫妇来,谈系计划事。

2月14日(1)雨雪,3℃

得岳麓书社胡渐逵函,告所著《古籍整理举例》无处出版,不复;国家古籍小组《传统文化与现代化》编辑张世林函,嘱为谈刊题词;姚继舜贺春节电报。

2月15日(2)阴转昙,7℃

宁健生日(50),去其家贺之。发下列复信,多日写成:1. 成田静香(谢其寄《八十文集》书评);2. 沙鸥(附周骋诗集),分别寄其2件;3. 陈永正;4. 陈继明;5. 小佳;6. 王庆元;7. 王绍曾;8. 袁第锐;9. 费振钟(《雨花》编辑部);10. 邓南(巴蜀书社);11. 杨翊强、刘涤源;12. 贾晋华;13. 李培坤;14. 陈美延(附皮公亮函);15. 李福眠(上海《文学报》);16. 张世林(《传统文化与现代化》);17. 张辉;18. 蒋寅。

2月16日(3)晴,7℃

晨出取药、寄信,今岁始出门。

2月17日(4)晴,10℃

勋初来,整理国外材料事。

2月18日(5)晴转昙,10℃

苏昌辽来,馈柚子四枚、茶一听。王步高打电话贺年。汪超伯来。

2 月 19 日(6)昙,8℃

得马录程、赵昌平函。吴文治来,馈水果,未遇。去王永芬家,未遇,买帽、饼而归。文史馆韩主任送文史笔记等来。伯伟夫妇携孩来,馈腊鸡。许结来。

2 月 20 日(日)阴转昙,9℃

函王永芬、吴文治、冯保善。

2 月 21 日(1)晴,12℃

收到古籍小组二百番;马录程寄所著 10 册,即复。出购棉毛裤。

2 月 22 日(2)晴转昙,11℃

汪其岭来告学位委员会要传记事。周骋、冯保善来,取去《词笺》校样。卞孝萱来告星期 5、6《大典》开会事。花房今日来种花。天纵约元宵来包饺子。

2 月 23 日(3)阴转小雨,8℃

夜大雪,种竹及山茶、栀子、棕榈皆伏,竹倒。

2 月 24 日(4)小雪,2℃

晨起整理雪压花树。得刘梦溪函,告二文载《文化》十期;冯其庸赠《漱石集》;程一中函,告武大事;陈贻焮、葛晓音学生钱志熙博士(北大副教授)赠《魏晋诗歌艺术原论》;周伟民唐玲玲贺卡。

2 月 25 日(5)晴,8℃

至新华书店招待所开《大典》会一天,甚疲。莫砺锋送二张简介。得天眉信,久盼始到,甚喜。

2 月 26 日(6)晴,9℃

杨功武夫妇及某士来,杨致礼甚丰。章灿来,为作游美推荐书。花房来结账:① 371,② 155,③ 200,共 726 元,自三月起,每月 60 元。下午去开《大典》会,出版局王局长赠随园集一套,价 200 元。得周勃寄照片(校庆讲演)三张;湖南图书馆张建国贺卡;广州王博仁来函,附阮雍崇函,愿为余塑像,不收费;贾晋华函;周策维自美寄诗。伯伟赠《诗品研究》,甚佳。

2 月 27 日(日)昙,8℃

大纲来取电炉去修。下午赴鼓楼街,买芝麻肥及麻油。以要函交校长。

2 月 28 日(1)昙,6℃

章灿、砺锋来。抄完学位委要的文字,即送汪其岭。发给程一中及北大钱志熙函。扬师戴伟华来,赠《唐方镇文职僚佐考》(二部),又燕窝各一盒,与论学甚久。

3 月

3 月 1 日(2)晴,9℃

以成田书评寄广开、三夕、立朴、敏彻、正宇、志达、翊强、吕永、锡良。复冯其庸,谢赠书。复刘梦溪,告《涉江词》重印。寄宁乡县志办《文教》一册,填表一张。得马騄程函告治肩周炎方。王子野讣告。胡守为约开柳如是讨论会函。

3 月 2 日(3)晴,12℃

复胡守为、陈致(附致周策纵)及王博仁(允阮雍崇谌硕人夫妇为余塑像)。本栋来换氧气,并交杂志数份与中心。得黄进德函,谈隋代事。

3 月 3 日(4)晴,13℃

今日起为早早看小说。于景祥电话告下周来宁。

3 月 4 日(5)晴,16℃

去看鼻炎,云已不再需治疗。任夫人来信,戴阿姨事,即复之。

3 月 5 日(6)晴,17℃

张辉寄来百番,题书签也。山东《临沂师专学报》张永昊寄《文心雕龙辞典》一册(276005)。复谢张永昊赠书。

3 月 6 日(日)昙转雨,13℃

午丽全家、晚渝全家来饭。与早早谈文。

3 月 7 日(1)阴,小雨,14℃

《龙门阵》泉 140。田翠竹夫人李明珠来讣田翁之丧(1.31 函,3.6 始到)。聊城师院中文系李庆立告该院学报欲载致李函。赖高翔弟子张学渊(四川广汉市济南路 5 号四川东方轴承厂,618300)寄其师传。三夕寄《死亡之思与死亡之诗》,又五册分致莫、二张、曹、程、徐(华中师大历史文献所高华平代寄)。

3 月 8 日(2)阴,8℃

复李庆立、张学渊。潘长胜来电话,告《索引》8 月出书。高金华(出版局长)要一幅字。黄鹤楼请匡老题"百步梯"三字,可写小的放大。

3 月 9 日(3)夜大雪,2℃

复三夕谢赠论死书。宏生来取去三夕赠诸同学书,并告办助教进修班事。朱崇才将去苏北持贫约一年,来辞行。

3 月 10 日(4)晴,7℃

丽则送来小佳赠酒、鱼、麻油,附信。收到张辉《宋笔记研究》,即复;三夕赠豆丝及函,即复;《诗刊》稿费 25 元;《武大学报》载余文者二册;特殊津贴每月 300,共 900 元;成都红星路 4 段 145 号范道航赠其父《颐园诗稿》;李培坤来函询笺中之字,即复之。

3月11日(5)阴雨,8℃

许结、章灿送书来。景祥来电话,下星期3、4来。

3月12日(6)阴雨,4℃

朱家维来谈系提升职称事。得林庆彰函,介绍圣环出版社徐耀环来洽商出版事;杨翊强、张辉、余行达函(余即寄还《师石丛书》)。台湾圣环出版公司汪树清来谈《考索》出版事。

3月13日(日)晴,7℃

圣环公司汪树清、徐耀环来谈《考索》出版事。发函魏同贤告《考索》事。

3月14日(1)晴,10℃

函汪树清商合约事。江古美编室章耀达。省新闻出版局副局长王建邦。收余行达寄还《师石丛书》,即复;周本淳代蔡厚示邀出席诗会,即复不赴;吴志达函;武大稿费二百番。复黄进德,告纪要即发。做盐蛋。

3月15日(2)晴,12℃

上午9时开文学史会。得邓广铭函,寄《稼轩词笺》。与勋初商定,用诗派款补助莫、张购书费5百,程15百。

3月16日(3)阴转晴,10℃

花房送花四盆,连上次共六盆(二四季桂、二瓜叶菊、二红叶菊)。

3月17日(4)昙,15℃

得周笃文、李汝伦函,均为诗词比赛事。汪树清来电,告即发函;于景祥告延期。

3 月 18 日(5)晴,18℃

赴鼓医做 B 超,结果好。

3 月 19 日(6)昙转晴,20℃

得邓广铭寄《辛词笺》;侯井天寄《聂诗全编》;广西师大《新密度诗报》;孙望弟子王锡九(扬州师院)信;湖北教育学院谈运泽函及所作版本学文(730063),此件交有富复。花房来施肥。

3 月 20 日(日)晴,20℃

赵国璋来,告《江苏艺文志》已成数卷。天渝全家来午饭。

3 月 21 日(1)昙转阴,16℃

得浙大中文系朱则杰(钱仲联博士生)函,及所著《朱彝尊研究》;张瑞洁函;吕永函;金志仁(南通教院)函,不复。章灿作《游梅花山》七排一首。复谢邓广铭赠《辛词笺》。

3 月 22 日(2)阴,15℃

吴新雷来取《宋史》备报。胡忌同来,已退休,劝作昆剧剧场史。冯保善来送《词笺》校稿。章灿来代挂眼科号,并略谈所作诗。有富来送改校雠学稿,又三夕《校雠》书评,佳。得汪树清信,附徐耀环复诸生信;北大钱志熙复;蒋寅信;王锡九论唐宋二代七古二书。周勃寄来腊鱼,早早去取。勃又来电话,云宗福邦将来过访,商赴武大讲学事。

3 月 23 日(3)晴,16℃

寄还侯井天硬派买聂诗,27 日寄出。复 1. 王锡九、2. 朱则杰、3. 李汝伦、4. 周笃文、5. 张瑞洁、6. 蒋寅。卞、汤、黄来谈郁稿事,并送照片。花房送蝴蝶花四盆。中午突患病,发高烧,心跳特快,校医云系肺炎,下午住进工人医院,滴水通宵。夜里砺锋陪,彻夜未眠。

3月24日(4)晴

从昨日下午滴水直至今日下午,共约22小时,五瓶水,疲惫不堪,芸整日陪,已退烧,心跳亦渐缓。在医院遇见萧焜焘,谈及东南大学挖南大墙角事。南大如不警惕,加强对青年人的提拔,则前景堪忧。吴志华接送芸。夜张伯伟值班。上午曹虹来,带来饼干。晚饭后早早、小燕来探视,亦送饼干。

3月25日(5)晴,大风

白天仍挂水,下午停止,洗一澡。宏生带香蕉、梨来视疾。朱家维、胡若定来,带来奶粉、水果。王馆长、韩主任、周部长来探望。天渝带桂元来视疾,以车送芸归。在台圣环出版《古诗考索》,稿费约合32美元/万字。得三夕函;魏同贤函,同意《古诗考索》由台湾重版;高克勤函,云《两宋文学史》已再版,又请给《选堂文史论苑》题笺。章灿值班。

3月26日(6)晴冷

复高克勤、吴志达。函天眉。宗福邦、吴迪两先生来访,并面交武大陶校长信,又馈参、燕等食物。严杰值班,见其《欧谱》。

3月27日(日)晴,15℃

平昌由国尧陪来,赠点心一盒。二孩在家擦地板,奖以蜜饯一盒。本栋值班,馈蜜柑、咸蛋。

3月28日(1)阴,14℃

宁健送菜来。匡老秘书及小梁代匡老来探视并赠鳖膏二盒,云宴璇琮,余不能陪也。下午做胸部拍片。砺锋来。宏生值班。

《扬晚》3.28头版头条:省职称办印发"关于选拔优秀中青年晋升高级专业技术职务的意见",标题《改变职称评聘"论资排辈"现象　我省破格选拔优秀中青年人才》。

3 月 29 日(2)昙,17℃

花房送来君子兰一盆、蝴蝶花四盆,并新种竹子一棵。得程一中函,拟将贷款延长一年,询问可否;《当代名诗》索稿(苏坤泉主编);宁乡诗词学会徐哲兮寄《情系花明楼》一本,并函请写稿等;《传统文化与现代化》94年I;湖海艺文社寄周梦庄《红楼梦寓意考》;《四库全书存目丛书》编纂出版委员会请担任顾问。复一中;湖海艺文社,收到《红楼梦寓意考》;《四库存目》委,允任顾问。丽则来,知狗鼠之辈阴谋得逞,真"和尚打伞"也。中国不亡,此曹终在覆灭。曹虹中午赶点制熏鱼急急送来,味极美。写一联送给伯伟以慰之,托砺锋带致:

旧穿杨叶真自知;

暂蹶霜蹄未为失。

小人利令智昏,窃权妄作,终必自败,无损龙渊之利、峄阳之和。

过萧焜焘谈,知乃祖棻在成都时学生也。索诗词,必与之。

3 月 30 日(3)晴,14℃

地理系王颖教授(女)馈花束。勋初来谈,悉职称会情况。复宁乡徐哲兮,拒为《情系花明楼》写稿。花房来浇水、补竹、剪竹。

3 月 31 日(4)晴,18℃

今日起停止挂水,做 B 超,发现肾有囊肿。芸与小吴相左,来时未能乘馆车。算火食账,72.20 元。瞿医云:肾囊肿不妨,可任之,四月七日可出院矣。伯伟来谈,馈羊羹一盒。

4 月

4 月 1 日(5)18℃

今日小吴长跑,芸自来。下午四时半提前归,以去系取信件也。一医命 8 日做 CT,告以 7 日出院。《浙大学报》致稿费 120 元。夜宏生来谈,九时去。得《全宋诗》5 本、《珞珈撷英》2 本、《文教资料简报》1 本。

4月2日(6)晴,22℃

函汪树清,告稿费太低。函于景祥询究竟。夜返家。

4月3日(日)晴,20℃

在家休息。函汪树清告校对费万字二元,前函误。威克、小燕来,燕留午饭。早早游苏州返,夜来,送青团子,以糟鱼一瓶与之(今年初)。

4月4日(1)昙,22℃

晨返医院。宁健送笋、苹果。下午小散步,购一强力胶。曾广开自河大来,谈良久,有进步,可喜。夜本栋夫妇携贝贝来,馈豆干。

4月5日(2)阴,微雨,19℃

芸带来砺锋《杜甫评传》,佳,极喜。芸晚赴文献所饯万业馨宴。景祥电章灿,云即来。

4月6日(3)昙,20℃

万业馨王志良夫妇携其子来,并馈香蕉。曹虹携子博来,送赠吴存单,又海带、花生。夜严杰来。

4月7日(4)阴转昙,21℃

得吴志达2函,附小说史序校样;曾广开函,附硕士生培养计划;唐代文学会第七届年会开会通告及《剡溪——唐诗之路》;高克勤函,书签可缓寄;北京图书馆函请推荐青年大学生必读书目。下午做CT。智华子肖楠,好学,赠200番奖之。夜早早来。

4月8日(5)晴,19℃

以序跋改稿寄回志达,并告可在台出书事。章灿来,告于景祥即来。芸赴下关办退休金及医疗单位转移事。朱崇才夫妇来。伯伟来。曲校长来。下午出院。宴万业馨夫妇,史梅夫妇、许惟贤夫人陪。

4 月 9 日(6)阴转昙,12℃

改曾广开研究生培养计划,寄还之。为高克勤写饶氏文集签,附赠李国章、赵昌平信。看完《欧阳修年谱》。蒋寅、屈义林寄来有关自己著作的书评,蒋为日本人评。复蒋寅,附致刘福春,要菉诗稿。

4 月 10 日(日)雨,13℃

有富来谈评职又被摒,均为别图。如此,颓势殆难挽也。勋初来告曲约谈事,又以人参一支托其赠石斋开封。

4 月 11 日(1)阴,13℃

付花房 60 元。赠小王衣三件。得(510036)广州市德政中路担干 18 号 603 房唐景凯寄《中国词的物体意象》一书,其人盖郭晋稀之弟子,有西北师大郭晋稀、中山大学吴国钦二序,即复谢之。台湾林玫仪托高国藩求审核所编余撰词学文字目录,托宏生办理之。章灿取祖菉手稿交江苏古籍供作《词笺》封面用。

4 月 12 日(2)阴转晴,11℃

复屈义林。曹虹以所撰《伽蓝记》文求正。

4 月 13 日(3)昙,19℃

下午王永芬来,病后消疲,赠以桂元、茶叶、饼干及《文史研究》。景祥来电话与章灿,告要 20 左右乃能来,稿费拟先汇出。吕师傅来送花,有睡莲。

4 月 14 日(4)晴昙,21℃

老尹夫妇来。天纵来,馈豆豉油,湘产也。砺锋来,交校《沈词集》,下午由章灿连祖菉手稿一并送出版社。砺锋交吴志达研究生陈文新《文言小说流派研究》一册。周勃寄来《永恒的困扰》四册。周勃学生喻学才(在东南大学文化系)来访,谋为书作一序,拒之。馈奶粉、水果,别图报之。

寄15元至珠海买电池。

4月15日(5)晴,23℃

复陈文新,谢其赠书。开文科会议,下午发言。《文史研究》致稿费345元。陶文鹏寄文。汪树清来电话告下星期一来面商出版事。

4月16日(6)昙,20℃

得瑞洁信,有妄人造余事,即令其驳正(其文载《长沙晚报》)。下午在文科会议发一短言。

4月17日(日)阴昙,23℃

上午文科会议大会发言。问南京电视台学生赌博报道,6649065、6642031陈正荣。汪树清来电,缓来。

4月18日(1)阴,21℃

与陈正荣通话,告知南大学生玩牌是在四月一日(星期五)晚上九时。陈与于景祥、于辅仁同班,古代文学研究生硕士。伍杰及汤敬昭来谈《大典》事,并赠礼物。得赵守俨讣,享年68岁,将电唁之。王淡芳寄《四川百年诗话》。晚赴古籍出版社宴,陪伍杰也。马得小品画展,得请帖。江苏古籍送来《精选》20册。

4月19日(2)雨,18℃

歌泣已开新世界,神仙真谪小蓬莱。——集散原翁句

教委杨志坚、徐挥由柳士镇陪来见,举行座谈。莫、二张、程参加,约二小时。各赠《宋史》一册。

4月20日(3)阴,17℃

冯保善来,选定寄吴志达《大典》材料,拟请其为明清主编也。函志达;又曾枣庄,嘱其以所为宋元样稿分致董、吴等。余冠英外甥女侯明从

北京来长途，告知其夫刘新风将于五一前后来宁，将来访。

4月21日(4)阴，17℃

国家古籍小组3、4月津贴200元。十二弟函告将寄君谋叔百年纪念录像带，即复令速寄。

4月22日(5)阴，17℃

工人来刷厨房墙。复淡芳，问《百年诗话》可否出单行本。出购昂立1号，自今日始共服(瓶42元)。购一睡椅，50元。

4月23日(6)昙，19℃

下午出席文科会议闭会式。《诗词笺本》已交厂付印。

4月24日(日)阴，23℃

读周论《全唐诗》文，讫，交还。去鼓楼买窗纱、拖鞋、领带。

4月25日(1)阴，小雨，20℃

交10元补医疗证。得浏阳金刚中学(410313)萧征山老师寄诗求教，不通，不复。

4月26日(2)阴，20℃

宁健来，送鸡汤、咸肉。汪树清自沪来，签《古诗考索》台版约。函陈美延，问广州陈丈纪念会论文集事。得十二弟快寄君谋叔百年诞辰纪念录像；李飞(化工学院教授)寄诗集《咏竹斋诗稿续编》；周笃文函，索稿；王绍曾函，附王伊同函；周勃寄茶叶。

4月27日(3)阴，20℃

发陈美延函。复历史所科研处(附丁帆函)、李飞函、林庆彰函。

4月28日(4)晴,26℃

复王伊同,并寄资料。以文十首寄周笃文。

4月29日(5)晴,27℃

复王绍曾。景祥来电,款今日汇出。

4月30日(6)晴,33℃

周勃来长途,《永恒的困扰》出版事全权托余办理,去武大以秋天为妥,茶叶收到。吴志达来函,愿任明清典。卞孝萱交来曾枣庄样稿。江苏电视台副台长季世昌欲余为其所撰主席诗词注题辞,诺之。夜与黄希坚通话,告《大典》诸事。夜出,年余所未有也。天渝家四人、天纵、小晶、小鲲、真真来午饭。

5月

5月1日(日)晴,34℃

省电台季世昌来求题词,赠茶叶及《中国楹联学》,报以《诗论》。饶小平自深圳来长途问安。丽则夫妇、小燕来午饭。早早已去山东,未与。

5月2日(1)昙,29℃

河海大学(江苏诗词协会)华士林先生来访,赠所著《春柳集》。复十二弟,谢赠录像带。复吴志达,谈《大典》事。天纵家五人来晚饭。写书签寄省电视台季世昌。

5月3日(2)晴,21℃

得上海社科院文学所孙琴安函,嘱写旧诗一二首;古委会函,嘱增订小传;王淡芳函,告《诗话》出版事;辽宁人民出版社嘱为青年开书目,不复;景祥寄万五。函中华、上古,告《选集》改由辽宁出版。

5 月 4 日(3)阴,20℃

复古委会,修改小传。为孙琴安写一卷子,寄之。取回于款,书一收条寄之。

5 月 5 日(4)晴,25℃

珠海寄来助听器电池 10 枚,每枚 1.50 元。中山大学古籍所陈永正函。南京出版社致《欧阳年谱》书签稿酬四十元。香港中文大学研究生严宇乐前次来访,曾赠以《校雠广义·版本编》,今来信致谢,并赠乌龙茶,并愿代印所要港刊论文。

5 月 6 日(5)晴,28℃

访永芬。下午与汤敬昭等商《大典》事。复谢中文大学严宇乐。

5 月 7 日(6)晴,30℃

阮雍崇谌硕人夫妇来,谌夫人为塑像。吴志达来函《大典》事。丁芒樊玉媛夫妇来,赠新茶、鳖精,托审定其诗集。

5 月 8 日(日)晴,32℃

小燕姐妹来做清洁。威克来午饭。天渝夫妇来。

5 月 9 日(1)晴,33℃

谌硕人夫人来塑像。曹大铁请其表弟苏海(元龙)来赠《梓人韵语》,并乞作书。为丁芒诗集作评审。

5 月 10 日(2)昨夜雨,阴昙,夜风雨,25℃

谌夫人来塑像,余极疲,盖久坐也。砺锋来询景祥何时来。

5 月 11 日(3)晴,29℃

阮谌夫妇来完成塑像,下午注石膏,运走。王步高来函,求任唐圭璋词学基金会会长,拒之,即复。

5月12日(4)晴昙,30℃

函谢曹大铁赠集。新闻系二年级学生杨会飞由潘知常介绍来访谈,赠以《诗世界》《新诗集》《文教资料》,供其为《新湖南报》撰文用。伯伟来,转致葛兆光《中国古典诗歌基础文库·唐诗卷》,又还雪林《浮生九四》、一良《八十生日文集》,借去钱志熙《论八代诗》。宗福邦自武大来长途,报告其武大古籍所项目,求为其书所序。告以争取获得博士点之道。

5月13日(5)阴雨,25℃

函刘福春、蒋寅,催还沈手稿。得苏州浒墅关江南丝厂(215151)姚以瑞函,求作字;孙琴安函,收到作字。

5月14日(6)阴,25℃

得郑州程德祥函,欲咨询《二程遗书》出版事;曾枣庄信;程章灿考段氏铭短文。景凯旋来,赠日本笔盘一具,报以《诗论选集》。阅章灿墓志考,佳,小有不妥处,为点定之。花房送盆荷、美人蕉,又水缸一。为江南丝厂姚以瑞作"无欲则刚"字,寄之。复程德祥,拒其来宁咨询《二程遗书》新版事。

5月15日(日)昙晴,30℃

以《宋诗精选》寄葛兆光,附一笺,称美所选唐诗。

5月16日(1)昙晴,32℃

昨日改好章灿唐志考,今还之。郑传寅自武大打电话来,询季刚师遗著出版事,并告以吴志达任明清典主编事。曹虹来询阳湖诗派研究诸问题。与孝萱谈魏晋六朝典、理论典、明清典事,皆同意。

5月17日(2)阴晴,24℃

函吴志达、曾枣庄。徐雁、徐有富来。雁赠《读书大辞典》,求评审。

有富谈调入中文系事。陈书录来,谈其论文出版事。杨会飞来,出示所写访问记,嘱交潘知常改之。

5 月 18 日(3)晴,26℃

为丁芒改评语,作小序。为徐雁论文作推荐。李立朴寄全译丛书目录,无信。陈美延信,告已寄出论文集,并告流求住址。程一中函,告武大情况,又告棻墓碑塌要重修。王淡芳函,问《百年诗话》有无出版处。蒋寅告得新居及近状。宝鸡石油钢管厂杨玉璧索《祖棻选集》一本。为徐雁参加论文竞赛作一鉴定,有富代撰。雁送来梁永《雍庐书话》一册。此人已作古,舒芜之友,尝求余书咏苏斋榜。

5 月 19 日(4)晴,30℃

复宝鸡杨玉璧,告售《沈选集》处。复蒋寅催刘福春,还诗稿。函晴佳命其修坟,并寄三百元。得北大中文系信,约写纪念组缃文。丁芒来,取去其诗集及余为所作短序。

5 月 20 日(5)阴转雷阵雨,25℃

川大教授李昌鹭(原武大中文系学生,后转川大毕业,留校任教)寄《诗集》一本,又函。吴代芳函。校党委宣传部小王介绍中央电视台专题部王银桩来采访录像录音,有张辉介绍信。前丽则属为冒君书题签,厚有所贶,鱼翅、虾米、冬菇、色拉油各一,愧之。小佳来长途,云家已装电话,告以修坟事。于景祥到宁,来电话明早九时来。

5 月 21 日(6)阴昙,27℃

于景祥由章灿陪来,将《选集》清点交与。宏生来取去请客名单及钱。枣庄来长途,告 6 月 5 日到宁。

5 月 22 日(日)阴,30℃

为于《骈文史》作推荐。中午宴勋初夫妇、景祥及诸生,共 22 人。冠英外孙女侯明来，代其夫刘新风嘱任《新编中国文学史》顾问，并赠人参系列一盒。又为作一函与蒋寅，问其是否可参加。景凯旋交来三文，其一未发表，属余审定。

5月23日(1)昙阴，27℃

于景祥来，签《选集》合同。侯明来谈《文学史新编》事。赵昌平寄邓广铭《辛词笺》，即转赠巩本栋；郭预衡寄《中国散文史》中册；张伟华信；王伊同信；程德祥信。

5月24日(2)阴，下午大雨，25℃

复赵昌平，又郭预衡，早早发出。教务处副处长曾红路来访，谈教学改革，又示文件。江苏电影制片厂胡之强来录像(Tel5411669)。郑传寅来电，告已订6月4日机票。吴志达来电同。

5月25日(3)晴，29℃

晤韩国国光大学李宇正，允为写一介绍宋代文学之短文。于景祥来取去所赠书一盒。又与张宏生共商出学刊事。

5月26日(4)阴，29℃

得刘福春、蒋寅信，均索手稿，即复，并告寅刘新风《文学史》事。

5月27日(5)晴昙，28℃

叶子铭来询《茅盾自传》中数事。苏昌辽来，欲予出任中大校友诗社社社长，所谓名不正也，却之。收其赠茶叶二匣。程一中函告先莹情况。

5月28日(6)昙，30℃

白尘昨夜逝世。早送翁元圻材料与子铭，始知之。读早早小说毕功，成札记一卷。为学校作一挽白尘联：

升官图是匕首投枪，彩笔有辉光，杰作迎来新社会；

话剧史具宏才卓识,南雍盛桃李,文坛痛失大宗师。

升官图是匕首投枪,力摘奸谀,运笔遥迎新社会;
话剧史见宏才卓识,遍栽桃李,正庠痛失大宗师。

为旧社会掘墓,为新世界催生,田汉传人君不朽;
以名作家著书,以老教授勤业,南雍遗教士同悲。

八十年哀乐在人间,遗恨未成回忆录;
四百载兴亡征史笔,苌忧长想大风歌。

5月29日(日)晴昙,32℃

芸函晴佳,告程一中来函,并我等意见。于景祥昨夜北归。

5月30日(1)昙,31℃

收到美延寄来中山大学寅老纪念文集;汪黎明查询清词事;高克勤告遗失饶宗颐论文集稿;吴志达函;《淮海文汇》来函,聘为高级顾问,可笑;湖南李伟新要寄还首日封;王博仁来函询塑像事,即复。

5月31日(2)昙,30℃

复李昌鹭、王淡芳、吴代芳。景凯旋来问学。景祥来电话,已返沈阳。屯溪安徽中学教务处易海峰先生忽来访,不见五十余年矣,住大厂区南化新一村13幢205号。

6月

6月1日(3)昙,30℃

程一中托人带到先莹相片四张。晴佳来信,告已于28日去莹看视。天渝生日,全家来晚饭。

6月2日(4)昙晴,32℃

复高克勤,告知找不到《词笺》小序。徐兴无偕张汉怡来访,张属题所刻二赤壁赋拓片书卷，又赠扇一。章灿来出示《原学》，欲为此刊作专访。

6月3日(5)昙，32℃

作字，已六幅。

6月4日(6)昙夜雨，32℃

蒋寅信，木生信，内江李某要集邮信。春晓沈祖棻奖以二等入选。下午黄希坚、汤敬昭、卞孝萱来谈《大典》事。夜吴志达、郑传寅来，各致燕窝，又带到宗福邦属为序文材料。

6月5日(日)昙晴，33℃

对教务处文件提些意见，寄还曾红路。高纪言来电话，同意吴主明清分典。

6月6日(1)昙，32℃

复程一中(修墓、讲学二事)。午宴郑传寅、吴志达，宏生作陪。以沙鸥、周骋诗各一册赠耀东，又以周诗赠曾卓、骆文各一册，均由郑传寅带去。刘昌裔先生书画展，十日后交四尺对开直幅。叶子铭转来陈祥耀等七人诗集《七发集》一册。陈，叶中学时之师，在福建师大任教。

6月7日(2)阴雨，28℃

开《大典》宋元论证会一整天。得古委会资助《广义》八千元通知。郝延林致函系办，询余安否，盖误死讯也。

6月8日(3)阴雨，24℃

下午赴《文学典》会，结束。社赠《子弟书》(车王府本)二册。

6月9日(4)阴雨，23℃

社科处转来徐朔方著作，属审查。补发3000.24元转存学校。

6 月 10 日(5)阴昙,27℃

作字,内有夫人墓碑。社科处送来徐朔方文集,嘱审评,杭大董氏文史哲研究奖励基金优秀成果评奖也。下午出游至新街口,芸购衣、鞋各一,及食物。周勃来电话问安,告知冯天瑜将去武大办一文化研究中心。

6 月 11 日(6)阴,28℃

作徐朔方集评审。黄薇携二雏来玩。周勋初来云,璇琮告渠,松林于为韩梅村一小册作序,攻击渠。此书余为题签,竟未看序,昏瞀可笑。

6 月 12 日(日)阴,小雨,24℃

渝全家(天纵亦来,午饭前去)玩一天。下午小红夫妇亦来,晚饭去。

6 月 13 日(1)阴,28℃

小佳信。村上寄新著《中国文人论》。今日端午,袁玲馈粽 4,昨日美林馈 10,丽则馈盐蛋 8。晨为志达写字一幅。村上告在东北大学退休,改任私立奥羽大学教授。吴志达来晚饭,赠字一幅,又下列书 10 种 11 册。赠吴志达下列书:1. 章培恒《献疑集》、2. 王立兴《近代文学考辨》、3. 王季思《玉轮轩戏曲新论》、4. 王季思《玉轮轩前集》、5. 王文才《杨慎学谱》、6. 李庆立《谢榛研究》、7. 李庆立《谢榛诗注》(二册)、8. 严杰《欧阳修年谱》、9. 章培恒《献疑集》①、10. 朱则杰《朱彝尊研究》。

6 月 14 日(2)晴昙,29℃

将字寄下列各位:潘长胜、李培坤、侯明、苏元龙、王银桩、周勃。志达今夜返鄂。

6 月 15 日(3)晴昙,30℃

以徐朔方集评审交科研处。以景凯旋文阅后交还。《雍庐书话》作者

---

① 此与第 1 种同,疑误记。

梁永之女钟光珞（在西安建筑科技大学[710055]工作，356 号信箱）托其姐、姐夫来赠《雍庐书话》毛边本一册。南师大教授王先生（王红之父）、徐雁及摄影记者同来，照相多张，又赠香蕉、无锡小泥人金陵十二钗一盒。任木生来，赠茶、酒等，宴之于军区招待所，吃烤鸭，丽全家陪。田翠竹遗孀李明珠自天津理工学院寄田翁遗著《联语》，不知其在该院任职之子名字，不能复。或者名田双，当函天津人民出版社询之。

6 月 16 日(4)阴，28℃

晨 7 时，吴志华来接，在文史馆集合，乘大客车赴句容宝华山隆昌寺游览。除文史馆部分工作人员外，皆白发妪叟，最长者为赵峻山，已 90 高龄，除耳聋外，无任何疾病，正在申请去美探亲。看来我们二人去美住几个月，当无问题。隆昌寺地方不算大，不过是律宗一个名寺，不放戒时，亦只二十余僧人。不过因为其戒律严谨，全球有名，如名大学一般。宝华山树木很多，庙前有大银杏两棵，山上种竹很多。空气清新，气候又好，我们游兴也很好。在山上午餐后即返回，抵家不过二时许，因走路不多，不觉太累。睡午觉后又沐浴，即已恢复。同游者有老尹夫妇、苏昌辽、杨仲子夫人、朱偰夫人等。下午汪以初来访，问如何带好文科博士生事，访问甚详，非常负责。晚小严带来朋友来医治冰箱。

6 月 17 日(5)阴，小雨，25℃

复《大典》办公室（译名事），又函李彦（经费事）。张宏生来，取去裱件及《选集》稿费 1100 元。高克勤寄《神女之探寻》来，仍命补饶文。立朴寄《列子》《尉缭子》译本。

6 月 18 日(6)晴昙，29℃

抄寄上古要饶选堂纪念集文稿。得王淡芳信；山东烟台第二中学(264000)史克振寄《草窗词校注》二册，有刘乃昌序，郭预衡题签。

能写萧疏惟老柳，略分惆怅与斜阳。

6月19日(日)晴,31℃

函杨翊强。复李明珠(田翠竹孀)、陈祥耀、史克振及村上,皆谢赠书。

6月20日(1)昙转阴,28℃

得周笃文函,告元白已为余书静闻赠诗;高克勤函,已觅得原稿;万业馨来函并寄照片。去年10月起调整工资,余月增475元。

【贴纸:6月　程千帆　0188008　等资(70%)762.00(100%=1082.00)　省贴160.50　岗贴78.00　特贴100.00　其资100.00(重复取消,本月多发100.00)　房贴12.00　交补4.00　应发1216.50　房租22.80　储蓄50　垃圾1.00　尾款2.70　实发1140.00】

6月21日(2)阴,小雨,26℃

看完伯伟稿,批尾勉之,交还。以《草窗词注》赠宏生。

6月22日(3)昙,25℃

作张汉怡苏赋印谱跋成。80生日录像带接成,试阅之,颇佳。吴代芳函,即复。

6月23日(4)昙,29℃

书张汉怡东坡赤壁二赋印谱后,又求为刻砚铭,托武秀成转交徐兴无。

6月24日(5)昙,34℃

下午开电台拍诗词片之会,宏生主持。卞老交《大典》简报稿,嘱改后转交。得古籍小组顾问费3—6月泉四百,杭大徐集审稿泉数同。

6月25日(6)昙转阴,阵雨,32℃

下星期一下午四时,谈211。夜早早与一同学来看夜足球。

6月26日(日)阴,阵雨,31℃

昨日威克取去电扇,送来治虫药二种。

6月27日(1)晴,30℃

致《扬子晚报》、雄哥、万业馨函。以人文科学库表交有富填写转去。得徐耀环函,告以《考索》校样迟来之故。周勃长途告《长江文艺》45周年之会,多人问好,余告以台湾拟售其书之事。周、二张、莫来开重点学科进入211工程事。冯天瑜索一条幅。

6月28日(2)雨,32℃

吉首大学刘敦纲托包忠文一研究生瞿明纲来问刘弘度先生遗著事,并赠茶二盒。吴志达来信,附致希坚、纪言信复本。

6月29日(3)昙,35℃

复汪树清、徐耀环。又复吴志达。得上古高克勤函,饶文事结束;孙言诚函,欲推荐《广义》入传统文化丛书,托有富办之,又一人由勋初任之;周勃寄手笺八幅影印本。章灿送来访问提纲。(北大信息管理系朱天俊。)复孙言诚,告由朱、周推荐。得郝延霖信,无事。伍杰长途,《大典》经费等。

6月30日(4)晴昙,36℃

为周勃重书方子通诗,又为冯天瑜别作一纸(已来长途,收到)。得杨翊强信,告叶文中故实。辽宁海城张某忽来长途求为其唐诗著作序,以不识其人拒之。

7月

7月1日(5)晴,36℃

夜天渝来,托致于景祥函。托小严买空调。

7月2日(6)晴,37℃

取款付空调。得刘庆云函,索自传之类;李汝伦寄论文集。

7月3日(日)晴,38℃

海员商场送空调来。丽则母子在此避热。天渝去沈阳。

7月4日(1)晴,39℃

学校宣布停期考,以太热也。丽则、早早在家避热。得刘福春函,祖棻手稿暂存彼处。

7月5日(2)晴昙,37℃

砺锋来,说系以柳主为可。天纵来,带工人测量水管,晚饭后去。下大雨四十分钟,略凉。

7月6日(3)晴,37℃

程章灿来取讨论记提纲去整理。

7月7日(4)昙,37℃

景祥来长途,告《选集》事。《四库存目丛书》第一册收到。又蔡厚示诗集。下午装安空调,甚艰,墙厚故。

7月8日(5)晴,36℃

琴岛来人装插座。发工资,应发1116.50元,上月多发100元其资,本月扣去，再除去房租、储蓄等，实领 940.00 元，以后每月工资应为 1040.00 元上下。石家庄周金冠寄函及著名手册，盖不通而好名者也。石家庄和平中路 9 号第三棉纺厂(050011)。孙言诚来电话，《校勘编》样稿出，即寄余及璇琮。

7 月 9 日(6)晴，37℃

电台公布，金日成逝世(8 日，心脏)。

7 月 10 日(日)晴昙，38℃

发小燕奖学金 50 元，以其仅 83 分也。又发三好学生奖 50 元，以其三好又文明也。

7 月 11 日(1)晴，33℃

得翊强电云，考叶德辉文颇有所获也。砺锋告三夕评《广义》文已交《学报》四期发。

7 月 12 日(2)晴，33℃

复翊强、李汝伦、蔡厚示、刘庆云(附相片等材料)。

7 月 13 日(3)昙阴阵雨，33℃

伯伟夫妇来，送阳湖文派资料，俾作推荐书，另一份转仲联。伯伟又转到王运熙博士生吴承学之《风格学》一册，吴现在中山大学任教。

7 月 14 日(4)昙转阵雨，33℃

致钱仲联，求为曹虹作荐书。复谢吴承学赠《风格学》。刘梦溪来长途询吴志达《小说史》序中“尤最”字义。统战部致泉三百。复周金冠，寄去所要写顾亭林诗。得王淡芳函问平安，即复。

7 月 15 日(5)昙阴阵雨，33℃

为宗福邦《故训汇纂》序初稿。以旧冰箱售与琴岛，泉 50。花房送花及水缸。

7月16日(6)晴,33℃

《故训汇纂》序初稿成。小严为购上菱冰箱2800元,夜送来。

7月17日(日)阴阵雨,31℃

写好复宗福邦信,附序寄出。婉全家来午饭。杨翊强寄二批资料来。

7月18日(1)阴阵雨,34℃

以序寄宗福邦。复杨翊强。冰箱编号940□44□47。得黄建中信,为人攻讦涉讼,学者学风如此,叹之;王庆元信,即来宁。

7月19日(2)晴,35℃

莫、二张及程来访谈。横山弘由勋初陪访,赠以《广雅诂林》,横山亦赠《梦华录》等。钟静闻寄函又元白书所作诗。月人(西北大学)赠词集,即复。

7月20日(3)昙阴阵雨,35℃

复钟静闻、启元白。王庆元来,携先师遗集印行文件,待商。程一中告武大事。启东夫人名李赞君,现与幼子珞华住武大南三区,武大图书馆副馆长。长女燕华在桂林工学院。长子叙华原在武昌车辆厂职工学校,现退休。(一中所告如此。)李支蕃女嘉来访,广东机械学院财贸系一年级生,云其祖母大珠73岁已艰于行,不能下楼。

7月21日(4)晴,36℃

王庆元来谈出先师遗集及开60周年会事。宏生送来中华出论文。得志达、代芳函。刘喜军要考博士生,函告往与研究生院接洽。宁乡刘和媛要查其先人在南大任教者踪迹。收到曹济平等编《全唐五代词》样稿,孙言诚寄《广义·校勘编》校样。

7月22日(5)晴,36℃

以《校勘编》稿交有富校,并令其与孙言诚谈诸事。复吴志达询湖北省委资助《语言典》事。

7月23日(6)晴,36℃

王菁及其夫人王蕾来访,以余曾致函《扬子晚报》纠蕾文之失也。伯伟取去致古籍小组推荐曹虹《阳湖文派研究》函。

7月24日(日)晴昙,36℃

天渝全家来午饭。本栋来借《原学》一、《学人》二。家庭服务中心蔚玲小姐,3301230—2002。

7月25日(1)晴昙,36℃

诸生访谈录音结束。

7月26日(2)晴昙36℃

函蛰存,询其见《雍庐书话》否。今日起右臂忽不适,似受凉,举之为艰,近痿。古籍寄《陈中凡文集》。

7月27日(3)晴,35℃

勋初告明日去沪转日本。

7月28日(4)昙,35℃,略转少许

贤皓来自荐任《大典》魏晋六朝主编。晚9:10观中央台《与你同行》栏目,播放南大、北大、山大培养跨世纪人才的做法,有我一镜头,谈培养人才必须培养其道德品质。

7月29日(5)昙,35℃

万放来电话,告安好。以《本事》寄之。得翊强函,对黄兴事续有发现，又附来湖南文史馆伏家芬先生函及《碧湖诗选》一册、《文史拾遗》二册。

7 月 30 日(6)昙，36℃

复杨翊强(附致伏家芬)。下午雷阵雨。

7 月 31 日(日)晴，35℃

小宁、大纲兄妹来漆空调架子，中饭后去。下午雷阵雨，大于昨日。得雄兄嫂信，伟华信。潘达维和七姐来，因天热未能招待，以冬菇一盒、茶叶一盒嘱丽则明日送去。

【贴纸：等资(70%)762.00　省贴 160.50　岗贴 78.00　特贴 100.00　房贴 12.00　交补 4.00　应发 1126.50　房租 22.80　储蓄 50　垃圾 1.00　尾款 2.70　实发 1050.00】

8 月

8 月 1 日(1)昙阵雨，34℃

于景祥来电话，砺锋款已于 30 日汇出。新雷上午陪美詹富国先生来访，赠以《诗论集》。新雷转交《阴山学刊》94 年 2 期刘永明、邓韶玉《宋史》书评一篇，无新义。又转来冯其庸序跋杂文《秋风集》一本。原靖来，转林咏泉诗集《塞上吟》(复印)一册。

8 月 2 日(2)晴，36℃

北京崇文区 50 中学吴柏森寄诗集《遂初集》。诸伟奇(安徽大学古籍所)求为《钱澄之全集》作序，却之。小朋友陈千帆来函，赠以字一幅。

8 月 3 日(3)昙晴，38℃

文史馆王馆长来，赠馆诗集及刊物数十册。天纵来，托代买大腿、扁尖。复诸伟奇、林咏泉、吴柏森。又谢冯其庸赠书。询陆耀东有无林《塞上吟》。得周金冠函，蛰存函，均可不复。蛰存体欠佳。

8月4日(4)晴，38℃

写陈千帆字一幅。

8月5日(5)晴，36℃

伯伟送来蒋寅《戴容州集校注》。章灿送来访谈录稿（一万七千字）。

8月6日(6)晴，35℃

天渝来。吴志达函，告《语言典》事。

8月7日(日)昙，35℃

武秀成转来姚继舜托带莲实四斤。威克、小燕返。

8月8日(1)晴昙，34℃

复谢姚继舜惠莲实。复湖南文史馆，暂不能写纪念黄兴文。

8月9日(2)昙转阴，阵雨，34℃

得《四库存目丛书》顾问聘书；蒋寅函，附葱葱照片；刘业超函，求为作序；岳麓书社杨坚函，告伤病及船山书出版事。

8月10日(3)昙阵雨，32℃

晨出散步，至三江吃早点。月余未出游也。天纵命管道工来装水管。林从龙寄《诗词点评》，又其《诗文集》第一卷。刘业超寄《现代文心》。

8月11日(4)晴，36℃

水管装好。复刘业超。再度修改谈话记录。

8月12日(5)晴昙，34℃

复吴志达，并请转致宗福邦笺。又复林从龙，谢赠诗集。得翊强信。

8 月 13 日(6)雨转阴,34℃,室内 29℃

出理发。

8 月 14 日(日)昙晴,33℃

函吴小平询稿费。复蒋寅。以《涉江词本事》寄顾学颉、舒芜、王筱云、荒芜。大纲送羊毛衫各一件。

8 月 15 日(1)阴阵雨,32℃

希坚、纪言电话告《大典》进展及款已拨。

8 月 16 日(2)晴昙,34℃

以天眉寄来剪报转方管,并附一函。王庆元来信,并申请经费文件,即签字复信。收到杨坚寄来《船山遗书》第 13 册。杨翊强寄来叶德辉材料、伏家芬信。张瑞洁来函,不以重刊叶德辉文为然。复杨坚、翊强、伏家芬。

8 月 17 日(3)昙,34℃

镇江高等专科学校严先生寄《江苏文史》一文,转韩文忠先生处理。由张伯伟代寄。

8 月 18 日(4)昙转阴,34℃

改好早早论汉高文,还之。芸代作函致张连发,建议加强垃圾管理。

8 月 19 日(5)昙,32℃

函汪树清、徐耀环,催《考索》。白峰妻小赵携欢欢夜来,代白皓送天津麻花一、哈密瓜一。麻花佳,前所未吃过也。宏生送台湾会论文,然不必能去。

8 月 20 日(6)昙,33℃

得林从龙函,贾晋华函,湖南文史馆函,又常州广化街 275 号华声商场陈琪求作题额(不允)。周勃来长途告雪垠近状及相念。阮雍崇来电话告像已铸铜。

8月21日(日)晴昙,风,29℃

天渝全家来午饭。晚印唐女效农及其妹来访,赠口服液二盒。

8月22日(1)阴微雨,30℃

为宏生改元祐诗风文毕。花房施肥。黄裳寄《河里子集》。冯保善来送看菉集封面,托其买《八十寿辰文集》三册。新雷告《宋史》获一等奖(江苏社科)。

8月23日(2)晴昙,32℃

史梅携女来,已四月矣。得刘业超复信。上海辞书出版社汤高才寄来《唐宋词鉴赏辞典》台湾版稿费102元(邮汇)。湖南文史馆伏家芬寄关于黄兴联语。长沙明德中学长沙诗人协会(410008)黄政海赠《周仁济诗词选》。周与金启华同时在中央大学中文系毕业,已故。诗尚可。

8月24日(3)昙阴,有阵雨,31℃

复黄裳,附寄《诗本事》。得翊强函,已查得庄天合事迹。汪树清来电话,告台版《考索》事。宗福邦来长途,告以收到序文,又将与志达随时保持联系。

8月25日(4)昙,34℃

得耀东函,林咏泉诗集已有;志达函,告与《语言典》相比想法。

8月26日(5)晴,34℃

函志达、枣庄,关于《大典》事。伯伟来,送来载有介绍张伯伟文章的《文汇报》。得舒芜函,收到《北京十年》《涉江词本事》。得王绍曾《山东文献书目》二册,其一转有富。荒芜地址不明,所寄与《本事》退还。

8 月 27 日(6)昙雨,33℃

8 月 28 日(日)昙转阴,32℃

复谢王绍曾惠《山东文献书目》。小婉取去花二盆。卞送隋 2160 元来。得天眉函暨“狗娃”照片,酷似晖晖婴孩时。

8 月 29 日(1)昙,33℃

威克取回裱件。《故训汇纂序》芸抄成一纸,已复印十张。原件暨《本事》一份寄与周笃文。大纲取去政协所要展览字一幅。

8 月 30 日(2)晴,34℃

老白馈新疆鲜葡萄。写复天眉信,斥惊雷无行,明晨寄出。

8 月 31 日(3)晴,34℃

卞岐送来《精选》20 册收据,又出版局余款三百余。收学术津贴 7、8 月份 600 元。野谷寄诗集《夜渡》,内有致余诗一,由重庆文史馆寄。新华书店承南杰要写字一幅“淡泊明志宁静致远”。蒋寅函告近况及研究情形。吴翠芬致旅游文学论文集一册。向《四库存目》委员会请假,并建议二条。汪树清来电话,《考索》不再由作者校,出版后签合同付稿费。

9 月

9 月 1 日(4)晴,35℃

复汪树清,附去赠台友书单。天渝夫妇夜来。章灿还来元微之文刻石拓本。

9 月 2 日(5)晴,33℃

冯保善代购《八十寿辰文集》5 册,送来。以《船山遗书》13 册交本栋转中心。《古典文献研究》(91—92)出刊,即寄缪钺、赵岗,并退赵以未刊少老吴氏经籍辩证札记文，附函。顾学颉寄元曲文，拟赠新雷。王庆元函，告拟明年开季刚先生纪念会，推余主席。

9 月 3 日(6)昙阴，小雨，32℃

为曹虹《阳湖文派》出版申请补助事，再函仲联，伯伟带去。复野谷，谢赠诗集《野渡》。中午去天纵家饭，贺其新居。

9 月 4 日(日)晴昙，32℃

赴青石村看阮雍崇夫妇并送礼物。收到古籍小组 7、8 月二百番。丽则全家来包饺子午饭。周勃转来冯天瑜著《中华元典精神》。

9 月 5 日(1)阴雨，25℃

存百元开账户，南京市工商银行城北办事处南京大学储蓄所账号 5574(总号 1993519)。函枣庄询编费。

9 月 6 日(2)昙，28℃

函李培坤询《本事》稿费。伯伟赴苏州乞钱仲老为曹虹作荐书返，带来周秦赠《曲谱》一册，又馈食物。老尹夫妇来，云将赴泰国旅游。吴志达函谈《大典》事，即复。白尘二女奉其母氏之命乞余为白尘作墓碑。

9 月 7 日(3)昙，30℃

许结送来永璋先生《唐诗论文集》一册。北京《四库存目》编委会来电话要寄一彩照到广州并为大会题辞。七姐及白皓来，赠以盆景一。为《四库存目丛书》题字：

考献征文，拾遗补阙；

希踪往哲，垂裕后昆。

9 月 8 日(4)昙转阴雨，30℃

以《四库存目》会所要照片、题词分寄广州、北京，章灿办。高津孝赠文四篇，皆日本汉籍目录，可转赠有富。赠永璋诗老：

晚交殊未密，共喜少陵偕。（东坡诗："更欲留诗题素壁，坐中谁与少陵偕？"余尝与君皆以杜诗教授，故借用之。）我爱门人进，翁怜孺子佳。（余门人莫砺锋与少君总皆于杜诗有所著述，能传业也。）宗风绍丁卯，大句压江淮。秋色南湖路，行吟称老怀。

永璋诗老惠赐新作，高文雅什，荟萃一编，欣佩之余，赋此为报。先生与余皆以杜诗教授，少君总、余门人莫砺锋皆以学杜有得，故诗及之。甲戌白露程千帆拜识。

江西社科院文学所余悦副研究员来访，其父幸清乃 54 年武大中文系毕业生。伯伟成《文汇报》约稿，甚佳。

9 月 9 日(5)昙阴雨，31℃

作字：许永璋、天纵、苏昌辽、康育义。姜小青要为《古典文学知识》写文。新任省长郑斯林来访，韩、屈、许、袁等同来，其人健谈。

9 月 10 日(6)昙，32℃

得志达信，告《语言典》办法及样稿安排。得山东烟台二中史克振先生信，《草窗词笺》作者。得气象学院夏国忠函，欲考博士生，未入门也，即复。曾寄 2600 元。函枣庄、治安、纪言及《大典》办公室李彦，分寄志达函。复蒋寅。

9 月 11 日(日)阴，28℃

成白尘墓表。夜沈文冲来访，赠所著《梦羊小品》，报以《精选》《宋史》。晚饭于西苑，二人自庆教师节也。

9 月 12 日(1)阴雨，26℃

章灿交来寄广州件收据，又取去元微之石刻。砺锋代领曾寄 2600 元，即付清其《选集》稿费，又《涉江集》校对三人费，共 2250 元。得蒋寅信，寄《文汇》报道，与伯伟同也。系送梨子一箱。

9月13日(2)晴昙,27℃

付砺锋《选集》中文字稿费1650元,又三人校祖棻集各200元。王永芬来。得《大典》办公室赠节礼800元,王淡芳刘彦邦生日礼100元,曾枣庄函,宋谋玚函,岳麓书社王德亚寄《韵文三百首系列》中宋词、元明词、唐五代词、清诗、辽宋元诗共五本,杨克平寄《量守庐学记》复印本2册。

9月14日(3)昙,28℃

得万业馨寄北京杏脯,又所书"寿"字;舒芜寄新出《小品》来。

9月15日(4)昙转晴,28℃

苏昌辽函,收到写字,竟忘曾约余为中山书画社作也。服药。

9月16日(5)昙晴,27℃

泰州电视大学戈某因其论文被人指为抄袭来访。与我何干,因从电视上见郑来访,以为可托说情也。拒之。卞来访,谈郁稿问题,又以谈寅老《柳传》一文乞商酌。高纪言来谈《大典》事。晚章灿夫妇携卉来,并赠月饼一盒,亦以一盒报之。始服延生。

9月17日(6)昙,27℃

天纵一家、小鲲及雏、早早午饭于西苑。发吴志达挂号信。

9月18日(日)晴昙,28℃

复谢王德亚赠书,《大典》赠泉,舒芜赠书,刘彦邦王淡芳赠泉,万业馨赠果脯,宋谋玚谈《红楼》。天渝全家来午饭,小燕亦来。

9月19日(1)昙晴,29℃

来修冰箱,殊不经意。得木生信,重立菉墓碑事;北大出版社乔征胜寄《中国二十世纪文学研究论著提要》一巨册,中颇收余书;野谷函;南通师专陈学勇寄一论祖棻文,无所发明,惟载菉为汪先生提刀题冯若飞画一事未之前闻；吉林大学曹积三、阎桂笙欲编《中华名人论读书》，征稿，却之。汤敬昭、黄希坚来谈《大典》事，馈月饼。董健来请为芮智松、万里、费大中作字。于景祥电告，《选集》即将发稿。

9 月 20 日(2)昙，27℃

中美中心副主任左成慈来谈写字事。《江苏健康报》记者端木宁肃(汉中路 129)来拍照。要字：敬昭、希坚、端木(小幅，《江苏健康报》)、刘劲松、王博仁、袁长福(诗，邮局)。下午出席省府招待参事室文史馆之会。白尘女来送礼，月饼及人参，并商碑之内容。得《中华诗词》稿费 60 元，夕佳自昆明寄 200 元。南京药科大学教师张红星能修助听器，Tel7719417。

9 月 21 日(3)阴转小雨，27℃

夕佳函，李培坤函，万业馨贺帆、芸 80 寿辰电，董治安函。陈学勇(南通师专教务处)《才女还有沈祖棻》中有：一次画家冯若飞获得名画《明妃出塞图》，乞求汪东为画题词。汪东题了一阕《高阳台》，冯若飞欣喜异常，并不明白是沈祖棻捉的刀。有段时间汪东无词作问世，好友沈尹默问他为何辍笔，汪东占了一首七绝作答："绮语柔情渐两忘，茂陵何意更求皇。才人况有君家秀，试听新声已断肠。"诗中"君"字指沈尹默，"君家"乃沈姓，"君家秀"意谓沈祖棻，汪先生对女弟子的钟爱，由此可以想见了。今日余 81 岁生日，伯伟送来一大蛋糕，诸孙分食之。郑传寅打电话，询挂号博导事。

9 月 22 日(4)晴，26℃

陈虹来，以白尘墓碑付之，并赠其母夫人鲜参一支。

9 月 23 日(5)晴，27℃

吴新雷、张伯伟代取社科奖。《史》3000，《校》500，各半 1750 元。改白尘碑毕。写万里字。得李庆立函。汪树清电话，告《考索》装订有问题，要延期寄来。

9月24日(6)晴,28℃

写完校要字。改完白尘碑,交其女。福建南平市峡阳中学谢瑜来函,云编一女子词选,要我作书评,不复。

9月25日(日)晴,29℃

翊强孙女黄慧自湘来宁开会,带来信及皮蛋等。函复夕佳寄钱,谢之。复小佳,寄墓碑、相片,并转去夕佳信。以孔府宴酒一瓶、录像带(生日)托黄慧带给翊强。

9月26日(1)阴,28℃

左君晨取去书件三纸,又校章一枚。写《学报》意见。宁健来,送改背心,给孩子皮蛋。舒芜寄来赠《沈集》名单。翊强信。白尘夫人及女来商墓碑事,决请万业馨书。又送礼。郭维森先生转来聂石樵著《先秦两汉文学史》。写《学报》意见稿讫,交去。周勃寄茶叶。刘庆云函收到小传等,索诗。周金冠寄报纸,上有余写诗。

【剪报:《燕赵晚报》1994年9月20日周金冠《土门旅宿》附程千帆手书顾炎武《土门旅宿》诗。】

9月27日(2)晴,29℃

发刘梦溪信,附陈碑。发万业馨信,乞书陈碑。以录像带寄小佳、程之。复吉林大学曹积三,拒写“名人谈读书”。复翊强。复聂石樵,谢赠《先秦两汉文学史》。复李培坤,慰其久病。得曾枣庄信,附论宋四六文,谈对《大典》看法。中华《文史知识》寄《怎样读历史古籍》,内收《史通读法》。《四库存目丛书》顾问费泉百五十。

9月28日(3)晴,29℃

为章灿作推荐书与哈佛,又以聂石樵《文学史》交与参考。以录像带交丽则转上海程之及小佳。丽则来照相。得万业馨信。

9 月 29 日(4)晴,29℃

小左来问作字成语义。

9 月 30 日(5)晴,29℃

威斯康辛孙树宜(Clara)带来陈致函及人参(又一份送勋初,交曹虹),令文献所送些书与之。函高纪言、周骋,稿费及骋书事。中文系 93 级学生刘彦、张艳、陈明珠、林桂英来做清洁,各赠以《新诗集》《诗论选集》。阮雍崇谌硕人夫妇将铜头像送来,极佳。函高纪言,请其及时发《诗词集》稿费,附致周骋函,请发《大典》聘书。

10 月

10 月 1 日国庆(6)晴,29℃

全家欢聚,下午三时半散。惟丽则、小早、大纲去皖南未与。吴志达信,即复。

10 月 2 日(日)晴,28℃

复陈致。

10 月 3 日(1)昙,27℃

出购羽绒服,又为章灿、姚松女各购小老虎一只。饶小平自深圳来电话问候。

10 月 4 日(2)昙晴,23℃

开始试贴信。赴山西路购物,得广式叉烧。

10 月 5 日(3)晴,22℃

李立朴快信,询译《唐才子传》体例。季镇淮信(北大郎润园 12 公寓 105 号),询已校点贵州黎兆勋《葑烟亭词》,可否收入《全清词》。周虚白函，嘱为其诗集《蚕此庐诗》题签。王步高告《中华词学》已出版，将并其《梅溪词校注》一并送来。万业馨复信允书白尘墓志。王博仁来信告职称事，索字、铜像照片。《唐都》寄泉270。天纵告购得一铜像儿，泉七百。陕西张文立寄《咏秦诗》，收余一篇。朱家维属订正校友名录。

10月6日(4)晴，24℃

巩本栋来，送花生奶粉二。函万业馨、李立朴、季镇淮（嘱其将《葑烟亭词》稿本交北图或北大保存）、王博仁、周虚白（赠以《诗世界》并作书签）。匡老令其秘书沈道初来告，巩本栋带去之白尘墓碑已收到。

10月7日(5)阴，26℃

周聘来送《大典》聘书，以访谈录托其交姜小青看。李庆立馈药材。芮智松为授万里学位，参与仪式及酒会（酒会未与）。砺锋函景祥，《选集》不要另序。

10月8日(6)雨，24℃

《大典》办公室来长途，告江苏古籍增稿费事。宋亦英寄《春草堂吟稿》及信。汤、黄来谈《大典》事。收到李庆立馈阿胶。于景祥长途索《汉诗》。

10月9日(日)阴，23℃

复谢宋亦英赠诗集，李庆立赠阿胶。以《汉诗选译》寄于景祥。周勃长途告赴京遇雪垠事。

10月10日(1)阴，23℃

得周笃文函，即复；又十二弟函。卞送来隋初唐正式审查报告，甚有理据，同意已批交还。

10月11日(2)阴，23℃

李立朴来电告丛书及《唐才子传》事。函于辅仁，托购《第三只眼睛看中国》。得南通师专中文系教师陈学勇函，此君曾写一文简介沈祖棻；《四库存目丛书》编纂纲要征求意见，即复。《健康报》端木宁肃送来所拍照四张。周勃电话，《音序索引》仍在校中，明春可付印。

10 月 12 日(3)晴，24℃

小佳来信，修坟事。

10 月 13 日(4)昙，26℃

复小佳，汇 110 元。下午参加系老人节。山东大学中文系主任孔范今约任其所著书之顾问，却之；川大约评张志烈博导，却之。均即复。周本淳寄新校本《渔隐丛话》，视旧本精，即复谢。

10 月 14 日(5)昙，26℃

赴省委统战部会。得君惠书，为张志烈道地，即复。

10 月 15 日(6)昙，26℃

孙小妹来代购《日本汉诗》五册，并言郁某事。

10 月 16 日(日)阴雨，21℃

大纲来取英语课本。天纵告去北京。晶晶送牵牛花种。

10 月 17 日(1)阴，18℃

去吃赖汤丸，累，心跳不适，今后当戒之。收《丛书》泉百五十；屈守元函，为张志烈说项；吴广义函，《丛书》征文事；作家协会函，克家 90 寿，拟为作字一幅；王庆元函，黄先生集事。

10 月 18 日(2)晴昙，20℃

晨为臧克家 90 寿致一诗，又作一首：

颇忆惊心黑手篇，浩歌激烈冠群贤。丰城剑气依然在，岁月峥嵘九十年。

赵堂子巷旧曾过，卌载沧桑远梦多。矍铄徐翁能忆否？菩提场谒病维摩。

复屈守之、吴广义。以诗二首寄克家。周晶来电话，台湾欲买《校雠广义》版权。卞孝萱交来周一良所赠先德弢老传。与曹虹、章灿商《四库存目丛书》课题事。夜与有富谈齐鲁出售版权事。

10月19日(3)阴，小雨，19℃

复周一良谢其赠周叔弢传。川大来长途询张志烈评审事，告已退还。徐有富来商致齐鲁函。

10月20日(4)晴，有阵雨，18℃

凌晨三时发冷，旋发热，咳嗽痰有血。芸与章灿送往校医院诊治，经透视，又患肺炎(右下，与春间所患同)，只好住进校医院。午后挂水三瓶。至晚饭后，有好转。伯伟来陪夜。

10月21日(5)晴，18℃

体温已正常，咳嗽亦减少，只心动仍快，除挂水三瓶外，又吸氧数小时，下午已能起床，复原较快。宁健中晚送来两餐饭，严杰又送来晚饭，明日两餐亦可解决。武汉大学发来讣函，唐长孺去世，可悲。花房送来菊花十盆。

10月22日(6)晴，19℃

仍在医院治疗，挂水三瓶，温度、脉搏已正常，仍咳嗽，痰中仍有血。朱家维等三人来探视，赠50元。得吴志达函，谈《大典》分典事。函志达，嘱其去唐长孺家代向家属慰问。夜宏生值夜，带来晚餐甚美。

10月23日(日)晴，22℃

今日比昨日又有好转，大便已正常，唯痰中仍有血，输液三瓶。郭维森来探视，赠大橘四枚。莫砺锋带莫杞来。天渝送午饭来。得杨翊强函；志达函，中有关高、黄等事转与黄等。《四库全书存目丛书》吴华来访，谈甚久，赠西洋参两盒，以其一转赠汪越。

10月24日(1)晴，23℃

检查血液，白血球降为9600，基本正常。得宋谋玚函；王德亚寄来《叶德辉评传》，已交章灿复印(须寄还)；吴小铁函，索诗，不理。晚有富夫妇来探视。曹虹送点心、水果来。

10月25日(2)晴，23℃

晨拍胸X光片，尚未看到结果。中午章灿送饭菜来。晚天纵送粥来。砺锋来谈。

10月26日(3)晴，25℃

胸片显示右下肺仍有模糊阴影，尚需挂水。上午武汉大学中文系总支书记朱山河、副主任龙泉明来见，赠花旗参茶及豆奶粉。下午傅璇琮、许逸民来，为《续编四库全书》聘为顾问。顾廷龙为主编，许逸民副主任。二人赠水果。

10月27日(4)晴，23℃

身体日益恢复，仍挂水三瓶。晚本栋送鸡汤来，伯伟送熏鱼来。砺锋来，言后日赴河南参加杜甫研究会成立会。函于景祥嘱寄合同来。

10月28日(5)昙转阴，18℃

本拟今日出院，复医生劝再住两天，继续挂水，故决定星期日下午回家。晚饭携妻女共餐于南苑食堂，甚悦。

10月29日(6)晴，18℃

郭维森来探病，并赠骨髓粉一包。晚饭张宏生送菜来，并告已填写特批职称申请表。小严又送来稀饭、螃蟹二,盖昨日系严、虹二人结婚一周年。函李立朴问题签事。

10月30日(日)晴,20℃

今日病愈出院,甚悦。威克与章灿来接。回家后感到特别舒适安逸。

10月31日(1)晴,21℃

函汪树清询台版《考索》事。档案馆徐燕燕来交制贴信纸,又交《大典》《四库存目丛书》聘书,《日本》《两宋文学史》奖状等五张。立朴信;志达信;祖保泉《文心解说》;《季思七十从教论文集》;吴广义函,接受曹、程课题,又附寄邓广铭等资料、丛书目录。

11月

11月1日(2)晴,24℃

复谢祖保泉、王季思赠书。复雄哥。书录来,商论文出版之事。景祥电告,即寄合同。

11月2日(3)晴,22℃

贵州出版社奖金二百到。李培坤函,告已另寄学刊数册。

11月3日(4)晴,24℃

夜勋初自日本返。

11月4日(5)昙,23℃

吴文治夫人电话询文治心脏病治疗方法。陈书录来商论文出版事,又带来吴金华赠《世说新语考释》,佳。于辅仁函,寄来所要书。周虚白10月31日函,寄书尚未收到(18日寄出)。周笃文寄来《中华诗词》1—2册。张辉托章灿索《版本编》,即交与。

11 月 5 日(6)晴,22℃

复吴广义(附曹、程计划)、吴志达。以《叶德辉传》寄还王德亚。勋初昨自日本返,今日来,送礼物四事。砺锋来,以改《律髓》文交与。欧阳代发寄赠所著《话本小说史》,即复。

11 月 6 日(日)晴,26℃

今日芸 80 整寿,全家宴于西苑,尽欢。吴枝培来,乞为其书题签。《唐都学刊》编辑梁瑜霞函。美国学生詹富国寄来相片。万业馨来信,陈碑已书就。

11 月 7 日(1)晴,24℃

莫砺锋来,为作书与中玉,介其论《律髓》文。勋初来,谈诸事,约其便饭。《文史知识》函,致《史通读法》稿费(重收入小册子)59 元;王淡芳函,嘱为其夫人梁素琴作字;齐鲁书社约参加 15 周年庆;于辅仁寄来《第三只眼睛看中国》;长沙市溁湾镇岳麓书社胡遐之(410006)寄董月华《西溪诗选》、罗慎思《浪吟散草》合册,并附函;吴志达来信,嫌签约迟。陈书录送来姚继舜致莲心茶二袋。

11 月 8 日(2)晴,25℃

写字寄博仁、齐鲁。为宏生、伯伟乞中玉、运熙作荐书。得梦溪函,云《汇纂》序及陈碑均刊《中国文化》十一期。永芬来,赠以莲心。宴勋初夫妇于西苑。

【剪报:《文汇报》1994 年 11 月 8 日张伯伟《程千帆与中国古典文学研究》。】

11 月 9 日(3)晴,25℃

得宛书城讣,电唁之。以字寄博仁、周晶等。为章灿推荐学术骨干。函中玉、运熙,请鉴定宏生、伯伟特批。徐子方来访,松林博士弟子也,现在东南大学中国文化系。希坚来,始见《涉江集》样书。郁贤皓送来唐学会名单。

11 月 10 日(4)晴,23℃

勋初、伯伟、砺锋会谈重点学科汇报事。钟来因赠《中古仙道诗精华》。江浦林散之书画陈列馆勒中煜(8883492)及张志耀(8882034)由王步高陪来,赠鳖精四,又林老《江上诗存》及《唐玉虬诗集》,约赴逝世五周年纪念会,辞。王赠《中华词学》第一期。

【剪报:《古籍新书目》1994 年 10 月 28 日第 62 期《沈祖棻诗词集》。】

11 月 11 日(5)阴,22℃

为二张写推荐信,交朱家维转孟锡平。得瑞洁信,索稿;屈守元信;吴代芳信,问医。

11 月 12 日(6)阴,21℃

齐鲁社长郭焕芳及另一张姓编辑来访,赠咖啡。七姐夫妇来,赠康复器、生命蛋及橘。以对联寄林翁纪念馆。

11 月 13 日(日)阴,29℃

伯伟呈重点学科报告稿,妥。

11 月 14 日(1)阴雨,17℃

复胡遐之、吴代芳、王淡芳、于辅仁、梁瑜霞(《唐都学刊》)、吴志达、李培坤、湖南社科院学人志编辑部。得缪彦威纪念集,分赠二张、莫、程。

11 月 15 日(2)阴雨,14℃

复宋谋玚、瑞洁、翊强。得谋玚函,寄杜学会成立诗;吴广义函,催文;中玉函,宏生鉴定,即转孟锡平。章灿取回《沈集》120 册。《文艺理论研究》94/4 发叶橹论《新诗集》文,即转砺锋处理。赵吕甫寄乃翁文,属转《文献》。《笺集》340 册 2805 元(120 册 990,220 册 1815)。

11 月 16 日(3)阴雨,11℃

清书 80 余册,托诸生运浙江。得运熙函,推荐伯伟书。潘长胜告《索引》进度,并要原刊本书影。下午四时开学校 211 座谈会。

11 月 17 日(4)阴,10℃

发书 8 本。得瑞洁信,索稿;《张金沙书法选》二册。张永桃、柳士镇来谈 211 文科事。李立朴来,赠天麻,又《全译》二册。翊强函告放录像事。

11 月 18 日(5)晴,10℃

复万业馨、宋谋玚,并寄书。夜宴立朴,章灿、严杰、勋初陪。下午出席 211 汇报会。

11 月 19 日(6)晴,16℃

得工商银行支票购书 1815 元。下午 4 时开 211 座谈会。

11 月 20 日(日)阴

以字寄瑞洁,又附寿克家诗。以《类编》书影寄潘长胜。出席 211 预审通过会及酒会。

11 月 21 日(1)昙,13℃

以匡老题“百步梯”字寄潘长胜。李立朴来电话告别,明日去沪。

11 月 22 日(2)昙,16℃

郑传寅来长途询南大文学院情况,告聘志达为教学顾问。复合肥省文联诗人徐味(蕴之)赠《云水轩吟稿》。许总来,送《唐诗史》上下册,报以《笺本》,又托其以一册赠吴功正。鲁国尧嘱为孙文光校点《北山楼集》作推荐函。周聘、冯保善送《笺本》220 册来。

11 月 23 日(3)阴,13℃

去天纵家午饭,食蟹。受鲁国尧托为孙文光吴保初集校点作鉴定。

11月24日(4)阴,13℃

函徐耀环询《考索》。函立朴附介见耀环信。孙原靖侍汉生来访,二年不见矣。得黄裳、柳定生信,皆收到《笺本》。为陈书录向薛正兴推荐论文。托有富夫人报账。

11月25日(5)阴,14℃

得蛰存函,收到《笺本》。《扬子晚报》副刊陆华索字。

11月26日(6)阴,15℃

11月27日(日)阴,14℃

复刘梦溪。中午天渝夫妇来饭。晚丽则全家来饭。

11月28日(1)阴雨,15℃

得淡芳信;苏州范方暾函,云提倡新古诗,妄人也,不复。

11月29日(2)阴昙,15℃

宏生来致《小令精华》(岳麓出,国斌、振振编)稿费75元。《学报》社科信息稿费100元。立朴电告已接受书录稿。许结来,赠以《笺本》及《推荐辞赋》。瑞洁函,仍索稿。汪树清来电,告信已转去。余告以李立朴将去面谈等事。陈书录决交江苏,令其电立朴,转介宏生书。

11月30日(3)雨,14℃

砺锋带回吴在庆赠《宋诗三百首》、横山赠《正仓院考古图》,又代寄外国书。立朴来电话,宏生书不成,介去台信已收到。湖南省图书馆馆长周××(武大图系68年毕业),又馆员刘志盛与翊强同乡。

12 月

12 月 1 日(4)阴,14℃

得振甫信,希诸弟子为我诗作注。曹虹送来复印克木文。出购物,买西服一套,140 元。汇文学社商学院研究生韩俊来访(20 舍 320 室,家 Tel8803593),赠一取暖器,盖报为作社榜。得臧克家函,殷焕先纪念文集。采乐(西安杨森)。

12 月 2 日(5)阴昙,12℃

徐雁来,嘱书翁森《四时读书乐》之一,为桂林中学作碑林。高纪言来,同意出宏生书。复省委台办谈王伯沆故居事。曾卓寄三卷本文集。为《扬子晚报》作字。舒芜告舒谭已收到《笺本》。吴孝感函告收到《笺本》。

12 月 3 日(6)晴,10℃

宏生代为去古籍取样书,换残书。校统战部取去复省委台办信。振甫寄《毛欣赏》;本淳函告收到《笺本》;袁第锐寄《恬园诗稿》;定生函,询江苏古籍能否出劬堂老人诗;许永璋寄二诗;王博仁函告自广州带来茶叶、咖啡、杏仁饼。

12 月 4 日(日)晴,11℃

得萧焜焘信,收到《笺本》。复曾卓、周振甫、舒芜。得陈辽寄二书,告所赠《笺本》与丁芒互误。

12 月 5 日(1)晴,15℃

砺锋明日去港,以《笺本》5 交与。李飞来,要为书题签,并索手书诗稿一纸。赵国璋来,送肾蕨一盆,未遇。冯保善送陈子昂样稿及样书十册。得金启华新加坡贺年片,《中国文化》十期稿费 400 元。

12月6日(2)晴,15℃

得白敦仁收到《笺本》函并附近诗。

12月7日(3)晴,18℃

郁贤皓赠《姓纂》。写对省委报告意见交徐兆文。函李立朴索《顾准文集》。

12月8日(4)阴微雨,18℃

微不适,感冒,有热4、5分。天津教育出版社编辑(二编室主任)秦呈瑞及另二人由茅家琦介绍来约稿。下午研究生院十周年,因病未赴。寄书事粗了。350册,约尚余80册。

12月9日(5)阴,14℃

得中玉、何满子、贾文昭、高文、罗宗强、金性尧(姜小青转来)函,又刘国武函。除贾外,均为收到《笺本》。上午蒋寅来。晨尚有微热37.3℃,后与蒋寅谈久,很累。中午温度有升至38℃,下午卧床休息。照片、底片各二,寄齐鲁郭焕芳社长。赖永海夜来,告学校拟成立中华文化研究院,曲意欲聘余为名誉院长。

12月10日(6)阴,12℃

中午体温升38℃,晚降至36.8℃。美林来取西服去改。丽则为买食物。

12月11日(日)阴雨,12℃

拟寿任继愈80:

爰著目录,略叙鸿烈;

发为文章,其书满家。

晨体温正常,早餐后又畏寒,体温升至37.8℃。请闵华来商酌,云螺旋霉素应吃四次。得杜兰亭函,周振甫函,北图复函收到《沈集》,川大历史系寄稿费70元。杜兰亭收到《笺本》。北图、任继愈收到《笺本》。周振甫来函告钱默存病久,情况不知。

12月12日(1)阴雨,8℃

砺锋从港回,带到叶嘉莹函,又广州中大刘峻诗集。林林来贺年片,云收到《笺本》。吴医出诊,护士打针。希坚来谈《大典》事,余卧未见。

12月13日(2)晴,6℃

电希坚谈《大典》事。本栋来代发寄《笺本》,并告二访录要旨。得朱金城函,得《笺本》。函许逸民问《续书》情况。得周退密、萧印唐得《笺本》复信。本栋代寄《笺本》毕,又取去气瓶。勋初来商去美讲学题目。

12月14日(3)晴,9℃

宏生来谈去韩事。高纪言来谈《大典》事。吴志达来信告《大典》事。周笃文来信,得《笺本》。

12月15日(4)晴,9℃

李立朴电话,可如期赴台。侯孝璋函,得《笺本》。周森甲信告出一公文书。《徐中玉自选集》由丁帆带到,即复。东北师大《古籍学刊》嘱题词。今日起不发热。谌硕人夫人夜来,并致王博仁所带礼物:铁观音、咖啡、杏仁饼。

12月16日(5)昙,8℃

武汉有一自称外甥女婿小杜者来电话,似是晴佳女婿,未终话而断,可异也。砺锋来告宏生获奖事。得林从龙函,收到《笺本》。作诗三首,赠严霜。复王博仁。

12月17日(6)雨雪,4℃

打针毕。黄希坚来录音。为吉林师大《学刊》题字。函陈永正,寄严霜诗，又《笺本》《诗世界》各二册、旧作数篇。吕剑函，得《笺本》。

12月18日(日)阴，8℃

天渝夫妇及孩来午饭。小燕来晚饭。寄珠海电池厂15元。董健来告，要在授与陈香梅名誉教授会上致贺词。傅璇琮来电告：1.《全清词》一、二册出版，2.《校雠》作为传统文化丛书无问题，3.《续修四库》诸事以后找许逸民联系。

12月19日(1)雨，5℃

复陈望衡、吴志达。请万业馨写任继愈寿联。南京市博物馆副研究员胡舜庆寄《书法丛刊》并索字。王元化寄《清园夜读》，答寄《笺本》也。钱鸿瑛函，得《笺本》。得《续修四库全书》聘书及顾问费400元；胡遐之函及文和诗稿；蒋凡、郁沅编《中国古代文论教程》；周森甲《公文写作》；新纪元(郑州)中华诗词艺术书库顾问及编审费300元；高校古委会寄《中国典籍与文化》；北师大吴光兴函，希望能来南大作博士后研究。早早送小说稿来。冯其庸函，得《笺本》。

《续修四库全书》工作委员会主任宋木文。《续修四库全书》编纂委员会主编顾廷龙。

包忠文研究生瞿明刚带来刘敦纲(吉首大学)函，仍为弘度先生遗著整理事。

新三大作风：理论联系实惠，密切联系领导，表扬自我表扬。

12月20日(2)小雨，4℃

复吴光兴、周森甲。寄回《续编》顾问费收据(94年400元)。复胡遐之，为作诗集签。复蒋凡，谢赠《文论教程》。以胡遐之之诗寄丁芒。伯伟取去评奖表格及《诗论选集》六册。得舒芜函，迄未收到《笺本》；定生函告品玉港址仍旧；杨金亭函告得《笺本》，并索诗；刘彦邦函，得《笺本》，云将去美探亲；吴功正函，钟振振函，得《笺本》；吴在庆函，询收到《宋诗三百首》否；曹逸峰片，得《笺本》。贺年片：柳定生、曹逸峰、钟振振、古籍小组、杨军、十二弟、郑传寅、吴在庆、唐富龄。《续书》编例、诗目。

12 月 21 日(3)晴,7℃

复谢吴在庆寄《宋诗三百首》。以舒芜函寄蒋寅,询其未转交《笺本》之事。以《笺本》寄港徐天白。得台湾本《宋诗概论》,高评、复文赠。本栋送来小说目。

12 月 22 日(4)晴,7℃

函《续书》提意见,即寄沈乃文。以著作十一种赠档案馆。以书刊数种赠有富,请其借小说。寄诗三首给《诗刊》,《甲戌诗录》给杨金亭。贺年片:吴熊和、辰宪(得《笺本》)。刘柏丽片、宋亦英函,均得《笺本》。函复宋亦英,告书可调换。档案馆送来贴信纸,徐燕燕经手,取书十一册,又《续修四库》学术顾问聘书一张。舒芜函告已与蒋寅通话,即寄《笺本》。

12 月 23 日(5)晴,12℃

得许逸民函及《续书》简报等件。盛静霞得《笺本》及诗。克木贺片询见《光明》文否。贺片:国斌海若、王兆鹏、林家英、饶宗颐、中文系、钟叔河(《笺本》)。《淮海文汇》副主编田秉锷由冯保善陪来,赠红枣、核桃。黄希坚明日赴武汉,书托其带去。王永芬来赠挂历,报以《笺本》,又中山杏仁饼。

12 月 24 日(6)晴,16℃

姚北桦来为杂文事签名,允之,赠以《笺本》。冒舒諲片,得《笺本》。陈流求、左孝武函,得《笺本》。写好陈香梅等三人贺辞。

12 月 25 日(日)阴,13℃

函许逸民,提《续书》意见。函金克木,询收到《笺本》否。函潘重规,同上。周勃来电话告:1. 冯天瑜调武大,2. 曾广开、王继如调湖北大学。南通市唐闸新华二村三幢乙门 201 号陈玉麟寄《诗词研讨》,中刊余为丁芒作序。乔以钢得《笺本》，报以所著《中国女性的文学世界》，中有一篇论菜。乔，女，1982 年武大中文系毕业，现任教南开大学中文系。夏溶得《笺本》复书，有词。在西苑为丽则作生日。勋初来示致曲、张函稿，以伯伟二纪录交之。

【剪报：《南京作家》1994 年 12 月 9 期程千帆《一部富有特色的诗集——〈丁芒诗词曲选〉序》。】

12 月 26 日(1)阴，9℃

潘长胜来长途，《索引》已付印。单人耘来访，欲乞为设法为白匋出诗词集，愧不能也。宋谋玚寄文载《长治职大学报》者二篇，皆论红学，嘱转吴新雷。贺年片：重庆文史馆、瑞洁、周秦、张叙之、詹伯慧、刘俊文。三夕函告已升教授。中山大学黄天骥告得《笺本》。李培坤函告出医院。中华书局告寄样书。得陈早春函及所著《冯雪峰评传》。

12 月 27 日(2)阴，9℃

复白敦仁、宋谋玚、中华。和作家班一起照相。得贺年片：韩理洲、胡培周、吴孟复，林家英函附诗三首，杜兰亭词一首，罗宗强寄书《道家道教古文论谈片》。宏生来商《全清词》事及进退。陈书录送吴金华赠《江苏艺文志·常州卷》。万业馨函告刻陈碑事，及李苦禅画照片、贺卡，又云赠挂历，尚未收到。

12 月 28 日(3)晴，10℃

舒芜、程仁卿(86 岁)、九三函，均得《笺本》。贺卡：黄永年、吴宏一(《笺本》)、连文萍、张可礼、葛晓音(《笺本》)、张伟华、寅宪(《笺本》)。万业馨寄漫画猪挂历。

12 月 29 日(4)阴，8℃

上午开《学报》编辑会，酬百。下午出席陈香梅等授职仪式。史梅告，尹志腾拒示预支稿费收据。得蒋寅函；陈尚君寄《司空图〈诗品〉辨伪》文；

淮阴市清浦区物价局(223002)厉开宇,询《芦洲小隐诗词集》要否收入《全清词》。

12 月 30 日(5)阴雨,8℃

复舒芜、业馨、蒋寅、宗强、厉开宇。卞孝萱来告北京《大典》会事。参加系新年座谈,未参加宴会,丽则要我节劳也。得万业馨、钱鸿瑛函,李飞函。贺卡:杭州大学董氏基金会、贝贝、武大新闻系樊凡、《淮海文汇》、张亚权。

12 月 31 日(6)阴,8℃

复陈尚君、钱鸿瑛。收到卜少夫、丙宪贺卡,均得《笺本》;苏者聪、何国瑞、欧阳代发贺卡;清水茂、波多野太郎函,收到《沈集》;香港中文大学收到《沈集》回执。周聘送来年历四册,吴志达赠《文言小说史》及贺卡和函。中华寄《全清词》样书两本,徐应佩寄《历代哲理诗鉴赏辞典》一本。廖序东函,请推荐其女礼平到留学生部任课。

1995 年

大吉大利，人民安乐，国运昌隆，全家幸福。

1 月

1 月 1 日(日)晴，6℃

复吴志达，告陈望衡在武大哲学系。天纵夫妇、小红及娃娃来。天渝全家来午饭。章灿夫妇来。国尧来。伯伟夫妇来。郭维森嘱题《古代文化基础》书签，赠以挂历、红枣。

1 月 2 日(1)阴，5℃

为郭书署签。

1 月 3 日(2)雨，3℃

复张三夕。于辅仁函，得人参，告《三只眼》作者即王山，为部队高干之子。徐公持函，得《笺本》。骆承烈函，寄《孔尚任佚文遗墨》二册。贺卡：贾晋华、钱南秀、周伟民玲玲、李国章、赵昌平。胡济沧函，满纸胡说，不知所云，欲入史馆，云赏一碗饭，可笑亦可悲也。张伯伟带来西南民族学院中文系王发国所撰《诗品考索》一册。

1 月 4 日(3)晴，7℃

贺卡：湖南图书馆、潘长胜、陈致、张奇慧、宗福邦、秦呈端（天津教育)。村上哲见寄《汉诗与日本人》。朱寿桐赠《世纪末启航》。冒健赠《作家文化场论稿》。以《笺本》寄张奇慧。王淡芳函,得《笺本》。致汪树清、徐耀环。致李立朴。致中华傅、许。

1 月 5 日(4)晴,7℃

下午高、汤、黄来商《大典》事。

1 月 6 日(5)晴,10℃

得《大典》审稿费泉 500。舒芜函告以铸新址。

1 月 7 日(6)晴,13℃

曹济平来,赠《张元幹词研究》,托以《笺本》赠王步高。许惟贤来交示廖序东函,即转去。得川大电,彦威 6 日逝世。

1 月 8 日(日)晴,14℃

发彦威唁电。得肇仓函,《笺本》收到。囡全家来饭。下午天纵来,送饺子。以桃酥、糖核桃与小孩。贺卡:刘国武。

1 月 9 日(1)昙,10℃

小佳信告迁坟事。沈玉成信,得《笺本》。岳阳市第一中学(414000)朱先泽函,购书。北京市五十中学(100061)吴柏森寄诗多首。收到立朴寄《顾准文集》。

1 月 10 日(2)

以书三册附函寄朱先泽。以诗寄复吴柏森。函上饶二董索书价 23 元。省诗词协会袁裕陵来,约开会长联座会议。孙蓉蓉赠《文心研究》。施议对函索《笺本》,即寄之。林静希、聂邓夫妇得《笺本》,函谢。吴志达函,详告《大典》事。川大缪彦威讣。曹辛之贺卡。邵燕祥赠《杂文作坊》。

1月11日(3)阴,微雪,5℃

伯伟携其研究生杨蔚来见。托其寄昨写各信,并朱先泽书。方咏莪信,得《笺本》。于景祥电话,告不署莫名或去专刊字,5月可出,拟印五千。

1月12日(4)晴,5℃

吕薇芬、唐富龄函,得《笺本》。淮阴市物价局厉开宇函,一清词稿本索价万元以上,拒之。

1月13日(5)晴9℃

以照片寄景祥。刘柏丽函嘱寄书。杨翊强转来湖南图书馆赠书证(录像带,无书),适其有不乐事。巩文成,即加函寄中玉。

1月14日(6)晴,6℃

文史馆王馆长来,送礼。社科处奉张永桃命来谈清词事。得苏者聪函,得《笺本》,读笺有失其旨者,即复书告之。

1月15日(日)昙,5℃

复袁第锐、骆承烈。序东女□□、婿□□□,由宏生陪同来谒,馈肉松、香蕉。

1月16日(1)晴,7℃

贺卡:郑自修。成田静香函候起居。郭预衡函,得《笺本》。《大典》馈泉五百。易竹贤函候,并寄书三册。

1月17日(2)阴,11℃

得朱正、陈永正函,皆得《笺本》。16、17日皆在江苏古籍开《中华大典》会,隋唐五代典出版事部署初定。

1 月 18 日(3)阴,9℃

复志达。得三夕函,允为《菉集》作评。徐应佩寄《哲理诗辞典》题签泉二百。《大典》节敬泉五百(经手人罗蕊兰)。石禅寄《坛经新书》又函,已得《笺本》。函李彦、任继愈商《大典》前言、凡例事(未发)。

1 月 19 日(4)阴,5℃

朱祖延来长途问候。武汉教育学院许匡一馈人参,告所译《淮南子》将付印,即复。孙钦善寄《古文献学史》二册,即复谢。李立朴来函,告徐耀环台北圣环地址。丽则交来早早小说样稿三份。以小说样稿一份寄姚继舜。

1 月 20 日(5)晴,9℃

以推荐勋初《文评小史》书寄景祥。毛谷风(浙大)函询《笺本》购处,即复。强姊解脱。

1 月 21 日(6)阴雨,5℃

陈虹来送礼,并以白尘墓碑照片见赠。汪树清自沪来,送《古诗考索》台版稿费美金六百,又赠《屈赋研究论衡》一册,王国良交章灿书一包。得陈尚君函,谈《诗品》真伪,佳。丁芒片贺春节。

1 月 22 日(日)阴,5℃

函李立朴,告台湾稿费已送。函潘长胜,询可否拨款,又早早小说事。函林从龙,询可否出一小集。白敦仁函,赋悼亡。侯孝琼贺卡。

1 月 23 日(1)雾,晴,7℃

周燕荪逝世,孙钦善电话告勋初。罗联添卡,得《笺本》。骆文、王淑耘函,得《笺本》。陈祖美函,将为《沈集》写书评。胡遐之函,收到题签,又赠周作人《谈虎集》一册、近诗五首。胡焕章(四川奉节县人大副主任)函,又书二册:《杜甫夔州吟》及《洑溪吟稿》。扬州职大蔡文锦函,寄陈含光诗二纸无首尾，可怪。湖南省图书馆寄张舜徽捐赠书目一册。易竹贤寄书三册。冯亦同来，借去诗集 16 册。沈文冲夜来乞为所编书题签，赠芦柑，报以《笺本》。

《中国民间老话》，沈文冲编著，程千帆题。

1 月 24 日(2)晴，9℃

以早早小说稿、《文学史》稿寄景祥。李培坤函，得《笺本》。黄淑贤寄鼻炎方。李国才陪省教育工会副主席等二人来慰问，携桔子、木耳、冬菇来。早早去南京电视台试当节目主持人镜头。小燕充"南京大屠杀"电影群众演员。(今日对早早很重要。)

1 月 25 日(3)晴，11℃

复易竹贤，勉之。汇 40 元与西北大学中文系李芳民做唐代文学会费。发贺春节卡：柳定生、吴熊和、程之、龚任之、金克木、程士名、林从周、中玉。得陈一新卡，云在美无钱无车，索然。北大周卡，得《笺本》。

1 月 26 日(4)阴，5℃

出席文史馆新春茶会。社联杨书记及冒名芳来贺节致礼(汗衫)。收到皮公亮纪念茂舒文。日本西村美富子贺年卡。宣城地区行政专署司法局张远齐《濡须吟稿》(242000)。冯保善来取去川版编纂及校点通则及稿费收据。

1 月 27 日(5)晴，9℃

发南秀、胡焕章、张远齐、皮公亮、陈祖美、杨翊强函及邮片。刘庆云函寄来余赠横幅照片，又云将撰文介《涉江词》。张高评函告丽文可出《宋词赏析》，又要题二书签。巴蜀邓南函询《大典》事，并要照片、《宋文学史》。屈义林函，得《笺本》。周退密寄《怀人诗》。艾若贺卡。林从龙函。

1 月 28 日(6)晴，8℃

复张高评，函李国章、赵昌平，皆棻书台版事。吴锦来贺正，馈蛋糕一枚。改卞致《大典》函,并转希坚。钱林森来,赠书一册《中国之欧洲》,又送食物三种。程一中、夕佳、陈继明信。张志烈贺卡。

1月29日(日)阴,9℃

以《大典》通则意见寄希坚。得奇慧函,得《笺本》。陈美林来,颇谈谭、郁事。

1月30日(1)晴,10℃

黄裳寄《春夜随笔》。王伊同函,收到《寿辰纪念集》《诗论选集》。姚继舜函,已将早早稿交百花洲出版社。王国钦寄自费印诗集办法。钱鸿瑛函。伍杰来电话贺节,告以《大典》近况。并即以此事告希坚。周勃在湘阴来电话贺节。丽偕二孩来度除夕,威已赴桐城了。成金陵诗选序,冯亦同所属也。

1月31日(2)晴,11℃,春节

全家午宴于西苑。饭后去天纵家观儿孙歌舞。贺正:周明来,赠所著《古代散文艺术》;卞孝萱来;郁贤皓来;郭维森夫妇来;吴志达、小佳电话;王立兴夫妇来;朱家维、胡若定;霍焕明及女、婿。

2月

2月1日(3)晴转阴,9℃

莫砺锋、朱家维、勋初贺正。复夕佳、刘柏丽(小燕代写)、王国钦(诗集事)、陈继明、程一中。

2月2日(4)阴,6℃

去天渝家午饭。发寄黄裳《雍庐书话》,巴蜀书社邓南《宋文学史》及相片。致舒芜函,告拒刘柏丽托发书事(又附张奇慧函顾学颉文、张寄慧函)。

2月3日(5)昙,4℃

岳阳一中语文组朱先泽寄来书款25.40元。陈平原寄《学人》6辑。香港邓国光寄《韩愈文统探微》《中国文化原点新探》。《唐代文学研究》第4辑。刘彦邦寄《银杏诗刊》及信。清水茂、罗孚贺片,成田静香平安信。王博仁。《存目丛书》评论文字。又得《存目丛书》电子日历一具。

2月4日(6)昙,4℃

复成田静香,慰其地震之灾。李灵年、顾复生来。复刘彦邦,指出"泗水"当为"四水"。函周笃文,告《中华诗词》当改进处。夏溶寄其挽祖棻改稿,又南通医学院附属医院80老中医曹向平吊词《临江仙》一首。

2月5日(日)晴,7℃

以《版本》《笺本》寄邓国光香港。得翊强信,以《辞赋》《汉诗选评》《宋诗精选》《沈集笺本》寄之,属转湖南省馆。另作函复之,又寄赠《创作选集》一本并复信。

2月6日(1)晴,8℃

以《宋词赏析》一本寄夏溶,另函。复潘石禅。得合肥吴孟复讣。吴在庆函告晋华美国地址。孙钦善函,将续治文献学。岳麓书社(河西新民路)胡渐逵函告其所著《古籍整理释例》即出,邓湘皋《南村草堂诗钞》同。韩理洲贺卡。

2月7日(2)晴,12℃

潘长胜来电,告同意拨预支稿费三千与任木生,即办。为沈文冲题书签,即寄出。于景祥来电告初十或十一日来宁。苏昌辽来,赠以《笺本》一册。有富抄来纠正黄裳说藏书史之资料。

2月8日(3)晴,10℃

得平田昌司告平安函。谭任杰贺卡。

2 月 9 日(4)晴,12℃

王步高来,欲续纂《全清词》,已与宏生商,又赠所注《梅溪词》,转交张璋赠《词渊钩沉》。以《文学典》凡例交砺锋完成之。

2 月 10 日(5)晴,12℃

成与李彦等书,提通则意见交下老酌。关道雄自美来信,已移砚加州。王兆鹏得《笺本》,寄《两宋词人年谱》台文津版,有函。陆耀东函。陶德麟贺卡。河北省社科院吴普忠论刘梦得祖籍旧报。方咏莪自广州来长途,道故。函汪树清询古籍合同事。以《南大学报》93—94 年、《中国典籍与文化》92—94 年赠本栋。

2 月 11 日(6)阴微雨,10℃

赵宪章来,求为推荐赴香港中文大学作访问学者。巩本栋馈麻油,以杂志二份赠之。小佳来电话告托赵君馈鱼、鱼面,告以拨款之事。复平田昌司。

2 月 12 日(日)阴,9℃

于景祥来,出示《选集》封面、插页,以《文苑丛书》一部托赠春风编辑。晚宴于、莫、严、宏、章、周及余夫妇。舒芜来函,言柏丽已 60 余。

2 月 13 日(1)晴,9℃

得胡济沧函,仍不敢答也。校芸抄《诗文合集》,将交景祥印之。林老师、王同策贺卡。沈阳师范学院艺术系主任董文来函寄诗集,求为揄扬。小佳托其同学之兄赵先生带来鱼面及腊鱼一尾。

2 月 14 日(2)阴,10℃

校定《闲堂诗文合抄》,将交景祥设法印之。夏溶函,寄来铭延、百桦和茱诗,前未及收入《笺本》者也。

2月15日(3)昙,11℃

潘长胜来电,木生已取去三千元。

2月16日(4)昙,13℃

立朴寄《许浑研究》,甚悦。汪树清来电话,告约浼徐来沪自签,嘱其告赵昌平。

2月17日(5)昙,10℃

于景祥、谢丹来辞行,以《合钞》交之。复董文、王兆鹏、李立朴、夏溶;文致黄裳;以相片寄方咏莪。共6件。

2月18日(6)阴雨,8℃

得方咏莪信及照片。函木生、小佳。

2月19日(日)阴,10℃

函高克勤,挂号。函万业馨,附致任继愈送寿联书。《扬子晚报》载14日沪政协晚会,十二弟突以心肌梗塞逝世。史梅、倪东明携孩来。万万从上海来电报丧。

2月20日(1)昙,9℃

吴枝培赠所著《文化要略》,又燕窝等。小鹿叔来信,报十二弟之丧。古籍小组学贴泉二百。小佳信告潘三千元收到。

2月21日(2)昙,10℃

夏溶函,云即寄《赏析》。张高评函(2月14日发,一周到)。曾广开函。

2月22日(3)昙,10℃

收到武大百年校庆纪念集。整理《宋词》,撰台版序。

2 月 23 日(4)昙,11℃

复小鹿叔叔,寄富民路。宋词来访,求为其诗集题字,赠以《诗世界》《笺本》。

2 月 24 日(5)昙,12℃

为章灿写霍英东奖金推荐书,馈冬菇。孙小妹来乞订孙老《次山年谱》增订稿。高教所一位常州女老师托常州画家莫静波函来附《怀苏集》,欲余去常州东坡书院讲学,拒之。陶德麟函,得《笺本》,告武大诸公有和解意。

2 月 25 日(6)昙,8℃

为宋词诗集题署。校孙《元次山年谱》稿。陈望衡来长途,欲为介于蓳父,申请博导。又陈函附著译目。方咏莪函及照片。黄裳函。巩本栋送来《存目丛书》文,改后挂号寄吴广义。

2 月 26 日(日)昙,16℃

中午与二孩饭于西苑。下午天渝夫妇、小鲲、真真来饭。赵昌平来信,告台湾书价出得太低。

2 月 27 日(1)昙,15℃

复赵昌平。复张高评,又转杨丽源索赵昌平书评稿费。重庆师院中文系音韵教授赵克刚赠《音学实在易》一册,孟伦弟子也。即作复谢之。文史馆致芦柑一箱。

2 月 28 日(2)晴,12℃

上午查身体。王德亚函,得《笺本》。去新街口取《全清词》(一)稿费,扣预支及购书,仅余百六十元,总数亦只六千余元。为汇文文学期刊题辞:

创作绣虎雕龙,

批评说三道四。
诗，感情的战栗；
文，生活的诚实。
今日校园俊侣，
他年文苑明星。
司马迁、李太白、
关汉卿、曹雪芹、
鲁迅、巴金、谢冰心，
都在招手。
努力吧，未来属于你们！

3月

3月1日(3)昙，12℃

下午汤、黄、卞来商《大典》事。晚古典组聚会。复方咏莪。

3月2日(4)阴，12℃

张高评信，欠资退还重寄。今日起，重开始整理信件。周笃文函。徐雁送来《书与人》95年1期，内有其所写之访问记。

3月3日(5)昙，11℃

宋词来，赠《南国烟柳》，写柳如是小说，交还其诗。砺锋交来《大典》序例稿。

3月4日(6)晴，13℃

存款。徐余习先生子女来送先人文集，未遇。即复谢。吴志达来函告经费至今一文未付。即打电话与高纪言促之，并复吴信。

3月5日(日)晴，13℃

小红夫妇携雏来。早早来谈《三国》论文。

3 月 6 日(1)晴,16℃

龚放来取照片,备南大介绍用,又以一张及《书与人》一册赠之。本栋为打印《文学典》序例,分寄各方面。序例(九份):继愈、《大典》工委会、编委会、董、卞、曾、吴、江苏古籍《大典》编辑室、程。章灿为印《中国文化》中载《文言小说史》序文寄志达。得奉节胡焕章《三峡诗文选》及函。沈文冲函谢《老话》题签。毛谷风编中青年人诗为《海岳风华集》,强命为编委会顾问,可笑。复志达,内附《中国文言小说史》序及书评。小鹿叔叔及婶母由沪来京。

3 月 7 日(2)晴,20℃

函赵昌平,并将张高评寄我及宏生二函之复印件寄去,以供谈判时参考。以序例十份交江苏古籍,嘱不寄。

3 月 8 日(3)阴,16℃

周明来,求为推荐其散文书求一书,并题签,馈补品,答以《笺本》。蒋寅函,告近状,云张奇慧及刘福春欲得《笺本》。中午宴芸、林、健、丽,于军区招待所食烤鸭,庆三八。江苏诗词协会嘱题傅抱石陶谷赠词图,作挂历之用。下午三时江苏电视台来录像,为文学讲座。

拥帚闲庭貌胜花,
多情学士泛仙槎。
开筵纵爱风光好,
温梦终惭鬼眼斜。
　　乙亥春程千帆题

3 月 9 日(4)阴雨转昙

吴志达赠《小说史》序文泉二百。小鹿叔叔、婶婶来,宴于西苑。归受风不适。黄建中寄季刚先生论文集(2),命求余为向王庆生关说,可笑之至。

3月10日(5)晴,12℃

得马昌松寄来书《黄鹤楼纵横谈》及《长江日报》,载有介绍《沈祖棻诗词集》文。以黄建中寄来论文集(共五册)分寄管雄、吴白匋(改送李开)、严迪昌、喻世长、吴调公。

【剪报:《长江日报》1995年2月28日闻驿《荐〈沈祖棻诗词集〉》。】

3月11日(6)阴,16℃

章灿陪同看目疾,白内障严重。陈望衡学生、杭州风景名胜杂志社编辑伍朝江寄杂志二份,索稿。沈阳董文复函致谢,并赠草书一幅。文史馆王馆长来,自95年起月给百泉,1—3共三百,又三吴风采文50元,又纸二十张。新任馆员牛永宪,部队转业,副团级。《淮海文汇》副主编童笑瓴同冯保善来,索题字相片。周明来,题签与之,又为作推荐信。

3月12日(日)阴,14℃

写金成生画展签。写《淮海文汇》,董文所要介绍。天纵送饺子,昨夜小鲲亦送。

3月13日(1)阴昙,14℃

金成生先生之子金实(南京中医药大学教授)来取题签。

3月14日(2)昙,16℃

蹇长春先生来,赠以《宋史》《诗论》。又以《淮海文汇》简介托汤交冯。陈书录来,赠《前后七子研究》。

3月15日(3)阴,13℃

福建海峡出版社转载旧文,致酬80。武汉大学求评杨合鸣、郑远汉二人为博导,以于汉语史无所知拒之。

3月16日(4)

失记。

3 月 17 日(5)阴,9℃

朱寿桐将赴韩,嘱为写字一条赠韩汉学家吴淳邦。吴有是请也,因并赠其《考索》《诗世界》各一册,冀其善待朱。退武大材料(挂号)。答南师一学生问"三从"之义。

3 月 18 日(6)晴,13℃

陈祥耀托叶子铭赠《两体草书歌》。答《南京日报》严中问"冷月葬诗魂"。午与天纵、芸食炙凫。

3 月 19 日(日)晴,20℃

花房来剪篱笆。

3 月 20 日(1)晴,20℃

天渝返自沪,来晚饭。看心脏及眼病。

3 月 21 日(2)晴,23℃

以《小游仙》沈侍郎材料寄陈继明。函许逸民,告《续修》书名之不妥。

3 月 22 日(3)晴,25℃

《存目》致泉 450。《全清词》(二)稿费到,宏生取来。勋初太夫人仙逝。

3 月 23 日(4)雨,20℃

闻伯伟过,有富否。

3 月 24 日(5)阴,13℃

云南镇雄县塘房乡白鸟村鱼塘坡冯鹤凌来函,求为弟子,不复。丘良任寄《竹枝纪事诗》二册(一致孝萱)附函。葛兆光寄《清华汉学研究》第一辑。

3月25日(6)阴,10℃

意大利女学者(沙歌蒂),研究沈祖棻,由教委派人陪同来访,以棻书六种赠之。

3月26日(日)晴,16℃

徐雁陪北大吴广义代表《存目》来告丛书近日情况,并赠水果,答以《诗论集》《诗世界》。张伯伟来,以石禅《游列宁格勒记》借阅,取去所赠杂志及潘校《坛经》。

3月27日(1)晴,18℃

王运熙、杨明寄《隋唐五代文评史》。唐玲玲来信告近状。小鹿叔叔来信及相片。严迪昌来信告收到黄先生文集,词意甚和。以论《红楼》文(冷月葬诗魂)还严中。以赵少咸文还吕甫。以刘梦得集样稿还陶敏。以黄克强联话还伏家芬。以刘腴深诗(邱毅选注)送湖南图书馆。函谢湖北石首胡伏祥赠女子词选。得杨翊强函,所赠书已送湖南图书馆,并得收藏证,因将前函改写后寄出。景祥寄到《选集》样稿,砺锋、杰、宏生开始校之。清旧信粗毕,芸续理之。

3月28日(2)阴转雨,16℃

复陈祥耀、丘良任、马昌松、胡伏祥等赠书。问王淡芳夫人病。复蒋寅。立朴寄泉百,或《许浑研究》题签也。

3月29日(3)阴,12℃

发《存目》信,中有600元收据,后乃知450元尚未到。寄赵昌平信(附张高评信,挂号)。合肥省文联徐味(蕴之)、芦静,安徽教育出版社副社长来访,各赠《笺本》一册。得王文才函。村上哲见论文(日本善本词籍)。函吴广义告以顾问费未收到。

3月30日(4)昙,12℃

涂怀理寄《毛诗鉴赏辞典》。成曹虹阳湖序文,并印10份。

【手书贴纸:《全清词·顺康卷》编辑委员会】

《全清词·顺康卷》编辑委员会

主　　编:程千帆

编辑委员:尹志腾　吴永坤　屈兴国　曾德珪

程千帆　严迪昌

顾　　问:李一氓　俞平伯　施蛰存　唐圭璋

徐震堮　夏承焘　张　璋　黄君坦

黄　裳　杨廷福　叶嘉莹　潘天祯

另应送者:周勋初、周本淳、张宏生、史梅。

3 月 31 日(5)阴,18℃

复张文勋、胡焕章、涂怀珵、周伟民、葛兆光、王运熙。王仲镛得《笺本》,寄诗一,又论文《徐庾平议》。

4 月

4 月 1 日(6)昙,16℃

以汪先生《点将录》有关吾家之材料寄小鹿叔。天渝夫妇与芸游北湖,赏郁金香,多年未有也。高纪言电话,《大典》或可得资助。

4 月 2 日(日)阴,13℃

达微、九九自济南来,七陪来,送阿胶、红茶。得陈继明复函,已得柳存仁材料,不须复。

4 月 3 日(1)晴,17℃

中玉函,云砺锋文及余访谈录均《研究》五月份发。博仁函,问可否作诗画幻灯。收到刘俊文 450 元。周伟民、玲玲及文才寄书数种,唐《访台掠影》《东坡词研究》,周《海南学论丛》,王文才《剑门关志》(其一转下孝萱)。

4月4日(2)阴,16℃

复周伟民、王文才赠书,王博仁信。复刘俊文、吴广义,告汇款收到。收到上古高克勤函及《饶宗颐纪念文集》。姚松邮局取回《全清词》样书1—2册各10本。汤敬昭、黄希坚来谈《大典》事:1. 劝卞主动多改郁,2. 函北京谈前言、凡例、名单等事,请做准备。吴志达函,致主编费3456元。

4月5日(3)晴,20℃

欧磊来商赴校骨干培训班谈话事。改周勋初新文,还之。

4月6日(4)晴,22℃

复吴志达函(款未到,未发)。助听器修理处:评事街153号303室志翔音视电器维修部,Tel2240382,负责人郭纪欢。

4月7日(5)昙,20℃

文史馆老史送扬州谢崇山人物画一幅。王绍曾函,谈两丛书矛盾事,又求写字,索《八十寿辰论文集》。下午在党校作报告,欧磊主持。《新华日报》严中来,安化人,与奔星熟。丽文出版公司总编辑许仁图、杨丽源、张高评由宏生于夜七时半陪来。

4月8日(6)阴,20℃

勋初晚宴台高评、丽源及许仁图、傅璇琮,作陪。运熙函告七卷本《文评史》进展情况;兰亭寄数诗;伏家芬寄《文史拾遗》94/3;北京大学古籍所寄《古籍整理研究论丛》3辑。江苏电视台《文学欣赏》录像,泉二百。

4月9日(日)阴,21℃

新闻系二年级王晓宁、王蓓蓓、于蕙来采访。陶敏复函。丽则一家午饭,天渝一家晚饭。

4月10日(1)阴,21℃

宏生来谈分《全清词》稿费事。章灿来谈《文学史》,借去台湾《宋诗》

及《文艺理论研究》,告七月赴哈佛。周勃来电话。夜立朴由章灿陪来,商全译丛书顾问及诸事。

4月11日(2)阴转晴,18℃

午宴立朴,章灿、松、杰、秀成作陪。陈永正函及诗,告刘峻严霜逝世并挽诗。

4月12日(3)晴,25℃

程一中信,退还贷款二千,并息七百。湖南省馆名人资料中心告刘腴深诗已在湖南大学出版社出版,可寄赠。伏家芬寄《碧湖诗选》。邓南索资料。董治安函询先秦文学典问题。为文史馆刘昌裔、徐雁(广西师大附中)、市博物馆胡舜庆、校党委宣传部作字4幅,分别交出。

4月13日(4)阴雨,11℃

为宏生代刘石求作字一幅,即交宏生。下午冯保善来取《菉集》请奖材料。王淡芳妻梁氏逝世。淡芳移居城内。

4月14日(5)阴,18℃

复一中告款到,并寄回执。函志达,告款迄未到。

4月15日(6)阴,18℃

复董治安《大典》事,转希坚阅。天纵全家来玩,食炙凫,送洗衣机。

4月16日(日)阴,17℃

复陈永正、王淡芳、刘雪莱。伯伟送来王小盾《唐代酒令艺术》一书,报以《笺本》。

4月17日(1)阴,17℃

复王绍曾,附字一幅,别寄《八十纪念文集》。朱寿桐自汉城来函,安抵。赵昌平来函，收到稿费。陈望衡寄稿来。张瑞洁寄《湖南老年》，有程之遗文及瑞洁悼念文字，又全家照片。

4月18日(2)阴，17℃

收到明清5%，3456元。复吴志达、张瑞洁、吴文治(借房)、严迪昌、陈望衡(又托其寄一《笺本》与潘受)。德育教研室谢先生来照相。吴新雷来托填《校雠》评奖表，并托报账。

4月19日(3)晴，18℃

为唐玲玲、岳洪治作字。(字债讫。)函王元化索所赠书。

4月20日(4)晴，20℃

张宏生陪美艾朗诺教授来访，赠以《诗论选集》及《宋诗精选》。湖南图书馆名人资料中心邓签、徐园来访，以叶德辉新坡子街记裱本赠省馆，又收其刘腴深诗集及礼物四色。

4月21日(5)阴，18℃

陈一新返自美，来函。湖南熊楚剑寄《鹿洞吟草》(岳阳市政协副主席，414000)。函孙言诚、周晶问《广义》事，挂号。程宏宇(226611，江苏海安立发中学程绪德转程宏宇收)寄《学报》论戏剧文，即转蒋。

4月22日(6)阴，18℃

朱家维来谈丛书事。汤、黄来谈《大典》开会事。勋初、砺锋今日自港归。

4月23日(日)晴，20℃

陈书录送来王元化《思辨随笔》，即复王。莫砺锋来，告青年出版社丛书事，送乌龙茶。徐味来函，并寄茶叶一包。唐翼明托砺锋致《魏晋清谈》一本。唐现在台北文化大学中文系任教。汪越来，送洋参片、红茶及咖啡。

丹麦奥迪康公司，广州路24号403室，助听器，Tel3328979。

4月24日(1)昙，18℃

复唐异明、徐味、熊楚剑。购一表，327元。詹杭伦来，赠《金代文学史》，索一《笺本》。赵益赠《日落九世纪》。王仲镛托詹杭伦带赠粉丝、茶叶。

4月25日(2)阴，20℃

林雪梅返自北京，带来万业馨所惠杏脯，又有字一条，已交程章灿付装池。

4月26日(3)晴，22℃

孙原靖来，以止畺诗集交阅。

4月27日(4)晴，20℃

李立朴寄梁晓声小说《年轮》上下册。姜小青寄《宋诗精选》增印样书二册，又稿费三百余元。严迪昌来信，有和解之意，佳事。胡舜庆收到写字，复谢。徐中玉嘱为大一语文学会题字寄西安。华中师大讣告杨潜斋逝世，年85。武昌楚善街46号二甲(430060)李西亭集《涉江词》为《浣溪沙》五首见寄，不佳。刘俊文寄《存目》四月泉百五十。又邮局寄李立朴四件(《通鉴》及《吴越春秋》)。万业馨来函，已书就赠任继愈联，五月中可得。

4月28日(5)昙晴，22℃

复中玉(寄大学语文学会题词)。复立朴(收到梁晓声小说)，姜小青(告要换《宋诗精选》)，王志良(收到信，告任继愈联事，又小林带回杏脯)。函《扬子晚报》，求修助听器。高克勤来信，上古欲为《两宋史》请奖，嘱陈书录请陈美林为评之。王绍曾函。四川李白学会开会邀请函，不复。蒋寅来信，寄葱葱照片、《大历诗风》日本人所写书评。包忠文来致寿礼(人参、桂花等），盖系中为陈行素祝 90，忠文误以为余也。询之宪章、宏生，说不便揭破，只得暂听之。

4 月 29 日(6)阴，20℃

晨全家赴接待餐厅吃包子。复陈一新函，并寄诗文各一纸。

4 月 30 日(日)阴，24℃

复陈望衡，并将其论《涉江词》文寄还并请修改。美林生日，以炙凫寿之。

5 月

5 月 1 日(1)昙，24℃

函舒芜，寄曹虹书序。函木生询修坟事。小红夫妇携小雅来。蒋寅函论清词。

5 月 2 日(2)阴，微雨，22℃

小宁从邮局取回周勃自武汉寄来茶叶一斤。上海古籍寄林继中辑校杜诗赵次公注。不知林在何处任职，当访谢之。贾文昭函求题签。谭任杰函告《澳门日报》有评介《笺本》文字。福建南平 12 信箱叶礼旋求字，信中云十余年前读 1988 游武夷诗，可谓奇谈，不复。

5 月 3 日(3)阴转晴，21℃

复贾文昭题签，谭任杰，林继中（漳州师院）谢赠杜诗赵注，周勃谢茶。吴志达函及明清分典有关文件。《存目》工作简报。大连市图书馆范旭仑嘱为《钱锺书研究》年刊写稿，不复。王淡芳寄还《江西诗派研究》，不复。

5 月 4 日(4)昙，22℃

复志达。以志达信转希坚。

5月5日(5)晴,23℃

得立朴、景祥电话,早早小说可转贵阳。

5月6日(6)晴,28℃

张汉怡寄来刻砚铭拓本,甚精可感。华东师大王元化博士傅杰告元化染带状疱疹,又所寄书二种已托上古吴曼君寄出,然未收到。孙言诚、周晶函。

5月7日(日)晴,30℃

复张汉怡及元化弟子傅杰。艾朗诺夫妇邀在大钟亭台湾馆午饭,宏生一家陪。

5月8日(1)晴,32℃

有富来定致齐鲁书稿。林从龙、刘梦芙、孙洁、王国钦来,赠《笺本》《新诗集》各一册,又刘代其师孔凡章索各一册。人物杂志社侯艺兵来拍照,并索题词。立朴电话,可出早早书,命丽则办理寄稿之事。

5月9日(2)晴,30℃

系宴艾朗诺夫妇,余夫妇陪。景祥电话,早早稿已寄贵阳。

5月10日(3)昙晴,25℃

学校要将《宋史》《版本》请奖,由吴、徐填表,请王运熙、陈贻焮推荐《宋史》,朱天俊、孙钦善推荐《版本》。舒芜函附记《墨经字义疏证》文。

5月11日(4)阴,21℃

陈望衡寄还其论沈词文,属转敏泽。其夫人李晓湘在武大出版社工作。林从龙来取去为《中华诗词》周年题词。

5月12日(5)昙,20℃

刘福春函索诗集,以《新诗集》、林咏泉、周骋集共三册寄之。北京大学研究生院为周绍良九十寿辰征文，骈体小启甚佳，今所罕见也。

5月13日(6)阴，21℃

绍良九秩，北大白化文等征文，却之。复白化文。

5月14日(日)阴，阵雨，24℃

母亲节，小鲲代天眉谢觞。下午天渝夫妇来晚饭，丽则及二雏来送烧饼，小宁亦送鲜花烧饼。

5月15日(1)昙，23℃

得周一良函，谈王伊同老境孤寂。中文系赠茶叶一斤。冯保善来，还有关沈词诸家书札。苏州沧浪吟社副社长萧沨先生来访，送其所著诗文集及吟社选集。

5月16日(2)晴，26℃

以陈望衡稿寄敏泽。复望衡。得赵吕甫函，杨翊强函。

5月17日(3)晴，29℃

高增德赠《社会科学家大辞典》，并函询“述而不作”问题。岳洪治寄人民文学出版社书数种。广西寄92年《唐代文学年鉴》及《唐代文学研究》各一册。即复高增德。

5月18日(4)晴，29℃

函晴佳，询坟事。复翊强。丁芒来，赠其诗集，又花束。

5月19日(5)雨阴，26℃

林继中函，欲为博士后。莫砺锋带来韩国吴淳邦书一册(《论晚清讽刺小说》)。

【剪报:《新天地》1995年5月10日第4期王晓宁《老当益壮，宁移白

首之心;穷且益坚,不坠青云之志——记中文系程千帆教授》。】

5 月 20 日(6)阴,23℃

湖南图书馆名人文库寄来《栖流略》影印本三册,其中二册为刊本,一册为抄本,极可宝。孙钦善寄还《版本编》推荐表。敏泽约写回忆录。刘石(中华)谢为作字。天纵约晚餐,九时返。出席校庆青年教师颁奖会。

5 月 21 日(日)阴昙,27℃

复周一良、刘雪莱。

5 月 22 日(1)晴,26℃

天纵送粽子 8 枚。万业馨函,告以寿联送任继愈情况。下午出席中三学生文艺沙龙。吴代芳信,小佳信。和县粮食局邵川寄其祖父子退诗集。

5 月 23 日(2)晴,28℃

复吴代芳并寄《笺本》。复万业馨并寄 100 元。复邵川,告不能作诗。得弘征寄邓湘皋诗集及信。林继中求作面壁斋榜。刘福春来函索《笺本》。运熙、天俊表皆寄来,缺一新。(旋寄到。)

5 月 24 日(3)阴,28℃

陈辽赠《大陆籍台湾作家研究》。新雷、有富办妥《宋史》《版本》教材请奖事。复弘征。以《笺本》寄刘福春,又附一函,告以可找黄瑞云寻邹乃文。在沙龙谈话后极疲,连日如此,下午始少好。

5 月 25 日(4)阴,28℃

为上饶师专桂清扬(英语老师)写一书签。以《笺本》寄刘福春。复弘征,谢其赠《南村诗钞》。

5月26日(5)阴,30℃

下午《学报》40周年座谈会。廖序东寄《楚辞语法研究》。

5月27日(6)阴,28℃

早早与其同学刘重喜、刘强来擦玻璃,赠以《诗论选集》各一册。朱鸿翔来求为其诗集作序,拒之。北师大博士后吴光新(出一新门下)来访。

5月28日(日)阴,24℃

丁芒转来贺敬之致渠信一封。白尘女陈虹来致其遗著《牛棚日记》。

5月29日(1)昙,32℃

《中华大典》第一册样稿送来。高增德函。薛冰寄《得〈文学发凡〉记》(刊《南京日报·书林》,附香港《大公报》《社会科学家辞典》书评)。宏生示介绍《全清词》文。上海龙川北路南苑别墅28号304室王桐苏寄《国学之声》95年2期,有介绍王绍曾文字。

【剪报:《南京日报》1995年5月24日第6版薛冰《得〈文学发凡〉记》。】

5月30日(2)昙,26℃

上海书店卢建幸、彭卫国、龚建星来访。皮肤病医院陈蔚为其外祖父手抄诗集请题字来访。函复《续修……》编纂室沈乃文。函傅璇琮介绍艾教授(交宏生)。出版社十周年纪念会。汉语史教研室邓兴锋晚来访,问青年出版社拟出丛书事。

5月31日(3)昙,26℃

下午高、汤、黄、卞来商《大典》事。

6月

6月1日(4)阴,28℃

得敏泽函,允在《文评》发望衡文。诗札12册整理完毕,拟交伯伟。

6月2日(5)阴,小雨,16℃

下午赴南京理工大学开《大典》会。

6月3日(6)昙,27℃

在理工大学开《大典》会。黄敬德言,徐铭延先生去世年应为1964年。

6月4日(日)晴,30℃

下午会毕,夜返。

6月5日(1)晴,30℃

得瑞洁信,询君硕伯父。陈子善华师大,要《诗集》,即寄去。得白化文函,告周绍良八十生日可写文字事。湖南图书馆寄收藏证及照片(坡子街记)。《人物杂志》侯艺兵寄照片7张。

6月6日(2)昙,30℃

青年出版社副总程绍沛、编审阙道隆来访,商丛书事。函敏泽,寄出与华东师大陈子善(《新诗集》)。函许逸民,交本栋发。函张瑞洁告君硕伯父事迹。

6月7日(3)昙,30℃

函万业馨,谢对联;廖序东,谢《楚辞语法》书;周笃文,不赴会;陈辽,谢赠《台湾文学》书;侯艺兵,谢赠照片。得晴佳信;弘征信;钟来因寄文,以苏李诗为庾信作；葆璟弟妹寄来十二弟整理的君谋四叔京剧曲谱。

6 月 8 日(4)阴,25℃

改宏生《全清词》文毕。朱家维来，回断青年出版社之事。

6 月 9 日(5)阴,27℃

复郭葆璟，寄十二弟《我这一辈子》题词。复林继中，寄斋榜字。得刘福春函，询齐歘事。中玉介绍摄影家上海沈建中来摄影（入学人集），赠《人道主义》影集一册。

6 月 10 日(6)昙晴,28℃

函李彦、任继愈，举孝萱、伯伟任二分典主编（暂存高纪言处）。

6 月 11 日(日)阴,28℃

天渝夫妇及小宁来玩。看勋初《六经皆史说》。七姐来，赠九九、小婉夫妇合影。

6 月 12 日(1)阴,27℃

看完勋初《六经皆史说》，即还之。得《白尘纪念集》；李健章研究袁中郎书三种合订，又诗集；弘征函，任《中国文学流派精品》主编；高克勤函，告台湾业强出版社有购祖棻著作二种意向。校党委统战部王耀南来照相（2804）。

6 月 13 日(2)昙,30℃

复弘征，告主编费数目。修改《文学典》序。高纪言来谈《大典》事。

【剪报：《南大报》1995 年 6 月 10 日刘重喜整理《程千帆先生谈做人与治学》。】

6 月 14 日(3)晴,30℃

周笃文函；万业馨函，裱费 100 元收到。

学海文宗，永享年寿；
清健皓月，常悦禅心。
寿绍良八十

复李健章，并回赠《版本学》一册。

6 月 15 日(4)昙，27℃

史梅携孩来。于景祥电话告校样已寄出。

6 月 16 日(5)昙，30℃

以寿周绍良小幅寄白化文。汤、黄来谈《大典》事。以约底本还高，序改本交黄。张汉怡来，收到所刻砚，以红木笔架赠之。

6 月 17 日(6)阴，27℃

午宴张汉怡，章灿、兴无、小婉陪。

6 月 18 日(日)阴，26℃

发白化文信，又江苏古籍《大典》通则改稿。卞出示《文学典》凡例，甚妥。小红夫妇携雏来玩。景祥托勋初委贤皓、蒋寅评《选集》。程仁卿嘱购书并托出版其著作，即复。周振甫函，告艾朗诺已在京见之，默存病略好转。刘梦芙来信，校出《笺本》误字多处，可感。

6 月 19 日(1)阴，33℃

复刘梦芙，赠以《诗世界》。得《续修》上半年顾问费 600，《古籍学刊》十周年题词 150，陈辽函。

6 月 20 日(2)阴雨，33℃

景祥样稿到。

6 月 21 日(3)雨，26℃

艾朗诺夫妇午宴，莫砺锋、张宏生在座。赵洛生函，万业馨函。樊慕曾嘱书格言。南京作协开代表大会，请假。辽宁大学中文系副主任朱明伦寄《杜甫散诗》及函，求为《唐诗纵论》题签。

6月22日(4)阴，27℃

得山西省政协赵柱家编《中国当代书画家印象记》，索字。得王邦建诗集《待悔集》，湖南郴州文联。

6月23日(5)阴，27℃

校诗集迄，还莫砺锋。

6月24日(6)阴雨，25℃

复朱明伦，题签；赵柱家，告不能作字；樊慕曾，题字(南京政治学院)；赵洛生，寄祖棻手迹照片(市文联)；王邦建，谢赠诗集。陈蔚医师取去嘱题其外祖胡似冰手抄《古唐诗合解》(南京太平门外蒋王庙街12号中国医学科学院皮肤病研究所，5411373—5588)。杨克平来宁，以电话问候。

6月25日(日)昙，29℃

天渝全家来玩。志达来信，讣其母夫人病逝。

【剪报:《南大报》1995年6月20日刘重喜整理《我劝天公重抖擞，不拘一格降“通才”——程千帆先生谈做人与治学》。】

6月26日(1)阴雨，31℃

克平及其甥女来访，致港币千、礼品四。孔凡章寄诗集三册，又函。吴智华馈荔枝。

6月27日(2)晴，31℃

参加95届大学生毕业典礼。《江苏教育报》记者来采访。伯伟来示蒋寅写《选集》评，佳。复孔凡章。致李国章(黄师日记事)。复吴志达。得许逸民信，同意《广义》繁体直排。得《续修》沈乃文函，对提意见作出答复。

6 月 28 日(3)晴,33℃

令有富函言诚,告以《广义》安排。拟千元寿威克,千元为丽儿旅游资。

6 月 29 日(4)晴,32℃

以激光去右手中指疣。

6 月 30 日(5)昙转阴,30℃

严杰来赠"诗书画挂历"样本。书子苾墓碑,即寄小佳。李飞函,又《中大校友诗鸿》二册。参加博、硕生毕业典礼。

7 月

7 月 1 日(6)阴雨,30℃

夏树芳来,谈动员同事入九三事,难。

7 月 2 日(日)雨,26℃

为张静园西苑餐厅、中华书局徐俊作字各一幅。北大白化文来函,收到献与绍良兄 80 寿辰烦辞。得陶敏函,属写书签《全唐诗人名考证》。陈继明函,嘱寄还上海古籍丁如明君函,但未保存。

7 月 3 日(1)阴昙,29℃

王德亚寄《宋诗三百首》《明诗三百首》(长沙河西新民村岳麓书社,410006)。

7 月 4 日(2)阴,阵雨,28℃

复王德亚谢赠书。为陶敏题书签。复陈继明,告上古丁如明函遗失。

【剪报:《南大报》1995 年 6 月 30 日《"我对你们所希望的……"——程千帆先生论治学与做人》。】

7月5日(3)阴,小雨,26℃

得顾肇仓函,附其尊公书联2、79年游石林合影。

7月6日(4)阴,25℃

冯保善送来任继愈赠《汉唐佛教思想论集》。

7月7日(5)阴雨,24℃

为魏之祯弟子杨抑之作字一幅,寄张汉怡扬州。

7月8日(6)昙,29℃

约出午餐,而小燕球赛延搁作罢。

7月9日(日)昙,33℃

为山西省政协赵柱家作字。

7月10日(1)昙,33℃,开始用空调

贤皓为《选集》作书评,函谢之。宋新桂转来杨克平在两峡两岸关系研讨会上发言(刊《文汇报》,宋系新闻系教师)。四川书法家协会在成都开徐永年遗作展览会,有请柬。傅璇琮函,告陈天倪有编先十发翁遗集之意。省人大常委鲍汗青托匡老以其著《诗词散记》一册见赐,即复谢。刘梦芙书欲索余著书,并示数诗。于景祥打电话来催寄校样,莫今晨已寄去。复鲍汗青、刘梦芙。

7月11日(2)晴,35℃,高温

复傅璇琮。沈文冲来示《老话》样稿,乞为其友黄政一作字,馈太阳神4匣。万放来电话云小菡离婚。

7月12日(3)晴,35℃

为沈文冲友某及郝延林作字。文史馆致泉百、椰子汁一箱。郭葆璟复信，告小久（程前）北京地址。

7 月 13 日(4)晴，36℃

为小早及丽则作去京及西北介函，共 9 封。芸写余诗词文合抄四份毕功，将以传之二女二子。其中一份由景祥印 300 份，分赠友朋。前后费时约二年也。王以铸寄所译《喀提林阴谋·朱古达战争》译本。函武大陶校长，告不出席黄先生学术会。

7 月 14 日(5)晴，36℃

复王以铸。得陈贻焮函。得《文艺理论研究》稿费 170 元，较交本栋。《选集》今天收到，景祥电告。

7 月 15 日(6)晴，36℃

舒芜寄来《前无古人的笺注》，极佳。小严、小红、阿晶来玩一日，并馈饮料。谭力文来。

7 月 16 日(日)昙，34℃

复舒芜，寄还书评稿。寄沈文冲书稿及字幅。均挂号。

7 月 17 日(1)昙，阵雨，34℃

付诸生校对《选集》费 800。严、陈各 250，宏 200，伟 100，按劳计酬也。《文遗》编辑部李伊白由宏生陪访，赠以《笺本》。杨翊强来信。全家宴于军区吃烤鸭、铁板烧等，170 元，庆二孩读书努力也。

7 月 18 日(2)昙，35℃

克木寄新著《蜗角古今谈》。

7 月 19 日(3)晴，36℃

立朴来电，早早小说可出版。改完伯伟《诗词曲志》最后一章第九章。

陶敏来信告其研究计划。小宁今日去上海路农行报到。

【剪报:《江苏教育报》1995年7月19日程千帆《做一个单纯的人》。】

7月20日(4)晴,37℃

复克木信。早、燕来擦地板,玩至下午回去,携去元化著作二册。早早今夜赴北京。

7月21日(5)晴,37℃

复陶敏。得刘梦芙、张汉怡函。刘函索书,七月十日已复之。此书十四日写,尚未收到我信也。高纪言来谈《大典》事。早早抵京,来电告平安。

7月22日(6)晴转昙,34℃

复翊强。

7月23日(日)昙转阴,阵雨,33℃

天渝夫妇、小宁来。为李伊白作字一幅。

7月24日(1)昙转阴,雷阵雨,32℃

昨夜起牙龈突肿,今日去治疗。收到陈继明函,告诸故旧近状;谭崇台夫妇函;宋谋玚函;王国缨告已返台大任教,并寄论陶诗文章;傅杰寄《学术集林》卷一、卷二。

7月25日(2)昙,34℃

复宋谋玚,附唐诗勘。又复傅杰。得舒芜函。伯伟来取去《选集》封面交江苏古籍,又云,童星告彼余《诗论选集》获一等奖。

7月26日(3)阴,阵雨,35℃

威克来修电话,小宁修空调。

7 月 27 日(4)晴转阴,35℃

复王国缨。砺锋来商定《选集》封面。王青来取去论文,告以修改方法。文史馆王国权、史建华陪馆工作人员朱寿友来,乞为其书展作一序。舒芜寄来《文学评论选》。

7 月 28 日(5)晴,35℃

七姐及甲宪来,以天麻赠甲宪。丽则今日去新疆。晨作朱寿友书法展览序短文。山西省政协赵柱家来函,谢写字。

7 月 29 日(6)晴,35℃

得鲍汗青复函,不复(住珞珈路 21 号,210024)。书朱寿友书展序之半,后半明日成之。

7 月 30 日(日)晴,35℃

复舒芜。天渝夫妇来发舒函。早早从北京来电话,在北京好。

7 月 31 日(1)晴,36℃

芸到卫生院拍手伤片,无骨折现象。得奉节胡焕章函,询汪精卫词异文。邵川强欲余为其祖父诗题咏,可笑,不理。即复胡焕章。

8 月

8 月 1 日(2)昙,34℃

高纪言、卞孝萱来,《大典》事。小佳来函,蕙蕙高分,必可入武大。李立朴来电话,告早早小说事。早早来电话,已得立朴电话,告以先留京,再看何时去贵阳改稿。

8 月 2 日(3)昙,34℃

朱寿友来馈茶四匣,取去书展序文。

8月3日(4)晴转昙,34℃

复小佳,并寄瑾瑾、蕙蕙各二百,伯伟代寄。函黄裳,告顾颉刚佚事。

8月4日(5)晴,35℃

函孙言诚。砺锋代作荐宏生去哈佛信。

8月5日(6)晴昙,36℃

舒芜来函,评述荒芜逝世事,可哀也。

8月6日(日)晴,36℃

晨与芸散步于校园。《上海投资》杂志摄影师沈建中寄来上次来访所拍照片数张(上海200040延安中路111号东楼580室)。上古寄来饶宗颐《选堂文史论苑》稿费150元,银行汇。

8月7日(1)晴转昙,35℃

晨往银行取出美金1391元,连息共1480元,交小宁存于农行。得武大校友通讯刘以刚函,自承其编稿不慎,至有法国在巴尔干之失。函沈建中,谢其赠照片,并请其往访汪树清,查询台版《考索》事。得广东黄伟经函,约稿。宏生来送推荐信签字。《南京日报》7月11日有篇文章谈中国缺乏抽象思维。

8月8日(2)阵雨,立秋,34℃

多日未雨,今日一快也。复黄伟经并寄去小文、照片(挂号)。复早早,寄照片。复舒芜。

8月9日(3)阴,阵雨,33℃

吴志达函;刘梦芙寄词;辽宁大学朱明伦寄所作《唐诗纵论》,又致书签润笔泉二百。为章灿夫妇饯行,雨燕陪。

8 月 10 日(4)大雨,29℃

复辽大朱明伦。复刘梦芙。以《天游阁集》《眉匠词》复印本交章灿带到上海送黄裳。

8 月 11 日(5)昙转阵雨,30℃

昨在西苑请章灿,饮食不洁,芸、燕均腹泻,幸程卉无恙。匡老秘书沈道初。

8 月 12 日(6)昙转晴,34℃

王青来交其博士论文《汉朝的本土宗教与神话》,托推荐与天津教育出版社秦呈瑞先生。

8 月 13 日(日)晴,35℃

函高克勤询上古诸事,寄还稿费收条(《选堂》)。

8 月 14 日(1)晴昙,35℃

复严中,拒为曹氏纪念馆作字。蒋寅信;巨荪信问先叔祖诗义;赵家寰寄诗集(长沙市政协长沙诗词协会);凤阳中学汤明珠寄诗,不通,又索《笺本》,不复。以十发翁《梅蓮歌》交本栋作注。

8 月 15 日(2)晴转阴,34℃

函李彦、任继愈,推荐王元化为编委,王达津、钟敬文、杨明照为顾问。黄希坚来取致《大典》函。韩文忠告 23 日省统战部纪念抗日战争胜利 50 周年,嘱准备讲稿。弘征寄新诗集,印刷甚佳。汪树清自上海来电,告去函已转台。

8 月 16 日(3)昙转阴,阵雨,33℃

章灿来,以天眉信及小杂物交与。周本淳赠《蹇斋诗录》(上海路二号新村 208 号)。章灿转来省社科院欧阳健赠《红楼新辩》。《上海投资》摄影师沈建中来电话,告已晤汪树清,并允印照片,即复。

8 月 17 日(4)晴,34℃

伯伟告纪言已与联系,明春签约。写发言稿(统战部抗日战争座谈会)。

8 月 18 日(5)晴转阴,阵雨,33℃

复沈建中(挂号)、周本淳、弘征、赵家寰(皆谢赠书)。得宋谋玚信。得古委会函,令填《明清文学理论丛书》及《校勘》《典藏》三个项目经费及进度表,请姚松、有富代填交勋初回报。得黄裳信,《全清词》未收到,即要姚松查,请其补寄。

8 月 19 日(6)昙,32℃

复巨苏、蒋寅、志达。严中信,辩其措辞,即复。吴奇交来克木赠书五种,乃郑鹏飞由北京带来,《小品》《旧学新知集》《八股文》,又《梵语文学史》《印度古诗选》(前已有)。

8 月 20 日(日)昙,32℃

为早早作函,介于任侠、一新,即发出。另告以注意事项。章灿安抵美,即由天渝电南通告成林。

8 月 21 日(1)晴,33℃

得小佳信,蕙入武大保险系,瑾去港实习。孙言诚来信,言出合订本及单行本,共五个书号,这很好。《续修》寄来杭大洪湛侯撰《诗经》提要十篇,文理太差,白话文言夹杂。复孙言诚,挂号。

8 月 22 日(2)昙,32℃

致克木、逸民、璇琮(挂号)。得立朴 7 月 12 日函,不知何故,四十天始收到,早早小说责编梁燕,系前总编、现顾问。又李健章(武大 2 区 60

号)复信。杨海明从台湾携寄张高评所赠宋代文学论文集二种,皆余题签。张少康赠其与刘三富合著《文学理论批评史》上册。本栋调查辽宁人民出版社假冒顾问之书,情况如下:

《全唐诗广选新注集评》(1—10卷)

主　编　袁闾琨(每卷又分别有分卷主编)

辽宁人民出版社1994年8月版(责编李忠田、丁炳麟,印4000套,定价320元)

编委会

顾　问　余冠英　程千帆　詹　锳

霍松林　陈贻焮　傅璇琮

副主编　冯　宇　刘继才　陈毓罴　吴庚舜

孟庆文　周　蒙　郑庆笃　徐　彻　喻朝刚

《前言》谓:

邀200余专家学者编纂此书,选唐诗人652位,8444首作品。从1990年夏筹划,动手编写仅一年多。(刘继才执笔)

《凡例》谓:

据中华版《全唐诗》等为底本。

诗人以生年先后排列。

作者小传吸今科研成果重写。

注释力求简要。

无校记。

集评选古、近代及现代诗评家评语,即限1949年10月1日前评语。(翻检此书,集评很少,而前言中却说本书有集评是一创新。)

简体排印。

8月23日(3)昙,32℃

统战部座谈会,孙颔属为文。得王淡芳函(为其孙转系事),黄伟经函,春晓函及照片,苏州闻一波函(请写斋榜),台湾王叔岷寄《钟嵘诗品笺证稿》。

8月24日(4)昙,30℃

复黄伟经。寄于景祥(询顾问事)、早早、王淡芳(告转系不易)。冯保善送来增购《笺本》30册,247.5元。

8月25日(5)阴雨,29℃

复张少康,谢赠书;王叔岷、张高评,同上。王国缨函,《笺本》早收到。杨翊强寄叶记注。陈望衡告去新马,现已返武大。黄希坚寄董治安函。

8月26日(6)昙,27℃

复杨翊强(附还叶文注)、王国缨、陈望衡。

8月27日(日)昙,30℃

高克勤函,告诸书出版事。关道雄率汉语班返国,来见赠人参,以近著六七种报之。金中前副校长汪庆云(Tel 金中校长室 4453474、汪家 4457385)来访,约9月1日出席金中开学典礼,并聘为导师。

8月28日(1)昙,傍晚雨,31℃

丽则昨返自西北,来午饭。黄裳函,收到《全清词》。周本淳自淮阴来信。山东《临沂师专学报》编辑部贾锦韬来函求题辞。吴企明寄《李贺资料汇编》。赵宪章、徐有富来谈系事。

8月29日(2)昙,32℃

改曹虹文讫,即交与。托曹虹将徐俊嘱题《映庵词》交宏生。

8月30日(3)晴,33℃

王晓南代印照片,7.5元。阿晶来告入东南学会计,助以五百。

8月31日(4)晴,36℃

复贾锦韬,《临沂师专学报》题辞;高克勤(赵昌平),棻稿、黄师日记事;吴企明,谢赠长吉资料。舒芜来信,已见早早,甚赞之。林继中赠《文化建构文学史纲》。于景祥来电告辽宁人民出版社《唐诗选》事。

9月

9月1日(5)晴,36℃

参加金中开学典礼,商讨业余科技补习学校事。停电一日苦热,幸非久。

9月2日(6)晴,37℃

九弟信;孙言诚信,催《目录编》改稿。

9月3日(日)晴,36℃

复孙言诚、周瑶玺、郭大成(买书)、郝延林(寄字)、邓仕梁(应中文学刊顾问聘)、冯保善(寄巩本栋《存目》文与《文汇》)、吴小铁(《南京年鉴》)。早早信退还后,丽则加一纸再投。刘强、陆峰、徐明祥、丁丁来为《南京日报》采访,皆92级生。

9月4日(1)昙,35℃

复林继中,谢赠"中唐—北宋"。寄余行达稿与贾文昭。退余行达二稿。黄伟经来函,要写二刊头"健康之友""晚会",横直各一,共四件。

9月5日(2)晴,34℃

寄出贾文昭、余行达稿,挂号。寄黄伟经书件。乔以钢寄函,并所著书二种(三册)。

9月6日(3)晴,34℃

今日赴电台谢师宴。收到中州出版社诗库王国钦寄顾问费百元,傅璇琮信,《大典》前言及通则稿,《存目》8月份顾问费及函改由齐鲁出之通报,谷融论文集《艺术·人·真诚》。伯伟作说明,分辩《诗论集》作者事。

9月7日(4)晴,38℃

徐雁来送“书香人家”评比主任聘书。学生交来专访文,请砺锋改之。胡渐逵寄《古籍整理释例》。《中国文化》稿费千收到。

9月8日(5)昙,36℃

挂号信致景祥,《选集》署名事。来电话已解决。市文联常务副主席王凡、党组副书记曾向东来贺节送礼。得吴志达信,即复。

9月9日(6)昙,32℃

中秋节。复胡渐逵、钱谷融、乔以钢。朱寿友来送书展请柬,并送节礼。早早信,告写文情况。

9月10日(日)昙阴,29℃

去天纵家午饭。天津教育出版社奏呈瑞来函,愿考虑王青的书稿。邵燕祥寄新出诗集。王淡芳之孙王愚来读地球科学系(住学生宿舍7舍1单元306室),由其父母陪同来宁。晋谒时致礼物如下:1. 泸州老窖一瓶,2. 月饼一盒(8个),3. 花生一袋(天府二包、8号五包),4. 牛肉干六包(两种),5. 咸菜三包(三种),6. 细茶两包。淡芳子名王凯人,媳名高梦倩。严中来,送茶叶二缶、月饼二盒。

9月11日(1)阴,25℃

晨起去配助听器(1800,丹麦产,佳)。冯亦同、俞律及南京出版社女编辑刘芳来,赠《可爱的南京》丛书,又作协二代会书数册。

9月12日(2)阴,26℃

配丹麦助听器,1871元,效果佳。收《存目》8月费,又夕佳寿礼二百,彦邦淡芳一百。克家夫人函告不能接见早早,以病住院也。林林赠汉俳

《剪云集》。得《文遗》40 周年纪念会、四川李白学会年会，皆不赴。又周来祥古典美学会。吴小铁来函，附顾印老、闻在宥复印手稿各一纸。季世昌送来《毛主席诗词大全》（中有余题词）及省电视台藏书画集。

9 月 13 日(3)阴，阵雨，26℃

曾枣庄夫妇及黄希坚夜来，曾明日去苏州。

9 月 14 日(4)昙，24℃

致章灿，并要成林带去启功《八股》书。宏生借①《江湖诗派》、②《文言小说史》。陶敏函言唐宋文学史事编年之事。复周来祥、王淡芳刘彦邦、夕佳。

9 月 15 日(5)昙，27℃

复邵燕祥，并寄之旧诗二纸。黄伟经函，收到题字。得陶德麟信，黄先生遗集主编事。上午与中文系古代文学硕士生谈话。下午参加全校研究生开学礼。

9 月 16 日(6)阴，27℃

作汉俳四首寄林林。《今日名流》杂志副主编吴芸真自武汉来，周勃介绍。周送咖啡、茶叶，吴送橘子。钱谷融函。

9 月 17 日(日)晴，27℃

函周勃，告以不想当“名流”。高克勤函，1. 要将菉稿先寄上古，2. 黄先生日记要贴 15 万元。

9 月 18 日(1)晴，30℃

以菉稿寄高克勤，内附致杨克平函。函陶德麟，赞同加郑远汉为黄集主委（武大汉语史博导），并告日记事。

9月19日(2)阴,28℃

《大典》奉泉八百,今日取回,并复其来函。王筱云自荷兰莱顿大学函。函伍杰,转去吴志达来信,使知吴、董之意,且看下文。

9月20日(3)晴,25℃

函曾枣庄询意见,以原函始终未见也。谭任杰自澳门寄《涉江词》札记。孝萱从武大开唐史会归,携来祖延赠《引用语辞典》。

【剪报:《南京日报》1995年9月13日第7版徐明祥、陆峰《白头来此教诸生——程千帆先生侧记》。】

9月21日(4)晴昙,28℃

复谢朱祖延。复谭任杰。早早昨夜返。收到万业馨电(贺生),张辉礼物。今日览揆,伯伟夫妇送蛋糕,与芸、丽、早在军区食炙凫。

9月22日(5)昙,27℃

以曾枣庄对《大典》序意见交伯伟。林继中函,未以评其书为然也。

9月23日(6)晴,27℃

上午参加中华文化研究院讨论。赖永海邀午餐(接待)。下午新闻系93级王晓宁、于蕙、刘念三生来访,现均为《服务导报》特约记者,该报拟每周出一教育专版,想登载一访我的连续报道,联系地址:新闻系93级信箱(1舍113号)。函万业馨、张辉,为早早道谢,并向张询社科家自叙词典。

9月24日(日)昙阴,26℃

得志达、翊强挂号,志达函附致高函复本,与董联名。沈建中寄来照片22(小)+2(大)。即复翊强。天眉到宁。

9月25日(1)阴,25℃

复吴志达、沈建中。北京市丰台区方庄芳星园三区15号楼群众出版社孟向荣来函，要求使用载在《唐宋词鉴赏辞典》的沈祖棻《宋词赏析》著作权，付每千字 25 元之使用费，征求同意。刘乃和约赴贵阳开历史文献研究会，谢之。袁行霈寄赠《诗学通论》，傅寄《八股文》。王永芬来，赠拖鞋。成林取去机票。

9 月 26 日(2)昙，27℃

复袁行霈、傅璇琮。天纵送来新制衣橱。赵民仙家寰信，告君诒已逝世多年。郝延林信，嘱书其新著书签。刘柏丽寄诗集，并以三册转图书馆及文献所。巩本栋交来《兰蕙歌》注释(十发翁赠梅郎，泰州梅纪念馆藏)。安徽文艺出版社许宗元寄所编《宋词百科辞典》，以余为其书题签故。

9 月 27 日(3)阴，27℃

复郝延林(附书签)、刘柏丽、安徽文艺出版社许宗元。出席文史馆会。晚赴天纵家饭，夜 9 时返。贾文昭函告余行达文可用。

9 月 28 日(4)阴，小雨，24℃

博士后吴光兴来见，一新弟子也，住华龙楼 508 室。以梅郎歌交砺锋订正。

9 月 29 日(5)阴，27℃

看完《目录编》增补稿。朱寿友邀观书展，并午饭。其友电视台编剧石征先等陪，石赠所著《淮海战役史》。宏生特批未通过，国内学人无一人通过，诡云：特者，特别需要也。骗局也。

9 月 30 日(6)晴，27℃

有富取去《目录编》改稿，寄孙言诚。

10月

10月1日(日)昙,28℃

46年国庆。西苑家宴。

10月2日(1)晴

勋初来谈学会事,并示新文嘱改。

10月3日(2)阴雨,23℃

复王筱云荷兰、陶敏。

10月4日(3)阴雨,19℃

为政以成才淑世为宗,其学则与恩,其源则玄圣;

见拔于弃置沉沦之际,生我者父母,知我者先生。

得董治安函,附与志达联名信、高纪言得信复本。张辉函告李丹阳告知传记资料已于今年三月交上海教育出版社,现正排印,共收470人。吴柏森寄诗,云将出《鸿爪集》,求题咏,无以应之。傅璇琮约撰《中国学经典——传统与现代》稿,无以应之。

10月5日(4)阴雨,17℃

复傅璇琮,不写稿。复吴伯森,不作诗。复董治安,赞同其致高函及框架。

10月6日(5)阴,19℃

得吴功正赠《六朝美学史》。

10月7日(6)阴,18℃

访金启华夫妇,承惠茶一盒。

10 月 8 日(日)阴,18℃

全家冷餐,欢聚尽日。

【剪报复印件:《光明日报》1995 年 9 月 18 日徐明祥、陆峰《廉颇老矣?——写在程千帆先生退休之后》。】

10 月 9 日(1)阴,18℃

得小佳信。晨乘汽车观市容,渝、眉陪。王宁寄与陆颖民合著《训诂学》。

10 月 10 日(2)阴,24℃

复吴功正、王宁。

10 月 11 日(3)晴,24℃

俞律来告丛书将重印。刘梦芙信。画家赵钲来,送诗词协会所编制 96 年挂历一帧、《江海诗词》四册,又赠余画猴桃一幅,并以所画龟图属题。又携来赵树民著《青瀚斋诗词选》一册。

【剪报:《南大报》1995 年 9 月 30 日阮惠础《程千帆教授乐了》。】

10 月 12 日(4)晴,26℃

秦子卿来,赠其所著书画篆刻选。吴柏森信,仍令为其集题诗。调整助听器。

10 月 13 日(5)昙,26℃

赴浦口分校作报告《如何写论文》。天眉邀晚餐于火车站肯特基。

【剪报:《南大报》1995 年 10 月 10 日《国家教委首届人文社科研究优秀成果奖揭晓》;《古籍新书目》1995 年 9 月 28 日第 73 期《程千帆选集》。】

10 月 14 日(6)雨,23℃

得杨翊强信。

10月15日(日)晴,24℃

复翊强。吴功正来,馈水果。天渝、丽则、小鲲全家来吃饺子。

10月16日(1)晴昙,25℃

复小佳,先墓事。

10月17日(2)晴,25℃

进德扬州信,与叶橹约游扬州。为赵钲题龟图:

三五灵龟弄碧流,
垂云素岸石城秋。
闭门读书支离叟,
北渚芳莲梦旧游。

10月18日(3)阴,小雨,21℃

克木寄书新出三小册子,并函。天眉行。

10月19日(4)晴,21℃

赵钲取去题画。砺锋送来《八十纪念文集》四册。得书录港信,谭任杰澳门信。

10月20日(5)阴,26℃

许结来索题作家班作品选签。为严中写绀弩题红诗。复进德不去扬州。伍杰来电话。

10月21日(6)阴,20℃

发黄进德、严中信。去卞家谈《大典》之事。将《文学典》交湖北出意函志达。得舒芜信,《读书》编辑吴彬要《沈集》。

10月22日(日)阴,21℃

天眉来电话,平安到。

10 月 23 日(1)阴,21℃

得刘彦邦寄《银杏》二册,并告不去美。潘长胜电话,告《索引》印成,每部 60 元。

10 月 24 日(2)阴,21℃

复舒芜、克木,并附访谈录各二篇。寄《存目》10 月份顾问费 150 元收条。王庆元寄黄先生文集。

10 月 25 日(3)晴,23℃

致董治安、吴志达,查付款等日期。致王庆元,谢送黄先生集。翊强来函,叶文 96 年 1 期发。今日起涂鼻炎药,15 日一疗程。

10 月 26 日(4)昙,23℃

赵含坤来电话,即告以交稿日期。曹虹送来袁行霈赠北大《国学丛刊》9 种 11 册。

10 月 27 日(5)晴,23℃

复袁行霈、李飞、杨翊强。曹虹转来杭大肖瑞峰赠《刘禹锡诗论》。

10 月 28 日(6)阴,23℃

小红结婚二周年,赴天纵家吃饭。复肖瑞峰谢赠书。

10 月 29 日(日)阴,23℃

小王来做清洁,给 20 元。天渝来饭。

10 月 30 日(1)晴转阴,21℃

章灿函。

10 月 31 日(2)晴,15℃

吴代芳函,喻世长函(告其纪念黄先生文已刊)。

11月

11月1日(3)晴,20℃

舒芜信。《索引》应结余2211.30元。挂号信寄潘长胜,《索引》事,结账,请发书。曹虹送来讲稿,与勋初阅。出版局石启忠,业馨同班。

11月2日(4)晴,16℃

严中来,所赠字脱一字,为补之。陆耀东寄《爱国诗选》,中有菉及余诗。吴志达来信云,明清样稿不久可竣事。

11月3日(5)晴转昙,18℃

以《笺本》寄林锴、赵丽雅,舒芜嘱也。复谢耀东寄书,赠一近照。

11月4日(6)晴,20℃

以十发翁诗注分寄九弟及王国权。常国武来托题钱塘沈氏《胜利词》。虎踞路5号种子公司有激素种子。

11月5日(日)昙,22℃

函程章灿、舒芜、吴代芳、刘彦邦、周晶(托购鲁版书)。得董治安信,杨翊强稿。在天纵家为小雅做周岁。蒋寅夫妇携孩来。为陈蔚、本栋二友、国武友作书共四纸。

11月6日(1)晴,22℃

今日芸82大寿,同游山西路,肯塔基午饭,37元,车7元。《存目》寄来样书,约赴京开会,辞。夕佳自厦门来信,告黄志刚车祸,几送命,幸已痊愈。元元由咏絮介绍,嫁澳大利亚华侨林建波。附相片多张。岳洪治属选菉及余诗入《名家抒情诗分类精品》。长沙符逸公寄诗。

11 月 7 日(2)晴,20℃

寄元元婚礼 200 元。收扬子朱寿友序 80。复北京喻世长、吴广义(不赴《存目》会)、刘彦邦(要庞先生文集)、符逸公(谢寄诗)、周晶(买鲁版文学史书)、天眉、章灿。

11 月 8 日(3)晴,12℃

以诗寄王伊同美国。复夕佳,寄一照片。

11 月 9 日(4)晴,18℃

复翊强,寄《文教资料》《量守庐学记》。得胡遐之《荒唐居诗集》,即复。钞诗寄岳洪治。以《有恒斋求学记》交伯伟,在《古典》发表。吴志达来信。沈建中寄来放大照片,即复谢。

11 月 10 日(5)晴转昙,19℃

孙原靖来。与黄希坚通电话告三事。抄好诗寄岳洪治。

11 月 11 日(6)晴,19℃

函曾枣庄询稿费、纸卡事。复沈建中谢照片。函张辉。

11 月 12 日(日)晴,21℃

景祥及二客人到,住南苑。徐克勤子晓冀来看芸。

11 月 13 日(1)阴,18℃

辽宁古籍李宝义、谌艾及景祥来,宴于西苑,勋初、砺锋陪。舒芜信,告寄出书均收到。柳定生寄陈恭禄先生《太平天国史论集》。得王筱芸莱顿信。高纪言电话约 18 日后晤谈。

11 月 14 日(2)晴,18℃

魏晋南北朝文学会开会,讲话半小时。得陈继明信,要古籍开证明。

11 月 15 日(3)晴,19℃

复陈继明。函高克勤,为陈继明出书证明事。复柳定生。邝健行来,赠论文集《诗赋与律调》,报以《广义》二、《精选》及近岁文录。又邝带来克平赠镜框皮夹子。得舒芜函附赵丽雅女士函及字一幅,谢赠《涉江词笺本》也。《扬子晚报》17 版发表介绍余之长篇报道,徐明祥作。

11 月 16 日(4)晴,19℃

函赵丽雅、舒芜。

11 月 17 日(5)晴,21℃

得志达信。国际会议闭幕,出席。于景祥晚来。谌艾、李宝义索字。收《可爱的南京》稿费 223 元。

11 月 18 日(6)晴,21℃

朱寿友来送寿字轴,又参观照片。函潘长胜催书。常国武来,偕《胜利辞》作者钱塘沈氏(南京空军化检组)馈补品龟鳖丸、洋参丸各二匣。傅杰来,带来《学术集林》第四册及《清园论学集》。

11 月 19 日(日)昙,16℃

寄王庆元,请寄黄先生文集与王元化。寄三夕,请整理《史通》批校。

11 月 20 日(1)晴,14℃

高纪言来谈。得巨苏信及程前材料。李立朴来电话,早早小说已发稿。求作傅璇琮、王元化、袁行霈介函。林锴函,附诗。吴代芳函。江苏省社联索随笔,不复,Tel3606572。康育义偕白匋先生女泽晶来商吴先生之诗词集出版事,馈茶二匣,以其一赠史梅。史梅交其补胡文楷《妇女著作考》文。

11 月 21 日(2)晴,12℃

函李立朴,附致王元化、傅璇琮、袁行霈信。函贾文昭,附史梅文。广州唐景凯寄《五四以来的中国词坛》。陈文新来信，欲到南大。黄希坚来谈《大典》事。

11月22日(3)昙，12℃

黄希坚来谈，暂不开会移交。与卞联名发电报到北京。另由高打电话说明。

符逸公《冬至感寄诸老》：

一捧千秋赋，箫心剑态时；人皆云此老，我欲择何师？史海浑如梦，生涯应是诗；少年狂也否，且任沐猴嗤。程千帆

11月23日(4)晴，12℃，小雪与节候相应

为谌艾、李宝义作字，寄于景祥。得舒芜函，附其一文，又克木一文。伯伟交来《大典》序及凡例。复陈文新。与高纪言通话，请于明日告北京，并通话后告我。

11月24日(5)晴，7℃

致谭任杰。信少贴邮票，冀能退回补贴。序例最后点定交卞。高克勤函，港台均无复(黄师日记及莱作二种)。汇文学社学生化学系93一班黄新炎、历史系92级兰亚明来谈，并代拍照。

11月25日(6)晴，16℃

收到山东教育出版社(250001)朱晓晨编审寄来郭延礼《中国近代文学发展史》，周晶所托也。在小婉家晚饭。

11月26日(日)昙，16℃

函周勃询潘长胜事。函济南山东教育出版社朱晓晨，谢赠郭延礼《文学史》。复林锴示诗。省教院梁宗亨先生携来钟敬文先生赠茶一匣，梁又赠字一幅、照片一张。以书寄黄山书社项纯文，舒芜所托也。复舒芜、唐景凯(谢赠书)、钟敬文(谢赠茶)。

11月27日(1)阴,13℃

得赵丽雅函告寄所著书。曾枣庄函,未收到卡片、稿纸。

11月28日(2)阴,12℃

邵燕祥附数诗,极有佳者。为张汉怡刻出席魏晋南北朝国际学术讨论会代表各章印谱题诗:

翰藻沉思各步趋,
讲筵挥麈极清娱。
他年若忆龙华会,
此即真灵位业图。

11月29日(3)昙,13℃

万业馨函告送钟照片已就,高克勤函告杨克平已迁居,即复。得赵丽雅寄《脂麻通鉴》,周晶寄《五四文学史》。

11月30日(4)阴,13℃

到工人医院配眼镜,180余元。王国钦信。王成纲寄《华夏吟友》,不识其人。熊鉴寄诗集,知其人。吴志达信,要复希望书稿。以《大典》序及凡例交秀成打印。

12月

12月1日(5)晴,14℃

得立朴电话,贵州人民编辑费泉千。得潘长胜电话,书40册已寄姚松。华中师大校长王庆生由柳士镇陪同来。

12月2日(6)阴,13℃

天纵、天渝全家来玩竟日,美琳送新睡袍。

12 月 3 日(日)阴,11℃

以为张汉怡题印谱寄宏生转。以旧袍赠小燕。

12 月 4 日(1)晴,9℃

王淡芳函,嘱题《四川百年诗话》签。王伊同书,并照片。王菁陪华中理工大学出版社副总编黎秋萍来访,询大一语文事。

12 月 5 日(2)晴,11℃

得舒芜函。复熊鉴寄诗集、赵丽雅(扬之水)、周晶、王淡芳。寄傅杰。孙原靖陪一南师郁的博士生(北大钱理群研究生,研棻历史小说)来问祖棻的材料,即以付之(新旧诗集及复印小说、散文)。

12 月 6 日(3)晴,9℃

复舒芜附林锴信。宣传部长陈安吉(兼市文联主席)、文化局副局长周莉(兼文联党组书记,女)来,请继续担任市文联名誉主席,并赠郭称“我们亲爱的总理”铜像一座。刘彦邦寄庞石帚诗文集三册,又附函。黄伟经寄《羊城晚报》刊头一纸。

12 月 7 日(4)晴,8℃

复刘彦邦得庞先生集。得三夕复,张辉复。换耳机电池。

12 月 8 日(5)晴,10℃

拔牙。芸拔完,96 年妇女节可装。帆拔五,仍须再拔二,然后在 96 年三月下旬装。统战部取回文件及我的意见。

12 月 9 日(6)晴转昙,10℃

复曾枣庄及吴、董、三夕。致白敦仁。丽则生日,宴于军区招待所。

12 月 10 日(日)阴,10℃

姜亮夫先生仙游,享年 93,唁之。《光明日报》致《有恒斋》文稿费 100

元。电贺骆文兄80寿。

12月12日(2)晴,12℃

《音序索引》40册寄到。分赠傅、许、安、袁、湖南图书馆及资料室共六册,以十册分与文献所。《文学典》序例清稿打出。

12月13日(3)晴,10℃

以序例寄李彦、任继愈。复潘长胜。得敏泽函,嘱编《闲堂学记》。

12月14日(4)阴,9℃

复敏泽,《学记》事。得万业馨书。

12月15日(5)阴,9℃

拔牙毕。

12月16日(6)雨雪,6℃

天渝来,返自厦门,携来铁观音、桂丸。傅杰寄来《集林》3册,又博士论文及信。

12月17日(日)雪,4℃

游诲方函及二词。冒舒禋吴王洞贺卡。

12月18日(1)阴,9℃

复游诲方天津(四十年代在成都曾从祖棻问学)。复舒禋,询鹤老有无遗稿存彼处,可供元化发表。宋谋玚信(内附致新雷信,即转)。彦邦寄《历代人咏成都诗》,嘱订正。章灿信,即转勋初。韩理洲寄《新增千家唐文作者考》一册。作家班张剑峰赠新著诗文集《山高水长》。得95年第3期《中国典籍与文化》,内有蒋寅评《选集》文、章灿考段氏墓志文。收到舒芜寄徐铸成三书。

12 月 19 日(2)晴,9℃

复舒芜、傅杰、韩理洲、宋谋玚。致吴在庆。李立朴寄挂历。贺年片:吴在庆、蔡厚示、罗宗强、江苏国际文化交流中心、《唐都学刊》、王国钦、冒舒湮(吴王洞)、饶宗颐。

12 月 20 日(3)晴,10℃

曾广开打电话来问候,并请写书签《元和诗论》,即复。敏泽来函,同意编《学记》。赵宪章来谈申报文艺学博士点事。蒋广学赠《编辑通论》。刘乃和寄《历史文献研究》二册。在本校党校讲一小时《关于写论文》。

12 月 21 日(4)晴,12℃

芸执笔复章灿。复作家班(94)张剑峰。复蒋广学。杜兰亭寄诗贺年。严杰来送诗书画挂历五份,并润笔 100 元。符逸公函。王淡芳函。宁乡夏[redacted]函,欲编宁乡名人录。贺年片:郑传寅、思想家中心、江苏电视台、陈贻焮(李庆粤)、金克木(唐季雍)、吴肖楠、陶敏。

12 月 22 日(5)晴,11℃

贺林老师年禧,又小鹿叔叔。匡老赠《求索集》。

12 月 23 日(6)晴,9℃

复匡老。复符逸公拒绝评论。得陶敏贺卡。李飞函,附诸家和观堂词。

12 月 24 日(日)晴,5℃

勋初交来论文目命作荐。璇琮托勋初带来唐诗学论文集。白敦仁函。任秀金、金玲贺年片。扬之水函,约任丛书顾问,拒之,即复。函于景祥、辽宁古籍,推荐勋初书。勋初交来傅璇琮《唐诗论学丛稿》。

12 月 25 日(1)昙,5℃

赴医院拍牙照,备修补。得舒芜信论桐城文,甚精。台湾中兴大学胡楚生教授赠目录学书二种二册。安徽古籍所赠书五种四册。贺年卡：三夕、樊凡、王兆鹏、曾广开、河南大学中文系、蒋寅、李庆立、周来祥、西村富美子、瑞洁。

来信刚收到，谢谢您们的关心。师母谆谆教诲，弟子一定认真考虑。人生在世，有些事情自己也难以把握，有时只好相信：世事人情，自然天成。先生释寅恪先生之文不工之说，实属误解，鞭辟入里，对学生大有启发。看来某些学界名流对于大师的理解不时流入皮相之论。考据文体宁可失其美，必须求其真，应当作为一种写作原则而确定，不一。又及

三夕　冬至前三日

三夕贺年卡附启如上。

12月26日(2)晴,5℃

志达信。贺卡：雄奇、（港）邓国光、韩理洲。复志达。谢傅璇琮赠《唐诗论学》。

12月27日(3)晴,10℃

复王伊同。又寄徐国屏二诗。

12月28日(4)晴,5℃

冒舒諲函，已嘱其侄以鹤老遗稿交元化发表。函施议对索评《涉江》文。以《闲堂文薮》寄台湾中兴大学胡楚生。李安纲函及所著《苦海与极乐》。周策纵贺卡及诗，又杨军卡。

12月29日(5)晴,7℃

得巨荪夫妇金婚照，并短函。胡渐逵贺卡。函金克木、于景祥（《学记》事）。函曾枣庄（卡片、稿纸事）。本栋来取去《学记》稿。马昌松贺卡。

12月30日(6)晴,11℃

致敏泽告《学记》事。致王淡芳、吴志达、吕永（《学记》事），另寄《文

教》。得舒芜函，郝延霖贺卡。与芸、丽、燕游夫子庙，晚饭于老正兴，四五年所未尝有。

12 月 31 日(日)晴，12℃

曹虹携张博来，博画小鼠相赠。朱寿友夫妇携雏与其友书家方军来，刻石章二枚相赠。致李安纲、龚任之、巨菸。

1996年

献　岁　辞

祝爷爷身体安康，在新的一年里尽现奥林匹克风！

小燕

95岁末

1996年新春大吉、身体健康、万事如意。

南锡

不急不躁，平和安祥。

丽则

一切顺任自然，自然吉祥如意。

闲堂老人

1月

1月1日(1)晴，12℃

复周策纵，附小诗、阳湖派序。复舒芜，附朱寿友画展介绍及印谱。得贾文昭函，允史梅文96年2期发表；谭任杰函，汉俳资料收到；万业馨夫妇贺卡。天纵、天渝一家来午饭。天渝夫妇来玩一天。

1 月 2 日(2)晴,14℃

复贾文昭。黄伟经寄来《羊城晚报》小文,并求字。张高评寄来《宋诗之新变与代雄》。湘潭大学中文系李家骧寄《吕氏春秋通论》。三夕寄《思想文综》。杭州大学中文系文献专业教研室寄蒋礼鸿纪念文集《书魂》,其子蒋遂编。符逸公寄一词,又各家寄其吹嘘之语编为一纸,亦二十许家。唐翼明贺卡,告在台北找徐耀环不得。成田静香贺卡及信,收到《笺本》。贺卡:《大典》办公室、东北师大古籍所之侯占虎、章灿、宗福邦夫妇、华中理工大学出版社、周伟民夫妇。赵浏兰摄影师来摄影,为《南京日报》。

【剪报:《羊城晚报》1995 年 12 月 23 日第 9 版程千帆《过则勿惮改》。】

1 月 3 日(3)晴,8℃

去治牙。芸赴医院视天纵。小妹来谈南师《宋史》署名等。连生女婿小杜打电话来问候,与晴佳同在滠口小学教书,电话:武汉市 5992026。符逸公函,不复。贺卡:王同策。

1 月 4 日(4)晴,11℃

寄天眉、潘长胜、唐翼明、黄伟经。得蔡文锦函,周退密词,林老师函。贺卡:上古李国章、李汝伦、贾晋华、深圳南山区委。

1 月 5 日(5)阴,13℃

复周退密、张高评、成田。周笃文函,要选诗并短文,发在《中华诗词》上。王绍曾寄《张元济传》重订本。朱寿桐赠论新月派书,其博士论文也,又惠高丽参浓缩液。巩本栋同往补牙。

1 月 6 日(6)阴,11℃

复王绍曾。复李家骧。辽宁古籍出版社柳青松 800 元。访永芬,赠以《可爱的南京》及人参丸。

1 月 7 日(日)阴,傍晚雨,11℃

下午小红夫妇携小雅、小晶来,又去医院看天纵。景祥致《传统文化丛书》顾问费八百元，往邮局取回。张高评寄贺卡。

1月8日(1)晴，3℃

蔡文锦寄《传统文化研究(四)》，古吴轩出版社出版，内载渠《沈祖棻和她的爱国词作》一文，交本栋。王庆元函，已将黄先生文集寄王元化。刘坦宾函寄数文，内一文分析祖棻《优诏》。兰州教育学院潘世秀贺卡。景祥寄来《选集》校样。周裕锴贺卡。

1月9日(2)

南大有线电视同志为我们修好有线电视线，现很清晰。夜电台记者采访60年前学生运动，适是日宪兵围金陵大学。

1月10日(3)晴，5℃

复蔡文锦、刘坦宾。舒芜函。下午高、饶、黄三人来，商《大典》事。寄章灿美国，《文学史》事。耀东寄《爱国诗歌精品》二册。

1月11日(4)晴，8℃

得小佳信。早早去汉口。

1月12日(5)阴转雨，8℃

函小佳、景祥。函饶钦珩告曾枣庄稿纸意见。刘彦邦寄《世说辞典》，价28元，又函。蒋寅函。杨启宇(《龙门阵》能诗编辑)函诗数首，云已辞职。张瑞洁函索稿，无以应。胡遐之寄诗。

1月13日(6)雨，2℃

复张瑞洁。中午小吃，贺小燕考毕业试。

1月14日(日)雨，3℃

施议对自澳门寄来信，附文及词。复柳青松寄来的聘书，并寄去题词。得王淡芳信,收到川大硕士生材料,要考博士生,交砺锋处理。

1 月 15 日(1)雪,2℃

复彦邦、淡芳、杨启宇、施议对、柳青松(附致于景祥)。收李支蕃、作协贺卡。收陆耀东,吴志达,杨坚(《船山遗书》),赵雪珂(少咸翁遗著事),周虚白诗集(二册),杨宪益《银翘集》,傅璇琮函,上海辞书出版社,国家古籍小组张世林约稿。

1 月 16 日(2)晴,5℃

函曾枣庄、赵雪珂、上海辞书、《大典·历史典》编委会。

1 月 17 日(3)雪,3℃

应曹虹请,写王小盾《酒令艺术》评语。吴在庆函告黄典诚文找不到存稿。

1 月 18 日(4)夜大雪,晴,0℃

为张世林写《现代化》笔谈,挂号寄。复合肥顾晓红询祖棻著作。

【剪报:《扬子晚报》1996 年 1 月 13 日第 8 版《国家语委主任批评滥用洋文洋字号倾向》。】

1 月 19 日(5)阴,3℃

复周虚白赠诗集。复蒋寅。得吕永寄师门回忆录。询《续修》顾问费,后即收到此费。

1 月 20 日(6)晴,3℃

复吕永。寄《续修》收条。得杨翊强函。今日下午起,眼特别坏,翊强信由芸念。

1 月 21 日(日)阴,小雨,3℃

电坏,天又阴冷,蜷在室内终日。

1 月 22 日(1)阴,4℃

复翊强、潘长胜、志达、治安、璇琮(以上信由芸代笔)。《大典》致节礼八百。王绍曾函。万业馨致挂历。

1 月 23 日(2)阴转昙,6℃

复舒芜、《大典》办公室。林从龙函约投诗,拒之。巩本栋来,交对话稿,又交编数稿。

1 月 24 日(3)阴,8℃

与芸合作改文章,尚可,上午改五千字。

1 月 25 日(4)夜雪,晴,4℃

巩文已改好交还,尝试结果很好,即使眼睛不好,看《典藏》可能问题不大。

1 月 26 日(5)阴,7℃

得潘长胜寄《索引》稿费 900 元。赴中医院治眼,验无他。

1 月 27 日(6)昙,8℃

复邓小军,谢赠书。复伍锡学,谢赠诗集。以论文对话寄中玉。以徐铸成书还舒芜。瑞洁函告寄腊肉。付小燕奖学金。晚饭于婿家,羊汤、鱼炙甚美。

1 月 28 日(日)晴,10℃

得龚任之函,已与巨苏联系,巨苏折足,小九接其去北京休养。王国钦要编一译诗集,索稿,拒之。曾枣庄函,告样稿是自印底子,由出版社印复份。宋谋玚函。开封市西环城路北段医学生物研究所(475004)河南女诗人孙洁寄照片数张并函,曾与林从龙过访也。早早夜自汉返。

1月29日(1)晴,10℃

函志达、治安、孙洁、林从龙、王国钦。早早从武汉归,带来各种食品,咸鱼、豆丝(小佳赠)、糍粑(威克姐姐赠)、豆皮、烧卖(早早购),可大快朵颐。伯伟送来王小盾致审书费150元。收《羊城晚报》12月23日稿五百元,似重复。

1月30日(2)晴,13℃

1月31日(3)晴,12℃

王志良至自北京,携来业馨赠杏脯。伍杰来访,高纪言等陪。伍来宁一方面慰问编者,一方面拟会见省方领导,为高说项。送年礼油、粮等。

2月

2月1日(4)晴,7℃

汇湘潭大学韵文学会会费30元。原靖电话告知铁医五官科专家门诊周一上午。购酒二瓶赠白汝安,44元。

2月2日(5)晴,8℃

今日甚热,不似7℃。周骋来谈历史学。张彦来修电视机。舒芜函。广州何永沂寄诗稿《点灯集》。徐兴无赠扬州女诗人李圣和集,已90矣。

2月3日(6)晴,5℃

寄杨宪益《笺本》。函何永沂、李圣和,谢赠诗集;万业馨,谢杏脯。得吴柏森诗及所赠其师饶岱章遗著《旷楼消夏稿》。潘长胜寄来《索引》,转傅璇琮。伯伟借去《花随人圣庵摭忆》。

2月4日(日)晴,8℃

复吴柏森。文二篇寄还周骋。与众儿会餐于川妹子,价廉而质极差。

电视机已装好耳机，听得很清楚，以后可“听”电视，费 190 元。

2 月 5 日(1)晴，10℃

函周骋，并退还原稿两份。得邓小军函；辽宁大学出版社寄赠松浦友久《节奏的美学》一本；陈继明来函，求题书签；《澳门报》诗稿费 200 元。

2 月 6 日(2)晴，9℃

复陈继明，附书签。以《笺本》寄邓小军。得洁弟寄腊肉。

2 月 7 日(3)昙，5℃(实际很暖，预报不确)

函瑞洁。

2 月 8 日(4)阴，小雨，7℃

省九三所需科技情况表已填好寄回。函杨翊强，嘱将叶文重抄后寄来。社科联党组书记戴立泉、办公室副主任周旭君(女)来贺春节、送礼。晚饭前误将风油精当作明目液滴入左眼内，幸发现快，立用珍珠明目液冲洗，仍感疼痛，可见已很衰老，生活已不能完全自理。

2 月 9 日(5)晴，5℃

施议对函，求题签。林继中贺年卡。郁贤皓来求为介《刺史考》出版，又谈孙老著作被盗事。

2 月 10 日(6)晴，8℃

志达函，告审稿会与出版社洽谈情况。勋初晚来，允去武汉参加审稿会。

2 月 11 日(日)昙，10℃

复吴志达，谈请专家参加审稿会事。以《明清文学丛书》八种交本栋(九册)。

2月12日(1)阴转晴,17℃

函谷融、璇琮,皆询稿件。向王淡芳要《四川百年诗话》。文史馆王馆长来贺岁,馈三百。蔡文锦函,朱寄尧函,齐鲁稿费150元,岳麓书社《船山遗书》15册。作协冯亦同来贺岁,馈苹果一箱。小妹交来致邓绍基函。

2月13日(2)晴,22℃

寅宪、银宝贺卡,扬之水贺卡。朱寿友夫妇来,赠联一副,又所拍相片及茶叶。

2月14日(3)阴,18℃

得陈继明函,收到书笺,并要求函上古催发其书稿,已函复拒之;沈建中贺卡。上午赴文史馆参加吸收新馆员会。卞老交给我照片数张,系在南京理工学院开会时和《大典》诸公合摄。《存目丛书》150元,96年1月起,由齐鲁按月发给。得林锴函,并寄画一幅。

2月15日(4)阴,8℃

函陈永正,找王季思评《宋文学史》文。复杨坚,收到《船山全书》15册。复林锴,谢赠画竹。复陈继明,告不知催上古印其《曹唐诗注》。得章灿函,又转勋初、景祥各一函。永芬寄邝健行在美报发小文。舒芜寄杂文集《串味读书》。小妹来商寄邓绍基信稿。校领导来贺岁(韩书记)。统战部女部长林□□、戴澄东(副,分管文史馆)来贺岁,馈泉五百。老白夫妇来,馈熏鱼、扬州点心等。

【剪报:邝健行《记程千帆先生》。】

2月16日(5)阴,5℃

函章灿、景祥、舒芜。周骋函,王淡芳、郭葆璟、清水茂贺卡。广西大学林仲湘、陈自力提《大典》序例意见。

2月17日(6)大雪,2℃

大雪,早早来代买青菜,留午饭。新雷示季思评《宋史》文(关于白石《暗香疏影》)。景凯旋来馈桂圆一盒。砺锋呈跋闲堂诗选文,并约新正四日饭。

2月18日(日)晴,1℃,除夕

李立朴来电话,早书二月底出,并贺岁。宗福邦、周勃、于景祥贺岁。婉全家吃团年饭。《文遗》李伊白函,并寄照片三张。

2月19日(1)阴,1℃,丙子元旦

杨宪益寄《译余偶拾》。谷融来信,谓寄中玉稿已发。本栋夫妇、周明、郭维森来。砺锋一家来。吴文治、刘彦邦等电话。凯凯、周勃电话。王步高来。鲁国尧来。宏生电话。天纵、天渝两家来,渝家午饭。曾卓长途。吴志达长途。

2月20日(2)晴,3℃

有富送来《典藏编》初稿,将粗阅一过。朱家维、赵宪章贺岁。夕佳、陈继明、宋词、程一中、王淡芳电话。陈永正寄诗,佳。石河子唐世政寄11元,买《笺本》。大年初二,开始校改《典藏编》1—20叶。

2月21日(3)昙,4℃

焕明母女来。陈书录函。20—86页。

2月22日(4)阴转昙,5℃

砺锋邀午饭。贾文昭贺卡。86—130。芸选旧文两篇,拟寄梦溪。李书有赠所著《儒学与社会文明》。

2月23日(5)昙,5℃

得宋谋玚函,转卞老。吃麦当劳,极不佳。今日始出门行散。130—155。广州《当代诗词》抗战50周年特辑涉江词稿费百元。广西民族学院何以刚出书求资助15元。寄去15元,不需寄书来。夕佳函。宏生夫妇夜来,笑梅求改金中科学馆记文,并送咖啡。早早呈毕业论文。

2 月 24 日(6)小雪转阴

舒芜信，即复请复印书评寄下。改早早文。

2 月 25 日(日)阴，微雨，5℃

天渝全家来饭。早来，告以为文之法，改其论文。吴锦先生来馈桂元。宏生夫妇来，笑梅求改金中科学馆碑记。

2 月 26 日(1)昙，5℃

南大开学。改金中碑记。155—200。

2 月 27 日(2)晴，6℃

砺锋来，告诗已寄笃文。宏生来，以科学馆文交之，并谈宋代僧徒文学。得小石先生文集第三册。

2 月 28 日(3)晴，8℃

200—241。以诗寄沚斋。得《文遗》题字 50 元。

2 月 29 日(4)昙，9℃

242—278③。苏昌辽来，馈印度茶及清水人参。

3 月

3 月 1 日(5)，晴，10℃

嘱早早去鼓楼医院修助听器，已修好，并购得电池 4。278—317。得中玉函。原靖来谈文学史事，已书就致邓绍基函，阅过。

3 月 2 日(6)晴，14℃

函周勃，请告曾还照相机。318—345④。郁贤皓来，求介《唐刺史考》。345—360。

3月3日(日)晴,15℃

曹虹送来蒋寅《大历诗人研究》二册。以致邓绍基信交曹虹打印。中午家宴。美琳被撞伤。志达函,重禹函。

3月4日(1)晴,19℃

复吴志达,并以吴函转周勋初、黄希坚。复蒋寅,谢赠《大历诗人研究》二册。函李立朴,介绍郁贤皓书。曹月堂来函。王博仁来函。361—382。

3月5日(2)昙,19℃

382—405⑤。已交有富(共五本)。得广东何永沂函,附诗,不必复。上海古籍富寿荪去世,已发唁电。

3月6日(3)晴转阴,18℃

405—478。得王淡芳寄回忆录及《百年诗话》,又朱寄尧《两松庵杂记》,均即复。黄进德自扬州来,申去岁之约。戴阿姨(电话2286567,李安胜)还乡,其子迎。

3月7日(4)阴,小雨,17℃

478—497⑥。木生退还迁坟余款500元。杨翊强寄腊肉等物到,取回后,分小半与丽则。饶钦珩来,告下周开会。高教研究所王运来来,要写小传,嘱其找本栋。

3月8日(5)阴,12℃

478—537⑦。537—582。齐鲁寄《存目》一月份款。小佳来函告迁坟情况。与赵宪章谈清词结束事。汪超伯来。李小缘之子来,赠《云南书目》。582—622。施议对自港寄港币800,下午取之,或《现代词综》稿费也。赴湖南路取款,因游观。

3月9日(6)阴,6℃

小鲲夫妇来,示以去加文件。刘彦邦寄回忆录。

3月10日(日)阴,9℃

复曹月堂、舒芜(告以复印书评到)、陈书录、刘彦邦。622—679⑧。

3月11日(1)晴,16℃

680—726⑨。得浙江萧山市临浦周家湖村周明道先生寄其舅父洪敦六遗诗一册,又周自著《观沧楼三笔》一册、《医论选编》一册(311251)。高纪言等来谈《大典》会议事。孙小妹来,告文研所已派刘世德来处理文学史事。

3月12日(2)阴,13℃

726—776。得邓绍基电报,曹济平电话。

3月13日(3)阴,15℃

776—813⑩。

3月14日(4)阴,12℃

813—889⑪。890—911。复小佳信。致函张世林、傅璇琮。刘世德调解,推孙老为领衔主编,余5人为主编。

3月15日(5)阴,12℃

希坚、纪言来谈将赴京开会,又与卞商隋唐序论事。杨翊强寄来叶文及信。

3月16日(6)阴雨,9℃

890—950⑫。陈书录来。曹虹来,取去寄刘梦溪文。施议对来函,附罗孚短文。在天纵家玩一天。

【剪报:罗孚《才子为才女笺注》。】

3月17日(日)阴,10℃

复施议对、杨翊强。951—987。

3月18日(1)阴,10℃

以对联照片寄业馨。得陆耀东寄来回忆录文,即复。中国古籍总目提要编委会聘为学术顾问。函景祥,询《文学史》《选集》进度。文史馆老史打电话请为张金沙展览写一直条"张金沙书法展",四月间要。987—1039。

3月19日(2)阴,11℃

1039—1065⑬。景祥电话,出版书延期,章灿亦无消息。

3月20日(3)小雨,7℃

1066—1127⑭。陈尚君、陶敏寄《唐才子传补笺》。

3月21日(4)阴,小雨,8℃

1128—1157⑮。函于景祥,请将《诗文钞》原稿寄回。郭葆璟寄《程之自传》又照片6张,函告程之葬仪情景。王永芬函告邝健行文来历。

3月22日(5)昙,10℃,实际阴,约7℃

蒋寅复信,当即购寄。王国权馆韩文忠、朱寿友来,商书画著作图片展览事。本栋交《学记》目录,酌定还之。1158—1211。

3月23日(6)阴,7℃

1212—1254⑯⑰。《典藏编》校阅毕,历时一月。1985年12月作《广义》后记,1996年3月《典藏》校改讫,年底可印出,费时十年。

3月24日(日)阴雨,7℃

整理送文史馆材料照片。复王博仁、陈尚君。以丽则稿寄冯亦同。志达来函,会期改五月中。吴佩娟同其妹夫武大留学生部汉语副教授李忠贤来访。

3月25日(1)阴,5℃

得广开函,照相机事已处理。《徐州师院学报》编辑邵迎武来访,求评其南社及苏曼珠书，以目疾辞。杨翊强函及稿到，稿 18600 字。

3 月 26 日(2)阴，7℃

得李立朴函，告郁贤皓书不能接受（已转郁），早早书四月可出；周采泉女周幼声来函，并寄其父诗集《老学斋诗钞》，索字，即复；董源远寄《连云吟诗话》，即复；金志仁函（拟寄书来）。函周笃文，请将《中华诗词》中“沈祖棻”误植为“陈祖棻”者更正。

3 月 27 日(3)阴，小雨，9℃

为上海师大顾吉辰作字，小幅，寄之。芸复葆璟。杨翊强函告文史馆删叶文事。李定一寄文不能用，即复之。高纪言来谈《大典》事。张三夕将《史通》校本寄徐有富处，请校原书。

3 月 28 日(4)阴雨，8℃

大珠妹自衡阳来信。于景祥电话已写好约文，即寄。

3 月 29 日(5)阴雨，7℃

复大珠妹函。收到《文史拾遗》12 本。收到《续修四库》经史部分目。

3 月 30 日(6)昙晴，15℃

阴雨十余日，今日始见阳光，云：九十余年所未有也。鲁国尧陪郭锡良来访，馈营养粉。

3 月 31 日(日)阴，12℃

得张世林、王淡芳信。早早改好杨翊强文。

4 月

4 月 1 日(1)昙，8℃

金志仁寄所著书《诗词曲新探》，即复。伯伟呈强化班课程表。璇琮寄来刘尚慈女士写《索引》书评，即复。冯亦同来电话告丽则文已转《雨花》。徐有富、张宏生、朱寿桐升教授。

4月2日(2)昙晴，14℃

寄《沈祖棻诗词集》给余恕诚、刘学锴。

4月3日(3)晴，14℃

以《笺本》赠吕薇芬，曹虹求。为张宏生作邓仕梁等二人字，饶、佘书，又赠二人笺谱。配眼镜，二人510元。

4月4日(4)晴，15℃，清明节

上午小吴驱车送我们去东郊踏青，至植物园由凌萍萍陪同参观，早早同去。接葆璟函，知巨荪患肺癌，在沪动手术，甚忧。上海胸科医院临床电话21—62821990—4602，程前传呼01—391068822。得曹月堂函，约题字。

4月5日(5)晴，17℃

治牙。大三元早点。购一皮带68元。宏生得一旧语录，命整理之。立朴电，早早书已出版，即寄样书。于景祥回忆文到。余行达寄文二篇。王跟升来函，求鉴定文物。下午香港大学教授黄兆汉、夫人香港理工大学图书馆副馆长黄曾影靖、其研究生司徒秀英(香港大学讲师)来中文系访问，司徒秀英赠书一本，拟赠书给黄及司徒。孙原靖来谈文学史事，尚无进展。

4月6日(6)阴转多云，14℃

写字一幅寄沈建中。为《文献》题字，寄曹月堂。以本栋《学记》后记寄中华张世林。天纵全家来。

4月7日(日)昙，16℃

在天渝家。张世林寄《传统文化》二册到。饶钦珩送开会帖，嘱其将名单寄志达。

4月8日(1)昙,17℃

复葆璟并慰巨荪。为薛■、早早作字。景祥来电话,《选集》印三千。以讲演录5篇寄志达,令其交郑传寅印成小册备开座谈会。立朴寄到早早书二册。陈书录来,托其带《被开拓的诗世界》《沈祖棻诗词集》各二本,分赠黄兆汉与司徒秀英。

4月9日(2)阴雨,16℃

函北大文献所询《全宋诗》10—20。复王跟升问文物。韶关大学某教师问进修,告已退休。为大地系邹进上教授书《洞庭联艺》签条。收到志达文,芸删改之。

4月10日(3)阴,13℃

程一中寄文,甚佳。沈建中来电话,收到写字。

4月11日(4)阴转昙,17℃

为刘梦溪作字,交伯伟。程章灿函。郑传寅函。

【剪报:《南大报》1996年4月10日《国家教委第三届优秀教材评奖揭晓》。】

4月12日(5)昙,16℃

函郑传寅,又于景祥。芸即复章灿。

4月13日(6)昙,15℃

得黄伟经复函,索《忆江南》四首全文。函敏泽,告即寄《学记》稿。

4月14日(日)阴雨,12℃

陈流求夫妇来访。

4月15日(1)阴,12℃

湘籍旅粤诗人寄《岭表湘音》,中傅作舟诗甚佳。瑞洁信寄一论胡遐之诗之文,不能介于期刊也。番禺人民医院何永沂诗,不佳。福建师大王维燊来函问祖棻事,拟令早早复之。

4月16日(2)晴,18℃

得施议对函。寄《笺本》给施议对。晨两人去试戴牙,皆感不舒服,但较前次稍佳,未作呕。中午吃饭因牙不习惯,虽饺子味甚美,亦不思多食。医云需一周后始能适应,后天还须去复诊。从医院出来即去莫愁湖游览,门票十元,因皆有老年优待证,免费游园。近十年未去,感到很生疏。园内海棠与郁金香盛开,美不胜收。惜无茶馆可资休息,只得匆匆一过,即回家。下午花房送来一大盆杜鹃。

4月17日(3)晴,21℃

4月18日(4)晴,20℃

去牙医院。早早友黄成勇寄来《沐浴书香》,求题"佣书斋"。吴奔星介绍徐州诗人汪天风、邓心慈来访,赠《现代诗词三百首》。

4月19日(5)晴,18℃

取药,喉痛也。

4月20日(6)晴,22℃

高纪言来,出席审查会人员事。看张博病,送麦乳精、饼干。天渝夫妇及小宁来午饭。得大珠妹衡阳信。

4月21日(日)晴,21℃

小严夫妇、小晶、小雅来玩。《诗刊》四月号刊余寄林之诗,惜误"耿"为"秋",真点金成铁也。

4 月 22 日(1)晴,23℃

早早稿费及购书均到。三夕来函询《史通》校文。金志仁来函,不复。以书约 200 册,分赠文献所及系资料室。今日清书毕,数月零乱,至此始清爽。

4 月 23 日(2)晴,25℃

函周晶,顾问费及稿费。函北大文献所,告《宋诗》收到。赵雪珂函告吕父为少老出文集事。詹伯慧寄祝南《花外集注》。元化、傅杰夜来访,元化来宁参加外文系比较文学会。丽儿升处级。王元化及其弟子傅杰、钱文忠来,以蛰存所录郑大鹤校梦窗词校本付之整理。傅杰赠《集林》5、6 册。

4 月 24 日(3)晴,26℃

以《学记》全稿交本栋。黄伟经复函,收到《忆江南》诗四首。

4 月 25 日(4)昙,28℃

复赵雪珂、詹伯慧。以书签寄于景祥,许浑文寄立朴。得刘梦溪、曹月堂函。下午高等三人来谈《大典》会事。

4 月 26 日(5)

复刘梦溪、张三夕、曹月堂(莫简历)。接龚任之信,寄照片,索《祖棻选集》。

4 月 27 日(6)阴雨,27℃

函汪越,印先师目录、唐稗事。复龚任之,寄《选集》一册。

【剪报:《古籍新书目》1993 年 9 月 28 日第 49 期《宋诗精选》。】

4 月 28 日(日)阴雨,22℃

草武大会发言稿。函汪越,先师书无稿费。小婉全家来饭,为余购一休闲服，100 元。

4 月 29 日(1)晴，22℃

本栋昨将《学记》寄敏泽。汪天风信，求题封面，拒之。

4 月 30 日(2)晴，22℃

复旦邬国平寄《清文评史》，即复谢。陈望衡信(陈武大电话 4753)。小佳信。河南安阳教研室朱现魁抄示陈声聪论沈词二则，无新义。

5 月

5 月 1 日(3)昙，27℃

小王擦窗，安纱窗。

5 月 2 日(4)晴昙，27℃

夜乘船赴汉，芸、早早同行。

5 月 3 日(5)阴后雨，25℃ (芸猜)

在江汉一号轮。与早早论文学半小时。在安庆购胡玉美豆瓣酱与豆腐干。

5 月 4 日(6)晴

中午十二时抵汉口，周勃、王兆鹏、吴志达、郑传寅同来接，住珞珈山庄。下午与芸外出散步，遂访毕奂午先生。毕先生已 86 岁，送我们走出约半里路，依依不舍而别。晚陶德麟、刘杲、宗福邦夫妇等来访。

5 月 5 日(日)晴，25℃

上午开会。冯天瑜来访，并作速写照相。遇见郭锡良徐寒玉夫妇。木生夫妇、晴佳、小杜夫妇暨杜宇峰、慧慧下午来。陈望衡夫妇来。晚陈向周夫妇、唐富龄、王庆元来。

5月6日(1)阴

上下午开分组会，中午武大出版社午宴。我下午未开会。武汉大学中文系程亚林、乔惟德、刘良明，曾参加中玉办文评史班。孙东临（一中托）《日人禹域旅游诗注》。晚程一中、陆耀东谢韵梅夫妇，尚有三人（王文生之研究生、80年曾在华师大听过课），湖北大学校长等，王先霈、阳海清（吴志达之助手）等来访。章培恒赠《李方舟传》一本。

5月7日(2)阴，微雨，25℃

上下午开小结会。中午华师宴。晚湖大宴。张叙之、陆耀东携其研究生来夜谈，张叙之送茶叶。孙东临来。黄建中来见，拒之。

5月8日(3)昙，25℃

上午看韩、刘、胡、李（韩不在家）。一中、宪鸿、耀东夫妇宴。李中华托写书签《楚辞学史》（一中托，直书）。晚饭在志达家，全素菜，极佳。晚何国瑞、苏者聪来，另来一人不知姓名。南大毕业研究生高华平（现在华师）和华师另一教师（张舜徽研究生）来访，高送三文。

5月9日(4)昙，26℃

上午访韩德培，极为健康，仍任博士生导师。下午与中文系教师和研究生座谈。晚江苏古籍宴请武大中文系，答谢。

武大中文系：

书记（中文系）　　朱山河

副书记（二人）　　陈顺智　孙德元

主　任　　郑传寅

副主任（三人）　　李中华　龙泉明　蔡根生

湖大中文系：

张　虹　系副主任

熊德彪　系主任
孔建英　系总支书记
王兆鹏　系副主任

5 月 10 日(5)阴,有小雨

上午蔡根生老师、吴志达、木生夫妇、连生和我们三人去上坟,坟修得很好,祖棻墓碑后面不清楚处已由木生擦干净。中午木生夫妇、连生和我们一起吃饭。晚陶德麟宴请。晚饭后宗福邦、陈美兰来,予以鼓励。

5 月 11 日(6)晴

上午 9 时,湖大派曾广开来接,住招待所 111 号。很多熟朋友来访。中午中文系宴请。下午与芸在校园散步,与九年前大不相同。李成文夫妇来谈。

5 月 12 日(日)晴

函蒋寅,嘱其为陈顺智作一书评。陈帆、白雉山来访,合影,陈帆索《涉江笺》。祝敏彻来。晚赴周勃家宴。由其子掌厨,味美菜丰。

5 月 13 日(1)晴

上午王的刚来访,赠水果。黄季刚老师孙女(念田之女)由程一中陪同来访,谈黄先生遗著事。中午朱祖延先生在招待所请,祝敏彻、王的刚、周勃、王兆鹏陪。下午小佳携瑾瑾来,同游沙湖并摄影多张,晚饭后始去。晚骆文、叔耘来访,谈甚久。

5 月 14 日(2)雨

上午周勃、曾广开陪同乘车游市区,先转东湖一周,再过一桥至汉口,购得回乘轮船票三张。后至老通城吃豆皮、烧卖等,味美价廉。回来时参观二桥,购得响声丸(现名金嗓子)等,因下午讲课而嗓子发哑也。下午为中文系师生座谈一小时,效果很好。晚王兆鹏、曾广开、刘尊明偕妻儿与我们共餐,兆鹏请为《湖北大学研究生通讯》题辞。

5 月 15 日(3)阴雨

中午安校长饯。晚周勃饯。曹广开、周勃送礼。晚张叙之来,致礼。清行李。访曾广开家,甚修洁,妻孙鹤放唱歌片,示所作书法,索字。勃子为照相,余未脱帽,不佳。朱祖延送礼。

5 月 16 日(4)阴,20℃

中午登江汉 8 号轮。先在老通城午餐、小吃。周勃、王兆鹏送,送行者尚有马昌松、邓国栋、小佳、吴志达。

5 月 17 日(5)阴

下午□时返宁。吴智华、威克接。

5 月 18 日(6)阴

在家休息,阅信件。砺锋来交郑传寅、王兆鹏信。

5 月 19 日(日)昙,26℃

收到下列函件:1. 陈望衡四月廿七日发,要《宋史》;2. 葆璟函,告巨荪 5 月 6 日病逝;3. 齐鲁周晶函;4. 章灿美国函;5. 南昌曾伯藩;6. 上饶桂清扬;7. 万业馨;8. 武昌赵雪珂(不复);9. 施议对,附论《涉江词》样稿复印报纸一页;10.《中国文化》收稿函。复郭葆璟,请代唁王式棻。以《宋史》寄陈望衡。函于景祥。以周晶函交有富复。以施议对函转敏泽。为武大、湖大同人作书签,寄王兆鹏、程一中及上饶师专桂清扬。

5 月 20 日(1)晴,29℃

赴鼓楼医院看手指,药贵,一支 35 元。得齐鲁二次款 150 元,古籍 5、6 月 200 元。

5 月 21 日(2)晴,32℃

函赵昌平商菉书出版事。函万业馨;曾伯藩;章灿,告拨美金事;又致天眉函同。翊强来函,即复,并寄示《中国文化》来函。

5 月 22 日(3)晴,33℃

作字二幅。得龚任之函;钟来因函及文,《华夏吟友》王成纲录诗十余首,嘱寄照片并简介,诺之;《炎黄二帝》电视片嘱题片名。

5 月 23 日(4)昙,30℃

杜兰亭寄词二首。钟敬文寄《自选集》一厚册。饶钦珩来结出差账。诗词协会赵钲来,索题画牛,作月历画用,又聘《江苏千家万首诗》名誉主编。

5 月 24 日(5)昙,29℃

写字分寄《炎黄二帝》剧组及周勃,均挂号。宏生港函。齐鲁③150 元(齐鲁计财科,5 月 22 日第三次)。章培恒《中国文学史》三册。

5 月 25 日(6)阴,小雨,25℃

宏生港字。赵钲题画诗及《选集》,挂号。得九弟妹王式菉函。刘梦溪收到所书字幅。天纵夫妇带小雅来午饭。复谢章培恒赠三卷本《文学史》。

5 月 26 日(日)昙,28℃

为宏生作字,书惠洪诗,字佳毕。清平台杂物,耳目一爽。

5 月 27 日(1)阴雨,26℃

复王式菉。郑传寅寄武大讲学照。王兆鹏寄湖大讲学照。拒鲁国尧诵诗之请。

5 月 28 日(2)阴,25℃

函寄照片与志达、一中、小佳。上海张觉来函,并寄台湾古籍出版社

《列子译注》。

5 月 29 日(3)晴,28℃

复张党。函鲁国尧致歉。

5 月 30 日(4)阴,26℃

《淮海文汇》寄稿费 100 元,交本栋。

5 月 31 日(5)

下午赴扬州。扬州师院中文系主任许世茂,副主任顾农、王飞。

6 月

6 月 1 日—3 日(6、7 至 1)

在扬州师院,1 日上午返宁,雨。《淮海文汇》童笑瓴、田重骋寄稿费百元,与本栋。《文艺理论研究》第二期稿费 170 元,半与巩。香港大学中文系黄兆汉收到赠书,索字。《华夏吟友》王成纲收到生平简介及相片。张宏生函,转勋初。鲁国尧复函,仍约吟诵。魏同贤寄台湾全译丛书《列子》,与张实所寄同。赵丽雅寄《读书》(有舒芜书评者)。

6 月 4 日(2)阴,小雨,26℃

与卞、黄商《大典》事,卞允不再任魏晋六朝分典事。复文化局告以已无书。

6 月 5 日(3)阴,小雨,23℃

为港大黄兆汉作字一幅。伯伟昨自韩国返,赠人参茶一盒。

6 月 6 日(4)阴,27℃

挂号函致伍杰,黄进德事。

6月7日(5)阴雨,25℃

函赵昌平,拟另行出版祖棻两书事。敏泽函本栋,告《学记》即将付印。高纪言来谈《大典》事。函黄进德,告《大典》事。

6月8日(6)阴雨,26℃

发黄进德扬州信。七姐来,近曾去济南,馈花生油两瓶,答以人参酒一缶。

6月9日(日)阴,阵雨,26℃

得志达、一中函,周退密词二册。

6月10日(1)旱,30℃

晨得萧印唐逝世之讯,挽之:

倾盖论文,国士见丰标,侠骨柔情君所独;

经天注泪,残年怀旧迹,吴天蜀道我何堪。

早早发出。

谭任杰惠诗一绝。复一中、志达、景祥。李飞来,赠《校友诗鸿》。不知来历之湖南人李超衡(寓南京南宝塔根97号,其夫名付维钧)来访,不知有何企图。

6月11日(2)阴雨,28℃

得王伊同函,所赠两幅字,均已裱好,并拍照寄来;白寿彝、启功、李希泌通知,为王仲荦逝世十周年举行座谈会;湘潭大学召开唐诗宋词国际会议,不赴;南通医学院夏蓉函,云南通诗词学会会长陈冠球将寄《风筝集》。

6月12日(3)晴,30℃

复谭任杰、周退密。一中来,拨五千。

6月13日(4)晴昙,33℃

得张宏生、黄进德函;福建师大(阳光新村7号楼603室)王维燊函,交早早处理(早早 14 日复)。有富来商校雠学建立学科事。

6 月 14 日(5)晴,34℃

复黄进德。和 92 级同学拍毕业照。

6 月 15 日(6)晴,35℃

复王伊同。早早去沪游。小佳寄照片。陈冠球寄《风筝集》,即复谢。

6 月 16 日(日)阴雨,31℃

晚刘彦邦、王淡芳从上海来电话,告明日赴美国。周勋初来,告以上古祖菜书事,托之,允在十月中西安遇赵昌平时面谈。

6 月 17 日(1),29℃

王冀民(湖北农业大学教授,夏瞿禅门人)来函,托任潘力生成应求夫妇书联一书作总顾问,复书拒之。以吴孟复遗文寄舒芜。

6 月 18 日(2)晴,33℃

得岳麓杨坚先生函,知《船山遗书》14 已寄出,今收到即复谢。

6 月 19 日(3)阴雨,30℃

发下列信:1. 杨坚;2. 黄兆汉字;3. 王冀民;4. 舒芜(内潘力生材料)。陈望衡函,又相片三张,索《校雠广义》,嘱其向齐鲁购之。

6 月 20 日(4)阴,29℃

得赵昌平函,即复;周退密函。社联学会部程彩霞催随笔,属砺锋改与蒋寅、宏生谈话应之。拒任袁第锐甘肃汉唐研究院顾问。

6 月 21 日(5)阴,31℃

函蒋寅,询敏泽病况。

6月22日(6)阴,32℃

嘱本栋函敏泽,询出版社及责编姓名、地址。

6月23日(日)昙阴,雷阵雨,33℃

南通医学院陈冠球(勿斋)函复,赞其诗集。

6月24日(1)大雨,28℃

砺锋改好讲话稿,即交社联充随笔用。蒋寅函,附《古典文学研究四代人》一稿。有富取来齐鲁稿费一万一千元,余取三千,分徐七千。

6月25日(2)雨,23℃

以与博士生谈话稿交社联程彩霞充随笔。有富取来《校勘编》稿费五千元,以二千分与。舒芜来函,谈陈及孟复事。上饶师专英文科桂清杨寄150。景祥寄《中华民族优秀传统文化丛书》顾问费1000元。

6月26日(3)阴,25℃

上午参加校本科生毕业典礼,春晓与焉。得顾农函,附来《扬州师院报》,载有中文系学生张淼《程千帆先生》一文,因为其作字一幅,以鼓励之。已复。复桂清扬。

【剪报:《扬州师院报》1996年6月15日张淼《程千帆先生》。】

6月27日(4)中雨,25℃

复舒芜、于景祥、蒋寅、顾农。克平及陈小红来,谈季刚师日记等事。函上古高克勤重印棻书事。

6月28日(5)雨,28℃

写信与王庆元,询先师日记事。清名片,弃去无用者。志达来信,不以下做法为然。

6月29日(6),昨夜大雨,阴转晴,28℃

草复旦《批评史》小评,讫,甚顺。

6月30日(日),昙转阴,30℃

天渝全家来午饭。萧效农索印唐旧稿备刊,并询书法。

【剪报:《光明日报》1996年6月24日“时代周刊”第44期李政道《科学和艺术不可分割》。】

7月

7月1日(1)阴,29℃

芸抄《文评通史》笔谈,又印唐遗诗。以评复旦《文学批评通史》文寄黄霖,挂号。黄希坚来商《大典》出版事。

7月2日(2)阴,雷阵雨,30℃

抄印唐诗寄其女效农,并致函。香港黄兆汉函,收到赠字。顾学颉致早早长函。湖南大学图书馆收藏湘籍名人作品中心陈小敦(岳麓山,410082)。程章灿寄史稿5章,即转景祥。马瑞芳(山大)寄书三册,长篇小说二、聊斋研究一,即复谢。岳麓书社一学生函请为该社影印词曲谱作序,不署名,甚荒唐,拒之。章灿函,6月16日寄,走16天。即复章灿。复陈小敦、不署名学生。为潍坊记者胡孟祥题相片字“还我河山”。

7月3日(3)大雨,28℃

雨不绝。夜起作与马瑞芳函、于景祥函。

7月4日(4)中大雨,27℃

寄于景祥《文学史》稿及黄霖《文评史》笔谈。又寄章灿信。

7月5日(5)雨,28℃

舒芜函,述茂元事。《湖北日报》陈帆信,索《笺本》。黄希坚来。

7月6日(6)

函李彦，附致高纪言函中。函黄进德。以《笺本》寄陈帆。

7月7日(日)昙，34℃

收到港大黄兆汉书三册；贾文昭茶叶一包；陈继明（湖医大）函，告《曹唐诗注》即出；施议对寄论棻文，凡三万言。小燕高考7、8、9三日。复黄兆汉、施议对、陈继明。作《题静海寺》诗一首，为早早题于扇上：

静海前朝寺，
沧桑二百年。
蛮夷曾猾夏，
汉帜复中天。
殿宇松篁古，
勋名日月鲜。
凭栏望台海，
怜汝尚孤悬。

7月8日(1)阴，33℃

蒋寅函，《学记》已发山西人民出版社，彼将赴京都一年。聊城师专致稿费50元。王庆元复函，黄先生日记事。舒芜函，文评事。贾文昭寄新茶二包，早取回。

7月9日(2)昙阴，小雨，27℃

复贾文昭、舒芜、蒋寅。小燕考毕，晚家宴，用340元。请本栋与山西人民联系。

7月10日(3)阴雨，23℃

函复王庆元，请与陶商，免保管费，借日记钞稿校对，又附致陶信。黄进德来信谈《大典》事。《续修》1—6月600元到。临沂师专致稿费30元。温州老人七枫巷64号(325000)吴景文，72岁，买《笺本》1册，挂号寄之。

7 月 11 日(4)阴雨,23℃

复进德、志达。得李支蕃函,告大珠妹逝,享年 74;张宏生函。小婉乳发现肿块。

7 月 12 日(5)阴昙,24℃

婉去中医院检查,即住工人医院,拟下周手术。复李支蕃唁大珠妹之丧。安徽古籍所致 100 元(曹虹书序)。

7 月 13 日(6)昙,28℃

小婉住工人医院。天纵来。

7 月 14 日(日)阴雨,27℃

蒋寅寄《文遗》所载论渔洋词文。

7 月 15 日(1)大雨,25℃

小婉去人民医院检查。丽则为《江苏商报》副刊《金桥》要求题刊名,纪太年要。

7 月 16 日(2)阴雨,27℃

舒芜函。

7 月 17 日(3)多云阴雨,30℃

寄《光明日报》征诗(《题静海寺》)。美林代买一裤,佳。

7 月 18 日(4),晴转昙阴,34℃

今日小婉在工人医院做手术,良性,经过好。为评传丛书写一小文。复舒芜,附草书一纸。孙原靖夫妇夜以脑黄金 1 赠。

7 月 19 日(5)阴,32℃

长沙诗协黄政海求为《长沙放歌》序,又乔力求为其集联语序,均拒之。白敦仁寄《郑子尹诗笺》来。本栋来，出示敏泽函，对《学记》大加删削，已令其去函山西，拒绝出版，索回原稿。

7月20日(6)昙阴雨，33℃

7月21日(日)阴雨，33℃

赴医院看婉，困于电梯中，一时许始脱。白敦仁寄《郑子尹诗注》二册。陈帆函告收到《笺本》，照片中一人为白雉山。

7月22日(1)昙阴雨，33℃

复白敦仁。

7月23日(2)昙，34℃

山西崔总编电本栋，《学记》事。

7月24日(3)晴，37℃

函敏泽，本栋发。顾农函，允任《大典》事。吕师傅来喷药，付本月花房费60元。

7月25日(4)晴，36℃

复顾农。致王庆元。香港杨克平黄公书贴三万元。吴志达函。

7月26日(5)昙阴，34℃

吕永函索字一幅。武大求评宗福邦、杨合鸣博导。

7月27日(6)阴，32℃

寄还武大博导评语。写字一幅与吕永。吴志达寄来祖棻档案材料。刘福春函。蒋寅函。

7 月 29 日(1)多云,34℃

舒芜函,告著述计划。函吴锦文,告以收到诗集;谭中台,谢赠人参。黄希坚来电话问用《清史稿》事。早早、小燕晚去北京。

7 月 30 日(2)昙,35℃

威克夫妇去鸡鸣寺还愿。为扬州诸人作字寄去。周一良《自选集》、屈守元《韩诗笺疏》、董文《艺术论》,皆精装本。文艺理论年会,不赴。胡守仁诗集《拜山三集》。曹月堂函。马昌松寄杂志论菉文。

7 月 31 日(3)昙,35℃

文史馆王馆长来,送《文史研究》数册、礼物二色。

8 月

8 月 1 日(4)昙,29℃,小雨

复曹月堂并寄《笺本》,马昌松,胡守仁。刘彦邦自美来信,言与淡芳皆不欲久居美国。

8 月 2 日(5)昙,31℃

复屈守元、董文、周一良、萧效农。以《笺本》寄萧效农、曹月堂。威克去西宁。贾文昭函,敏泽函,即复。《中华诗词》二期二册。史梅携孩来午饭。

8 月 3 日(6)昙,33℃

8 月 4 日(日)

天纵自厦门返,来午饭。小鲲来。

8 月 5 日(1)昙,36℃

复舒芜,谈其编集事。章灿函及《文学史》四章。吴在庆《唐五代文史丛考》。函景祥告章灿即返。收 5 月份《存目》150 元。

8 月 6 日(2)晴,36℃

作字与吴在庆、吴智华。黄进德函,收到写字,启动分典。

8 月 7 日(3)昙,35℃,立秋

得谭任杰《镜海诗词》一册,中有评祖棻文一篇,即复谢。黄霖回信,收到书评。《文史研究》编辑丁骏、方之光、顾□。

8 月 8 日(4)晴,35℃

将安迪光诗寄还朱崇才。以黄进德、顾农信三封复印本分寄伍杰、高纪言。宏生来,赠妻女杂物,又携归饶宗颐赠联及诗(8 月 1 日)。

8 月 10 日(6)昙,34℃,下午雨

宏生来致饶固庵酒一瓶。

8 月 11 日(日)昙,雷阵雨,34℃

复谢饶宗颐,并寄诗文若干篇。

【剪报:《光明日报》1996 年 8 月 10 日第 7 版程千帆《题静海寺》。】

8 月 12 日(1)昙转阴,雷阵雨,33℃

胡守仁函,前以诗集见寄,曾复,但未收到。

8 月 13 日(2)阴,雷阵雨,31℃

二孩游北京两周,今日返。昨日知小燕已录取法律系。

8 月 14 日(3)晴,33℃

发蒋寅函、胡守仁函。寄敏泽快信,请速退稿。吕永、屈守元信。《书与人》稿费 100 元。陶文鹏寄宋诗选本(余为顾问)。

8 月 15 日(4)晴转昙,32℃

复吕永。复谢陶文鹏赠《宋诗精华》。以诗 5 首寄杨金亭。

8 月 16 日(5)昙,33℃

本栋告山西迄无信。

8 月 17 日(6)昙,32℃

天纵全家来玩,致天纵 60、小红 50 礼。威克返自青海。章灿返自美。

8 月 18 日(日)昙转阴,雷阵雨,33℃

威克从青海塔尔寺请来藏传佛教观音菩萨化身,又度母之首绿度母,又曾在唐文成公主入藏驻节处之日月山附近的莫合多寺的仁增久美大活佛装藏开光。此乃重宝,要虔诚供养,保佑全家六亲平安吉祥。

8 月 19 日(1)雨,30℃

函景祥告以章灿返。山西回信,即嘱本栋复请退稿。

8 月 20 日(2)阴,雷阵雨,32℃

胡守仁和静海寺诗殊草率。

8 月 21 日(3)阴,雷阵雨,32℃

勋初携来《选堂学记》,又《花外集注》各一册,与商量守日记出版事。文史馆韩文忠来,索致林统战部长一函,求扩大馆址。吴在庆复。运熙寄《乐府》新书,即复谢。

8 月 22 日(4),32℃

章灿取去电视机。

8月23日(5)昙转阴,32℃

马鞍山王雪玲寄来稿费80元。得《书与人》96年4期,羊春秋《韵文集》。敏泽来函允退稿。

8月24日(6)阴,26℃

复敏泽。谢羊春秋赠诗集。得杨翊强函,即复。

8月25日(日)多云,27℃

得曾枣庄信。宏生赴美(28日)来辞行,以携交天眉茶叶等付之。朱寿友夫妇携孩来,馈麻油4瓶。于景祥来电话,告即寄《选集》。

8月26日(1)多云转阴,27℃

勋初惠《唐人小说》新著。武大学生李成兆60年毕业,来函云将寄小说《芳影》。

8月27日(2)多云转阴,雷阵雨,31℃

8月28日(3)多云,27℃

得扬大女生张淼函要考研,要早早去和她谈。高纪言来谈《大典》事。

8月29日(4)多云阴,28℃

吴光兴来,赠论文及蒋寅论文各一。潘力生成应求夫妇函询是否可发自吹传单,忠告以不可。齐鲁5月顾问费150元,《光明》静海寺诗60元,收到。《日本入江泰吉奈良大和路写真集》极精美,横山弘所赠也。

8月30日(5)阴,26℃

复潘力生。黄希坚、饶钦珩来商《大典》事。中玉来函,要编一大型项目"20世纪中国学术大典文学卷",有谷融、培恒、伯海、豫适等参加,约相助,恐不能有何贡献,即复。谭任杰问散文课本,即复。

8 月 31 日(6)阴,28℃

上午高纪言来,谈北京意见。中午饯砺锋夫妇,有富夫妇陪,军区食炙凫。王步高来,赠《中华词学》二期,又喻学才《孟郊诗注》、高介华《击水词》,共三册。

9 月

9 月 1 日(日)多云,30℃

郁贤皓出示晋华信,又转来晋华西洋参一盒,并谈《大典》事。

9 月 2 日(1)晴,30℃

与卞谈,要:1. 今年底交第一卷;2. 明年起每季交一卷,国庆前交齐。得天风杯诗词大奖赛聘书,不详何人所寄,亦未事前通知。广州(510080)东山区合群三马路 8 号 2 楼李成兆,笔名雪白,寄小说《芳影》一大册,章回体。复雪白(李成兆)。函伍杰,告卞交稿期。

9 月 3 日(2)多云,30℃

复曾枣庄。九三来约作宣传文字,乞本栋为之。得杨金亭函,弘征寄书三本。为两娃娃升高一级学校祝贺,吃鸡、竹荪、虾等,嘱二人今后不可丢弃父母不顾,出国不回。

9 月 4 日(3)阴,27℃

晨为弘征、横山弘作字各一幅,即付邮。冯亦同寄来《文化市场导报》96.8.24《"诗帆"犹照夕阳红》,交本栋编入《学记》。下午《江苏教育报》来采访,寄语中学生。

9 月 5 日(4)多云,28℃

参观高速公路,返甚疲,早睡。有富交《典藏》全稿 306 页。

9月6日(5)阴,27℃

顾农函询《大典》体例,即复之。《中国文化》致稿费1300元,询杨翊强地址,将另致。重庆诗词协会邀大会出席,辞之。开始看《典藏》30页,甚顺。陈书录来,乞重书其论文书签,以新华书店店员不识繁字也。

9月7日(6)阴,微雨,25℃

《典藏》31—63。收到《中国文化》13期1996年春季号。咳嗽,微热。

9月8日(日)雨,27℃

下午热度渐高,服头孢,因系假日,未能看病。砺锋来辞行,明晨启程。小燕去浦口入学。

9月9日(1)昙,27℃

晨早早来陪往医院看病,无大碍,终日困卧。景祥来电话,《选集》已托南大出版社胡豪带来两本,尚未收到,余交铁路托运。中日双方合编《现代俳句、汉俳作品选集》,来函约稿,又寄去四首。得陈继明函,报告其书出版情况,不复。友红来电话,云砺锋安抵韩国。志达来电话祝教师节,并告明年出明清第一册。本栋来取去《学记》文一篇,并告山西无信。毛谷风寄《海岳风华集》,甚佳。

【剪报:《古籍新书目》1996年8月18日第84期《唐人七绝诗浅释》《宋词赏析》。】

9月10日(2)昙29℃

退热,仍疲倦。朱寿友昨送来沈胜利托写字,回信朱拒之并斥之。复毛谷风、熊盛元,谢赠《海岳风华集》。冯亦同电话,收到写字。《教育报》记者送看稿《我当年也算是"特困生"》。曹虹来送葡萄。景祥托人带到《选集》样书二部。《典藏》90—109。

9月11日(3)多云阴,28℃

收到《中国文化》稿费。复吴广义。王馆长来送节礼。仲贞子嘱题引玉堂。

9 月 12 日(4)阴,雷阵雨,30℃

9 月 13 日(5)阴,雷阵雨,29℃

以《选集》寄舒芜附函。

9 月 14 日(6)阴,29℃

有富来商报教材请奖事,告以发奖教金,余不知也。看《典藏》至 215 页,前二册交徐。写遗嘱清本,与芸皆签。冯亦同寄来《南京日报》,载有《“诗帆”犹照夕阳红》。为伯伟、章灿、砺锋作带头人推荐信。

【剪报:《南京日报》1996 年 9 月 10 日冯亦同《“诗帆”犹照夕阳红——程千帆先生小记》。】

9 月 15 日(日)昙,29℃

为砺锋、章灿、伯伟作推荐书(省府培养带头人)。《大典》馈泉 800。

9 月 16 日(1)多云,下午转阴,雷阵雨,30℃

复安徽怀远张溶川赠诗集。函伍杰,谢八百,请注意调整稿费。嘱本栋谢催敏泽,交与施议对文。

9 月 17 日(2)阴,30℃

《典藏》讫,310。参加研究生开学座谈。韩国学生(名张俊宁)赠论文《李贺诗歌死亡意象研究》,又内衣裤一套。发教学二等奖 1000 元。得刘彦邦函,周勃函,谭任杰函。砺锋博士生(西北大学硕士,梁超然弟子)来见,名党银平,住荟萃楼 203 号。

9 月 18 日(3)阴,28℃,夜大雨

为王小盾推荐。函于景祥,催书及稿费。

【贴纸：潘旭澜主编《新中国文学词典》（江苏文艺版）“程千帆”条；禹舜主编《湘籍著作家大辞典》（湖南文艺版）“程千帆”条。】

9月19日(4)阴，雷阵雨，27℃

得胡守仁诗，古籍小组9—10月200元。有富呈校雠学表格说明。看房价，余二万，丽八千。

9月20日(5)多云，25℃

得齐鲁8月份通知150元。工资略增补800元。赴宁海路寻刘长兴不获，意其未尝开新店也。新雷赠新书《戏曲史论》。函于辅仁催稿。

9月21日(6)晴多云，28℃

余生日，丽则送花，并晚家宴。伯伟夫妇送蛋糕，万业馨贺电。晚饭于丽家，小燕亦归，食饼，佳。

9月22日(日)多云，27℃

赴天渝家。

9月23日(1)晴到多云，27℃

发天眉函，告立遗嘱事。宏生信。新诗大辞典约稿。舒芜信，收到《选集》，又索书三本。

【剪报：《南大报》1996年9月20日第2版《光荣榜：95—96学年南京大学奖教金获奖名单》。】

9月24日(2)阴，29℃

寄舒芜索《笺本》三册。冯亦同函。《新华日报》理论组陈钢(210005，Tel4702181)打电话来，要求介绍学人材料，嘱其找巩本栋。

9月25日(3)晴到多云，29℃

希坚、钦珩汇报入川《大典》事。周笃文函中华诗大典事。史梅赠月饼。托本栋以《笺本》赠刘白羽。

9 月 26 日(4)多云,30℃

交房款,一时半而毕,甚顺。本栋电山西师院友人,云《学记》稿即寄还。同时本栋函立朴。武昌陈继明函。江西熊盛元函。香港中文大学王晋光函。北京摄影师侯艺兵函,要翻拍青年照。

9 月 27 日(5)阴,26℃

《典藏》校讫,交有富。今日中秋,晚饭于天纵家。朱书记来谈黄师奖教金事。章灿来馈月饼。老白、七姐携雪初来,馈新疆梨及西瓜,报以药酒二瓶。

9 月 28 日(6)阴,小雨 26℃

本栋以《学记》目录寄立朴。为仲贞子作榜书。笑梅赠月饼、鱼翅。得曾枣庄函。昨夜杨克平自港来电话,告信收到。

9 月 29 日(日)多云,29℃

威克、天渝两家来午饭。杨翊强从长沙电话告取到《中国文化》及稿费,又寄腊肉。冯亦同来仿。

9 月 30 日(1)晴,28℃

勋初来,带到傅璇琮《唐诗新编》、陶敏《唐诗人名考证》。为仲贞子作榜(引玉堂),戴澄东(统战部)《题静海寺》诗。伯伟来送《诗格考》,商量素心会事,又告景祥来电话,书均交铁路木箱运。

【剪报:《江苏教育报》1996 年 9 月 23 日第 4 版程千帆《我当年也算是“特困生”》。】

10月

10月1日(2)多云,26℃

为徐兴无作字一幅。草素心会报告提纲。得天眉来函暨照片;杨之水函,问陈致所作论文情况。

10月2日(3)晴,26℃

复高克勤(挂号)、舒芜、赵丽雅。去有富家。下午天纵夫妇来,小燕来,晚返校上课。

10月3日(4)晴,26℃

复张宏生、刘彦邦。谢傅璇琮、陶敏。以仲贞子、戴澄东字交吴智华。发冯保善函,询《笺本》重印之事。中国银行萨家湾办事处庄女士为周叔弢幼子周景良(第三位夫人)所生,来求《涉江诗词集》,赠与二本。

10月4日(5)晴多云,25℃

《典藏编》今日寄齐鲁周晶。复周勃、曾枣庄。抄周笃文要诗。宋谋玚函,询《石语》中人名。

10月5日(6)阴,26℃

为章灿石刻学作鉴定。复周勤。小晶下周一入信息班。舒芜信,附文、诗各一。王淡芳成都函。复宋谋玚。

10月6日(日)阴雨,21℃

本栋夫妇约午饭吃饺子,山西已退稿。复舒芜。托陈书录请薛正兴重印《笺本》。以人参二支寿钱仲联,勋初带去。收到王淡芳贺生日100元。

10 月 7 日(1)雨,16℃

复王淡芳。高纪言来谈《大典》事。各典字数如下:先秦两汉 700 减 100;魏晋南北朝 500;隋唐五代 1050;宋元 1200;明清 1100 减 100;理论 500。合 5000 万字。天津游海方函,即复。杨翊强寄腊肉,早早取之。

10 月 8 日(2)阴,16℃

复翊强;砺锋;复旦,告不赴朱会。舒芜函,又收舒芜函。

10 月 9 日(3)晴,21℃

得志达函;又周退密寄陈兼与《荷堂诗话》,引余诗有二首非我作,然甚佳。作复志达函,挂号寄。本栋收到山西退稿,并立朴电话,不日寄出。

10 月 10 日(4)多云,20℃

谢周退密赠陈兼与《诗话》。复志达,挂号。托陈书录请冯保善重印《沈集笺本》。得王仲镛寄赵尧老诗集。退协赠床单一床,校系各赠国庆 150 及 100 元。得印唐女效农函,附印唐追悼会材料。陈书录办妥《笺本》请重印事,已晤薛正兴、冯保善。

10 月 11 日(5)阴,23℃

复王仲镛。本栋托荐作学术骨干。镇江戥儿巷 2 号裴伟索字。三夕函告《史通》校记已寄傅杰。

10 月 12 日(6)阴,23℃

素心会第二回,讲两点论。有富告,孙言诚电话告《典藏》稿到。

10 月 13 日(日)阴,22℃

为《镇江日报》裴伟、潍坊胡孟祥作字,即分寄。为早早卧室书“兰馨室”榜。萧焜焘来访,并馈茶叶一盒。

10月14日(1)阴,22℃

复三夕。得宏生、钟来因及四川张学渊函,又张寄李代远《大观堂诗选》。

10月15日(2)晴,24℃

检查身体,有脂肪肝。得舒芜信。夜曾枣庄来访。

【剪报:《新华日报》1996年10月10日《古典文学研究专家程千帆》。】

10月16日(3)晴转阴,24℃

高午宴曾,余夫妇陪。陈致自新加坡寄人参补品。

10月17日(4)昙转小雨,22℃

复陈致、张宏生、舒芜。

10月18日(5)阴,23℃

高纪言来。请朱家维书记在遗嘱上签字,并代告知医学院拟捐遗体,均蒙允诺。

10月19日(6)阴,25℃

上午赴省委开会。翊强来信。家宴,19人俱到,九时始散。

10月20日(日)晴,24℃

以草书寄香港。复翊强。得陈迩冬子陈初寄乃父遗集(100028,北京西坝河东里117栋2201号)。

10月21日(1)多云,22℃

复陈初(迩冬子)、徐民和、钟来因。

10月22日(2)多云转阴,23℃

函潘石禅、杨克平,挂号,交周勋初办理。得吴志达函。

10 月 24 日(4)阴,24℃

复吴志达。

10 月 25 日(5)小雨,22℃

本栋来,乞改两点论。有富呈陶公诗论文一篇。

10 月 26 日(6)晴,20℃

得周勃函,宋谋玚函。

10 月 28 日(1)多云转阴,21℃

以《宋史》寄林继中,又信。得高克勤函。许惟贤来谈黄先生日记事。发李立朴贵阳信,挂号。得周景良函,寄弢翁遗著数种。郑州王国钦寄新诗文库编辑费 100 元。上海湖南路 105 号《文学报》872 期 4 版稿费 50 元。欧阳健赠《红学辨伪论》。

【剪报:《江苏商报》1996 年 9 月 25 日第 4 版刊头题字程千帆“金桥”。】

10 月 29 日(2)多云,25℃

寄于景祥挂号信。得舒芜、黄进德函。二人偕游夫子庙,先在刘长兴食螃蟹包,已多年未尝矣。后去贡院街游览,未进小吃,因腹内已无处容纳,又购得衣裤等物。回来后身子骨像散了板。

10 月 30 日(3)小雨,20℃

上午开会,杨克平事。周景良寄书二册,将转赠有富。汤高才寄书一册,爱情诗。教务处嘱写教学经验,托本栋为之。

10 月 31 日(4)小雨

有富告,已与赵宪章香港联系,可晤克平、石禅。复黄进德、周景良、汤高才、欧阳健、高克勤。弘征函,为刊二印。

11月

11月1日(5)小雨,18℃

伯伟率韩国博士研究生郑台业来访,请教译《行卷》事。

11月2日(6)雨,16℃

食于猫不闻,扬州点心,佳。

11月3日(日)晴,18℃

午与渝、丽二家食于猫不闻。

【剪报:《光明日报》1996年11月2日第2版《著名东方艺术史家常任侠逝世》。】

11月4日(1)小雨,18℃

复山西大学李旦初,谢赠诗集,又索所著《新诗流派》。

11月5日(2)小雨,17℃

夕佳寄来200元为寿,并告已由澳洲返厦门,即返昆明。姜书阁90,托吕永贺之。于景祥来电话,云《选集》已寄出,《诗文钞》尚在印制中,《唐诗集评》九月间已寄出(迄未收到),稿费一周后可寄出。

11月6日(3)阴,小雨,18℃

芸82诞辰,小雅次日,晚饭天纵家。夜有富来,以克平赠毛毯交余。此毯乃柳存仁赠克平者,所谓澳毛也。以方济众、朱恒山水画及蜡染各一幅清出,备赠克平。

11月7日(4)阴雨,13℃

得石禅90寿辰敦煌学文集,汪天风《当代诗词大典》,扬州顾农。

11 月 8 日(5)雨,13℃

复徐州汪天风。复顾农。系宴克平于秦淮人家,陪。武大中文系1959 年毕业生邹昆山著《彗星光痕》。三夕海南函。

【剪报:《南大报》1996 年 10 月 30 日第 655 期齐红伟(汇文学社)《先生的境界》。】

11 月 9 日(6)小雨,19℃

复邹昆山、三夕。得刘梦芙寄评沈涉江、钱梦苕词文,即复之。香港索诗之楷书本。李飞函,报任侠丧事。

11 月 10 日(日)阴,14℃

周勋初来属改文。孙自然及小妹来。二雏来午饭,吃年糕。

11 月 11 日(1)阴,小雨,15℃

为早早改诗一篇。李飞、苏昌辽。

11 月 12 日(2)阴,小雨,风,16℃

改勋初论朱东润文。函高克勤,询重印《诗世界》及《女神》样书。黄进德函。

【剪报:《古籍新书目》第 86 期《被开拓的诗世界》。】

11 月 13 日(3)多云,12℃

复进德。得李立朴函,允出书;吕永寄回忆棻文;《湘泉之友》寄 100 元(刊 86 期);文史馆 10、11 共 200 元;石禅函,不拟作序;舒芜妹方敏得赠《笺本》后来函。

11 月 14 日(4)阴,11℃

清《学记》照片,交本栋。

11 月 15 日(5)阴,14℃

陈书录来取去吕永文交《文教资料》发表。傅璇琮来北京电话告病况。腿始疼。

11 月 16 日(6)阴,12℃

复方敏。

11 月 17 日(日),阴转晴,10℃

陈书录借《诗归》(旧)、《唐诗学论丛》。黄进德、高克勤信。汇 100 元与上古买书。吴文治电约为其新书作序。

11 月 18 日(1)晴,11℃

函高克勤询台湾沈书出版社地址。立朴寄来师门文,即交本栋。《湘泉》86 期刊出诗 5 首。

【剪报:《湘泉之友》1996 年 11 月 10 日第 86 期程千帆《诗五首》。】

11 月 19 日(2)晴,16℃

黄希坚、饶大姐来商量宋文典发排事。陶敏函,告治学计划。本栋送来最后订正之《学记》目录。本号 305 徐老师来征询有哪些事需要帮助。

11 月 20 日(3)晴,16℃

复陶敏、吕永。砺锋弟子童强由余荐入思想家中心,今日来见,并送礼。韩文忠来。

11 月 21 日(4)晴,17℃

复黄进德。

11 月 22 日(5)晴,15℃

为校友吴象水作字一幅,以宣纸一刀(100 张)为报,朱家维托书也。

《学记》全部编好，寄立朴。

11 月 23 日(6)晴，15℃

复宏生，寄《学记》目录。得武大陈望衡函，求署所著书签；香港施学概函。于景祥寄书 8 包 80 公斤。徐有富、巩本栋赴铁路局取之。《诗刊》11 期刊诗五首。

11 月 24 日(日)晴，18℃

砺锋弟子张智华来问。复香港施学概、武大陈望衡。部 135 元，75％＝101.25，45 部共 4556.25。

【剪报：《南大报》1996 年 11 月 20 日程千帆《关于文科教学的几点看法》。】

11 月 25 日(1)晴转阴，18℃

赴山西路买裤子、衣服。陈书录出示其新著样本。改程章灿长歌还之。刘梦芙复信，属题签。

11 月 26 日(2)小雨，12℃

复刘梦芙为题一签。

11 月 27 日(3)晴，8℃

胡守仁寄《江西师大学报》所载其论冒辟疆文并附信。汤高才寄古诗系列《海内存知己》。邮局寄书，丽则往取。

11 月 28 日(4)阴，小雨，8℃

复胡守仁。艾朗诺夫人陈毓贤自加州寄《洪业传》中文本。

11 月 29 日(5)阴，7℃

复陈毓贤、横山弘。

11月30日(6)

天纵、天渝两家来午饭。徐耀环台湾信，即复；莫砺锋函，有诗；宏生函。

【剪报：《南大报》1996年11月30日程丽则《做一个素心人》。】

12月

12月1日(日)晴，8℃

改早早大悟诗。

12月2日(1)多云转阴，10℃

寄景祥挂号信。收徐耀环信，即复。

12月3日(2)晴，8℃

函傅杰、告汪先生书事。得宏生信。景祥来电话，《诗文钞》印好待寄，先将《诗文钞》原稿及样书二册寄来。

12月4日(3)阴，小雨，10℃

王小盾携诸生来访，伯伟陪，赠以书。

12月5日(4)晴，7℃

寄弘征，属刻印。陈继明《古典诗词选》题签100元。侯孝琼寄所著《杜诗律法通论》。三夕函。姜书阁函(不复)。

12月6日(5)晴，7℃

复侯孝琼，谢赠书。贺林老师、小鹿叔叔新年(附照片)。刘彦邦美国来函。

12月7日(6)晴，7℃

傅杰寄《集林》7、8册，并函。

12 月 8 日(日)晴,11℃

购得疗病鞋,350 元,即试用。在天渝家饭。下午游新街口,甚倦。得淡芳信,附彦邦信。贾文昭寄来《古籍研究》三本。

12 月 9 日(1)晴转阴,9℃

得辽宁教育出版社寄来《书趣文丛》3、4 辑共 20 本,又《新世纪万有文库》3 本。早早借走罗常培《苍洱之间》和《觉醒》,程章灿借走陈平原《阅读日本》、谢国桢《瓜蒂庵文集》。贵州人民出版社寄全译中四本。周先生带来朱东润百年纪念会赠书二本、蒋凡赠书一本。于辅仁来函,索要《诗论选集》得奖情况、奖状及书评复件。铁路上电话通知,《选集》已到,嘱本栋、有富往取。

12 月 10 日(2)晴,12℃

复辽宁教育出版社赠书。复贾文昭。吴志达函。徐、巩二君代取回《选集》64 套,无换。

12 月 11 日(3)晴,12℃

章灿返自京,携来果脯,又张辉送蕨及发菜。陈平原赠新著《书生意气》。下午赴医院看匡老。许惟贤来,带来万业馨函及果脯。函高克勤。函于景祥,告收到《选集》。耀东来信,求任顾问。

12 月 12 日(4)晴,14℃

复傅杰、吴志达、陆耀东、莫砺锋。史梅请午饭。吴代芳函。《李杜杯大赛诗词选》。

12 月 13 日(5)晴,14℃

贺年片:周本淳。

12 月 14 日(6)晴,16℃

清理送校系同仁《选集》,共 22 套。

12 月 15 日(日)晴转阴,16℃

中午美籍华人谢正光约饭。晚食于天纵家。伯伟取去《选集》,并商孔子资料。吴在庆贺年片。

12 月 16 日(1)阴,14℃

曾广开函。人文书签款 50 元。匡老中午逝世。

12 月 17 日(2)阴,小雨,8℃

嘱章灿为书挽匡老联。饶大姐来送宋元分典样书。武秀成、严杰取去送系校《选集》。张世林来,赠以《笺本》。

12 月 18 日(3)晴,6℃

邮寄《选集》,清好扎好待寄。昨买浴中宝及电壶,又蛋糕。陈书录来送论文,以《选集》赠之,又令其代送文治。曹虹送水饺,问学生作梅尧臣论文等。严杰欲学吟诗。

12 月 19 日(4)晴,8℃

新送外地书共 27 套,均已寄出。得黄裳寄《黄裳书话》一本,周金冠函及贺年片,陈贻焮函及贺年片,饶宗颐、张叙之、金玲贺年片,人民政协报约稿(李红艳)。书朱东润诞生百年纪念祝词交勋初。

12 月 20 日(5)晴,9℃

黄进德函。书纪念匡老文。李立朴收到《学记》稿。

12 月 21 日(6)晴,13℃

寄纪念匡老文给张世林。复曾广开、陈一新、吴代芳。

12 月 22 日(日)晴,16℃

复蒋凡、黄裳、陈早春(买书)。下午送匡老殡。得陈望衡贺卡,刘柏丽函。

12 月 23 日(1)晴,15℃

复淡芳、业馨。得贺卡:吴光兴、董健、朱祖延、邓国光、傅杰、贾文昭、任秀金(附函),《人民政协报》约稿,赵吕甫寄来与余行达纠纷之剪报。

12 月 24 日(2)晴,15℃

得李立朴、古籍小组寄挂历,贺卡:林宪章(附函)、湖南省社科院、李庆立、蒋寅、吴肖楠(吴志华女)、李飞、杨翊强。

12 月 25 日(3)晴,17℃

得贺卡:周一良、宗福邦、哈迎飞、吴志达。

12 月 26 日(4)晴,16℃

再函上古邮购部催书。请章灿写信给于景祥。收到齐鲁《续修》10 月份顾问费。

12 月 27 日(5)晴,12℃

函贾文昭寄稿。函蒋寅索《文学遗产》。函黄进德;弘征,谢赠图章。寄《沈祖棻诗词集》两本给李立朴及黄涤明。(贵州人民出版社文史室主任李立朴、副主任黄涤明。)寄照片给周一良、邓懿贺年。高纪言下午来谈《大典》事。钱南秀今日抵宁。得伟华函,万业馨寄蜜饯。

【剪报:《学术信息》第 140 期左江《以文会友,以友辅仁——中文系“素心”读书会活动纪实》。】

12 月 28 日(6)阴,12℃

午约南秀小酌,伯伟、丽则陪。得龚任之函,天眉函。

12 月 29 日(日)多云,8℃

复龚任之。汤高才函,已退休返聘。函于景祥,谈《诗文钞》等事。得贺年卡:雄哥、蔡厚示、周秦、严中。

12 月 30 日(1)晴,13℃

下午统战部开会。得贵州千元,齐鲁《存月》9、10 二月 300。得贺卡:韵文学会、上海古籍、《中华大典》、于国华(高教出版社)、郑传寅、周来祥、樊凡、周莉(市文联)、许慧玲(南京市府)、王兆鹏、任笃行。

12 月 31 日(2)昙,8℃

为早早等说诗。晚食于蓝雨,尚佳。黄希坚来赠挂历,赠以《选集》。

1997 年

1 月

元月 1 日(3)阴转晴,5℃

赵国璋来。天纵、天渝两家来午饭。伯伟夫妇来拜年,送帆内衣一套、芸手套一双、台月历一,还以干果二色。郭维森来拜年。郁贤皓来,赠以《选集》一套。傅杰打电话来,谈上海文艺出版社拟出有关千帆的书。夕佳打长途来拜年。陈尚君贺卡附函。

1 月 2 日(4)晴,8℃

贺卡:张三夕、李立朴、林继中(函)、宏生。

1 月 3 日(5)小雨霰,5℃

章灿来商《文学史》对联章。复刘柏丽、万业馨。

1 月 4 日(6)阴,小雨雪,4℃

陈书录送来借书及《文化简报》,即托其并稿费 50 元寄吕永。语以雅文学与俗文学之交流,评点为其手段。与丽儿一家西餐。湖南民政干校陈器之来,请任《历代诗歌八百首译注赏析》顾问(长沙香梓路三号省民政干校)。

1月5日(日)阴,5℃

《文教资料》1996年第6期吕永《“易安而后见斯人”——纪念沈祖棻师逝世20周年》。

1月6日(1)晴转阴,5℃

刘重喜求写浦口校区图书室榜及格言。早早及同学来学朗诵。贺采送来丁芒诗集、《瞻园记》拓片,并求题画及手册。黄进德来谈《大典》事。刘婉、贾晋华、胡遐之、刘梦芙有贺卡、函及诗。傅杰约早早编文摘。于景祥夜来电,《诗文钞》及稿费即寄出。

1月7日(2)晴,3℃

为贺采题画,以碑文托裱。为傅璇琮润色匡老碑文,删去十余字而已。得王文才函,已迁居川师大文学所。丁帆索字。

1月8日(3)晴,0℃

复刘婉、贾晋华、王文才、胡遐之。凌萍萍来送蜡梅。周勋初宴钱南秀,我二人作陪,南秀明日返美。左健赠其父诗集一本。

1月9日(4)晴,1℃

邀本栋来商谈写《学苑英华》事。然后复傅杰,并托其办二事。得孔凡章新岁诗十二首,蒋寅信。得林继中托人带来水仙球二。

1月10日(5)晴,5℃

为浦口校区中文系题图书室匾及警语一纸,交早早。复孔凡章、蒋寅。草就《俭腹抄》题记,交早印10份,以其一寄上海文艺出版社。得上海文艺函约稿,交本栋作复。复林继中赠水仙花球。赠浦口书二十余册,又为作字三幅。

1月11日(6)晴,7℃

复孔凡章。志达告得《选集》,又武大内讧事,即复。天纵全家来玩。

函于景祥，再买《选集》15 部。函人文催 50 元稿费。

1 月 12 日(日)晴，8℃

为丁帆作字一幅。

1 月 13 日(1)多云转阴，12℃

修改《俭腹抄》。复高志勤，并告买书 23 部。得施议对《博士之家》及《涉江词》的复印本；辽宁大学出版社寄松浦友久《节奏美学》；陈平原谢寄《选集》，告将赴美。

1 月 14 日(2)阴，微雨雪，5℃

复施议对、陈平原。下午史梅来，送来代裱之竹画，价 40 元，又清词待访书目，拟明日去复印。得黄进德（有关《大典》）、顾农（关于其著作待印情况）函，上海辞书出版社《红豆》稿费 50 元。

1 月 15 日(3)阴，6℃

任继愈、王小盾信，皆谢《选集》；上海辞书寄祖棻稿费 36 元。函于景祥，介绍顾农书。复黄进德书，告已介顾农书。

1 月 16 日(4)阴，7℃

函吴柏森、唐异明（托其电询徐耀环出书事）。

1 月 17 日(5)阴雨，7℃

有富告《广义》教材一等奖已由教委发下，二千元，又扣二百，千八而已。下午统战部戴部长、季处长来谈文史馆请新馆员事。

1 月 18 日(6)阴，7℃

1 月 19 日(日)多云，7℃

得高克勤函，《诗世界》已寄，沈书尚未出。本栋送苹果一箱，分诸儿。

1月20日(1)晴,10℃

董治安函,吕永函,李立朴函,宏生函。裴斐讣,享年64。砺锋博士生张智华来问。以咖啡送老尹,宣纸送朱寿友,购上衣送小吴女吴肖楠。

1月21日(2)阴转多云,11℃

史梅电告清词待访书目已寄给宏生。

1月22日(3)阴转小雨雪,5℃

希坚送《大典》样本来。函宏生。函饶大姐校《大典》扉页。

1月23日(4)夜雪,2℃

早早取《大典》八百元。

1月24日(5)多云转晴,2℃

砺锋函。本栋得高函,欲易书名,拒之。高国平,上海文艺出版社(上海市绍兴路74号,邮编200020)。

1月25日(6)阴,6℃

丽儿全家来午饭。

1月26日(日)晴,7℃

小晶做生日,赴天纵家午饭(晶生日)。函于景祥介顾农书(挂号)。

1月27日(1)晴,9℃

傅杰函。张高评告寄《宋代文学丛刊》二期。古籍顾问费通知,今后三月一寄,不要回执。

1月28日(2)晴,12℃

复傅杰。得陈继明函,《曹唐诗》已出。王国权来致节敬泉四百。

1 月 29 日(3)晴转多云,12℃

于景祥来电,书款皆寄出。写吴文治求序,成初稿。夕佳昆明函。夜陈平原研究生王枫来,带来陈贻王瑶遗书一册。王枫,北京大学 47/1032(100871)。陈泳超,《南京师大学报》(210097)。

1 月 30 日(4)阴雨,10℃

钞好吴文治序寄出。霍焕明、孙原靖来。省九三馈肉松二盒。省社联馈干鲜果。章灿借《素月楼联语》,又《洪业传》(陈毓贤)。

1 月 31 日(5)阴,10℃

2 月

2 月 1 日(6)阴,小雨转雪,5℃

王长发来赠衣一件。张永桃来送花篮。

【剪报:《光明日报》1997 年 1 月 31 日第 8 版《〈中国传统文化研究丛书〉1—3 辑目录》。】

2 月 2 日(日)阴,3℃

下午文史馆开迎新会,统战部林玉英、戴澄东、季允石部长参加。

2 月 3 日(1)阴,5℃

山东教育出版社约稿,无以应。晴佳来信,木生退休。教委古籍会来信,黄先生日记一万五千元批准。河南南阳读者郭玉琨寄诗。戴澄东部长节敬 1000 元。小红夫妇赠酒饼。

2 月 4 日(2)阴,小雪,5℃

函三妹,寄夕佳 60 寿 200 元。历史文献会费 96、97、98 会费 30 元。去江苏饭店浴,天纵、丽则从。

2月5日(3)阴,4℃

下午高等来谈《大典》事,致礼。屈守元函。贾文昭汇稿费100。

2月6日(4)阴

函曾枣庄贺其先出样本。函高克勤催《诗世界》。得吴志达信。陶友红送饼、花篮。丽则夫妇送玩具、花、酒。吴锦赠洋参片。

2月7日(5)阴雨雪,4℃

春节。郁贤皓、徐有富、朱家维、赵宪章、本栋全家、曲校长夫妇、郭维森、严杰全家、吴新雷、许结(许老4520895)、卞孝萱、陈书录(托以《广义·版本》赠钱小云)来。许永璋、夕佳、吴文治、钟来因、饶小平贺年电话。清水贺年片。古籍小组1—3月1300元。胡遐之寄《敦煌愿文集》并函。贾文昭函已退休,辞《古籍研究》主编。《诗文钞》2月3日交运。

2月8日(6)阴,6℃

天纵、天渝来午饭。吴白匋女来,商出其集之事。陈行素(瀛)逝世,91岁。

2月9日(日)晴,8℃

电有富谈吴白匋集事。函志达,发表《文学通史》事。在丽则家午饭。朱寿友程巧玲夫妇来,并致礼。曾卓长途电话拜年。王博仁广州电话贺年。万业馨信。得天眉函及照片。

2月10日(1)晴,9℃

去天渝家。

2月11日(2)晴,9℃

去天纵家。严杰代取《诗文钞》400册,花去100元。曹虹来谈她的六朝文学,馈脆饼一盒。

2月12日(3)晴,9℃

姚继舜打电话来拜年,他现在编辑室编方志与古籍。下午去未君家看永芬,赠以《诗文钞》一本。

2月13日(4)晴,10℃

成都余志强来访,带来李国瑜信及书法,赠志强及国瑜《诗文钞》各一本。茅一民来访。《大典》办公室赵含昆及黄希坚打电话来,均为在北京开会事。统战部打电话来邀开会,拒之。寄《诗文钞》一本给林从周先生。

2月14日(5)阴,9℃

寄《诗文钞》:陈平原、舒芜、黄裳、傅璇琮、许逸民、启功、钟敬文。得万业馨寄果丹皮。黄希坚电告黄进德,启动费已寄。

2月15日(6)晴,11℃

去看眼睛,马医云尚好,不能动手术。《诗文钞》共寄来379本,缺21本。于景祥来电话,云可补足,增购的《选集》和稿费均已寄出。山东教育出版社打电话来谈出书事。老白、七姐来拜年,馈点心等四色。王步高打电话拜年。得周退密寄来诗词集。

2月16日(日)晴,8℃

寄书:周退密、臧克家、姚雪垠、施蛰存。退密寄自印诗词。高纪言来商赴京开会事。寄书:王宁、刘乃和、郭预衡、聂石樵夫妇。

2月17日(1)晴,12℃

黄希坚录音。胡令晖索题画。赠书:伯伟、希坚、金克木、陈一新、周笃文、吴柏森、孔凡章、钱仲联、周秦。

2月18日(2)晴,11℃

得辽宁古籍寄来《选集》二包(20公斤),嘱伯伟通知中文系去领取。

寄《诗文钞》：袁行霈、林庚、葛晓音、钱志熙、霍松林、黄永年、陈继明、马騄程、周一良、田余庆。

2月19日(3)晴，13℃

寄书：赵昌平、高克勤、王元化、傅杰、李国章、黄进德、顾农、王小盾、叶橹，9册。

2月20日(4)晴，17℃

寄书：李立朴、黄涤明、吴志达、胡国瑞、毕奂午、陆耀东、程一中、孟宪鸿、宗福邦、何国瑞、蔡守湘、陈文新、郑传寅、陈顺智、冯天瑜、陈望衡、萧萐父、易竹贤、孙党伯、周晶、孙言诚、张叙之、李健章。陈致自京寄补药三匣。高克勤函寄书，又询买沈书二种重印本事。郑尚宪来谈吴白匋集校理事。

2月21日(5)晴，18℃

得陶敏信。发武大《诗文钞》12册。

2月22日(6)晴，15℃

函于景祥、万业馨(附在《诗文钞》内)。发《诗文钞》：湖北大学6册、张叙之、曾卓、骆文、黄瑞云、侯孝琼、陈早春。丽则夫妇来饭。林林寄《扶桑续记》，即复寄《诗文钞》。朱寿友送图章来，即托其将石学鸿之书带去，并赠以《诗文钞》一本。

2月23日(日)阴，10℃

寄《诗文钞》：白敦仁、刘君惠、萧效农、屈义林、周虚白、姚继舜、胡守仁、陈帆、王淡芳、刘彦邦、刘国武、陶道恕、朱寄尧、曾枣庄、王仲镛、屈守元、王文才。统战部朱云春来送图章。天渝一家来饭。

2月24日(1)阴，12℃

寄《诗文钞》：张瑞洁、吴代芳、湖南图书馆、杨翊强、张实、朱正、弘征、陈云章、钟叔河、胡遐之、吕永、姜书阁、羊春秋、陶敏、刘立介。赵瑞蕻研究生黄乔生、范东兴来访，各赠以《选集》《诗文钞》各一。得舒芜函。于景祥来电话，云稿费、《诗文钞》原稿均尚未寄出。

2 月 25 日(2)阴，12℃

校内共赠 55 本(张伯伟、巩本栋已先送)，52 本托武秀成、严杰代发，叶子铭 1 本已送家中。赠南师大 12 本：陈书录、吴锦、顾复生、徐复、钱小云、郁贤皓、金玲(陈虹)、霍焕明、钟振振、陈美林、吴调公、金启华。(托陈书录代发。)陈纳逊师逝世，享寿 104 岁，代生物系作联挽之：

七十载赞育化成，生命学科推祭酒；

一百年光风霁月，熙朝人瑞是先生。

余与芸均尝从受业，今后更无业师矣(余尚有一林从周先生)。

2 月 26 日(3)阴，12℃

寄《诗文钞》本市 9 本：吴文治、苏昌辽、万放、李飞、李子建、丁芒、俞律、冯亦同、宋词。陶今雁江西师大寄诗集，陈平原信，吴柏森诗四律。高纪言来谈北京之会。早早取沪要《诗世界》23 本。

2 月 27 日(4)阴，11℃

寄《诗文钞》：张文勋、杨文翰、韦其麟、林从龙、高文、郝延龄、陈致、陶今雁。函高克勤，购《赏析》10、《七绝诗》15。

2 月 28 日(5)阴，小雨，10℃

得舒芜文集《未免有情》，陈继明《曹唐诗注》。黄希坚送来北京录音带三盘、泉 300 元。陈书录取去赠南师诸友《诗文钞》十二本。寄《诗文钞》：本校汪越、吴光兴、王继志，北京曹月堂、陈翔华、阴法鲁、敏泽、廖仲安、周绍良、顾学颉、丘良任、周振甫、赵朴初、杨金亭、徐放、王湜华、冒舒諲、马少波。

3月

3月1日(6)昙,12℃

以书交友红转张智华。寄《诗文钞》:孙钦善、王以铸、曹道衡、钱默存、郭锡良、林岫、邵燕祥、吕剑、林锴、冯其庸、王利器、葛兆光、杨宪益、蒋健兰、赵丽雅。凌晨起腿剧痛,不良行。

3月2日(日)昙转晴,14℃

寄《诗文钞》上海17本:魏同贤、钱伯城、朱金城、何满子、金性尧、陈邦炎、徐中玉、钱谷融、王运熙、顾易生、吴金华、章培恒、陈尚君、钱鸿瑛、徐培均、彭鹤濂、王辛笛。函上海文艺出版社高国平;陈平原(告章门弟子情况);舒芜,谈《未免有情》书中事。函文史馆韩文忠。丽则一家来午饭。

3月3日(1)晴,13℃

寄《诗文钞》:蔡厚示、李可蕃、赵玉林、吴在庆、周祖譔、林继中、袁第锐、张松如、李汝伦、陈永正、黄伟经、方咏莪、黄秋耘、罗宗强、贾文昭、徐味、刘梦芙、宋亦英、刘逸生。得莫绍裘函,收到《诗文钞》;顾农函,寄《建安史》提纲;曾枣庄函,关于《大典》事(已转给高、黄)。

3月4日(2)晴,15℃

寄《诗文钞》:董治安、王绍曾、殷正林、马瑞芳、周来祥、蒋维崧、宋谋玚、孙玄常、曹大铁、周本淳、张汉怡、程士名、周伟民、张三夕。寄国内《诗文钞》粗毕,共寄出289本,余80余本。得武大李中华《楚辞学史》。读舒芜《忆台静农先生》一文,内有台赠舒之对联,是元遗山诗句:

> 忽惊此日仍为客;
> 却想当年似隔生。

3月5日(3)昙,18℃

复陈继明,收到《曹唐诗注》。

3月6日(4)

3月7日(5)

陈一新、李庆粤来,留午饭,程章灿、吴光兴、早早作陪,伯伟有事。一新亦颇衰,目尤甚。钟振振寄所为诗文。温州任士镛寄25元买沈。

3月8日(6),20℃

复钟振振寄诗文。贺采托裱画,个体户陈西民送来托裱《瞻园记》拓片,为贺采书写之对联亦托其带去。上海文艺出版社高国平来函,同意仍用《俭腹抄》书名。

3月9日(日)阴,雷阵雨,16℃

函立朴询《学记》事。得黄进德、扬之水、陈帆、方管函。方函询早早为祖棻作传记事。

3月10日(1)阴,19℃

发黄进德、舒芜函。寄丁芒《沈集笺本》,代四川岷峨诗社寄《春雨集》与周退密,寄《唐代文学史》主编乔象钟、陈铁民、吴庚舜、董乃斌等四人《诗文钞》各一册。得张宏生、霍松林、傅璇琮、丁芒函(附陈靖文),《唐代文学史》两本。

3月11日(2)雨,15℃

复傅璇琮、霍松林。吴志华送来《文史研究》十本、仲贞子赠画册一,回赠《诗文钞》一本。

3月12日(3)阴雨,10℃

以《诗文钞》寄仲贞子。章灿来谈以《文学史》稿寄武大事。得砺锋韩国函,中玉函,林先生函,钟叔河函。舒芜打电话来问邀早早写沈祖棻传事。

3月13日(4)阴,14℃

复莫砺锋、张宏生。得苏者聪、李旦初、张叙之函。

3月14日(5)阴,小雨,13℃

臧克家寄《评论集》,弘征寄印谱。丽则来谈早早事,少不更事乃至于是。函万业馨询研究生转学事。得顾学颉函附诗,顾农函附《文选与文心》稿,杨翊强函附《阴符经》。

3月15日(6)阴,13℃

复杨翊强。去天纵家看机器并购一具带回。得王运熙函。

3月16日(日)阴,13℃

得吴志达函;刘梦芙函,刘已调北京《中华诗词》任编辑。早早、郑鹏飞来。

3月17日(1)晴,12℃

复刘梦芙(周笃文转)。罗宗强研究生张峰屹代收赠罗《诗文钞》。周秦代收钱老及其自己《诗文钞》。周本淳《诗文钞》又附二诗。吴金华收章培恒、陈尚君及己《诗文钞》。胡遐之未收到《诗文钞》,索取。孙琴安求题《古代文学名篇赏析》。黄进德扬州信。

3月18日(2)阴,9℃

为杨克平等作字二张,克平已于昨到宁也。汉生小妹来。立朴自京来电话,《学记》待二季度出,顾农书4月中定去取。王淡芳来信收到《诗文钞》,并寄近诗,中有伤印唐一诗,佳。印曾窜辽沈,我不知也,伤哉。

3月19日(3)阴雨,10℃

为杨克平等作字三幅。得周退密、王绍曾索书书签。韩国赵诚焕索材料,将以《学记》寄之(韩国庆北庆州市忠孝洞25番地庆州专门大学中国语通译科)。

3月20日(4)晴,12℃

舒芜函。将致克平、石禅书、礼物交徐有富。上古寄来《七绝诗》15册。蔡厚示寄《唐宋词鉴赏举隅》。张高评寄《宋代文学研究集刊》第二册。《存目》寄顾问费300元。毛大风函,丘良任函。

3月21日(5)阴,10℃

系里开接受黄—杨奖教金会,参加并讲话。王庆元从武汉来,商议为黄先生诗文集出版事。黄希坚送扬州开会的请帖来。得吴在庆函,收到《诗文合钞》;丁帆函,谢为其所作字;胡遐之函,孙钦善函,黄伟经函,均收到《诗文钞》,黄并要作字;李旦初寄《中国新诗流派》。

3月22日(6)阴,12℃

贺采来,取去为陈西民所写之字。早早、小燕来午饭。为周退密、王绍曾各写书笺一。

3月23日(日)晴,16℃

为黄伟经、肖红芸写字二条。得朱寄尧函,收到《诗文合钞》;傅杰函,施蛰存小说已寄来。去太平路午饭,并购衣二件、笔纸若干。

3月24日(1)阴,15℃

寄周退密、王绍曾、黄伟经字。寄于景祥(附顾农目录)。得徐复《后读书杂志》,《吕剑诗存》。克平来行拜师礼,又宴于南芳园,系中同人陪,另徐州师大冒昕教授、瞿秋白侄×。

【剪报:《光明日报》1997年3月19日第2版《"迎接香港回归祖国诗词大赛"获奖名单》。】

3月25日(2)阴,10℃

复张高评、蔡厚示、张三夕、李旦初、吕剑、李健章。将南韩赵诚焕来函交巩本栋处理。

3月26日(3)阴,13℃

函于景祥(《诗文钞》材料)、顾学颉、傅杰、王淡芳。又函王绍曾询衍波、蓉渡出处,傅杰所问也。又周本淳、胡遐之。本日计发八封。得顾农、蒋健兰函。新雷电话谈《宋史》事。

3月27日(4)晴,18℃

收到人民文学出版社题字费50元(《魏晋南北朝文论选》)。林庚函附诗一首。以白敦仁信二封及庞先生集一册,作书介绍傅杰、王元化,冀能推荐出版。

3月28日(5)阴,16℃

复顾农论诗。早早母子赴沪。芸小病。

3月29日(6)晴,18℃

退密书,脱"鼓"字。

3月31日(1)

得公木寄主席诗词笺;黄瑞云译《老子》;韦其麟信;陈云章信;钱鸿瑛诗;傅杰信,即转白敦仁。

4月

4月1日(2)雨,15℃

函傅杰,告已函白敦仁。黄希坚来送黄进德《大典》框架。王利器函,王绍曾函(收到书签),曹月堂函。于景祥电话,诸事皆大体妥办。《诗文钞》可出版,《建安史》同,稿费略增,发票即寄,周《文评史》四月出。苏必扬介绍台"清华"中文系约讲学半年,却之。主任朱晓海,不详其人。以吴白匋诗词稿托伯伟交朱家维，又以周维培表格交张。

4 月 2 日(3)雨，18℃

晨作字一幅赠台湾“清华大学”朱晓海，以示礼貌。函贾文昭，索三夕校勘记题词，以补《诗文钞》。于景祥电话，《诗文钞》《建安史》均定。顾农再寄学报文二册。

4 月 3 日(4)阴，小雨，15℃

函傅杰，谈蓉渡事。函顾农，告《建安文学史》已成议。今日吴泽晶、朱家维与出版社谈。得黄伟经函，为收到字而复。得姜书阁、李国瑜函，国瑜索字；王兆鹏函。

4 月 4 日(5)阴，小雨，12℃

函于景祥，请通知顾农。复李国瑜。得顾易生、吕剑、蒋寅、孔凡章函。文史馆小丁取去校样和为其所作字。老史请为苏州旅游局主任何松明作条幅。

4 月 5 日(6)晴，15℃

天纵、天渝两家来聚。宁健从自行车后座摔下跌伤，去医院照片。陶友红来赠新茶一盒。函李立朴，寄去顾农之文章；黄希坚，附照片与简历；孔凡章，寄《文史研究》一本；上海医科大学耳鼻喉科医院卫生部听觉医学重点实验室，咨询关于电子耳蜗事。函高克勤催书。

【剪报:《电子耳蜗可使聋者复聪》。】

4 月 6 日(日)晴，19℃

函曹月堂、陈一新、吴晓斌。又周勃附徐正死讯。

4 月 7 日(1)阴，23℃

胡守仁信。赴玄武医院视宁健病。

4 月 8 日(2)阴,15℃

吴志达函。韦其麟寄诗集。寄景祥等人信 8 封,均复印,并要其速寄顾农书稿稿费。蒋健兰寄记录李紫贵回忆录《忆江南》,黄伟经杂文集《告别万岁》,皆佳。

【剪报:《光明日报》1997 年 4 月 5 日第 5 版《重庆市文史研究馆启事》。】

4 月 9 日(3)阴,18℃

复韦其麟、蒋健兰(都收到书),又黄伟经。胡守仁赠七古一篇,即复。以《文学史》三章寄冯天瑜。

4 月 10 日(4)晴,19℃

蒋树声任校长。张辉寄枸杞子、八宝茶。吊匡老文稿费 45 元。得张三夕函。

4 月 11 日(5)晴,22℃

复谢张辉。邵燕祥函,附辞中华诗词会名誉会长函。高克勤函,告沈书台版无消息。

4 月 12 日(6)

丽儿母女来午饭。本栋告立朴电话,稿已送厂。

4 月 13 日(日)晴,24℃

赵玉林收到《合钞》,寄一诗。代本栋拟致作者信,开出全部地名近 80 人。

【剪报:《光明日报》1997 年 4 月 12 日第 4 版《〈中华大典文学典·宋辽金元文学分典〉即将出版》。】

4 月 14 日(1)多云,22℃

董乃斌函,周伟民夫妇函。川大周裕锴博士论文退还。蔡厚示函告已收《诗文钞》，转赵玉林、李可蕃二老。陈翔函，收到《合钞》。曾广开托柳士镇带来茶叶一盒。

4 月 16 日(3)晴，24℃

林继中、孙东临寄书；钟敬文 95 寿辰；贾文昭函；高文函。朱家维告杨奖教金及白匋集事均已办妥。肖红芸送一花篮答谢。

【剪报:《南大报》1997 年 4 月 10 日《“黄侃——杨克平”奖教金捐赠仪式在校举行》。】

4 月 17 日(4)阴，22℃

寄字与钟老。

4 月 18 日(5)阴，20℃

得贾文昭、刘乃和信。冯保善送来《诗词集笺本》样书二册，系第二次印三千，共五千。得白敦仁、周勃、李飞。

【剪报:《文汇报》1997 年 4 月 15 日金克木《似花还似非花——纪念诗人沈祖棻》。】

4 月 19 日(6)多云，20℃

写字寄周笃文，赠山东学生书一册(《古代辞赋》)。

4 月 20 日(日)小雨，19℃

写本栋要字 5 张毕。复林继中、孙东临、杨翊强、周勃。得黄伟经函，杨天堂去岁死矣。以《笺本》寄伟经，又丁芒。得《百年潮》杂志郑惠函，又砺锋函。

4 月 21 日(1)阴，18℃

接李立朴函(已转给本栋)；侯孝琼函，收到《诗文钞》。郑惠函转给早早。砺锋函转给本栋。下午去扬州。复李立朴，谈征求作者同意事。

4月21—23日

在扬州开会。

4月24日(4)多云,18℃

得安庆师院寄来《史通》题辞,何满子信,邵燕祥等三人诗集。

4月25日(5)晴,23℃

本栋开始发信。寄江西江心清、刘梦溪《合钞》各一册,江《笺本》一册。

4月26日(6)晴,24℃

周勃寄茶叶。以《诗文合钞》稿寄景祥。

4月27日(日)晴,24℃

去夫子庙吃豆皮,已无,为小燕买一睡衣,30元。周笃文来信,收到草书,要照片签名,即寄之。

4月28日(1)晴,25℃

以文6篇寄刘梦溪。函傅璇琮,请印《国故论衡》。冯保善送来《笺本》30册,七折420元。加印8%,3000册,1439.04元。

【剪报:《中国文化报》1997年4月8日“书与人”专刊程千帆简介及照片(侯艺兵摄影)。】

4月30日(3)晴,30℃

复张文勋、贾文昭、白雉山、朱明伦。以《合钞》寄1. 郑惠、2. 朱明伦、3. 白雉山、4. 欧阳克难、5. 何永沂。伯伟明日赴韩,来辞行,带去《合钞》五册。严杰受南京出版社托求为雨花台集序,辞之。

5 月

5 月 1 日(4)晴,27℃

以《合钞》10 册交郁贤皓先生带湘会,赠台学人。以《合钞》寄章品镇、马得。复谭任杰、莫砺锋。收《古籍研究》100 元。

5 月 2 日(5)晴,30℃

陶新民任《古籍研究》主编,征求意见。美林生日,买大蛋糕祝之。

5 月 3 日(6)晴,31℃

整理寄美《合钞》,拟托笑梅带去。冯其庸先生夫妇来访,赠新疆摄影考古影集,极精美。

5 月 4 日(日)晴,32℃

函周晶,请任笃行校《广义》。傅杰来信,庞先生集在联系中。曹虹信。吴代芳信。

5 月 5 日(1)晴,33℃

宏生信。朱晓海函。《大公报》荣誉证。函汪越。

5 月 6 日(2)阴,雷雨,30℃

得傅杰函,又庞朴等书二册。

5 月 7 日(3)阴,小雨,25℃

复傅杰。昨立朴来电话,告处理《学记》稿件署名问题。以相片、书名题签及作者小传交本栋。文史馆王馆长来,送《吴文化资源》《吴地 360 行泥塑》,高夒初索题《不了斋碑文集萃》签。袁第锐属题《恬园论史绝句》。

5月8日(4)阴,24℃

为《不了斋》《恬园》题签,即寄出。函傅杰,告汪师书未错。填写《选集》申报省奖。某君嘱题汉画拓本神龙图。以《合钞》寄台朱晓海,23元。黄进德自扬州来,交魏晋南北朝名单。托本栋填社科申请奖表格。

5月9日(5)晴,24℃

曾卓夫妇来访,赠武汉诗友《诗文合钞》5、《笺本》5。又赠曾《笺本》1、秦俑1。黄伟经收到《笺本》,复谢。任继愈寄论八股短文。

5月10日(6)小雨,阴,22℃

函于景祥询各事。开始脚胫痛,不能行。

5月11日(日)小雨转多云,23℃

复任继愈。张伯伟父母来访(母姓周)。小鲲夫妇、真真来,代其母请我们二人在蓝雨吃饭,庆祝母亲节。

【剪报:《钱锺书先生作品书信征集启事》。】

5月12日(1)阴,24℃

程章灿陪同去省中医院看腿痛,已连痛三日,不能行走。医云系旧创受凉所致,贴一膏药,并内服药。万业馨托朱家维带来杏脯、果丹皮各一包。萧效农来,赠茶叶,带到君惠函。《选集》评奖,本栋办,交林。晚威克又来为痛脚作气功。得霍松林函暨为香港回归所作赋。

5月13日(2)阴多云,25℃

晨为曾卓及道深夫妇作字两幅。又写本栋一幅,佳。得学颉寄文四篇。海军学院张明要横幅。得曹月堂函。

5月14日(3)

发霍松林、傅璇琮、白敦仁、顾学颉信。

5 月 15 日(4)小雨,多云,31℃

复曹月堂、张宏生。修抽烟机。有富来示周晶信,交赠书名单。

5 月 16 日(5)晴,30℃

早早取药,令其买《群经大义》。省电台李建勋来采访。发宏生、曹月堂信。

5 月 17 日(6)晴,29℃

函傅璇琮,更正吊匡文误。函复山大庄大钧,谢正引诗之误,附赠字一张。复徐味谢赠茶叶,赠字一张。小燕姐妹来吃牛排,小燕带来杭州茶。函吴志达告近状、出版情况。

【剪报:《中华读书报》1997 年 5 月 7 日第 5 版程千帆《匡老! 是您给了我二十年的学术生命》。】

5 月 18 日(日)多云,30℃

得杨翊强函。天渝一家来午饭。

5 月 19 日(1)晴,30℃

复翊强、万业馨谢赠果脯。得万业馨函,周晶函。上古结账扣买书,得 232.44 元。

5 月 20 日(2)晴,30℃

绍良 90 寿辰文集、《中国文化》14 收到。函立朴,《学记》事。

5 月 21 日(3)多云(夜雨),28℃

复张汉怡、周晶、周绍良。何永沂寄诗多首。

5 月 22 日(4)阴,28℃

致立朴、何永沂。得砺锋信,《存目》顾问费 150 元,上海古籍稿费,洪源寄旧诗集《韶华情》。

5月24日(6)晴,31℃

复杨坚、吴志达、白敦仁、刘向东、陈一新、广东诗人唐愓阳《合钞》一册。

【剪报:《南大报》1997年5月20日《1997年国家级教学成果奖揭晓 我校10余项教学成果榜上有名》。】

5月25日(日)晴,30℃

得刘梦芙函。黄念宁因在江苏教育出版社出先师《尔雅疏》来宁。

5月26日(1)晴,33℃

得武大《人文论丛》收稿函;毛谷风函;《诗刊》5月号,刊丽则诗一首;杨敏如函告寄宪益《三家诗》;佟培基寄《唐诗重出考》。复毛谷风。寄《合钞》与熊盛元。南师大朱晓进送来钱理群编诗集,中有程沈诗各数首,表示同意签字。

5月27日(2)晴,25℃

以立朴电话告本栋。以《合钞》《笺本》寄杨敏如。以《合钞》寄洪源。复佟培基,寄赠《诗世界》。

5月28日(3)阴,26℃

黄念宁来谈季刚师出版《尔雅》。陈书录来送徐复《后读书杂志》。原靖送来其父保存之祖棻函及朱自清函。

5月29日(4)晴,28℃

艾妹夫妇来辞行,赠西洋参等物,还赠茶叶与花粉。函市领导,请处理违章建筑。陶爽三子:陶域、陶大龙、陶哲;女:陶琳。寄挂号信与景祥,请汇15000元,并告章灿请打电话,并登记长途及国外。

5 月 30 日(5)晴,29℃

晨小海自京打长途来,云昨晚已到达,拟六月七、八日来宁,十九日飞机回美。托王恒明去电信局为我们家登记打国内外长途。《百年潮》主编郑惠来访,赠以祖棻书五册、《考索》一册。收到《中华读书报》稿费 120.00。

5 月 31 日(6)晴

复北大国际会议,不出席。复杨敏如。得振甫函,振甫脑溢血病愈出院。

6 月

6 月 1 日(日)阴,30℃

余作书与张明,中文系研究生,在海军学院。张今日托丽则赠茶叶、人参丸,行当赠以书。天渝全家在此午饭。理发,又取《中华读书报》款 120.00。有富送来《典藏编》样,即加函转山东周晶(寄费 25.50 元)。

6 月 2 日(1)晴,28℃

得唐翼明台北函,《古诗考索》台版事。王宁寄《训诂原理》。章灿昨夜告,景祥对付款事允照办。

6 月 3 日(2)晴,30℃

景祥来电,款即寄。复王宁谢新书。

6 月 5 日(4)晴,34℃

贾文昭来函。李立朴电,接受顾农稿,《学记》再校中,即寄本栋,即函顾。东方出版中心来函,拟选用《关于对联》《校勘略说》两文,入国学论文选,已函复同意。本系博士后刘为民来信求教。

6月6日(5)阴,34℃,傍晚雨

徐雁、《东方文化周刊》主编×君,《服务导报》"淘书"栏主编赵允芳来。汉怡来赠李圣和诗影印册,又携一友,未通姓名,照相多帧。

6月7日(6)雨,28℃

为文史馆写迎香港回归书画精品展展头。夜10时,小海等由北京乘机抵宁。

6月8日(日)阴微雨止,26℃

全家午聚蓝雨酒店,宁健足伤未来。得黄进德信。

6月9日(1)阴,小雨,28℃

得刘梦芙函,孔凡章欲余为祖棻作年谱,以为其赋长诗之资,拒之,即复。

6月10日(2)阴转多云,26℃

得何永沂函。与小海一家游瞻园、夫子庙,吃点心而归。农行收到景祥寄稿费15000元(有零数)。以赴美机票及《诗文钞》交笑梅。

6月11日(3)晴,32℃

小宁送来辽宁稿费15781元。以字一幅与刘重喜,一幅与刘为民,《笺本》一册与张明。《江海学刊》四十周年题词(许总)。七七级毕业班题词(刘重喜)。

6月12日(4)晴转阵雨,33℃

晚在天渝家饭。

6月13日(5)阴,31℃

复熊盛元、胡迎建、张三夕。复新华出版社文教室李树林、曹虹。

6 月 14 日(6)晴,33℃

全家聚会于秦淮人家,家宴,卡拉 OK。饭后全来我们家里,或唱歌,或打扑克,或下围棋。晚间以粥与馒头飨之。此小海回来后第二次聚会,同时祝真真十岁生日。

6 月 15 日(日)晴,32℃

写祝贺《江海学刊》创刊四十周年题词,寄许总。

6 月 16 日(1)晴,32℃

在赖汤元饭。得韩梅村函,屈义林 90 书展。

【剪报:《深圳周末文艺》1996 年 9 月 27 日第 3 版韩梅村《我读程千帆教授》。】

6 月 17 日(2)晴,33℃

小海赴沪返美。寄《合钞》与章品镇。复曾卓、韩梅村。

6 月 18 日(3)阴,30℃

伟华来,午在大排档饭。

6 月 19 日(4)阴多云,30℃

收长沙诗协 200 元。复陈继明。复诗协收款。得吴志达、张群华函,周笃文寄来《世纪之光》稿费 1000 元。

6 月 20 日(5)阴,30℃

复吴志达。芸与伟华、天渝、尉淑玲共去扫强姐坟。打电报贺屈义林九十岁书画展。王步高来送《唐诗三百首汇评》一本,给早早。

6 月 21 日(6)阴,32℃

宋亦英寄诗集。

6 月 22 日(日)多云,33℃

函景祥,催发票。为陆华推荐文史馆员。晚率小婉一家在金陵大排档晚饭。

6 月 23 日(1)多云,33℃

复函周笃文,收到稿费 1000 元。参加学校应届毕业生毕业典礼。黄瑞云收到《合钞》,寄来诗 81 首,可观。复宋亦英,又另闲人信。

6 月 24 日(2)

6 月 25 日(3)多云,32℃

薛兵、赵允芳来,送《东方文化周刊》。

6 月 26 日(4)多云,36℃

于景祥打电话来云,《选集》出版奖初评已评上,发票已寄出。

6 月 27 日(5)多云,30℃

黄希坚来送照片(在扬州摄)及简报。扬州图书馆刘馆长打电话来,云《合钞》手抄三本已装订好,明日有人送来,装订费共 240 元。

6 月 28 日(6)晴,32℃

扬州师院应届毕业生张淼送来装订好的《合钞》手抄本三份,装订极好,并带来黄进德信。

6 月 29 日(日)

复唐异明、黄进德、《四库存目》工委会。辽海寄发票:① 系 10,② 文献所 45。① 872.5,② 3948.75,共 4821.25,65%。

6 月 30 日(1)

赴天纵家晚饭。

7 月

7 月 1 日(2)阴,32℃

香港回归。

7 月 2 日(3)晴,33℃

章灿代报《选集》发票(系及文献所 4821.25 元)。

7 月 3 日(4)阴,35℃

念宁来电告交涉黄师《雅疏》事,有波折。

7 月 4 日(5)多云,34.5℃

三部《诗文合钞》已题写完,盖好章,一切完备。

7 月 5 日(6)阴雨,31℃

竟日小雨,气候转凉。早晨去南芳园早点,两人竟然皆觉行路困难,因数日高温,未出行所致,以后尚需多走。念宁又来电告,江苏教育同意出《黄侃选集》,除已出版者外,皆拟由该社出。得天眉函,寄来照片一张,甚美。

7 月 6 日(日)阴雨,25℃

以《俭腹抄》交本栋改寄。念宁来出示与江苏教育合同。

7 月 7 日(1)阴,30℃

章子仲返自美,8 日中午来。

7 月 8 日(2)阴,28℃

子仲来。蒋校长派张士朗来了解黄公日记出版事。美林送轮椅来。

7月9日(3)阴,30℃

与勋初谈黄公日记事。得王小盾新印博士论文。

7月10日(4)雨,27℃

复王小盾。为李灵年撰清代别集书目序成,命早早抄印三份。得黄进德函,晚唐本月中旬毕功。以为李灵年书序寄王绍曾。

7月11日(5)阴,27℃

函吴志达,询黄公日记事。函立朴,《学记》事。收辽宁教育出版社寄书一箱,邮编110001。中午全家聚。陆华赠画一幅。聂春圆、朱广华索字(天渝)。

7月12日(6)

函吴志达、李立朴。

7月13日(日)

7月14日(1)阴雨,27℃

以《史通》及清人别集序二文交本栋,补入《俭腹抄》。函傅杰,本栋已将《俭腹抄》寄沪。

7月15日(2)阴雨,27℃

发文史馆辞职信(王葆权、陈郑)。舒芜函告长文载《新文学史料》本年2期,即向叶子铭借读。威克明日北行。

7月16日(3)阴雨,30℃

勋初来,交阅《册府元龟》序。砺锋韩国函。吴新雷转交宋谋玚函,询汪先生《点将录》事。丁芒托人带来一书,属写序,拒之。

7 月 17 日(4)阴转雷阵雨,30℃

复丁芒。复莫砺锋。为丁芒友书扇面。周退密之侄曾盛(住南京中央门外新联机械厂,电话 5311110—3772)来索沈《诗词集》、余书《诗文合钞》各二册去。

7 月 18 日(5)阴雨,32℃

管嗣昆取去黄先生日记校抄稿全部两大包。

7 月 19 日(6)

去天纵家。李灵年收到所撰序。

7 月 20 日(日)雷雨,34℃

天渝一家来。志达电话,告念宁事。李灵年电告其书乃与杨忠二人合编,要改其序,拒之。后又允焉。

7 月 21 日(1)雷雨,36℃

章灿来属题其八代诗选。王绍曾信转李灵年。

7 月 22 日(2)雷雨,35℃

戴澄东来,属荐贤。为章灿题八代诗选。早早赴盐城。丽则腹泻。

7 月 23 日(3)雷雨,36℃

得志达函,舒芜函。

7 月 24 日(4)晴,34℃

发戴部长荐陆文夫函。寄《湘泉》《诗论集》一册。收台湾“清华”朱晓海函。

7 月 25 日(5)晴,33℃

王馆长来,属为刘昌裔作文。蔡守湘函,蒋寅函。立朴寄来《学记》校样。

7月26日(6)多云,35℃

李灵年来送还王绍曾信,并赠花篮与茶叶。为文史馆刘昌裔书一横幅。复函蔡守湘与吴志达(合一信)。上海文艺来函,稿收到,正看。

7月27日(日)阴,35℃

横山及其女弟大平来,致礼。有富来,以王绍曾函交之。

7月28日(1)阴,35℃

复曾枣庄。

7月29日(2)阴,36℃

与本栋改好《学记》,由其寄出。丽则去兰州,与200元。

7月30日(3)多云,33℃

函舒芜。得退密函,收到其侄曾盛带去书二册。得陶今雁、宋谋玚函,《龙门阵》百期。即复宋谋玚。以宋文一篇转下孝萱。

7月31日(4)晴,35℃

复廖仲安。

8月

8月1日(5)晴,36℃

复蒋寅。伯伟夫妇自韩返。得高增德函,问自传事,已复。立朴来电话,已收到《学记》稿,拟再校一次。

8月2日(6)晴,35℃

天纵60生日,往贺,小燕侍。翊强函。伯伟来,谈黄先生日记事。

8 月 3 日(日)阴雨,34℃

复翊强。黄念宁来电,欲索稿,已与诸人商。本栋来,《俭腹抄》审稿毕,有商量处。

8 月 4 日(1)雷雨,32℃

蔡守湘函,胡遐之诗,冯亦同评叶庆瑞诗集。廖仲安寄《新编唐诗三百首》。香港王一桃寄诗集,要沈《七绝》。辽宁刘维治要沈《选集》。陈平原函。

8 月 5 日(2)多云,32℃

寄《沈祖棻选集》给刘维治,《唐人七绝诗浅释》给香港王一桃。函廖仲安、周晶、冯亦同。得傅杰函,庞石帚集已交杭大。

8 月 6 日(3)阴,32℃

复陈平原、傅杰、黄进德。致白敦仁(附傅杰信)。收张三夕、舒芜函,刘浩歌二书。

8 月 7 日(4)晴,32℃

为刘浩歌、黄坤尧各作一字幅。复三夕,并将傅杰信转去。

8 月 8 日(5)雷电,31℃

作字一幅与舒芜。复蔡守湘。

8 月 9 日(6)晴,31℃

天渝全家来午饭。

8 月 10 日(日)晴,34℃

寄王与施议对及《诗文合钞》,7.50 元。

8月11日(1)

8月12日(2)

得顾农信。

8月13日(3)

得徐州纺南街道七号楼1—101(221006,邓心慈寄)汪天风、邓心慈编《天心集》,94元一册,亦灾祸之尤也。傅杰函。

8月14日(4)多云,31℃

复邓心慈函,谢其赠书。得芜函,得题字。丽则夫妇自兰州返。题庞石帚集书签寄傅杰。

8月15日(5)

全家来饭。得黄念宁信(附蒋信)。

8月16日(6)多云,31℃

得曾枣庄、黄进德、杨翊强信。复印黄念宁致蒋信各7份。起草复黄信,致杨克平信,令早早明日打印。万放刘舒夫妇来,馈以人参。念宁晚来电话告情况变化。

8月17日(日)多云转阴,30℃

函高纪言商发奖金事。巩本栋来还书,并送上海文艺出版社合同书来,签了约。

8月18日(1)阴,台风,阵雨,28℃

草致高纪言函,复印寄北京及六主编。复念宁。发高信:1. 李彦、2. 任继愈、3. 董治安、4. 曾枣庄、5. 黄进德、6. 吴志达。小妹送孙望稿来。

8 月 19 日(2)阴雨,28℃,台风

伯伟来,以日记、《大典》事托办。武大校党委书记任心廉,(027)7882710 转 2963,校长侯杰昌,转 4438。

8 月 20 日(3)阴转晴,27℃

台风过去。伯伟入学,事先交函周、许。

8 月 21 日(4)晴,29—30℃

《大典》开会。史梅来,携去二件字画裱。周先生来,谈黄先生日记事,并送手表一只。巩本栋打电话来云,李立朴寄来合同,稿费千字 25 元,今年十月底前出版,巩已签字寄去。许惟贤来,谈日记事,赠以戴东原集。原靖来,送孙老遗稿。

8 月 24 日(日)阴,小雨,30℃

许结来商黄师日记、照片事。白敦仁函。天渝夫妇来午饭。黄进德函。三夕函及文一篇。

8 月 25 日(1)小雨,32℃

编好孙望选集,交小妹抄写。选好黄师日记照片付许结,交周、许二公看。今日出伏。复何永沂、于乃义妻简惠英、韩梅村。得宋谋玚函,谈其写作计划;刘为民,拟来访;刘维治,要求字一幅;甘肃康县两河小学张开瑰函,索书;荷花文艺社,索书;合肥玻璃总厂周忠荣函,自称购得一民末报刊;人民政协报《学术家园》版责编李红艳寄来 97.7.28 报一张;晓雪寄资料集一册;北师大寄汉字所快讯二册。

8 月 26 日(2)阴,小雨,28℃

寄山东滕州荷花文艺社《合钞》一册。甘肃康县两河小学张开瑰《合钞》《笺本》《赏析》《诗世界》共四册。得张开瑰信,转国务院信访办;上古赵昌平。复昆明晓雪寄《专集》。

8 月 27 日(3)阴,30℃

为刘维治作字一幅寄之。得陈继明函。白敦仁代王仲镛寄所编曹纕蘅诗集。胡公石副馆长 25 日逝世,享年 87(虚岁)。董治安函。吴伯森函,嘱为毛谷风题签,拒之。

8 月 29 日(5)晴,38℃

莫砺锋来,昨返自港,带来港大黄坤尧书二册。屈义林寄画册,罗宗强寄《魏晋六朝文学思想史》。高纪言来,所加 12 元,在出书后半年一次付清,原 18 元照旧(十万元奖金在发布会上由李彦发给)。发 1. 白敦仁,2. 王庆元(黄玟墓相片)、吴志达,3. 常德诗墙,4. 吴柏森,5. 张三夕,6. 刘为民(交莫)。

8 月 30 日(6)多云,阴,雷电,33℃

小刚代寄与陆耀东,分二包寄,7.60 元。复罗宗强、屈义林(索画)。中午大纲在赖汤元请二老吃饭,小燕陪。

8 月 31 日(日)

为傅杰作字,书《读庄》一横幅。小婉全家来饭。明天小孩上学。

9 月

9 月 1 日(1)阴,32℃,闷热异常

收田余庆函,齐鲁补汇款 50 元,周晶函,董治安书,莫砺锋文,天眉函并照片。张宏生来,带来眉托带之照片、酱及小鲲要的精华素、眉赠真真之戒指、眉赠丽则之皮衣等。宏生赠鱼油及巧克力。函周晶询书价。

9 月 2 日(2)阴雨,24℃

天气转凉,皆大悦。复天眉函。得刘彦邦函,刘婉将来宁;田余庆函,收到《合钞》(因病久未复)。小鲲来,将精华素等取去。

9 月 3 日(3)晴,26℃

朱晓海来,赠西洋参,回赠书五六册。晚周勋初在西苑宴朱,我夫妇作陪。砺锋文,阅后归还。砺锋生来,作南宋诗文总集考,以提纲来请教,送茶叶二罐。某公司赠退休老人补品,丽则送来。蔡守湘来函,拟完成《大典》任务后修改唐人小说。

9 月 4 日(4)阴,27℃

赵昌平函,款收到,书难出。

9 月 6 日(6)多云,27℃

试用摇摆器。刘为民来谈,将返山大任教。为现代文学馆写字一张。

9 月 7 日(日)白露,晴云,31℃

武大中文系学生、现郑州黄河水利委员会书记郭先芳来见,赠书四册,并为作字一幅。天渝全家来午饭。

9 月 8 日(1)晴,31℃

王一桃赠《诗歌艺术》。吴小铁赠诗歌手迹,徐雁代其求字。钱志熙赠《活法为诗》。大公报出版社赠《回归诗三百首》。杨翊强侄女徐健玲来,馈节礼月饼、香蕉。

【剪报:《光明日报》1997 年 9 月 6 日第 6 版刘金《〈曹娥碑辨〉之辨》。】

9 月 9 日(2)晴,32℃

写字一幅寄王一桃,一幅由徐雁转吴小铁。函复钱志熙。有富送还《选集》二套。砺锋送评欧文书评。邝健行约赴香港,拒之。王立兴夫妇来。下午 3 时午睡后,美林送藤椅来。

9 月 11 日(4)晴,32℃

伯伟示周秦约稿函。孙小妹来,示南师出版社王欲祥编孙望选集初目，又借《天怒》，值陈希同案公布。

9月12日(5)晴，29℃

十五大开。

9月13日(6)多云，29℃

章灿携卉、本栋夫妇携贝来，致节礼。本栋出示二书合同。

9月14日(日)阴，28℃

得傅杰函，附文；张三夕函；安徽徐味函，并寄老诗人《看云梅诗》。

9月15日(1)多云，25℃

袁行霈寄《陶渊明研究》。上午与新硕士生见面。

9月16日(2)晴，28℃

金中汪笑梅同金中王志中副书记、邹正副校长、汪庆云副校长来。下午张宏生陪刘婉姊(一虹)妹来。晚在天纵家饭。

9月17日(3)晴，28℃

黄瑞云寄一诗，郭林雪函。中午宴刘婉姐妹，丽则、宏生陪。赠字二纸。托刘一虹带参与屈义林，印唐诗稿与效农。

9月18日(4)阴，27℃

答刘婉问。复夕佳。

9月19日(5)晴，27℃

复翊强、淡芳。周晶函，索字。

9月20日(6)阴，25℃

刘婉奉父命为余做生日，宏生、伯伟、丽则、早早、一虹、芸同席。宏生送花篮,伯伟送蛋糕,天纵送火腿一方。吴志达电告黄先生墓像事并贺寿。

9 月 21 日(日)晴,25℃

家宴在大排档。傅杰函贺。万业馨电贺,并托小婉送花篮。周勃电话贺生日。

9 月 22 日(1)晴,24℃

得无锡顾仲良、溧水明成满函,均求字;韩梅村函,为康平求字;钱志熙函附诗;江苏作协寄《雨花》一本。

9 月 23 日(2)晴,25℃

复作协、袁行霈(收到书),黄瑞云、周国林(不能参加纪念张舜徽活动),周绍良、傅杰、于景祥、万业馨、徐味,吴小铁(寄沈祖棻手迹)。为康平作字一幅寄韩梅村。

9 月 24 日(3)阴,25℃

为明成满、顾仲良(皆不识)及《文学评论》(朱寿桐托)作字。得王淡芳函;王庆元函,拟去蕲春拍摄黄先生墓照。

9 月 25 日(4)晴,25℃

为志明 30 寿作字一幅。函陈继明,索《曹唐诗注》送刘婉。函刘彦邦,告知刘婉在宁情况。刘婉打电话辞行,今晚去北京。为《文学评论》四十周年所作字,交朱寿桐带京。

9 月 26 日(5)晴,25℃

屈义林函,允画。吴小铁函。天纵来请工人装修浴室。校办转来徐州一中校长孙铁峰函,请为该校图书楼题名。统战部戴部长等来,转致曹克明所赠十五大首日封。

9月27日(6)晴,23℃

为徐州一中校长孙铁峰题图书馆榜。复屈义林。赴严志明,小祝30生日。陶敏从苏州开全唐五代诗会来过,赠以《笺本》。许惟贤来,示黄先生日记照片。

9月28日(日)晴,25℃

小婉领陆华来,馈赠一古瓶及笔纸,请为文史馆书画展作字,立时为其作"佛石居"斋名字。

9月29日(1)晴,26℃

得张世林函,请撰《我与唐宋文学》;钱志熙赠书。为陶敏作字,寄出。

9月30日(2)晴,27℃

徐有富来谈撰《我与〈校雠广义〉》事。安徽《古籍研究》寄稿酬100元。伯伟来,言陈平原10月3日将来宁,约定4日上午晤。为丁芒作诗二首,并书成横幅寄出。

10月

10月1日国庆节(3)多云,27℃

天渝、丽则两家来共庆节日。写字两幅,一为文史馆书画展览;一书给丁芒所作诗两首的横幅,寄赠钱志熙。

10月2日(4)多云,27℃

下午二人去校园散步,脚力很不行,购《陈寅恪年谱》一本回。

10月3日(5)阴,小雨,25℃

约美林来午饭,并修吸尘器。天纵一家也来了,故又一次聚会。晚丽则来玩。得韩梅村函。上午庞瑞垠率子来,其子在南艺学国画,想学一些诗词题画等本领，送书一本、茶叶二罐，并留下一幅画请题。

10 月 4 日(6)

陈平原来访，伯伟、砺锋、宏生、章灿同来。平原赠书《小说史论》上、中、下三本，王瑶主编《中国文学研究现代化进程》一本，回赠字三幅。中午伯伟在西苑宴。马瑞芳研究生王薇(音)送来其导师所赠端砚及茶具。杨正润送来陈致托其带来外国治眼之药三瓶、信一封附诗词。阿晶、小靳代购热水器送来。

10 月 5 日(日)晴，20℃

包热水器人来，未谈妥，下午志明、小虹将热水器退回。得天眉来函，韩梅村寄来图章十枚，晓雪寄来《艾青论》，王元化寄《读黑格尔》，郑远汉编《黄侃学术研究》。本栋来，嘱其补足档案馆对我著作之目录。

10 月 6 日(1)晴，23℃

寄书两包给晓雪。函黄念宁，限其十月底回信(是否与江苏教育谈妥)。张伯伟来，请为其推荐台湾资助出版事。购来 8 升热水器安装好，共 1010 元。叶嘉莹寄来其诗集。《四库存目》十月底将全部出版，函请参加其庆祝会，不拟去。

10 月 7 日(2)晴，26℃

出游，饭于金陵快餐部，甚佳。收到康平印章十枚；齐鲁 150 元；陶域来信，寄来陶艾在宁时所摄照片 2 张。

10 月 8 日(3)晴，27℃

寄《存目丛书》庆典横幅与刘俊文。致陈致新加坡诗幅，谢其赠药。以诗幅寄叶嘉莹，并赠《笺本》。以对联寄杨文翰。函吴志达，请校印八股文复本。早早送来论文稿。史梅送来陈沧趣诗集复印二册。陈继明寄《曹唐集》二册。

【剪报:《中华读书报》1997 年 7 月 23 日第 6 版专题评论之程千帆简介。】

10 月 9 日(4)多云,27℃

上十竹斋购瓦当纸 25 对,价 60 元。无锡吴文化公园寄为《不了斋碑文集萃》题字费 200 元。为张伯伟推荐信已签字交回。得庞瑞垠函。寄百元给林继中购印泥。

10 月 10 日(5)晴,26℃

复陈继明,收到《曹堂诗注》。写书签寄王一桃。为史梅写横幅,已送去。上书校长、书记,请干预学生得奖学金后请客事。

10 月 11 日(6)晴,28℃

得丁芒函,附和诗。中午与芸在 Pizza 共餐,殊不佳。韩梅村收到书字,允托康平刻女孙印。

10 月 12 日(日)晴,27℃

小燕请全家吃赖汤元。七姊、老白来馈虫草胶囊,云将去西安看丙宪,87 岁矣。

10 月 13 日(1)阴多云,26℃

发立朴函,询《学记》事。邓国光从澳大寄《文原》。史梅送裱画来,三幅 110 元,与其孩巧格力一盒。

10 月 14 日(2)阴转多云,27℃

购电视,2880 元。景祥、立朴来电话,谈催《通史》,告《学记》在印封面。为中玉题大学语文年会题词。

10 月 15 日(3)阴,24℃

刘梦溪、陈祖芬由南师大语文刊物×永生君陪同来访,赠刘以《笺本》

及《宋诗》,又国际会议专集。丁芒来函,欲开作品讨论会。为庞鸥题,似倪云林画。

【剪报:《程千帆先生及其〈程千帆选集〉》;《新华日报》1997年10月8日第7版曾卓《又见千帆》。】

10月18日(6)晴,28℃

写秦兵、赵钲、澳门邓国光字三幅,即寄出。

10月20日(1)晴,32℃

得黄进德信,即复。得志达、黄伟经信,黄约稿。

10月21日(2)阴,31℃,夜雨

发吴志达、林继中、王运熙、黄伟经函。

10月22日(3)晴,28℃

周晶寄来新夏新书,告11月四册付排,明年1月北京上市。复劝其宣传。武秀成晚来谈出全集事。

10月23日(4)阴,24℃

函周晶。与武秀成、莫砺锋谈出全集事,交砺锋办。拟一目,交河北教育出版社。得王庆元函,黄先生墓照将由蕲春拍好后寄来;黄进德信。

10月24日(5)阴,22℃

刘立介信。

10月25日(6)阴雨,16℃

天纵全家来,志明调整电视好。叶嘉莹函,并寄《清词诗丛》。晓雪复信。

10月26日(日)晴,16℃

函景祥,全集事。

10月27日(1)晴

与芸游夫子庙,购衣一件,108元,吃蟹包。

10月28日(2)阴,18℃

写林继中、孙琴安、陆华字。

10月29日(3)晴,20℃

陈书录来。

10月30日(4)晴,30℃

许惟贤来谈黄念宁事。黄希坚来。王淡芳函。

10月31日(5)晴,21℃

高燮初寄《不了斋碑文集萃》。汪绍昆寄《游仙诗》六首。

11月

11月1日(6)晴,17℃

上古王立翔自沪来,商沈小说出版事。丽全家来午饭。

11月2日(日)晴,17℃

砺锋来,自江西返,馈橘。

11月3日(1)晴,21℃

伯伟来,台湾带回杨承祖馈药,唐翼明馈茶,人参托人带给石禅。黄裳寄《妆台杂记》。复胡守仁。

11 月 4 日(2)晴转多云,20℃

收三夕信。发黄裳信附周岸登散曲一套。寄《光明日报》收据与报社,订阅《书摘》。陈思明来函,收到字。

11 月 5 日(3)晴,17℃

周艾若、桑思奋(中国科技人才交流中心教育与科普研究所所长)暨贾女士(《读书》编辑)来访,李灵年引来。收天眉信。

【剪报:《扬子晚报》1997 年 11 月 2 日第 2 版《知名学者程千帆致函南大领导呼吁——奖学金请客风不可长》。】

11 月 6 日(4)晴,20℃

今天芸生日,中午两人去刘长兴吃螃蟹包子,晚至天纵家饭。志明请为其主任吴浩良求字。武大朱山河、陆耀东来访,为武大申请中文系博士点,想请叶子铭等协助,拟明午请几个人吃饭。

11 月 7 日(5)晴,20℃

武大朱山河、陆耀东中午在西苑宴我二人及董健、许志英、赵宪章。得敏泽函。

11 月 8 日(6)晴

天渝一家来饭。

11 月 9 日(日)晴

丽则一家请我二人在湖南路一饭馆吃火锅,亦颇有味。

11 月 10 日(1)晴热,夜雨

得张辉寄来木耳、枸杞;林继中来函,收到对联;孙琴安来函,收到字。

11 月 11 日(2)雨

朱家维嘱推荐朱恒夫为中文系教师。史梅送文来看。

11月12日(3)雨,20℃

徐有富写好《我与校雠学》,交砺锋看。江苏教育学院王锡九来访。史梅稿看好交还。写好推荐朱恒夫函,托史梅带去。得小佳函,已购新居搬迁。开始整理闲堂诗、词、文存。

11月13日(4)雨,19℃

复小佳、三夕、敏泽、张辉。

11月14日(5)小雨,17℃

立朴来电话云,书印就,已快寄两本,学生需购书加邮费15%。下午到医院取咳嗽药。

11月15日(6)阴雨,13℃

竟日无事。小燕傍晚来,请为法学院文化大观园题字。

11月16日(日)阴,小雨,13℃,下午起降温

《学记》寄到(2本)。写字两幅,一赠法学院文化大观园(小燕),一为小严赠其主任。

11月17日(1)晴冷,6℃

张伯伟来,拟本周六来谈写自传事。巩本栋来,拿去一本《学记》,《俭腹抄》校样已寄来。莫砺锋来谈全集事。得三夕函,请为张舜徽纪念会题字。

11月18日(2)晴,7℃

复三夕,复陈望衡,写条幅(为张舜徽纪念会)寄武汉。收施议对文及函。骆文夫妇来访,约晚饭,其女及丽则侍。

11月19日(3)

王天海寄古籍译本三种。王立翔寄沈小说合同。

11 月 20 日(4)小雨,14℃

复谢王天海、王立翔。买浴室电器。滁州师专黄艾仁来问学。为武秀成推荐去韩教学。

11 月 21 日(5)阴,12℃

得香港《中文学刊》、《华中师大学报》(纪念张舜徽专刊)。为黄伟经写《俭腹小语》,寄去。

11 月 22 日(6)阴

伯伟来录音。有富告《校雠学》稿已寄张世林。下午去看宏生和本栋,与本栋商谈《俭腹抄》可删去约三万字。晚钱林森携上海《新民晚报》记者曹正文来访,索去一本签名的书,拟拍成照片登在《珍爱的签名本》上,赠该书一册。

11 月 23 日(日)晴转多云,16℃

天渝一家来饭。得张辉函,吴汉骧函。

11 月 24 日(1)阴,15℃

得胡守仁、潘重规函,志达函。孙原靖来,赠香蕉、白果,还赠深海鱼油两瓶给焕明。

11 月 25 日(2)小雨,16℃

本栋来电话云,伯伟发现《学记》中有一硬伤,已与立朴联系,设法改正之,幸书尚未发出。复志达,告以《大典》稿费事。陈蔚赠药三盒,求字一张。

11 月 26 日(3)阴,12℃

《叔子诗稿》贺伟国重寄来一本,原收到之一册已转寄金性尧先生。因丽则之请写一介绍函给周勃,介绍饶小平之子高帆去湖北大学。于景祥来电话云，月底将来宁。杨翊强来电话云，因病住院三个月，索还《天怒》。

11 月 27 日(4)阴，小雨，12℃

晨周退密之侄来。今世缘集团老板郑宁拟捐款 50 万元给南京大学救助贫困学生，因而来访，江苏电视台同来采访。砺锋来，谈河北教育出版社云出全集只允付版税，与前所允稿费相差甚多，带来香港中国文化研究所寄来之审查论文。章灿来谈写《文学史》事。有富来谈《校雠广义》购书事。丽则来饭，云 12 月 1 日将率留学生去桂林、深圳等地。

11 月 28 日(5)阴雨，11℃

为今世缘集团写一小卷子，南锡执笔。得《中华文化周报》稿费 220 元；黄伟经函，中有一字认不清，需回复。

11 月 29 日(6)阴，12℃

天渝和天纵一家来午饭。函淡芳，并寄去为其友所写书签。为香港中文大学写评语并寄去。张伯伟来录音，王小盾同来。

【剪报：《光明日报》1997 年 11 月 25 日第 6 版于景祥《旧学与新知——评〈程千帆选集〉》。】

11 月 30 日(日)多云，12℃

中午携丽则、早早去太平路小吃，并去古籍书店和太平商场。景祥和其编辑室二同志来宁，下午和砺锋同来，本栋亦来，谈甚久。丁芒和南大外文系张教授同来。刘重喜取去所捐赠之冬衣。

新编中国文学史主编名单：

全书主编　袁行霈

第一卷　先秦秦汉　聂石樵　李炳海(东北师大)

第二卷　魏晋南北朝隋唐五代　袁行霈　罗宗强

第三卷　宋元　莫砺锋　黄天骥

第四卷　明清近代　黄霖(复旦)　袁世硕(山东)　孙静(北大)

12月

12月1日(1),9℃

晚宴景祥、陈冰白(女)、谢丹及同门诸子。草总全集备忘录。李立朴来电话云,书与稿费均已寄出。

12月2日(2)晴,8℃

孙原靖来谈文学史稿费事。朱家维来谈省统部拟请莫砺锋任政协委员事。南大出版社美术编辑杨小民请写字。为陈蔚写好一幅字,寄出。早早携来《国防五字经》,请删改。汇文学社请题词,明日下午来。李立朴寄《学记》各作者的稿费来,并寄来97年我顾问费1000元。

12月3日(3)多云,7℃

为汇文学社徐渐枫、赵亮各写一条纸,又为学社写一条。作家班任书剑来,云即将赴日留学,为其写介绍信与蒋寅,为今世缘所写条幅亦交其带去。张伯伟告知明日将与莫砺锋同赴福州讲学。二人去鼓楼邮局将钱取回,不累。

12月4日(4)阴,6—7℃

时惠荣、任天石来送聘书,赠挂历。为出版社杨小民写字一幅。为任书剑、王爱国写字两幅。为早早赠其同学写对子。为出版社写字一幅。下午砺锋来谈河北教育拟出全集事。

12月5日(5)阴,10℃

写对联、杨小民等字(对联四副)。

12月6日(6)阴,小雨,11℃

写王一桃字二幅,即寄香港。天渝家来饭,吃羊肉火锅。复傅杰、吴柏森、胡守仁。出版社所索字均已写好，待送。

【剪报：《江西诗词》季刊总49期1997年第3期胡守仁《程千帆先生惠赠所著〈闲堂诗文合抄〉读后敬题》。】

12月7日(日)阴转多云，10℃

得李立朴挂号函两封，寄来稿费细账。铁路运书已到。我《学记》稿费连同芸32.50元，共3523.00元，扣购书费3450元，余73元。立朴寄来全体稿费11155.50元，由巩本栋分寄各地共7085元，留宁待发2405元，美港澳714元，无处投递877元。

12月8日(1)多云，5℃

得霍松林函，约诗稿；周实寄《书屋》两本，约稿。火车托运及邮局所寄《学记》均到。得刘为民寄书一本，骆文函及照片。

12月9日(2)晴，6℃

得屈义林画，又一幅属题。寄《学记》与林先生。书20册与早早。

12月10日(3)晴，6℃

寄张克书(原寄来者)及《沈诗笺集》给贵州文联主席。孙原靖取去书两本(霍及吴调公)。送早早书一本。给徐明祥一本。

12月11日(4)晴，6℃

送中文系同仁《学记》22本，由早早送往中文系。孙原靖取去书4本(吴文治、周明、王锡九、郁贤皓)。

【剪报：《人民政协报》1997年12月6日第2版《奖学金该怎么花》。】

12月12日(5)多云，7℃

函朱晓海、王淡芳、屈义林。许结取去书6本(许结兄弟及文研所4人)。送黄希坚一本。

12 月 13 日(6)晴,9℃

小婉在火锅城请大家(共 17 人)吃火锅。下午在家里玩。小婉带书一本给陆华。滕志贤的研究生邹国礼来,敦请为其舅父所编《五字经》修改,送礼(鱼翅)及 500 元。

12 月 14 日(日)晴,11℃

寄王永芬、冯亦同、黄伟经、周实、王步高共五册。邹国礼陪共舅父朱文泉来拜访,请为其《五字经》定稿,送羊毛毯一床。赠朱《学记》一本。

12 月 15 日(1)多云转阴,11℃

寄书北京 5 本(李彦、伍杰、任继愈、钟敬文、刘乃和)。晨去皮肤病研究所看皮肤瘙痒,陈蔚接待。下午参加匡老逝世一周年纪念会。得舒芜函,王淡芳函(题笺已收到)。

12 月 16 日(2)雨,9℃

寄书:安平秋、郭锡良、王利器、聂石樵、陈蔚。函复舒芜。得上海辞书出版社《古文鉴赏辞典》二册;吴汉骧编《试新编选集》一册;吴柏森函,嘱题其诗集,不复。曲、蒋、韩、洪四人《学记》由早早送去。小妹来言明日开会论宋文学史。

12 月 17 日(3)多云,9℃

寄书:周绍良、陈早春、徐放、林岫、周振甫、敏泽、季啸风、张辉、周笃文、万业馨、刘梦溪、郑惠、陈平原、郭预衡、葛兆光。高纪言来谈《大典》事。王庆元研究员拍照片请报销路费事,已交武秀成办。得顾学颉函。

12 月 18 日(4)多云,10℃

沈文冲带《南通今古》编辑严晓星来,各赠以《学记》一本。周退密函及诗。顾农函。又上海文艺出版社寄稿费百元,系《小说界》所刊文,误投要退还。

12 月 19 日(5)小雨,11℃

函伟华、天眉。得贺年片:陈贻焮、贾文昭(函)、刘梦芙。下午河北教育出版社四人同来(社长王亚民、编辑室主任孟保青、美编张子康、编辑潘海鸥),谈出全集事,颇顺利,各赠以《学记》一本。

12 月 20 日(6)昙,13℃

贺年片:吴在庆。伯伟来录音。

12 月 21 日(日)阴,12℃

祖棻文集拟由早早负责编辑,已与砺锋谈。赵国璋来,送花一束。得屈义林函,赵昌平函及贺年片,蔡厚示贺卡,辰宪贺卡,任秀金函。中午早早请吃水饺,因得到研究生奖学金。

12 月 22 日(1)阴,8℃

便结脱肛,极为痛苦,一天不能做事。早早来,告诉她如何编其家家之全集。天渝来谈,晚饭后始回家。陈均老师送来《扬子晚饭》,载有骆文《千帆先生》一文。

【剪报:《扬子晚饭》1997 年 12 月 22 日第 10 版骆文《千帆先生》。】

12 月 23 日(2)晴,9℃

上午去医院看病,心脏不太好,需注意休养,脱肛可治。得刘梦芙、康平(寄图章)、周光阁等函。

12 月 24 日(3)晴,11℃

校报记者来访谈学校校风问题。得程一中、支德裕(《扬子晚报》)函,上海辞书出版社寄来《古文辞典》稿费 482 元。

12 月 25 日(4)阴,12℃

寄书 10 本。寄贺年片 4 张(雄、鹿、龚、任)。上海文艺出版社寄来稿费100元,退回。寄款600元给李立朴,请其再购《学记》40本。

【剪报:《华夏诗报》总第112期程千帆《闻省委顾浩副书记过丁芒兄蜗居,此金陵文坛一故实也,戏赠二绝》、丁芒《步韵答程千帆师赠句》。】

12月26日(5)阴,12℃

晨黄进德来谈《大典》事。随后潘海鸥与砺锋来定出版全集合同,已签字,俟其回河北由出版社签字后再寄回。早早因上课未签字,将补签。下午寄书十本。得林老师贺年片,并将寄来虾米和淡菜;万业馨高级贺年片;吴志达函。本栋来。

12月27日(6)阴,12℃

得孔凡章寄来纪念祖棻之长诗;蒋寅贺年卡,称1月17日返京,随后回家探亲,当来宁一叙;郭先芳贺卡,并寄来文一纸。

【剪报:《黄河报》1997年11月14日第4版郭先芳《"华夏古文明 大河所哺育"——访著名学者程千帆》。】

12月28日(日)阴,10℃

得任继愈、徐放贺年片,均收到书;陈继明函及贺卡;王淡芳函,收到《学记》。寄书,内有寄孔凡章函及书(《学记》和《诗论》)。天渝一家来午饭。伯伟、曹虹赠领带一条和朝鲜泡菜。

12月29日(1)阴,小雨,10℃

函于景祥。得林印(荒芜妻)函(转本栋),郭预衡函,白雉山函,皮公亮函,徐中玉函,严晓星、傅杰、周实(《书屋》)、王一桃贺卡及信,贺卡:邓国光等。

12月30日(2)阴,10℃

12月31日(3)雨,9℃

写对子一付寄给康平。寄《学记》一本给姚白桦。章灿全家来,赠花一束。周维培来赠书两本。得张瑞洁函及贺卡。

1998年

1998元旦，平安吉祥，大吉大利！

1月

元月1日(4)多云,11℃

中午率丽则一家到精英小吃，小燕另有约会，未来。郭维森来拜年。杨克平由上海打电话来拜年。得钱谷融函，收到《学记》。《程千帆诗论选集》获国家教委首届人文社科研究优秀成果奖(1995年9月21日《中国教育报》公布)。

元月2日(5)晴,10℃

上午许惟贤来。下午陆华来。今日起送来《新华报》。得傅杰函。

1月3日(6)阴,10℃

纵、渝二家来竟日，午饭于小排档，四百余。郭锡良赠《汉语史文集》。万业馨、王博仁、陈尚君片。

【剪报:《南大报》1997年12月30日李钟梅记录整理《教学相长　纯净学风》。】

1月4日(日)晴,5℃

完成修改朱文泉《国防五学经》。得郭锡良、王运熙、钱志熙函及贺年片多张，舒芜函。砺锋呈所为文二篇。

1月5日(1)昙

贾晋华函，收到《诗文钞》。写朱文泉对联。以朱联、屈画兰蝶图交史梅裱。给小早《学记》一册，史梅图书馆一册，资料室二册，柳如是事复印。

1月6日(2)昙，10℃

宏生来，谈写作事。砺锋来借韩诗。章灿还书，复借字帖2本。打报告给行管处，要求换闸门。陈平原函要伯伟作文。贵州寄来四本全译。

1月7日(3)阴，小雨，8℃

得吴金华、钟叔河、王淡芳函。王言有祖棻函数十尚存，回信请其复印寄来。周勃、冯天瑜、魏同贤、蔡厚示、宋谋玚均收到《学记》。周勃住院切除胆，蔡妻病住院。又得苏者聪函，谈过去事甚多，似有悔意。

1月8日(4)阴，7℃

周伟民、吴金华、周晶函，李国章片。本栋陪看目，医云不可做手术。买一保温杯，92元。又胡遐之函，云寄湘绮翁集。又得陈早春、董治安函，均收到书。于景祥来电话，将延迟至20日以后来。

1月9日(5)阴，7℃

得钱伯城、朱正函，收到《学记》；伍杰函，收到《学记》并寄来书一本；《学术集林》稿费442.50元。寄所写对联给于景祥，其稿费65元并寄。侯孝琼、贾文昭函，均收到书。

1月10日(6)阴，9℃

得胡遐之寄来《湘绮楼诗文集》及诗，王绍曾函。复胡遐之、陈平原、贾文昭、王绍曾。函邓懿，问《合钞》是否收到。又告景祥，伯伟允编诗论。收《大典》编务费八百元(通知款未到)。复伍杰谢赠书。收丁芒、吴在庆、周笃文。

1月11日(日)阴,细雨,7℃

函苏者聪、顾学颉。以《学记》寄丁芒,拒其参加讨论会。骆文信。河北来电话,约均谈妥。贵州第一批书收到。

1月12日(1)阴,8℃

函黄瑞云,寄去所需的题笺;杨金亭,附近作诗5首。得贺年片若干。《沈祖棻全集》合同由砺锋寄出。

1月13日(2)雨,5℃

王馆长来,致年敬400元。为茅家琦推荐任文史馆馆员事,致函戴澄东,并赠《学记》一本,另赠林部长、孙颔《学记》各一本,均交小丁带去。得刘立介函。

1月14日(3)雨,5℃

得高文、林从龙、黄天骥函,均收到书。以丽则诗四首寄周笃文。为丽则诗抄册页,眼模糊,不能毕功。刘国武函。

1月15日(4)

白敦仁函。高纪言来。常国武函。

1月16日(5)阴,0℃

王水照寄《宋代文学通论》。李立朴书第二批收到。《大典》八百收到。寄王天海函,又《诗世界》一本。孙小妹、郁贤皓来。送钟振振《学记》一册,王水照《学记》一本。

1月17日(6)小雪,1℃

丽则参加教代会后送来学校售新房暂行规定,希望丽则有机会改善住房条件。得张叙之函，抒发对老师的怀念，颇有感情。朱文泉之外甥来，又馈赠200元，修改过的《五字经》已交还，对联待裱好后再送。函万业馨，谢赠果脯。函周勃，问候其身体。

1月18日(日)晴,1℃

丽则、早早、小燕均来饭，谈拟购房子，允资助。钟静闻命北师大一女生送来书一本。沈建中来函，寄一自制贺卡，附载有我照片之《文汇》副刊。

1月19日(1)晴,1℃

得邓广铭讣告(91岁)；叶嘉莹寄文一篇，并告以即将返加；张世林函，收到《我与校雠学》，约于7月份出，另邀写《学林往事》，与前辈学人之往来；葛兆光函，收到《学记》，即将赴日；周祖譔函，叙事甚详；周一良函，收到《合钞》；王绍曾函，关于写《校雠广义》书评事。早早在江苏展览馆代购若干食品。

1月20日(2)晴,2℃

社联谷至平及司机孟海来送节礼(干果五色)。写对子一副送钟敬文，拟俟蒋寅来时，带回北京裱好后送去。周勋初来电话，已回宁。得胡国瑞、周伟民函，均收到《学记》。

1月21日(3)晴,5℃

得徐中玉函，曾卓函，王文才函，王淡芳函(谈祖棻书札事)。九三送年礼数色。为周祖譔写一横幅，连同《沈集笺注》一本寄厦门。寄《学记》一本给……函复沈建中、周晶、王绍曾。

1月22日(4)阴,5℃

得晓雪、王兆鹏函，收到书。本栋来，《扬子晚报》要千帆《心声》，已看过付巩，学校给稿费100元已付巩。天纵来，送衣服及食品数色。砺锋为千帆去医院拿药。得田余庆函,收到《学记》;寅宪贺卡。章灿来谈出书等事。孔凡章寄诗来。油汀已烧坏,明日拟购一新炉。

1月23日(5)晴,4℃

刘泰隆文已寄还。函复曾枣庄、王水照(附吴金华)、周祖譔、聂石樵(附钟敬文)。购得新油汀。函寅宪、辰宪。

1月24日(6)晴,5℃

得王水照函。史梅来,取去裱画绫。下午去看望周勋初,带去《学记》与稿费。

1月25日(日)晴,6℃

史梅来取去裱件及绫子。

1月26日(1)晴,5℃

陈尚君派其女弟子陈飞雪来,致新出《唐代文学丛考》。吴锦来。张宏生夫妇来,借去陈平原编《文学现代化》一册。苏昌辽来,携来《龙榆生论文集》,赠《学记》一册。王绍曾来函,谈写《校雠广义》书评事。周晶来电话。

1月27日(2)阴,6℃

约有富来,谈写《校雠广义》书评事,由有富先起稿,再寄王绍曾定稿后,寄《中国文化》。得林继中(函)、杨克平、邓国光、郑尚宪(函)、钱鸿瑛、姚继舜、张高评、秦川、吴代芳(函)、熊盛元贺卡;张实函(附诗);香港中文大学中国文化研究所寄稿费支票一纸,300元港币。景祥、志达、周明电话贺岁。全家除夕团圆饭。田余庆寄《东晋门阀政治》,佳作也。

1月28日,戊寅年春节,晴,7℃

系领导来拜年。卞孝萱来拜年。多人打电话来拜年。中午大团圆,四代19人共午餐。得黄永年函,收到《学记》。

1月29日(4)晴,8℃

今天小燕过20岁生日,全家在肯德基午餐。下午早早去徐州,晚丽则来同看电视。李灵年来。周勋初来。万放打电话来。

1月30日(5)晴,9℃

天纵、天渝全家来午饭。吴泽晶来拜年。

1月31日(6)晴转阴,10℃

寄书(《学记》)给吴代芳、张实、姚继舜。函复弘征、田余庆、陈尚君、郑尚宪。得彭燕郊寄来诗集及函,王宁贺卡。小鲲全家来。晚天眉打电话来。

2月

2月1日(日)阴,小雨,6℃

复彭燕郊。宁健生日往贺,午饭。

2月2日(1)小雨,阴

景祥寄来《诗文抄》15册。徐兴无带来张汉怡刻石章,小燕去取回。函彭燕郊。中午在渝家饭。

2月3日(2)阴转昙,7℃

下关医院周学富医师(住姜家园203—9号,邮编210011)由阮崇雍介绍来求字。周电话8829396,BP4459459—21348。小宁来午饭,取去香港支票转存。丽则打电话来,云小佳新购房甚好。

2月4日(3)晴,6℃

得宋谋玚函附诗。复中文大学学报编委会,附去收款收条。

【剪报:《古籍新书目》载《大型类书——〈中华大典〉将隆重推出》。】

2 月 5 日(4)晴,8℃

七姐夫妇来。

2 月 6 日(5)晴,9℃

关于《水浒》事,函复宋谋玚,并致一中。顾学颉寄《说古道今》。

2 月 7 日(6)晴,12℃

发高克勤、傅杰、顾学颉、潘海鸥、刘梦溪、周晶,6 封。

2 月 8 日(日)晴,10℃

得屈义林函,收到所题画,寄来照片 2 张。中午早早、郭斌、小燕、崔凡来午饭。函吴志达。

2 月 9 日(1)晴,10℃

收《三角洲》稿费 40.00。

2 月 10 日(2)晴,13℃

蒋寅来,中午于西苑宴,有勋初、孝萱二先生及砺锋、伯伟、曹虹、宏生、章灿、光兴等。王淡芳函。

2 月 11 日(3)晴,14℃

上午理发。得周祖譔及文章两篇,河北教育寄来合同。复王淡芳、陈毓贤。

2 月 13 日(5)晴,18℃

得弘征函,同意用顾农稿。函弘征、景祥、顾农。

2 月 14 日(6)阴,9℃

得杨金亭函,同意登诗二首,但拟改二字,即复函同意改。丽则、威克自武汉归。

2月15日(日)阴,8℃

丽则全家来饭。函杨金亭,允改诗二字。张智华赠宣纸及笔,求字。与早早谈编沈集。

2月16日(1)阴,微雨,8℃

得清水茂函,已收到《学记》和《合钞》;高克勤函及《两宋文学史》一本;张叙之函。

2月17日(2)昙,10℃

寄《沈祖棻诗词集》《宋诗精选》各一本给张叙之,并附函及致潘长胜函。函上古函授部,购《两宋文学史》4本;河北潘海鸥,寄去两文集之篇目。本栋来,云舒芜未收到《学记》稿费,已找出邮局单据以去查。

2月18日(3)阴,9℃

齐鲁寄来《20世纪中国文学史》。

2月19日(4)阴,10℃

得上海文艺出版社寄来稿费100元(退去又寄来),前在《小说界》上登有照片及语丝;蹇长春函(已挂号转给高纪言);无锡范阳函,求字。复清水茂、周晶、周祖譔。

2月20日(5)阴,10℃

去医院看牙,补好一个,另一个需去口腔医院治疗。函施议对,问其稿费如何处理。程章灿送来石刻丛书目录。顾农函,已将弘征、景祥寄出(索回稿件寄贵州)。

2月21日(6)阴,7℃

函天眉;田余庆,介绍章灿《石刻论丛》。

2月22日(日)阴,5℃

去中山大厦,购回一小钟,50元。早早姊妹来晚饭。

2月23日(1)阴,6℃

石家庄汇来五万元(预支稿费),四万通知存款,一万购国库券。汇二千元给小佳。天纵来午饭。得姜书阁函,收到《学记》;常国武、钟陵函,甚为无礼,不理。

2月24日(2)阴,6℃

得古籍小组寄第一季度顾问费300元,《江苏学人随笔》稿费80元。周晶打电话来,云《校雠广义》四本一起印,4、5月间可出版。打电话给小佳,告诉汇款事。

2月25日(3)多云,10℃

砺锋订正的《古诗今选》已看好,砺锋取出,还拿去新版《两宋文学史》,可直接寄与河北。本栋来告知陈祖美谈祖棻词事。有富来,云中文学报字须重写。晚安徽一编辑贾愚来访。

2月26日(4)晴,14℃

上海教育出版社寄来《社会科学家自述》稿费140元(待收到杂志后决定)。省广播电台来采访退休后的作为。

2月27日(5)晴,18℃

得钟振振函,收到《学记》,附诗若干首。江苏古籍卞岐函,云寄来《宋诗精选》重印稿费及样书,均尚未收到。高纪言来谈各分典进行的问题。

2月28日(6)晴,18℃

得韦其麟函。天纵全家来竟日。

【剪报:《扬子晚报》1998年2月27日第10版程千帆《心声》。】

3月

3月1日(日)晴,14℃

中午全家吃饼。早早草就各书后记。唐五代词评语残存定稿。

3月2日(1)阴,10℃

《宋诗精选》重印样书2本收到。黄希坚送来审朱自清稿费200元,蹇长春原函送来。

3月3日(2)阴,12℃

史梅送来裱好对子两副(一朱将军,一钟老),送《学记》一本给裱画师。得江苏古籍重印《宋诗精选》稿费284元。卞孝萱来,谈《大典》。函复钟振振。函高纪言,附蹇长春原函及卞孝萱意见书。函金坛天友公司,问摇摆器修理事。得陶敏函,收到《学记》;王淡芳函,附来祖棻信札;上海文艺出版社寄来《弃园文粹》,已复周。

3月4日(3)小雨,11℃

晚丽则来,云徐兴无讲要送一本《学记》给张汉怡。沈建中来电话,讲《小说界》事,索《学记》一本。

3月5日(4)多云,12℃

本栋陪赴南医口腔医院治牙。寄《学记》一本给沈建中。函卞岐,附稿费收据。

3月6日(5)阴,12℃

得吴代芳函,天眉函。

3月7日(6)阴,10℃

天渝、美林、小鲲来谈天眉拟在宁购房事。

3 月 8 日(日)雨,9℃

函《中国文化》(挂号)、傅杰、王天海。得刘庆云函,请写书签。

3 月 9 日(1)雨,11℃

得苏者聪寄《宋代女性文学》。

3 月 10 日(2)小雨,9℃

得陈耀东寄来聘书,聘为《丛书》顾问。

3 月 11 日(3)阴转多云,9℃

复刘庆云(附书签);苏者聪,收到书;陈耀东,收到聘书,更改住址。得河北出版社潘海鸥函,催寄稿。恩美嫂来电话。

3 月 12 日(4)

得弘征函,云未收到顾农稿件。函雄哥、恩美嫂,寄去伟华、天眉在美地址。看牙。函王淡芳(挂号),请速寄祖棻遗札。

3 月 13 日(5)晴,15℃

寄 1000 元给兄嫂。函于景祥请寄顾农稿。高纪言来谈《大典》事。小吴送我们去看王永芬。

3 月 14 日(6)晴,17℃

章灿打电话给景祥,景祥云顾农稿已寄湘。天眉来电话,拟四月下旬归国。廖序东来访,我二人已不认识,未多谈。

3 月 15 日(日)阴冷

率丽则一家吃烤鸭。得黄伟经函,《俭腹微言》已刊出;《中国文化》函,云因编辑人员变动,刊物延迟出版。

【剪报:《羊城晚报》1998 年 3 月 11 日第 11 版程千帆《俭腹微言》。】

3月16日(1)晴暖

得广东《当代诗词》稿费120元,《江海学刊》题辞费1000元。去丹凤街检验听力,并又配一助听器,1485元。得蒋寅函,贵州稿费及《学记》均收到。

3月17日(2)晴,22℃

高纪言、卞孝萱来谈妥隋唐五代分典交稿时间及报酬。交稿时间:三月底一次,五月底一次,六月底前交清。报酬:交清稿后18元付清,出版半年再补12元。

3月18日(3)多云,20℃

上午去瑞博眼科中心检验眼睛,医云白内障不严重,视力差不由于白内障,建议换一副眼镜,已验好光,配一看书眼镜。砺锋来,谈潘海鸥来信问交稿进度。伯伟来,取去港币支票,并谈《大典》事。许总送来下周开会请柬。

3月19日(4)雨,12℃

晨去口腔医院诊牙,结束。《扬子晚报》赠稿费500元,转与巩。丁芒寄赠《当代诗词学》一本。

3月20日(5)中雪,6℃

复马瑞芳、丁芒、弘征。

3月21日(6)晴,5℃

函田余庆、高克勤、吴志达。得傅杰函,《俭腹抄》排在第三辑,今年七八月能出。

3月22日(日)晴,8℃

《沈祖棻文集》已编好三又三分之二卷,早早今日寄出,尚余书札,待王淡芳寄来。

3 月 23 日(1)小雨,7℃

得张辉寄来包裹(罗汉果、桂圆);郑州胡世厚函,要求将《题静海寺》诗书写,备在深圳刻诗碑用,已函复如不将题目改动,可写。

3 月 24 日(2)雨,6℃

湖南文联主席谭谈寄来其作品《人生路弯弯》,并要求捐赠书给爱心书屋。史梅送来裱好的屈义林画。王淡芳又寄来祖棻书札十余封。

3 月 25 日(3)阴,小雨,8℃

上午参加《江海学刊》40 周年座谈会,并在会上致祝词。所配看书眼镜已取来。得珠海周立峰(原南大学生)函请改文,已复函回绝。

3 月 26 日(4)阵雨,10℃

复蒋寅、张辉、陆耀东。函复谭谈,并寄《学记》一本给爱心书屋,一本给谭。参加陈白尘纪念会,带回《陈白尘全集》一套。

3 月 27 日(5)阴,12℃

接受新闻系女生袁媛等二人的采访,准备为《老年科技人员风采》写文。高纪言来。得陈望衡函,附剪报载有陈所写《诗人程千帆》。得丁芒、吴汉骧函,均请为《吴芳吉论文集》题词。

【剪报:《文论报》1998 年 2 月 12 日第 4 版陈望衡《诗人程千帆》。】

3 月 28 日(6)晴,19℃

天纵、天渝两家来午饭。得刘庆云寄《词话十论》。复范阳、丁芒(寄吴芳吉书签)、陈望衡。

3 月 29 日(日)晴,22℃

春晓与郭斌来帮助整理书橱。

3月30日(1)晴热,18℃,实际约25℃

章灿来,送来成都出版社送《南北朝诗选》审稿费800元,《文学史》将寄出10章。下午取药、理发,并在肯德基晚饭。得傅杰函,《学术集林》已寄出,庞老文集仍在交涉中;黄伟经寄来稿费300元。

3月31日(2)雨,15℃

得河南胡世厚函,关于写《题静海寺》诗事;刘庆云函。函复王淡芳,收到复印函件。

4月

4月1日(3)雨,8℃

得陈致函,陈辽函附文,湖北公安县赵克勇函。上午写两幅字,一学富医生,一张智华(未写好,不要)。得香港黄兆汉寄《姜白石词详注》。

4月2日(4)晴,15℃

得刘一虹寄来沈祖棻给刘彦邦信的复印件。写对子一副寄给周学富医生。得屈守元寄《坚多节斋韵文存稿》一册。张伯伟来邀请四日参加南大基础学科教育学院成立大会并题词祝贺。

4月3日(5)晴,20℃

为教育学院题词一纸,已交伯伟。为“回归颂”办公室胡世厚书写《题静海寺》一纸,备在深圳刻石,已寄出。得敏泽函。

4月4日(6)阴,23℃

下午参加校基础学科教育学院成立会并致贺词。

4月5日(日)雨,17℃

湖南诗词协会陶杰来函,拟编湖南当代诗词选,索诗词,已抄寄。晚张伯伟率其研究生冯翠儿来访。

4月6日(1)阴,19℃

巩本栋来,与之谈写黄季刚师轶事。得何永沂寄《诗集》;高校古委会通知,补助《黄季刚日记》15000元,今年拨5000元已到,已转告周勋初。写字三幅:1. 张智华、2. 香港黄兆汉、3. 陈望衡。

4月7日(2)雨,15℃

市教育学院李金堂带着其师刘乃和信来访。得吴志达函;天眉函,本月24日回国。曹明扬由上海打电话来。

4月8日(3)阴,16℃

函高纪言,附去吴志达函。

4月9日(4)晴,20℃

得《中华诗词》编辑王澍函,请丽则将诗题《与小平……》改名。得敏泽函,索回忆录。砺锋接到河北教育出版社电话,索照片及两文集的前言。

4月10日(5)阴转多云,20℃

周学富医生来,做耳压治眼睛,并希望为其写另一副对子,较短。布置早早写《沈祖棻文集》前言。

4月11日(6)阴,18℃

得弘征寄书两本及函,拟设法印顾农书。在天纵家午饭并参观天渝新房。得田芜讣告。

4月12日(日)雨,18℃

函弘征、顾农。函市文联请代购花圈吊唁田芜(附去10元)。

4月13日(1)晴,24℃

得张世林函,嘱寄照片及格言,已写好寄去。李立朴来电话,已将《学记》上之照片18张(各9)寄保定河北教育。蒋赞初来,云饶宗颐明日来参观南大保存之书画,约明日会面,并函校长请同意饶去参观。

【剪报:《中华读书报》1998年3月25日第3版马斗全《老学者的忠告》;《光明日报》1998年4月11日第2版傅璇琮《学风的熏陶　师辈的关怀》。】

4月14日(2)晴,25℃

贾文昭信,即复(刊吴志达序文)。

4月15日(3)晴,26℃

高惠立来拍照。得陈继明函,请写签。

4月16日(4)晴,24℃

完成书札拾零整理,交早早去复印。曾广开《元和诗论》已寄来。中文系与《文学评论》合作出《文学评论丛刊》,已出第一期。校报送稿费30元(在基础学科教育学院开幕时的讲话和题词)。高纪言来,送还吴志达函,并谈稿费事。

【剪报:《南大报》1998年4月11日《程千帆教授的讲话》及程千帆题辞。】

4月17日(5)晴,25℃

上午二人看牙。下午原靖送照片来,极佳。函复吴志达,关于《大典》稿费事。金陵中学校长书记来访,并约为其110周年纪念册题词,赠与母校《选集》《学记》。

4月18日(6)晴,26℃

上午与丽则夫妇同游古林公园。中午在金鹰午饭。下午马瑞芳的学生王薇来，请为其推荐至东南大学任职。

4月19日(日)晴，28℃

为金中写好110校庆题词。天渝来饭。为黄兆汉写字一幅。早早文成。

4月20日(1)晴，33℃

擦窗安纱窗，早早与三男生。

4月21日(2)晴，29℃

发信：三夕、王一桃、瑞洁。修助听器，非坏，乃电池问题。

4月22日(3)阴，29℃

写北大100年寿联：

舜寿百岁，

孔赞斯文。

史梅取去裱。

宏生取去为金中校庆所写贺词。早早与砺锋均写好文集总序。

4月23日(4)阴，27℃

黄希坚送来魏晋南北朝分典样稿。《沈祖棻文集》书札部分看完，并寄潘。以书信序言寄潘海鸥，以序言寄傅璇琮，字帖寄曾广开。

4月24日(5)阴雨，23℃

复王淡芳，附照片数张。

4月25日(6)晴，23℃

送曾广开的字帖已被早早截留。小燕来晚饭，送一个皮包给她。天眉晚抵宁。

4 月 26 日(日)晴,26℃

《羊城晚报》载《俭腹微言》。改好早早词的处女作。骆文来访,并赠名茶一瓶。

【剪报:《羊城晚报》1998 年 3 月 11 日第 11 版程千帆《俭腹微言》。】

4 月 27 日(1)晴,29℃

天眉来,天渝一家、天纵、丽则均来会。有富送王绍曾书评来,要徐和周晶商议刊载。

4 月 28 日(2)晴,31℃

上午参加《文学评论丛刊》发布会并发言。得山西人民出版社周红受敏泽委托寄来《学海钩沉》一本(王利器《往日心痕》);余德泉寄《对联格律》一本;何永沂函,附词一首、绀弩诗若干首。

4 月 29 日(3)

寄舒芜、何永沂、吕永、余德泉(长沙)、周红(山西)。

4 月 30 日(4)晴,29℃

全家在福盛缘晚宴,庆祝美林 50 生日。在湖南路商场购得皮包、帽子、指甲锉及樟脑。收到《中国文化》。

5 月

5 月 1 日(5)晴,30℃

天气闷热。昨晚归迟,今天全日感到疲倦,未做事。得吴志达函,同意稿费问题。张伯伟、曹虹来,赠新茶两罐。

5 月 2 日(6)晴,25℃

写早早处女作《摸鱼儿》留为纪念。

5 月 3 日(日)晴,29℃

写周学富联,挂号寄出。函舒芜。曹虹送角黍。王靖来,赠巧格力一盒。嫂来电话,云雄哥病体有变化。陈望衡来信,收到所赠条幅。

5 月 4 日(1)晴,29℃

莫砺锋来,明日去京,带去赠北大之对联及赠周绍良之墨等。得詹伯慧函,请为其纪念文集题诗文。芸书《摸鱼儿》及《归去来辞》,请史梅付裱。章灿来谈《文学史》事,赠菊花一盒。

【剪报:《古籍新书目》1998 年 4 月 28 日孙言诚《书学之大成　治学之门径——浅谈齐鲁书社新书〈校雠广义〉》。】

5 月 5 日(2)晴,26℃

天眉、芸去沪。汇去买《文学史》10 钱 231 元。收安徽古籍百元。早早去江苏古籍取《明诗话》,拒付。得中山大学文献所黄仕忠戏曲书二册,湖南益阳对联一册。收到舒芜及黄兆汉信。

5 月 6 日(3)阴,26℃

写对子赠詹伯慧、吴志达,即寄出。通知上古寄《宋文学史》稿与南大档案馆。函刘梦溪、周晶,《广义》事。

5 月 7 日(4)阴,26℃

郁贤皓陪周祖譔夫妇自京来,陪游夫子庙。顾学颉寄《师友录》。芸自沪返,安。

5 月 8 日(5)阴,23℃

朱明伦(辽大)来访,赠洋参二盒。周祖譔夫妇、郁贤皓夜来。

5 月 9 日(6)阴,19℃

天渝夫妇、天眉母子共午餐,带来美林生日时照片。得舒芜函;《中国文化》稿费 1200 元(扣去所得税 36 元),得 1164 元。砺锋来电云,在北京大学讨论会上,将我所书对联交北大校长。舒芜告绀弩身后情况及其写作遇挫事。

5 月 10 日(日)雨,17℃

中午在天纵家吃饭。晚天眉请在接待餐厅吃面,盖今日乃母亲节也。将厦大请教师信转砺锋。

5 月 11 日(1)阴,18℃

得赵克勇(公安县粮食局)诗,殊恶,知专研格律与文事无关。赖高翔弟子张学渊(四川广汉)求赖集序;营口市党学谦寄于某诗集求揄扬,林从龙之介也,皆拒之。

5 月 12 日(2)雨,19℃

复张学渊、赵克勇、营口于某。

5 月 13 日(3)雨,18℃

徐有富来谈《校雠广义》出版事。黄进德来谈《大典》事。张伯伟来谈在北京开会情况及与上海古籍谈写回忆录事。丽则点房,获得陶谷新村 21 号 701;伯伟、有富、宏生、本栋等均点到新房,甚喜。

5 月 14 日(4)雨,19℃

补寄沈两篇论文给潘海鸥。

5 月 15 日(5)阴,19℃

得杜甫研究会开会通知,已函复不能参加。张辉托人带来哈密大枣,函谢。

5 月 16 日(6)阴,20℃

伯伟来,送来《朱自清日记》。程章灿一家、张宏生一家来看天眉。

5 月 17 日(日)雨转晴,24℃

和芸、眉同去天渝家,还有王静,美林菜做得很好。

5 月 18 日(1)晴,28℃

杨克平来宁,中文系请他来中文系,中午宴请,我陪,历时 4 小时,甚累。杨赠港币 300 元。黄先生日记决定收回由南大出版社出版。晚湖南岳麓书社胡渐逵、李应宗来访。得张瑞洁函暨其夫妇所写散文数篇。

5 月 19 日(2)多云,29℃

因脚肿去医院看病,仍系心脏缺血所致,连日劳累,需多休息。吕永寄来莲子,云可治心脏病。

5 月 20 日(3)多云,31℃

函石禅(索书)、吕永、王淡芳。得吴柏森 70 诗。张伟华、尉淑玲来午饭。

5 月 22 日(5)

张世林寄《我与校雠学》稿,校后返之。早早买对笺 20 副。

5 月 23 日(6)阴有小雨,24℃

早早送来新作词三首,已为其改一首。天渝一家来午饭,小燕同饭。小鲲一家晚间来,自带汉堡包等。

5 月 24 日(日)雨,20℃

天纵一家、小鲲一家来午饭。

5 月 25 日(1)晴,24℃

晨去医院作激光去脸上黑痣,很顺利。得张瑞洁函,不回;葛兆光寄《思想史》一册,甚佳;《淮海文汇》原副主编童笑瓴函,并寄来丁爱华赠《乾隆铁事》一本；尚炜函及《军事诗选》一本。

5月26日(2)晴，27℃

得张瑞洁致芸函，附“亲缘”原稿。孙原靖来，嘱写《孙望文集》推荐信。芸往治疗牙齿，天眉陪。

5月27日(3)晴，30℃

复丁爱华、尚炜，收到其书。复张瑞洁，寄还原稿及丽则诗。得吴柏森函，索诗。

5月28日(4)昙，30℃

为王一桃、吴柏森题字。张智华送论文来审阅。史梅送来芸所写2横幅(一送天眉，一送早早)。余恕诚赠所著《唐诗风貌》一本。得舒芜函，早早文已转《读书》。

5月29日(5)

为袁行霈、胡渐逵、李应宗书联并寄出。

5月30日(6)多云，30℃

复谢葛兆光、余恕诚赠书。丽则一家、小鲲一家中午来饭。晚在天纵家饭。得吴志达函，已收到对联。志达告李健章妻死，子女不孝，穷蹙，割腕自尽不死，可哀。

5月31日(日)阴，小雨，29℃

复吴志达。为于景祥编审职称证明，应卞孝萱请也。

6月

6月1日(1)阴雨，25℃

砺锋出示为《文评》作评介文，甚佳。陈平原寄新书。《社会战线》寄

200元题词。

【剪报:《扬州日报》1997年4月5日曲辰《〈闲堂诗存〉——听箫楼读书丛札》;《长江日报·江花文学周刊》骆文《再访程千帆》。】

6月2日(2)多云,25℃

复陈平原谢赠《老北大故事》。芸与眉去看牙齿。得朱正寄《从百家争鸣到两家争鸣》。刘学锴寄《李商隐诗歌研究》。即复刘学锴、朱正。

6月3日(3)晴,30℃

天渝乘车来接我们游珍珠泉,甚畅,可惜天气较热。

6月4日(4)昙,28℃

二人理发,颇累。得广州诗集、《社会科学战线》。给早早讲中国诗词。吴文治打电话解释不能送《诗话》的原因,只能说明他不想送书,因出版社本无义务送书。

6月5日(5)晴,29℃

得李应宗函,索字,并附照片若干张;骆文来函,附照片2张;舒芜函告,《读者》编辑已允用早早所写前言,惟需删节;淮海战役烈士纪念塔函,拟将前书写之词刻碑;武大老学生戴登明(87级1班)函,请参加毕业40周年纪念。

6月6日(6)晴,31℃

复戴登明,告不参加他们级的同学会;骆文,收到照片;淮海纪念塔管理处,不重写碑文;舒芜。

6月7日(日)晴,29℃

得王淡芳函暨旧函若干封。天渝一家、早、燕来午饭。晚和小鲲一家同餐。晚宏生夫妇来与朱晏等晤面。函赵昌平并汇款60元,请代购《两宋文学史》。函李立朴。

6月8日(1)阴,小雨,26℃

得《现代化》一本。复王淡芳,并寄《诗文合钞》及照片。

6月9日(2)阴,25℃

芸去医院又拔牙一颗,成“缺牙巴”矣,俟两个月后再拔。取来各次照片,均甚好。与徐有富合照,交其带去。

6月10日(3)昙,28℃

中午三人去南芳园午饭,不佳。为砺锋作品《朱熹文学思想研究》推荐入南大学术文库丛书。姚松还来《学术集林》两本。档案馆打电话来,已印好贴信纸,请其置放王一涓处。

6月11日(4)昙,27℃

眉眉检查身体后因胆结石住院。得李应宗并附照片。

6月12日(5)雨,25℃

得胡渐逵函,附诗;甘肃档案局陈乐道函,附诗,要购《诗文钞》。函北京吴柏森,将前寄之诗又抄寄。得舒芜函。

6月13日(6)阴,26℃

寄《诗文合钞》给兰州陈东道。得朱正函,收到错寄的函(刘学锴的)。已将错寄给朱的信转给刘学锴,并请其将给朱的信转来。

6月14日(日)晴,28℃

天渝夫妇来。函朱正,谈其著作《从百家争鸣到两家争鸣》。所购《文学通史》已寄来。

6 月 15 日(1)晴,29℃

景祥来电话询问《大典》工委会地址,因我与卞之推荐函仍须盖公章。电告章灿,嘱其来看《文学通史》。徐有富来电话,告知《校雠广义》尚未寄出,拟明日先快邮寄一套来。

6 月 16 日(2)昙,29℃

函周绍良,询所赠之墨已否收到;顾学颉,谈有关其回忆录中之数事。

6 月 17 日(3)昙,32℃

上午一涓携宣传部李绪铮来照相,并写字数幅赠之。得周祖譔函,已回厦门。章灿借去《文学通史》十本。得《中国文化》抽印本;《岷峨诗稿》;《雨花》;《钟山》;《诗刊》,载拙作五首,第三首错一字,“兰”误为“蓝”;《中国社会主义精神文明建设宝典》编委会函,拟采用《黄侃先生日记校后记》一文,未填表回复。

6 月 18 日(4)昙雨,29℃

收到《校广》,快递邮费 50 元,书品甚好。收《续修》顾问费 600 元。得沈祖庄从加拿大寄来函并附一照片。李绪铮昨照之相今日已拿到,甚佳。

6 月 19 日(5)晴,29℃

和天眉一起去省中看病。得周一良寄来《毕竟是书生》。收到刘学锴函,转来误投之给朱正的信,又寄给朱。

6 月 20 日(6)晴,33℃

眉回家,决定不在鼓楼做手术,但仍拟下周一去做 CT。小燕晚来饭,嘱其去取汇款。

6 月 21 日(日)晴,30℃

上午二人去宁海路寄信并修钟。函复周一良、沈祖庄(均附照片)。

又复吴思雷，收到《夏承焘轶闻》。小宁来玩一天。

6月22日(1)昙，30℃

得一不认识人之信，附吴梅先生讲义，要求写字，已退还。巩本栋来还书，请其去校医院取中西药。

6月23日(2)昙，29℃

得顾学颉函。

6月24日(3)阴，27℃

教育部派检查团来中文系检查，今日上午开座谈会，我去参加。晚王兆鹏(是检查团成员之一)由伯伟陪同来访，赠莲子。

6月25日(4)雨，26℃

函赵昌平、高克勤催寄书。复顾学颉。周绍良来函称墨已收到。

6月26日(5)雨，27℃

上午参加校大学生毕业典礼。动力科来换电线和插座。得傅璇琮函，索稿。

6月27日(6)大雨，28℃

致王淡芳函20通已编好，拟寄傅璇琮。

6月28日(日)昙，30℃

与王淡芳函稿已挂号寄傅。为小宁写对子三副。为小宁之友陈涛所作文稿介绍给《雨花》周桐淦。

6月29日(1)雨，30℃

早早、郭斌来，托其取中药。帆致淡芳函复印件已还早早。

6 月 30 日(2)雨,27℃

对联三副、章灿写横幅一件交史梅裱。得宋谋玚函,温州王常仁寄来《王敬身诗文集》。早早送来论文提纲。

7 月

7 月 1 日(3)雨,28℃

复宋谋玚及赠《王敬身诗文集》之人。下午未下雨,二人出外购物,极热,已不可随意出行。和早早、郭斌谈学。

7 月 2 日(4)昙转雨,32℃

河北教育出版社寄来《文集》第一批校样,砺锋分与诸生校对。高纪言来谈出版局将宋元分典部分稿件交钟振振、钟陵、王步高审查,钟等故意找麻烦。中午与天眉、小鲲、早早同去金鹰吃饭。得吴柏森函,附诗十余首,已复。

7 月 3 日(5)大雨,29℃

得王淡芳函,知刘彦邦居美一时不得回,因其夫人愿住美国。复吴柏森。

7 月 4 日(6)雨转晴,29℃

齐鲁书四部寄到。吴文治允赠书二种(《明诗话》《柳宗元选集》)。郭斌在北京实习,托其带一函及洋参膏二瓶给舒芜。得李立朴函;丁芒函,为《初中生世界》约稿,并寄书。中午在肯德基为真真补过生日。

7 月 5 日(日)晴,32℃

复丁芒,并为《初中生世界》题词寄去。巩本栋来取校样,并将吴新雷负责的校样带去。天渝夫妇暨小宁来午饭后,芸与天眉往参观其新居。

7月6日(1)多云,33℃

看病。收广西《李商隐研究论文集》;蒋寅、吴代芳、宋谋玚信;元化80寿启,拟作联贺之;傅杰函,云购书打折扣事已与高国平商谈,高允与社长研究。

7月7日(2)晴,36℃

于景祥来,晚在西苑和诸生共饭,赠景祥《校雠广义》。程章灿将已写好的《文学史》稿交景祥。有富来商定购《校雠广义》事。

7月8日(3)晴,36℃

安徽寄来《文献》四本。郭斌打电话来,已见过舒芜,书已送,舒芜已看过病,身体尚好。打电话给黄希坚,问审稿事,答过几日来谈。景祥回北京。

7月9日(4)昙,36℃

复王淡芳、吴代芳,各赠以抽印本文章。高纪言来电话谈宋元典评审事。复武大老学生戴登明,不参加活动,不写文章(小燕代笔)。

7月10日(5)

函蒋寅。得赵昌平、高克勤函,谷玉即将来宁,书由其带来。晚在西苑与儿女共餐。

7月11日(6)雨,37℃

万业馨嘱其学生送来《红楼梦评论选》两册、杏脯两包。空调机出毛病,小严修未好。聂石樵学生曹晋来南大读博士后,带来钟老书(《雪泥鸿爪》)与礼(人参)。伯伟来电话,谷玉明日到南京。

7月12日(日)晴,38℃

夜作诗二首赠答钟老:

西郊曲室忆当年，低首东皇泰一前。
太息陆萧俱宿草，儒林雅谑更谁传。

海内共知吾辈老，江南又待菊花开。
自是侯官异宗派，非关顺德谢诗才。

晨书好，待曹晋去京时带去。

钟诗："烛灰未尽平生意，霜鬓徒劳四海知。书罢沉吟欲谁寄，秣陵一叟正相思。"

7 月 13 日(1)晴，36℃

晨谷玉和伯伟来谈《桑榆忆往》事，谷带来《两宋文学史》四本(一样书、三购书)，样书转新雷。又赵昌平赠《自选集》一本。函赵昌平，谢赠书。徐有富送来购《校雠广义》数与款数。

7 月 14 日(2)晴，36℃

收到河北教育寄来《文集》第二批校样，《河北师范大学学报》，《文教资料》，《书屋》。砺锋的二韩国学生送来照片。

7 月 15 日(3)晴，37℃

函万业馨王志良，谢赠书与杏脯，并回赠文房四宝，由丽则带去。卞孝萱转王先霈信来，求任华中作品选顾问，谢之。

7 月 16 日(4)晴，35℃

看完莫砺锋文。天渝夫妇、天纵均来与天眉话别。

7 月 17 日(5)阴雨，33℃

莫砺锋来，与之谈文章事，莫对《宋诗精选》校出数错。晚天眉去北京转运回美，丽则同游北京，家中又冷清了。

7月18日(6)阴转晴,33℃

复吴代芳。天眉、丽则安抵北京。威克、小燕等安抵甘肃。晚早早来。抄好复钟老诗,待曹晋回京时带去。

7月19日(日)晴,35℃

晨又将钟程唱和诗正楷抄一纸,备复印赠友人。

7月20日(1)昙,36℃

早早来讲她家安装太阳能热水器事。得贾文昭函。伯伟来谈,南大出版社同意印《黄侃日记》,并云武大出版社已出版《黄侃日记》,疑为潘重规所印行之翻版,已函吴志达讯问。

7月21日(2)昙,35℃

得陈贻焮函及诗集2本;毛谷风寄书两本;《湘泉之友》,内载有周策纵诗三首。将砺锋文寄《中国文化》。伯伟来,《追忆章太炎》。赵国璋送来《胡先骕传》。

【剪报:《湘泉之友》1998年7月10日第4版周策纵《诗三首》。】

7月22日(3)阴雨,34℃

钟程唱和诗请严杰复印了若干份,准备赠友人。美林来拟陪芸看病,芸腰痛稍好,未赴医。

7月23日(4)阴,34℃

复袁第锐、毛谷风、陈一新,均附钟程唱和诗、闲堂文。何永沂寄剪报载《聂绀弩与"K字楼"》。下午天纵来探望。

【剪报:《文汇读书周报》1998年7月4日何永沂《聂绀弩与"K字楼"》。】

7月24日(5)昙,33℃

下午高纪言、黄希坚来谈《大典》宋元分典通过审查事。古籍小组汇来顾问费 300 元(7—9 月)。晚早早携刘强、张宗友来谈。

7 月 25 日(6)晴,34℃

天渝一家来玩。早早带一女友来。

7 月 26 日(日)昙,33℃

嘱早早转请郭斌在北京办数事。天眉今日由京返美。

7 月 27 日(1)晴,34℃

上海文艺出版社寄来《俭腹抄》100 本,本栋亦收到 15 本,当系我们所购之书,应赠与作者及编者之书尚未寄来。章灿来,后日赴美。谈《程氏文学史》书事,已写至 1919 年,后面亦可不再写。天眉中午打电话来,已安抵波士顿,已转告小鲲。小鲲今日送来电视机遥控。适得北京刘石电话给章灿,转告王利器于 24 日弃世。

7 月 28 日(2)晴转阴,34℃

上午托徐有富发唁电给王贞一,吊唁其父丧。周勋初打电话来,告知江苏教育已同意出《黄侃日记》,年内可出版,拟告任天石南大出版社可以不再出。有富借去《中国古籍》一厚本。赠早早《俭腹抄》一本,其同学顾钱江一本,莫砺锋一本,徐有富一本,砺锋寄一本给河北教育出版社。得刘彦邦函。

7 月 29 日(3)雨,31℃

函于景祥,谈《文学史》等事。吴新雷先生校好《两宋文学史》,已交砺锋。

7 月 30 日(4)大雨,25℃

上午到双龙巷看手。丽则自京回,来午饭,带来万业馨书及果脯。小鲲代购得电剃须刀。得毛谷风函及附文。严杰校好《史通》,转与砺锋。

7月31日(5)雨,31℃

上午看手指,医谓乃囊肿,问题不大。有富来,接周晶电话,拟将《校雠广义》报出版奖,拟请黄永年写书评,又请为《藏书家》写一字。伯伟明日去台湾,将《校雠广义》四本及信一封交其带台北潘石禅。

【剪报:《中华读书报》1998年7月29日《"名家学术文库"》。】

8月

8月1日(6)昙,33℃

写好给《藏书家》之字及致黄永年、周晶函,均交有富代发。得李立朴寄来顾农所著《文选与文心》;沈阳寄来书一包,交早早去取。

8月2日(日)晴,35℃

早早取来辽宁教育出版社寄来《新世纪万有文库》第二批(古14、近36、外28)共78本。天纵昨早从武夷山旅游归来,今日来探望。

8月3日(1)晴,35℃

曹虹打电话来,通知伯伟已抵台。

8月4日(2)晴,35℃

发烧,去南大医院看病,挂水后退烧。

8月5日(3)晴转雨,37℃

继续去医院挂水。小燕归。函于景祥附致辽宁教育出版社函,为《新世纪万有文库》推荐一些书刊。

8月6日(4)多云,35℃

上午仍挂水,病基本痊愈。中午吃面一碗。得吴代芳函,附来一文,尚可,拟嘱其自投稿。

8 月 7 日(5)多云,34℃

得吴志达函(武汉大学出版《黄侃日记》,无此事)。函朱正、弘征,并代顾农寄书与弘征。高纪言来,可周一去成都。伯伟自台归,在台见到潘石禅,身体甚好。博士后曹晋来,带去赠钟老之诗、文及《俭腹抄》。

8 月 8 日(6)晴,36℃

函顾农,告以已将其书赠弘征。复刘彦邦;吴代芳,附还稿件。

8 月 9 日(日)晴,37℃

函吴志达。天纵、宁健率小雅来探望。

8 月 10 日(1)晴,37℃

得杨敏如寄《唐宋词选读百首》;上海图书出版社东方出版中心寄稿费 750 元;叶康宁(不识者)函,问一问题;北京大学博士后周毅寄文一篇;屈义林函,寄一篇文,谈程屈之交往。

8 月 11 日(2)晴,37℃

复杨敏如、屈义林(收到书刊,并附 2 诗文去)。得黄进德函,谈晚唐五代分典中的问题。

8 月 12 日(3)晴,36℃

复黄进德,谈《大典》事。

8 月 13 日(4)晴,37℃

得扬州书协通知,纪念朱自清先生百年诞辰征书法件(徐兴无转来)。

8 月 14 日(5)晴,36℃

得齐鲁寄来《校雠广义》样书 24 套(周晶留下 1 套),与徐有富各留 12 套。

8月15日(6)晴,36℃

得天眉来信,谈在美情况甚详;中华书局期刊室顾青函,《与淡芳书》已决定分两期在《学林漫录》上刊登。

8月16日(日)阴有小阵雨,33℃

收到上海文艺出版社寄来《俭腹抄》样书10本(本栋收到5本),顾农寄来其所著《文选与文心》一本。本栋来,送其所著《广弘明集》一本。叶子铭夫妇来访,赠扬州小菜。丽则母女来饭。久热后凉爽,甚喜,下午上街一游。

8月17日(1)雨,29℃

得胡守仁函,请作序;《诗刊》寄稿费125元。在古籍所遇见周勋初,与谈购《校雠广义》书事及出版《黄侃日记》后分稿费等事(《黄侃日记》工作量先已复印交周先生2份存留)。以收到之《汉学世界》转送砺锋。以沈尹默手稿齐鲁影印本、《闲堂诗文钞》及《沈祖棻诗词集》包好并信一封,拟请周先生带去台湾。

8月18日(2)多云,30℃

中午请丽则全家在金鹰吃西餐。函天眉。

8月19日(3)多云,31℃

有富率徐场从铁路运输处取来《校雠广义》16包,共380本。周勋初打电话来,同意拨10000—15000元垫购《校雠广义》。天纵一家来午饭。函复胡守仁,不能为之作序。

8月20日(4)晴转阴,32℃

有富来,整理拟送人之《校雠广义》,先包装送本校者。系里登记救济水灾捐款,已登记1000元。

8 月 21 日(5)多云,32℃

徐有富来,继续包装送人之《校雠广义》。校内部分已包好,早早与郭斌送去(除少数留存外)。丽则开始装修新房,开始买木板。

8 月 22 日(6)晴,35℃

送南师大 7 人《校雠广义》,内 2 人四本,均由陈书录带去。天渝全家来饭。

8 月 23 日(日)晴,33℃

昨夜大雨,今日复晴仍热,但不闷,较昨略好。作《五字经》之朱文泉军长之婿打电话来,朱已收到所赠之对联,又嘱其婿送茶叶来。得张伟华,附照片若干张。

8 月 24 日(1)晴,33℃

有富来,继续包装寄外埠之四本装《校雠广义》。得傅璇琮函,请作序;张三夕函,告张韵考上武大等事;沈祖庄自加拿大来函;朱正、弘征函,弘已收到顾农书,出顾书事有波折;吴晴函,要求抄一些诗;上海文艺出版社寄来稿费清单,汇款尚未到;《读书》寄来张春晓稿费;天水程某(不识)函,不拟复;山东高青县城镇农民文化学会征集藏书信。

8 月 25 日(2)雨转晴,30℃

上午下雨,徐有富未来,我们二人包装二本装《校雠广义》十三套,颇累。中国作协来函,要换会员证,须 20 元,旧证及彩照 2 张,现尚缺彩照。得顾农函。

8 月 26 日(3)阴,32℃

有富来,继续包扎寄出之《校雠》。得上海远东出版社寄来《学术集林》稿费 600 元;河南黄河水利委员会郭先芳函,附《河南日报》载其所写《且把金针度与人》。晚早早请吃大学口。周勋初来请为《宋人轶事汇编》题字。

【剪报:《河南日报》1998 年 7 月 31 日第 6 版郭先芳《且把金针度与人——访著名学者程千帆》。】

8 月 27 日(4)雨,28℃

下午去校医院取药,遇一青年追随我们二小时,问些问题,似无恶意,但使我们很紧张,此人可能神经有问题。得李安纲函,拟编一丛书,不拟过问;湖南省名人志编委会函,邀入此志。

8 月 28 日(5)晴,30℃

赠外地的《校雠广义》全部包好,由张宗友、郭斌、张春晓等送邮局寄出,完成一大任务。函周晶,将银行账号通知他,希稿费能汇入账号。得潘石禅函,寄来新地址,并收到所赠书。马瑞芳的博士生王海燕来访,托其带《俭腹抄》一本赠马瑞芳。王写有书评一文,带来请看后交某一杂志登载。

8 月 29 日(6)晴,29℃

晨芸去双龙巷口腔部装牙,已带上代替品,待改为正式的瓷牙,固定不用拿下,甚方便,1200 元。帆又去修助听器,因使用不当,先用的一个需修理,小的一个无问题,换了电池。中午在天纵家饭。芸助阿晶学费 1000 元。得吴志达函。

8 月 30 日(日)昙,30℃

复吴晴、程凯、张三夕、弘征。函周勃,附王海燕文。

8 月 31 日(1)昙,29℃

将捐水灾款 1000 元送交中文系。史梅送来所裱三副对子,已转给小宁。天眉所借图书馆书及赠史梅和图书馆古籍部另一位的《校雠广义》拿去。本栋来,托其函上海问汇款及稿费事。

9月

9月1日(2)昙,29℃

得刘梦溪函及《汉学世界》一本。包好《校雠广义》五套,下午徐有富来寄赠教委古委会。另寄一包《校雠广义》一套及《俭腹抄》一本给湖南图书馆,两本《校勘》给李笠之女李继芬。程雨燕,东8舍505室,3596008。

9月2日(3)晴,31℃

上午去医院看脚肿,外科医生认为非关髁骨关节,后仍按朱广华所开药方取药7付。得汪孝文寄来《汪采白诗画录》及《慕云诗》各一本。

9月3日(4)晴,30℃

高纪言、黄希坚来谈宋分典情况,并拟给北京的报告。早早、郭斌来整理分发各种杂志。函李立朴,谢不能参加全译。送金中的书14本,由张宏生带去。

9月4日(5)阴,29℃

草拟致《大典》工委会的报告。郭先芳打电话来。章灿由美回。

9月5日(6)阴,29℃

致《大典》工委会报告已写就,下午高纪言取去。伯伟来代王小盾赠书一册,印刷很漂亮,而印错十几页。小盾收到《校雠广义》。二人去留学生食堂吃西餐,未吃到,胡乱吃两样菜回来。

9月6日(日)晴,31℃

得王运熙函,收到《校雠广义》,并赞有富。开始整理书札。

9月7日(1)晴,32℃

得齐鲁寄来发票3张;张辉、聂石樵、张辉函,收到《广义》;胡守仁寄诗；陶文鹏函。

9月8日(2)晴,34℃

上午田余庆和王小盾分别来访,赠田《古诗考索》《诗世界》《俭腹抄》三本,赠王《俭腹抄》一本。凡赠《校雠广义》四本缺一或缺二者,均补赠。齐鲁寄来之发票已交有富报账。得老学生刘永平函,拟将此函转与蒋寅。寄给中国作家协会换证费20元,照片2张,旧证1个,以便换新证。得李彦函,收到《校雠广义》。以《校雠广义》四本及《俭腹抄》一本,托砺锋带赠李立朴。

9月9日(3)晴,33℃

得台湾王叔岷寄来《校雠学》,即回赠《校雠广义》一套。高纪言来,将打好的致《大典》工委的报告送来,各签好字,高将于25日飞京送致。

9月10日(4)晴,32℃

早早等将补送缺书又还赠王叔岷书寄出,寄书费120元。黄希坚来,托其带四本《俭腹抄》给黄、顾、戴伟华、张汉怡四人。

9月11日(5)昙转阴,29℃

得张少康、冀淑英、李继芬函,均收到《校雠广义》。赵国璋来访,收到《校雠广义》。本栋打电话来,《俭腹抄》稿费已收到。金陵中学来摄像。

9月12日(6)昙转晴,29℃

本栋送来《俭腹抄》的稿费八千一百多元,又蒋广学送《梁启超》和《濡沫集》。两人装牙,取来助听器。得天眉函,张瑞洁寄给丽则稿费20元。

9月13日(日)昙,30℃

函并寄《俭腹抄》给陶文鹏。周祖譔函,收到《校雠广义》。

9 月 14 日(1)晴,34℃

上午赴向阳卫生院针灸腿,需针灸十次,一个疗程。得张瑞洁函及《老年》杂志一本,载有瑞洁所写文。小鲲晚上来,取去小海带来之物。

9 月 15 日(2)晴转阴,30℃

上午去医院拿药。得舒芜函,介绍其文发表在《新文学史料》98.3,已于叶子铭处借来一阅。江苏古籍出版社副社长马清江、总编室主任编辑倪培翔来探望,并赠《李伯元全集》《明诗话全编》2 套。

9 月 16 日(3)晴,28℃

上午针灸。下午文史馆王馆长来,赠月饼、洋参含片各一盒。得戴伟华函,收到《俭腹抄》;山东大学郭延礼函及书《中国近代翻译文学概论》;万里行者陈西民照片祝贺教师节。

9 月 17 日(4)晴,28℃

中午丽则夫妇来吃牛尾汤。函张瑞洁、舒芜、郭延礼。寄《俭腹抄》给舒芜、傅璇琮、王绍曾、郭延礼。函天眉。得合肥《古籍研究》寄 100 元。得《版本编》二等奖奖金 8200 元(与徐有富共有)。王叔岷寄《左传》(周)。

9 月 18 日(5)晴,28℃

徐有富来,取去奖金 4100 元。针灸,修助听器,原来助听器未坏,自己不会用。得邹凤礼(朱文泉师长之外甥)贺教师节卡;聂石樵函,收到《版本编》,《版本》亦转郭预衡;黄天骥函,请为《董每戡文集》题笺。邹地址:湖州赵湾 83031 部队教官 2 队 1 班(313007)。

9 月 19 日(6)

为《董每戡文集》题签寄黄天骥。去天渝家午饭。

9 月 20 日(日)小雨转阴,25℃

为帆祝寿,全家来欢聚,比往日多一史梅、一郭斌,晚在西苑聚餐,共

21人。晨小海打电话来祝寿。周勃打电话来祝寿，并告知王海燕文已登《学报》。饶小平子高帆经很多周折考取硕士生。七姐和六哥来。王志良来(出差至宁)，赠一花篮，万业馨仍打电报来祝寿。史梅送蛋糕，天渝送衬衫，天纵送T恤，志明送点心、肉松，小鲲送水果。

9月21日(1)晴，25℃

上午针灸。曹虹、伯伟来祝寿，送蛋糕。南京电视二台来摄像，为报道江苏省文史馆建馆45周年。郭斌为97级研究生购去《校勘》《典藏》各4本。得李立朴函，书已寄出；《大典》办公室函，通知由刘家和任编委常委。晚于景祥打电话来祝寿。

9月22日(2)晴，27℃

陈书禄来报告学校已审定其为博导。木工来为厨房装顶。

9月23日(3)阴有小雨，27℃

晨针灸。得陈祖芬《当一回玩具兵》《世界上什么事最开心》《中国牌知识分子》《成年人的童话》；朱晓海函，附文2篇；李立朴寄来《学记》30本；王叔岷寄来《左传考校》，他已收到《校雠广义》。

9月24日(4)晴，26℃

上午回看老六。系资料室取去《广义》七套。

9月25日(5)昙，28℃

晨针灸。史梅为图书馆购去《校雠广义》四套(款未付)。得周一良函，收到《广义》，右手不能执笔，以左手写；罗宗强、郭预衡收到《广义》；张智华函，已进入北师大博士后；王兆鹏托人带来照片2张；蒋寅函，将去日本数日；浙江大学寄周采泉讣告；曾广开、孙鹤贺生日电；裘锡圭函，收到《广义》。《江海学刊》寄来《古诗十九首》校样；任继愈函，收到《广义》，并属转告辞书出版社经折装之义。

9 月 26 日(6)小雨,26℃

上午看牙,芸已装好,帆仍须 1—2 周。夕佳寄来 200 元。得宋谋玚函。寄给王一桃、陈祖芬书《俭腹抄》。许结电告《黄侃日记》已开印,请许惟贤老师多负责。

9 月 27 日(日)雨,下午阴,25℃

严志明生日,上午到中山大厦为买绒背心一件(106),领带一条(69),在天纵家午饭。清理诗札目录。黄裳寄来散文一册、《榆生说书》新版一册,无信。王文才来信,收到《广义》。

9 月 28 日(1)阴转多云,22℃

得阳海清函;山大郭延礼函,得到《俭腹抄》。友朋书札已整理好,待装订。赠陈书禄《俭腹抄》一本。

9 月 29 日(2)阴,23℃

上午参加文史馆发新馆员证书及国庆座谈会。得北京胡世厚寄来回归诗书画册两种各两事,即复。得王叔岷、席泽宗函,对校雠学均有所认识;顾易生函,附诗书一纸(收到书)。孙原靖携南师大一研究生来谈,并购《广义》二套。

9 月 30 日(3)晴,28℃

上午针灸。张伯伟率其香港研究生冯翠儿来,馈西洋参。得冀淑英、霍松林函,皆收到《广义》;黄天骥函,收到为《董每戡文集》所写书签;湖北图书馆阳海清函,待与高纪言商酌后再复;中华诗词学会函,通知已由顾问改选为名誉会长。

10 月

10 月 1 日,国庆节(4)晴,29℃

丽则全家来过节日,还带来丽则老同学一人。得陶文鹏函暨《中华活页文选》三本,《中华大典》寄来编辑费800元。《程千帆友朋诗札辑存续编》共九本,已编好,并函档案馆。得中华诗词学会寄来香港回归诗书画册页等。

10月2日(5)晴,31℃

天纵一家来饭。得陶敏函,附傅璇琮文;中华诗词学会胡世厚寄来证书两本。由宏生陪同参加金中一百一十校庆校友会。发下列信:1. 王绍曾、2. 席泽宗(又《学记》一本)、3. 傅璇琮、4. 陶敏、5. 顾易生、6. 陶文鹏、7. 王叔岷、8. 齐鲁财务科。

10月3日(6)晴,31℃

寄《学记》一本给席泽宗。得吴志达、刘彦邦函。参加金大建校110年纪念会,未参加金陵苑奠基和照相等活动。中午在天渝家吃饭,芸昨晚起不适,只略吃一二,回来后又卧床休息。伍杰打电话来问候。

10月4日(日)晴,28℃

函吴志达、阳海清,并附有关《大典》及个人材料,挂号。夕佳打长途来问候。

10月5日(1)晴,28℃

今天是中秋节,但因前几天过国庆节,吃油荤太多,今天未过节,孩子邀请亦未去。晨针灸。下午早早、郭斌来,擦干净吊扇和落地扇。得傅璇琮函,坚决要求写序;王绍曾函。王一涓和王彩云取去《友朋诗札》。

10月6日(2)昙,27℃

完成《孙望文集》序,打电话嘱原靖来拿。李立朴打电话来,云砺锋、严杰已到达贵阳,所赠之书已收到。宏生来谈《全清词》事。

10月7日(3)晴,28℃

一个疗程针灸已做完,准备再做一疗程,脚肿与麻木略见好。在医院门口遇见吴奔星，又老又聋，与自己不相上下。下午二中文系学生(《今日南园》之主编)来采访，与之谈20分钟。李立朴来电话，云发票早已挂号寄来，迄未收到。开始撰傅璇琮著作之序。

10月8日(4)昙，27℃

原靖来取去《孙望文集》序。中午二人在巷口新开的饭店共餐。为曹虹写推荐书，推荐其为学校中青年学术骨干。赠郭斌毛衣一件。

10月9日(5)阴转小雨，27℃

上午继续针灸。写好傅序第一段。得李零来信及附文，姜书阁函。

10月10日(6)阴，25℃

晨去取假牙，试用，尚可，还需练习一阵。天渝夫妇来。丽则来。得黄进德函。晚天眉打电话来。

10月11日(日)小雨，23℃

继续写傅书的序。

10月12日(1)阴，25℃

晨继续针灸。天纵来，将《中国文化的陷阱》送来给我们看。得汪孝文函，周祖譔文。晚早早来。

10月13日(2)阴转昙，25℃

完成傅序，送与砺锋请提意见。严杰来，带来李立朴所赠茶叶，甚佳。《今日南园》编辑拿去为刊物所题笺和照片。来人修理空调，换去一零件，其修理费120元。朱家维来电话，退协将在《南园》出一“老有所为”特刊，将用张伯伟代我所写文加以压缩，并向宣传部要一照片。得张远齐寄来《濡须长短句》一本。下午高纪言来汇报在北京开会的情况，并送来《大典》工委会编委会函，同意《文学典》的出版。吴新雷带来广东暨南大学教授洪柏昭夫妇，携有李汝伦的信，请任《中华新乐府》顾问。

10月14日(3)阴转昙，24℃

复北大李零、张远齐、汪孝文、李汝伦。芸抄莫改后傅序寄出。章灿来，商议会议上赠书事。

10月15日(4)晴，23℃

晨去南芳园吃包子，久已不去矣。后理发。

10月16日(5)晴，23℃

购债万。函景祥。寄《校雠广义》给王兆鹏。收淡芳寿礼100元，寄以《俭腹抄》。函黄进德，又齐鲁财务科周晶催款。

10月17日(6)晴，22℃

天纵请我们去吃螃蟹。寄《俭腹抄》一本给王淡芳。将为《大典》写介绍的专家名单寄高纪言。

10月18日(日)晴，23℃

天渝一家来午饭。得王叔岷函，不须复。

10月19日(1)昙，24℃

上午针灸。严杰取去《俭腹抄》60本、《校雠广义》4套，准备送与参加国际辞赋学研讨会国内外朋友们。马瑞芳学生王海燕自济南回宁，来访，请教作博士论文事。晚许结来谈国际会议事。

10月20日(2)昙，22℃

晨去医院取药，又到退协领得一包。史梅代领油2瓶。得辽宁教育出版社寄来《周一良集》五厚本；顾农来函，不须复。早早拿去《大典·文学典》样书，在中文系陈列，备211检查。章灿要我参加国际会议闭幕式。

伯伟来，通知安徽大学《古籍研究》将通过审查，盼写信与贾文昭美言一二。

10 月 21 日(3)昙，23℃

晨针灸后，二人去夫子庙吃螃蟹包，味甚美，又购得便宜衣物等。逛公路。

10 月 22 日(4)昙，22℃

函贾文昭、周一良（收到其文集）。原靖偕南师大二生取去《校雠广义》22 套，付款 2070 元。上海开元文化传播公司王国强来商讨出版光盘事。李伊白、黄仕忠（《文学遗产》）来访，拟请述自己的历史，拒之。

10 月 23 日(5)晴，23℃

得王一桃函，要求写字，不复；王淡芳函，生喉疾，颇念；吴志达函，谈《大典》分典事。晨针灸后，又看中医，吃中药，因腿肿不消。下午和天纵去定做厅地板。函（挂号）周晶，催稿费，并定购《广义》与所存合为百部。

10 月 24 日(6)晴，23℃

函（挂号）上海文艺出版社郝铭鉴，催少赠之样书 5 本及所少付之稿费。景祥来与会议诸公去扬州，来谈约半小时。下午威克来治疗腿肿，无效。得傅璇琮函，收到序文。

10 月 25 日(日)昙，22℃

今日辞赋会闭幕，未往参加，以等砺锋陪朱晓海来访探，后又共晚饭，以《古诗考索》赠之。《大地月刊》托记者胡化奎来采访，芸与之谈，帆未见，赠以一本《学记》。函傅璇琮，请将与淡芳书函及序复印寄来。本栋来，代购《吴宓日记》二本。

10 月 26 日(1)昙，22℃

晨取中药。吴宏一赠书一本。得天眉来函，美国已受亚洲经济衰退影响，各公司裁员亦多，小海亦颇焦虑。

10月27日(2)晴，22℃

得古籍小组寄来98年第四季度津贴300元。函复刘彦邦、王淡芳。函周笃文、《湘泉》，寄诗。周晶来电，云稿费已寄来，拟购之书亦将寄来，仍打68折。学校为老人祝寿，未参加，小组长将蛋糕等送来。

10月28日(3)晴，21℃

威克来为作气功，认为腿肿不严重，心胸须放宽。

10月29日(4)阴，小雨，21℃

得陶敏函，已收到《广义》，书评须过些时写；郭预衡寄《文学史》四本。函天眉。下午小红、志明陪我们去省中医院看眼与脚。眼睛已排除青光眼、眼底出血、视网膜剥离等病，主要还是晶体混浊，下周一再检查神经，就可排除一切可怕的眼疾。也不能使眼睛好起来，只好少看书报。脚上红斑是毛血管出血，有点发炎。今天脚已不肿，问题不大，可以安心休养。

10月30日(5)昙，21℃

本栋来，写就《丛书提要序》，可用。赠向阳孙医生参丸，托其转致。砺锋来，为其签字，推荐著作。黄希坚来，谈各分典事，明清典同意以蔡子代替蔡，送北京发聘书。

10月31日(6)昙转阴，20℃

函复郭预衡、陶敏、吴志达。函钱理群，请寄送《王瑶纪念集》；舒芜，请推荐张宏生文。

11月

11月1日(日)晴，20℃

今日铺厅的地板，费1154元，甚为方便。天纵来一天，看着工人做。

据天纵云，木工等携工具一般 50 元一天，而小易收 70 元一天，颇不地道。

11 月 2 日(1)晴，21℃

晨去省中医院检查眼神经，无异常。经过各种检查，诊断仍为白内障，无其他眼疾，可以放心，但需少用。下午孙原靖来，谈其父《韦苏州集》事，恐不易出版了。统战部周部长及文史馆新常务副馆长朱云春来，宣布准予辞去文史馆馆长，改为名誉馆长。齐鲁寄来《典藏编》稿费通知。傅璇琮来函，附来序的打印本。湘潭大学寄来题字稿费 200 元。河北教育出版社寄来《沈祖棻文集》校样，已交早早校对。

11 月 3 日(2)晴，22℃

得孙钦善函，谢《广义》，又告将出《全宋诗》；张世林函，要写文，即告其试托蒋寅。汇李笠稿费 454 元。晚去天渝家食蟹。复傅璇琮，来稿略改一二字。

【剪报：《古籍新书目》1998 年 10 月 28 日第 110 期《校雠广义》。】

11 月 4 日(3)晴转阴，21℃

章灿来，问王伯沆事迹。徐有富来，结清《典藏编》稿费。得淮北王淮生寄来书一本，已复收到。徐有富送来补《版本编》之一章。复张世林。

11 月 5 日(4)晴，22℃

函傅杰，问《俭腹抄》等事(挂号)。得丁芒函，傅光函，收到《学记》；萧效农函(求序及书签)；天眉祝寿函。傅光要《诗世界》，即寄与。晨看牙，据云牙龈萎缩，无大碍。改徐有富新《广义・版本》第七章，即交有富重核。

11 月 6 日(5)晴，20℃

虎诞，去扬州茶庄吃包子。买一小包，又买棉背心赠小雅，才 20 元。晚在天纵家饭。上海文艺补稿费 364 元。

11月7日(6)晴,22℃

得舒芜函,仍患肺气肿,宏生文已转《中国社会科学》。上海文艺稿费今日寄到,收据已寄还。今日在肯德基全家老小聚会,庆祝老小四代生日,甚为热闹。丽则今日搬家。

11月8日(日)晴,21℃

得杨金亭函,索稿。

11月9日(1)晴,22℃

王葆权来辞,小钱带来10、11两个月文史馆致送的车马费200元。得黄进德函,已复。吴志达来电话问候。黄淑贤来电话,谈家务事甚详。早早去苏州,了解其外婆之旧事。复杨金亭,告知已寄诗文与周笃文,请与周联系。伯伟自新加坡回,赠肉松一包,并带来陈致送药及照片。

11月10日(2)晴,19℃

得傅杰函。早早自苏州打电话来,找不到大石头巷旧宅,经与七姐联系,告其旧宅之特征,想可找到。帆今起穿太空棉服。早早晚间归。

11月11日(3)晴,20℃

复舒芜。得吕永函,寄莲子来。《续编》寄来98下半年编辑费600元,寄还收据(12日)。早早来汇报去苏州的经过,基本完成任务,拍了老宅及六宅头的照片,加深了感性认识。晚万业馨同事邱军女士带其书及所赠果脯来。

11月12日(4)晴,22℃

黄希坚来谈魏晋南北朝分典事。早早将我生日时所拍照片及在苏州所拍照片送来。晚丽则一家及小宁来吃珍珠圆,并看女排决赛。吕永寄来莲子。得陈望衡寄《中国古典美学史》一本。

11月13日(5)晴,23℃

寄《校雠广义》及《俭腹抄》给陈望衡。得王兆鹏函,收到《广义》;吴宏一寄来《中国文化研究所学报》一本。得南大出版社出版《诗赋词观止》2本。取回吕永所赠莲子。曹虹自长沙开会归,赠腊肉与臭豆腐。

11月14日(6)晴,26℃

寄《俭腹抄》给吕永、刘业超、刘庆云、羊春秋、弘征。

11月15日(日)晴,27℃

得桂清扬函,已调杭州中国计量学院;傅杰函,已与陈尚君谈早早拟考研事。

11月16日(1)多云转阴,20℃

上午去皮肤病研究所看脚上的皮肤病,诊断为癣,问题不大。函复傅杰。齐鲁已寄来系里所购之《校雠广义》。于景祥来电话。

11月17日(2)晴,13℃

得李立朴寄来全译中的《吕氏春秋》《春秋公羊》《神仙传》《幼学琼林》《东京梦华录》《人物志》及《传习录》,温州吴景文函(已记不清此人)。晚早早与郭斌来,将《明诗话》送与伯伟。王一涓来,将存档案馆之书信装订之具体要求告诉,请其转告档案馆。

11月18日(3)晴,14℃

陈蔚来,送润肤油三盒,请书书斋名(汲古斋)。下午王国强来谈古文化光盘事。

11月19日(4)晴,15℃

11月20日(5)晴,16℃

得于景祥快件,请为春风出版社一套丛书题词;钱理群寄来《王瑶先生纪念集》一本。去年修电线并装插座，今日交费 377 元。下午朱祖延函介武汉出版社刘昌钊，又曾卓的作家朋友周翼南来访，带来《尔雅诂林》第一册。

11 月 21 日(6)阴转晴，16℃

得周笃文函。为辽宁文艺出版社编《插图本文学小丛书》题词，并用快递寄出。天纵全家来。小易来，开始修缮。

11 月 22 日(日)晴，16℃

收到一些杂志，无信。

11 月 23 日(1)晴，17℃

得黄伟经函，要求书悼昭琛词条幅赠之，又仍索《人生感言》稿。巩本栋来还《饶宗颐学记》，又借去顾农《文选与文心》。

11 月 24 日(2)晴，15℃

写对子 2 副，一赠何永沂，一赠宏生友。为陈蔚写条幅两张。

11 月 25 日(3)多云转阴，15℃

寄来《江海学刊》两本，祖棻《古诗十九首讲录》已登载。又得《历史文献研究》第九辑一本。

11 月 26 日(4)昙转小雨，13℃

得《历史文献研究》稿费 100 元。为黄伟经写一条幅，书悼昭琛。晚许志英携老学生颜雄及其同事周国良来访，各赠四本书。为宏生友所写条幅已送宏生信箱。

11 月 27 日(5)昙，15℃

得傅璇琮函，书函稿待《学林漫录》校样出来后即寄来；陈望衡函，要求为其书写介绍。陈蔚来，将为其写的条幅取去。为颜雄写一对联，连同何永沂、黄伟经所写条幅一并寄。下午去校医院看病，经心电图检查，心肌缺血严重，医嘱住院，因周末不便，拟下周一住院。

11 月 28 日(6)晴，16℃

写两条幅赠刘重喜及张吉翔。《俭腹抄》补已编好，待傅璇琮寄来书信复印件即交本栋编送。厨房已装修好，书房地板略加整修。

11 月 29 日(日)昙转阴，15℃

中午与丽则全家吃烤鸭，小崔、郭斌均在座。王海燕来，取去报纸，并看了朱祖延先生信。刘重喜、张吉翔条幅已交郭斌。萧效农来电话，其父之诗词文集已打好，即将寄来。复陈望衡，不能写介绍。

11 月 30 日(1)阴，15℃

今日入南大医院治疗，主治医生定为房颤、上感，已服药、挂水一瓶，估计系治疗咳嗽。另外做了心电图、血常规、大便小便常规、肺部透视，结果尚不知。程章灿、莫砺锋、严杰来探望。得一川大老学生的信附诗，记不起此人，不复。章灿送来《文学史》的目录。得贵州出版社寄来 1000 元。

12 月

12 月 1 日(2)雨，大风，12℃

得湖南陈器之寄来 200 元、《历代诗词曲千首精译》；《书品》，内有徐有富代写的《我与校雠学》；陈祥耀赠《古诗词两帖》。住院第二天，天气骤冷，咳嗽加剧。

12 月 2 日(3)雪，5℃

今日下午较好，咳嗽较轻，腹泻愈减，病房已有暖气，尚舒适。寄二首新诗给王辽生(《江苏文学 50 年》)。

12 月 3 日(4)多云,5℃

今日仍腹泻,咳嗽也未痊愈,在治疗中。有富来探望,《学记》《俭腹抄》各购 20 本事已解决,明拟寄款贵阳,将前寄来之 20 本《学记》购下自用。得王淡芳的儿、媳来信,托为其儿王愚设法,实无法协助,信转丽则看。收到《今日南园》问我采访之记录,写得尚好。阿晶来探望,送饼与螃蟹。

12 月 4 日(5)阴转多云,6℃

晚伯伟、曹虹来探望。文史馆朱馆长、韩主任、老史、小吴同来探病。白天只上午腹泻一次,但夜间泻六次。郭斌陪夜,照顾很好。

12 月 5 日(6)阴转多云,8℃

周末病房无暖气,稍冷。上下午各腹泻一次,医生问家属是否要转院,因周末换院也得不到治疗,准备周一如仍不好,即转鼓楼。志明、小虹率小雅来探望。得蒋寅函,述研究工作甚详,与晓斌也离异;黄伟经函,已收到条幅。打电话给文华嫂,贺雄寄生日。

12 月 6 日(日)阴,7℃

今日腹泻痊愈,尚感恶心。挂水较昨日少,感觉也稍好,医云心跳速度亦减少,明日谅将更进。接文史馆贺年片。

12 月 7 日(1)晴,6℃

今日稍愈,但昨晚仍泻 3 次,今竟日未进固体,仅服米汤与萝卜汤少许。砺锋来探望,送来《文学评论》内载莫写我的文章,写得很好。孙原靖来探望,送校样看,赠蛋糕。得何永沂函,收到对联。

12 月 8 日(2)晴,8℃

今日身体略好,腹泻止,但仍感恶心。函天眉,附 2 人一张合照。

12月9日(3)晴,9℃

今日未挂水,未腹泻,饮食略佳。得江苏作协函,嘱为江苏文学志写材料,请砺锋代办;陈器之寄来《历代诗词曲千首精译》,内有余二人之赏析,故上次寄来200元,附信;《书与人》;钟树梁《杜诗研究丛考》;《文学评论》等。

12月10日(4)晴,9℃

今日心律较高,感觉不适,请王海霞主任来出诊,他主张转工人医院。夜芸与威克同在医院。

12月11日(5)晴,8℃

今日转至工人医院,通过文史馆关系,始住入高干病房,条件好,心情也好,就是检查太多,得不到休息。得天眉函;及王永芬函,他因电话打不通而来信;萧效农函,并其父之遗作。郭斌值夜。

12月12日(6)晴,12℃

今日身体大有好转,基本不呕吐,又想吃,但只肯吃果子露,不愿吃固体,勉强其吃稀饭和烂面条。系领导昨今二日分别来探望。今晚莫砺锋值夜班。复电话给王永芬,告以电话未改号。

12月13日(日)晴,13℃

今日较昨日更好,能吃稀饭、烧饼、香蕉等。咳嗽吐浓痰,医云较泡沫好,因肺感染已显现,从而易于治疗。小便正常,不呕吐,尚未大便。校党委郭广银副书记及党委办主任来探视。志明、小虹、天渝、美林等来。得武汉出版社函,请任《中国文学史作品选》主编,暂不理;胡国瑞去世讣告;饶宗颐、贾晋华贺年片;何永沂函。发小鹿叔、林老师、瑞洁、雄哥贺年卡。致胡国瑞家属唁电。章灿值夜。

12月14日(1)晴,15℃

发致施蛰存、饶宗颐贺年卡(尚未)。(已发,15日。)函任秀金贺年。

函复武汉出版社，因生病不能担任主编。昨夜起大便正常，今日能服用稀饭一碗、烂面一碗，咳嗽亦稍愈。黄进德来探视，他送样稿给黄希坚，云工作进行顺利，抓紧校对，以免返工，顾农靠不住，工作拖拉。带来橙子一袋。同病房来一人，居然是祁蔚书记，熟人一房间，可以互相照顾。祁蔚夫人赵医生。函复萧效农、钟树梁（王淡芳转）、王淡芳。宏生值夜。

12 月 15 日(2)晴，14℃

身体日益康复，但仍吊水多瓶，甚疲惫。统战部周部长及女干部处长来探视。郭维森来。张伯伟带来王小盾赠书一本。伯伟值夜。

12 月 16 日(3)晴，15℃

小鲲去医院探望，带八宝粥 16 罐和大梨。原靖来探望。病体日益好转。本栋值夜。

12 月 17 日(4)晴，18℃

病益痊，饮食甚佳。陈书禄来探视，亦拟值夜班。阿晶来，送粥与菜。刘强值夜。

12 月 18 日(5)昙，17℃

高纪言、黄希坚来探视，送来北京会议纪录。小宁来，适午睡，未停一刻即走。得弘征函，收到《俭腹抄》，顾农书明年尚未能入选题；省政协寄来新年茶话会请柬。吴志达来电话，明清典已收集齐，正在校对，可能自己送稿来。郭斌值夜。

12 月 19 日(6)晴，15℃

今日又恢复一些，饮食甚香。中午开始吃干饭，饭硬，又吃发糕一块、汤一碗，下午吃香蕉一根、大桔子一个，但未大便。今天很清净，没有人来。书禄值夜班。

12 月 20 日(日)晴,15℃

今日更加好。天渝夫妇来。得章子仲函及贺年片,任秀金函,吴肖楠、吴在庆、延礼(山东大学文学院)贺卡。莫砺锋值夜。

12 月 21 日(1)晴,18℃

今日拍胸片,医云较好,明日或可不挂水。赵宪章、朱家维、吕效平来探视,赠花篮。大纲来探视。得吴志达函,匡一点著《听涛楼律苗》一本,周勃、贾文昭贺年片(贾已退休,刊物照样办下去)。电唁钱默存。

12 月 22 日(2)雪转晴,15℃

芸腰痛甚剧,不能弯腰。研究生会和研究生院合办研究生论文大奖赛,请任顾问(已允)。章灿电话说台湾已将潘石禅诗稿寄来。得老尹、黄淑贤贺年片。张伯伟值夜。

12 月 23 日(3)晴,15℃

芸赴省中医院治疗,有效,但仍不能弯腰,未去医院。收到余德泉寄《对联通》附函。贺卡:韩理洲、吴汉骧、周来祥、潘海鸥、钟振振、刘庆云、曹月堂、湖南名人资料中心、《续修四库》(附谢函)、金志仁、陈一新、万业馨、蒋寅(附函)。得周金冠寄《近现代书斋室名趣录》附函,请书其斋名额;李继芬函,收到稿费;詹锳讣告。程章灿值夜。

12 月 24 日(4)晴,12℃

芸腰痛仍剧,不能弯腰,连袜子也穿不上,未去医院。油漆作好,只收了 60 元油漆费,其他一概不收。送他一筒肉松、两包莲子红枣粉。宁健、美林均来家探视,宁健赠虾,美林赠从家里带来的母鸡和何首乌片。史梅去医院探望。张宗友值夜。

12 月 25 日(5)昙,10℃

今日芸协助威克给帆洗一个澡。天渝下午陪芸谈心,并邀芸明日去玩。复周金冠、余德泉,收到书。得舒芜函,蒋寅函及稿件。已不需人值夜。

12月26日(6)阴,12℃

得林继中、刘国武贺年片,刘彦邦函。芸去天渝家休息一日,小宁接送。上午小燕、下午阿晶在医院陪护,大纲与早早等接应阿晶。

12月27日(日)阴,12℃

芸去天纵家一日,腰又略好,但仍不能弯。小鲲来,因不在家,随亦去天纵家。晚饭后,送归。得顾学颉函,其夫人黎靖去世;王博仁、马瑞芳、赵昌平、骆文、王淑耘贺卡。

12月28日(1)晴,12℃

早晨芸与砺锋同往医院探视。医云我贫血,明日做B超。得天眉函及Stephen照片及贺卡。蒋寅文交砺锋阅。

12月29日(2)晴,11℃

今天做B超,未做完,明天仍需继续做,本栋陪。凌萍萍来家探望,赠仙客来一盆,极美。得作协赠小挂历,顾农、张叙之贺卡,陈继明贺卡及函,曾卓贺卡。函复顾学颉、刘彦邦、王博仁。赖永海赠《梁高僧传》三册。得群华贺卡及函。

12月30日(3)阴,小雨,8℃

朱云春打电话来,讲《文史研究》主编改人事。朱明伦(辽宁大学)贺卡。王淡芳函。

12月31日(4)晴,8℃

王海燕来访,赠鲜花等。得傅璇琮贺卡。

1999 年

今年祝愿全家健康幸福!

1 月

元月 1 日(5)昙,8℃

芸竟日在医院陪,两人谈谈心、散散步,颇为愉快。天渝、美林送菜来,饭后二人回家,晚饭时美林又来煮面。黄淑贤、尹禄光打电话贺新年。

元月 2 日(6)雾转多云,7℃

今日芸全日在医院,小虹夫妇送饭菜来共进午饭(在饭厅里),多日未正式吃饭,甚悦。小严提议在卧室装一冷暖空调,我们皆认为甚佳。小严夫妇饭后即赴新百看定,明日即可购买安装。从医院回家后,不致感觉太冷。得沈祖庄、曾卓、颜雄贺卡,严有信。湖南《湘泉之友》寄来 160 元稿费,其中 80 元属钟老。

元月 3 日(日)晴,10℃

昨日芸与丽则观电视,睡迟,夜间发寒,今日仍不适。小严与小虹购来冷热空调,4650 元。下午装好,试用结果甚佳,可达 19℃。得龚任之、朱晓海、傅光贺卡。

1月4日(1)晴,15℃

得李立朴寄来挂历一。今天帆验血糖,偏高,疑有糖尿症,仍将继续检验。朱云春来医院探视。

1月5日(2)晴,16℃

医嘱明日再验血两次。小鲲购到插座,小宁送扶他林来。丽则送来大批函件:贺卡:樊凡、胡大浚、安徽省古籍办、李庆立、溧水明成满、中华书局吴广义、唐翼明、陈致、屈守元、曾广开、教育部陈至立部长、刘业超、聂石樵邓魁英、宗福邦、周一良、邓懿、邓××(成都)、周金冠、刘婉;电报贺年张开瑰,另有函;思想家研究中心开会通知;余恕诚函附文;袁第锐寄诗;张辉寄枸杞来;安徽省古籍办(在安徽大学内)寄《钱澄之全集》中的四本(之一、之三、之五、之六)。

1月6日(3)阴,11℃

天气变阴,刮大北风,隆冬终于来了,空调颇起作用。今日抽两次血(饭前与饭后),尚未见到结果,很想本周能回家。

1月7日(4)晴,7℃

验血结果尚未知,已请准明日回家过星期日。

1月8日(5)晴,10℃

内分泌科主任来,云血糖高,肯定是糖尿病,但只需每日服降糖片两个半片,并注意节制饭食,待降至10以内,即为痊愈。营养科医生下午未来会诊,故尚未即谈出院事,先回家休息两日后再办出院手续。五时乘小钱车回家,四十天未回家,甚感舒适。晚吴志达打电话来问候,云分典完成后将来宁。

1月9日(6)阴,7℃

今日在家,吃饭睡觉均感舒适。社科评奖事已与砺锋谈过,请其与宏生、蒋寅研究后办理。98 年成果汇报则请有富与本栋办理。小鲲晚间来,等候与天眉通电话。

1 月 10 日(日)晴,4——6℃

今天休息一天。本栋来,谈补充《俭腹抄》事。巩赠爊鸡四只。砺锋来,拿去《江西诗派》一本,为申报奖事。张世林来,赠《学林春秋》一本。晚 6:45 回医院。赠小钱毛衣一件。贺卡:贵州王天海、南京文联书记刘光德。

1 月 11 日(1)昙,6℃

今日本拟出院,医生不允,须俟吃降糖片数日后,再验血糖,如能稳住,才能出院。营养医生来,开伙食单一份,以后将严格控制饮食,既不能吃糖,而又必需增加蛋白,故生活方面将有较大改变。早早、郭斌取去各种食物赠值过班的研究生。

1 月 12 日(2)阴转晴,7——3℃

得小海寄来包裹,吴柏森寄诗,副市长许慧玲贺卡。在医院一切如常。

1 月 13 日(3)晴,7——2℃

小海寄来包裹,小宁取来。得文史馆寄来文件。医院生活一切照常,明日将做血糖检验。

1 月 14 日(4),30℃

晚回家住宿,今后要注意糖尿症饮食。

1 月 15 日(5)晴,6——3℃

医院结账,共用 14055.60 元(借学校支票 14000,付押金 2800 元,内 1000 系丽则借)。砺锋来,为报社科奖金,索去蒋寅《大历诗风》一本。章灿来，拟将新出《世族与六朝文学》一书申报社科奖，为其写推荐。得舒芜函。

1月16日(6)晴，7℃

今日与芸步行至校西大门口银行取款，第一次出门，颇为欣悦。得天眉、陶文鹏函。

1月17日(日)晴，9℃

得全国作协通知，要求填著述情况；顾学颉谢函。今日步行至宁海路转了一圈，购物数事，甚累，几不能走回家，午休后即好。天渝夫妇、小虹夫妇率小雅来探视。

1月18日(1)阴，小雨，7℃

得舒芜函，介绍对早早的一篇评论。朱家维来，为南大百年校庆准备写著名教授的传记，请提出名单。早早、郭斌来送还曹虹的周林频谱仪。陈蔚来，赠洋参丸及猕猴桃。

1月19日(2)昙，9℃

得电报，赵吕甫去世；信：胡遐之、陈文新、钟树梁(提及李奇梁去世)；贺卡：林从周老师、王步高、张志烈、李国章王兴康、张高评；书：羊春秋《领略传统学术的魅力》，陈志岁寄《同晖》一本，安徽古籍寄《秋崖诗词校注》一本、《安徽出土金文订补》一本、《古事记》上下二本、《青泥莲花记》一本、《道听途说》一本、《兰苕馆外史》一本，萧遥寄《逍遥山庄诗稿(续集)》一本。张伯伟来，拟补录。函天眉、周金冠(内题书斋榜一纸)、顾易生(附照片)。

1月20日(3)晴，8℃

复陈文新。今日出去散步，情况其好。高纪言打电话来问候。得《文学丛刊》送来稿费60元。

1 月 21 日(4)晴,10℃

写对联一副,寄赠胡遐之。函复钟树梁、马斗全。得冰心文学馆函,要求寄书给纪念馆。侯艺兵来,云书即将出,又取去手稿两张。高纪言来探望。朱家维来,取去拟为作传之名单。

【剪报:《湘泉之友》1998 年 12 月 18 日《钟程唱和诗》。】

1 月 22 日(5)晴,11℃

今日水电组来换了电表分表,付 300 元,以后用电可以较为安心。下午立即洗澡,浴霸与空调同开,洗得很舒服。南师大寄来稿费 50 元。退协送来慰问金(因生病住院)200 元。得严中寄《红楼续话》,已复函;《文学评论丛刊》已出第二期;《大典》工委会函告寄来 800 元,尚未收到。

1 月 23 日(6)小雨,10℃

中午郭斌请我们吃大学口,因得奖学金。万业馨又托人带来杏脯和山楂。张宏生来谈已批准成立明清文学所。《读书》99 第 1 期载朱周斌《一粒偶然的种子》,提到张春晓的《微笑地承受苦难》。丽则为我们买来暖风机,效果颇好,价 350 元。

1 月 24 日(日)阴,11℃

复函贾文昭,收到各书。

1 月 25 日(1)阴,10℃

晨去工人医院复查血糖,仍偏高,又加了一味药。在检查血糖中间,上干部病房看望了祁蔚。住院之账单收据已取到,已交丽则明日去南大医院结账。天纵来探视,带来扶他林医膏及口服药,芸托其带与宁健 500 元治腰病。

1 月 26 日(2)昙,晨有雾,12℃

得张忱石寄书两本,《大典》寄编辑费 800 元,周金冠函,邮件(《新世纪万有文库》第3辑)。史梅来,送来顾易生诗书裱条幅(35元)。霍焕明、孙原靖来。订《中华读书报》。向叶子铭借得《中华读书报》232、234两期。丽则已向校医院结好账,除已用者外,此次付2304元。

1月27日(3)昙,10℃

晨去银行取出20000元,储入25000元。理发。去中文系取信。得何永沂函,温州吴思雷函,《求是》99年1期,周金冠寄来稿费500元(题斋名)。张伯伟写好回忆录,取去照片。下午汪越之子汪定民来访(电话6634038)。复周金冠、何永沂。

1月28日(4)晴,风大,10℃

台湾学者林庆彰、蒋秋华、杨晋龙、张寿安、赖贵三、黄智信来访,赠《清代经学国际研讨会论文集》一本暨烟、茶等数事,回赠每人《学记》《诗世界》各一本。函于景祥、余恕诚。

1月29日(5)阴,11℃

江苏社科联徐保卫来,云社联拟编一江苏名人传记,余亦其中之一,姑应之。晚早早、小燕、郭斌、小崔同来,小崔看病历,尚有很多不懂之处,现查书,其祖亦高血病。张伯伟来,谈写回忆录事及重点学科事。填全国作协会员表寄出。为印唐集作序寄与效农。

1月30日(6)阴,10℃

函舒芜、杨文翰(杨寄来书一本)。社联事拟托郭斌整理。徐有富为介绍《大典》事,取去样本。

1月31日(日)阴,9℃

周勋初自台归,来坐片刻,赠茶叶与米粉,汪中托其带来所写诗幅一条,甚佳。下午蒋寅来,章灿、曹虹同来,谈甚欢,时间亦较久,未感疲劳。

2 月

2 月 1 日(1)阴,6℃

上午散步至中文系,坐片刻归,无重要信件。晚六时在咸丰菜馆宴周勋初夫妇及众生,因周先生由台归,蒋寅由北京来,谈笑甚欢,八时余始归。九三赠小电脑一具,惜说明书不见。

2 月 2 日(2)晴,8℃

一早去校医院查血糖,并检查肺、心脏及血压,又做血常规,皆好,血糖已降至 6—9.2,改了两味药,估计不久会痊愈。郭斌找徐保卫联系编传记事,徐坚持要自己搞,而社联至今尚三(无出版社、无编委会、无主持人),中午芸打电话嘱其不必搞,彼仍坚持要搞,拟告洪银兴诫之。

2 月 3 日(3)晴,9℃

上午去中文系,与严杰搞清楚了小电脑用法,实际只用于万年历(包括农历)及计算机功能。张伯伟告知,理论典准备三月下旬交样稿,2000 年 7 月交一半稿,2001 年 5 月交全部稿。下午七姐来,带来大嫂赠红枣、百合。高纪言带四川宋辽金元分典二编辑来访。函复王水照、汪雨庵。读蒋寅、徐雁平二文,甚佳。小宁送来治腰痛腰带二,二人均用,主要是起热敷作用,另有药力,颇有效。

2 月 4 日(4)晴,8℃

巩本栋来,送来《我与黄季刚先生》复印件及其去贵州出版社之合同。下午逛超市,不累。得顾易生函并诗。

2 月 5 日(5)晴,11℃

上午去校医院取药,芸治腰上的水泡。王医生同意 11 日来家为千帆试血糖。张实寄来莲子、枸杞、茶叶、参含片四物。得黄进德、贾文昭、胡遐之等函及杂志、书等，安徽古籍所寄来顾问费400元。丽则来告，中文系出两本书，一论文选，一作品选，请千帆写序。

2月6日(6)昙，11℃

天渝一家来饭，已数月未来饭，小宁值班，未来。章灿送《文学史》后记来，已看了两遍，拟还后即寄辽宁。又中文系所需两本选集之序亦托其代写。凌萍萍送苦瓜精来，可治血糖高。函复胡遐之、贾文昭、黄进德、张实。吴志达寄贺年片。

2月7日(日)晴，14℃

统战部戴部长、纪处长(女)，文史馆朱云春，连同周勋初一起来拜年，赠1000元、花篮1(代表省委、省政府)。沈文冲来探望。下午在学校散步。得天眉、张辉、舒芜函。小鲲打电话来，屠麟于下午四时去世。

2月8日(1)晴，14℃

上午率曹虹、陈书录、巩本栋去省中医院请朱广华医生看病，明日起服中药，今日已开始又服西洋参，每日两次。章灿取去跋，将复印后寄于景祥。得吴天明寄来《先秦文史散论》。莫砺锋送来《老南京》，借我们看。函张世林，询和王淡芳来往书信事。小鲲打电话来，云屠麟遗体已献给红十字医院，小海即将来宁。

2月9日(2)晴，16℃

中午邀丽则一家在西苑聚餐，仅用170元。天纵送来海鱼。张宏生来谈《全清词》事，他即将返徐州过年。得陈继明、何永沂、周笃文贺卡。函复吴天明、舒芜。

2月10日(3)小雨，12℃

上午芸与小燕赴苏果超市购物。省社联主席、秘书长朱步楼，廖进，冒名芳来拜年，并谈为老学者出书事，希望自己请人编书，未提要徐保卫编书。高纪言来拜年，带来礼品。沈威峰突然来访，不见已多年，带来扬州包子及酱菜，赠与《闲堂诗文钞》一本。小海下午五时抵宁，奔父丧。

2 月 11 日(4)阴转晴，12℃

大纲代表大家去小鲲家吊唁屠麟。下午小海姐弟去红十字会医院送走屠麟，丧事毕。许惟贤来谈《黄侃日记》出版事。得春风出版社寄来《插图本文学小丛书》一百本。张伯伟送来为我记录之《自传》。蒋树声来拜年，送花篮 1。朱云春来拜年，并送节礼 300 元。得傅杰、庞瑞垠贺卡。

2 月 12 日(5)晴，11℃

南大医院王医生两次来家测血糖，上午测 14，大家都很惊慌，下午二时又来测，仅 6.5，正常。上午测过血糖后，和小海等出去散步，走了一大圈。下午血糖正常，可能与散步有关，医嘱要多活动。小海迁来我们这里住，因小鲲等都要上班。小琴晚上过来吃饭，谈屠麟去世事甚详。庞恩美打电话来，云哥又住院，已不能饮食，用鼻吸一些液体，不过暂时尚稳定。

2 月 13 日(6)晴，12℃

函伍杰，寄徐有富文。程章灿送来代作之序(学生论文选、作品选)。本栋来，送礼，取去沈文冲致徐雁之书。天渝晚来，接天眉打来之电话。

2 月 14 日(日)晴转阴，12℃

上午芸与小海去超市购物，然后小海去天纵家。校办王主任送来校长慰劳金 500 元。吴锦来拜早年，赠蜂乳冻干粉。陈辽来，赠书一本。郭维森来，赠花篮一、杂志一本，内有其文一篇。莫砺锋来，赠点心一盒。晚小严、小虹来，赠衣服 2 套、饼干、糖等。今天上午血压增高，服尼群地平 3 粒，明晨再查。得张汉怡、苏昌辽贺卡。大纲来。

2 月 15 日(1)阴，11℃

晨大纲与小海往爬紫金山。中午小鲲、小琴、真真均在此饭，由小海做菜，甚佳。吴志达、陈美林、丁芒、于景祥打电话来贺年。晚在云波餐馆全家吃年夜饭，共 19 人，小严返乡省亲，郭斌回徐州，未来。

2 月 16 日(2)春节，晴，16℃

电话拜年：杨克平、董健、黄淑贤、吴文治、周祖譔、夕佳、凯凯、陈美林、周勃、傅璇琮、晴佳、小佳、周勃、傅璇琮、黎如霞。来拜年：卞孝萱、巩本栋、叶子铭、鲁国尧。中午在丽则家饭，第一次去新居，甚佳。上午由小海、小鲲等陪游梅花山，花正盛开。得任秀金函，颜雄寄照片。打电话给王永芬拜年。

2 月 17 日(3)晴转小雨，16℃

全家在天渝家团聚，菜甚佳。上午砺锋全家来拜年。尉淑玲、南通某人打电话拜年。得王淡芳函。夜杨翊强打电话来云，上月 14 日出院，系神经内科病，心脏病不严重。

2 月 18 日(4)阴转晴，10℃

周勋初来。霍焕明母女来电话拜年。金玲母女来电话拜年。王博仁电话拜年。得舒芜函。小海等 13 人爬山游中山陵、梅花山等地。顾复生、张中、李灵年来访。丽则、小燕在此晚饭。

2 月 19 日(5)晴，7℃

上午写对子，写不好。下午逛超市。得舒芜信，武汉出版社社长□□□贺卡。上海沈家打电话来拜年。

2 月 20 日(6)晴，9℃

上午写对子，很顺利，写好，赠与王毓骅先生。函舒芜、王博仁。王医生来测血糖，11.90，仍高。朱寿友来电话拜年。得清水茂、吴代芳函及贺卡。小海赠红木牛一头。在中文系闻赵瑞蕻去世，打电话给杨苡唁吊。

2 月 21 日(日)晴,11℃

上午游台城,共 13 人,多年未登台城,风景与 70 年前大不相同,我们二老还能走得动。游过台城,遂去火锅城吃午饭,饭后我们回家休息。

2 月 22 日(1)晴,9℃

上午去医院看病拿药,血压正常。函复吴代芳。天渝夫妇晚来,归还借与购房款 5000 元。

2 月 23 日(2)雨,9℃

陈阿姨归,有人做饭,伙食又有所改善。屈义林来信,为其孙拟保送入南大事。

2 月 24 日(3)晴,12℃

复旦大学研究生院寄来早早考博之登记表(转与丽则)。上下午均散步,遵医嘱也。下午章灿全家来看小海。小海和丽则逛夫子庙,购得各种小工业品。

2 月 25 日(4)昙,13℃

伯伟、曹虹来,伯伟拟再写几篇《桑榆忆往》,曹虹拟写我对古文的看法。早早、郭斌回,带来苦瓜汁,代买了《辜鸿铭文集》。黄希坚来。晚上和小海、小鲲在咸丰共餐。天渝、美林晚间来谈。

2 月 26 日(5)雨,9℃

小海离宁赴沪,志明、小虹送至沪,天渝、小鲲亦来送,天渝并派汽车送小海等去车站。砺锋来,黑龙江要一篇我与文学研究的文章,告以其在《文学评论》上之文改写付之。得丁帆赠论文集,武大熊礼汇赠散文集。

2 月 27 日(6)昙转晴,10℃

函复熊礼汇、丁帆、黄进德。下午散步 1.5 小时。

2 月 28 日(日)阴转昙,10℃

小佳寄豆丝来。老白与七姐来。下午散步 1.5 小时。小海打电话来,已抵家。

3 月

3 月 1 日(1)晴,14℃

得陶敏赠《韦应物集校注》。莫砺锋送还蒋寅文,并赠火腿一大块。省社联来人,云 3 月 6 日上午开会,研究出江苏名人传记事。已电告本栋前往参加。今日散步两次,约 1.5 小时。小宁来,将大纲得奖电话机送来并安装好。

3 月 2 日(2)阴,小雨,16℃

在系资料室借得《石禅诗词抄》一本。本栋打电话来,已接到李立朴电话,《程千帆学记》内部分内容可以让给江苏,但须予以经济补偿。今日上午散步一小时,下午因下雨未外出。函陶敏,谢其赠《韦集校注》。

3 月 3 日(3)阴,14℃

得张实函,告老人保健方;张忱石函,云《学林漫录》今年上半年可出版。戏剧 97 研究生李伟替王兆鹏送来冬菇。散步两次,约 1.5 小时。

3 月 4 日(4)晴,18℃

得黄进德函,谈《大典》事。上午去医院查血糖 7—8,趋于正常。血压 90—150,亦正常,仍服药。宏生来,送汪辟疆先生旧函复印一纸。打电话给文史馆,请补 95 年 3、4 期《文史研究》。美林来,赠以冬菇等。

3 月 5 日(5)昙转晴,20℃,大风

上午和芸去向阳卫生院检查,经过透视,了解到芸脊椎骨有多种损坏,腰痛不易治好。章灿来,赠《石学论丛》一本。江苏古籍出版社由王华宝送来《钱大昕全集》一套十本，要求为其写一评论。打电话给小佳，谢其寄来豆丝。

3 月 6 日(6)阴，12℃

为《钱大昕全集》写好评论，并挂号寄给王华宝。得天眉信，详述过春节情况。本栋参加省社联会议，打电话来讲明情况。

3 月 7 日(日)阴冷，11℃

去天纵家午饭，天渝一家也在。函周笃文，索《中华诗词》97 年 1 期。本栋来，谈省社联编名人录事，已写信表明不参加，借去书一本。赵国璋来谈。早早、郭斌来，取去背心和毛裤。

3 月 8 日(1)阴冷，10℃

广州诗社寄来稿费 18 元。得无锡吴晴来函，索借《闲堂诗存》。章灿收到景祥寄来《通史》稿。复天眉。社联送还《学记》。档案馆馆长送来封面样式，征求意见。

3 月 9 日(2)小雪转阴，5℃

章灿送几页《文学史》校样来看，主要是要将书名改回。徐有富送来各人应有的《校雠广义》十套。函张实。

3 月 10 日(3)阴，8℃

挂号寄给无锡江南学院吴晴《被开拓的诗世界》一本。得浦口校区图书馆徐旭东函，对所任职务与所学不合有意见。电热器有问题，嘱郭斌送去修。得周伟民唐玲玲函。

3 月 11 日(4)阴转昙，12℃

上午取出定期存款 5000 元，转存 10000 元。函复周伟民。函复徐旭东，嘱其自己找领导。

3月12日(5)昙,15℃

上午史梅来,谈拟写论文参加明清文学国际会议事,赠酒1瓶、塑料套2卷。孙原靖来,拟请为其父《韦苏州集》写序,赠大理花一盆。章灿送来台湾寄来之《石禅诗集》一本,所借资料室之一本已还。得徐中玉函,天眉致小鲲函。

3月13日(6)阴,14℃

得徐中玉函。得天眉函,两函均详述他们在美之生活,收入虽多,除去税与保险外,每月可用之款不多,省吃俭用,才能保证孩子们的智力发展,而这又是孩子们将来能在美站稳脚跟的基础,因此无法再培养一个孩子,阅之使人心酸。小鲲来等电话,看了前后几封信,又听到妈妈的嘱咐,已打破送真真去美之想。

3月14日(日)阴,小雨,12℃

中午与丽则一家在接待餐厅吃面。函复徐中玉。

3月15日(1)昙,15℃

上午去医院看病,心、肺、血压、血糖都较好。下午高纪言来,云伍杰与北京电视台将于周三来宁,周四来采访。得刘梦芙函,请为其所编词选作序。

3月16日(2)晴,18℃

复刘梦芙,拒作序。高纪言打电话来,伍杰打电话,明晚抵宁,后天下午来采访。小星送来《江苏文史研究》1995年第3、4期,还将送合订本来。

3月17日(3)晴,18℃

上午逛超市,购得食物若干。严杰送来张辉赠高丽参一盒。苏昌辽来访,赠鱼翅一盒。

3 月 18 日(4)小雨,18℃

上午伯伟来,请为其《域外汉文学研究》申请书写推荐书。下午高纪言、伍杰及北京电视台记者黄殿琴、华剑雄来采访,赠洋参丸、肉松,回赠每人《学记》一本。王海燕打电话来,告知可向贵州出版社寄《学记》书评,将再得稿费一份。

3 月 19 日(5)阴,12℃

恩美嫂打电话来,云雄哥病危,已嘱天纵明天去沪探望,并带去 2000 元,如病逝,则作为我们和天眉的奠仪。得无锡吴晴函,已收到《诗世界》,月余后还,并寄来一文,不拟复;南师大钟振振来函,为唐老传记约稿。为伯伟写好推荐书,已交与。

3 月 20 日(6)阴冷,8℃

恩美嫂中午打电话来,雄哥昨日下午 2:30 已去世。已打电话告天渝和小鲲,嘱小鲲用 Email 通知天眉。上午将 1991 年所作《圭翁杂忆》抄写一遍,二人亲自送往南师大钟振振,作为散步,未感太累。得武大熊礼汇函。得苏州一名严代者寄来一包裹,内为“试剂”,不知何人寄,所寄何物,已交小燕去取。

3 月 21 日(日)阴冷,7℃

威克取来包裹,原来是小海托人带来的验血糖的试剂,已与王宁章医生联系,下周二去校医院学做,并函复苏州的严君。今日极冷,无法出外散步。

3 月 22 日(1)晴冷,9℃

陶友红请为《江苏文学 50 年》选 3 首诗、沈诗 3 首,已选好交与砺锋。程章灿申请参加项目研究补助,请为其写推荐书,他自己已写好,谨为其签名盖章。于景祥已寄来傅璇琮《唐五代文学编年史》部分校稿,请为写推荐书参加图书评奖。天纵来汇报去沪之情况。下午散步 1.5 小时。

3月23日(2)阴冷,7℃

上午去医院验血糖,学习如何用小海带来的试剂,检验并取药。下午为气象学生会所出版物《风云英华》题刊名。下午为傅璇琮《唐五代文学编年史》写推荐书,备申请出版奖,并挂号寄与于景祥,附函。

3月24日(3)晴,10℃

上午发出致于景祥函及推荐书。得台湾台北106金华街70号7楼林玫仪寄来《郑文焯手批梦窗词》、张以仁《花间论集》、《清词名家论集》三本书。四川大学中文系寄来聘为《新国学》学术委员会委员聘书。郭斌、早早将石膏雕塑送与本栋,庆其乔迁。

3月25日(4)阴雨,15℃

复张辉、熊礼汇。张伯伟、周维培、许结上午来谈理论典问题。下午散步半小时。

3月26日(5)阴,14℃

校宣传部取去为素质教育所写的心得。凌萍萍送来苦瓜汁。张宏生来谈有关《全清词》事。文史馆朱云春送来《江苏文史研究》的合订本。下午散步2小时,在中文系遇见巩本栋,他把所记老师的教言记录送来。章灿电告《文学史》已校对完毕,明日可寄沈阳。晚与嫂通电话,知雄哥骨灰已安葬,后事已料理清楚。

3月27日(6)昙,15℃

上午逛苏果,购物,共约1.5小时。下午未出外,小燕来探望。

【剪报:《中华读书报》1999年3月24日第11版程千帆《学术上的一种新追求——〈唐五代文学编年史〉序》。】

3月28日(日)阴,13℃

天渝全家来午饭,大纲未来,下午回去,然后我们出去寄信,目的是散步。函复台湾林玫仪谢赠书。今天芸首次为帆测血糖,王医生在旁指导,今天血糖又增高。得《大典》办公室工作简报。

3 月 29 日(1)雨,11℃

得舒芜函。章灿送来《文学通史》稿,略看后即交砺锋阅后寄河北。下午雨渐止,二人散步,经过北园南园,从青岛路回,约二小时,中途在肯德基休息,喝咖啡吃鸡翅。

3 月 30 日(2)昙转阴,12℃

得晓雪寄来诗文集。上下午各散步一小时。上午芸首次试血糖成功,只废了两个 lancel。

3 月 31 日(3)晴,15℃

函舒芜、杨文翰、何永沂(索对联照片)。张宏生晚上来,谈《全清词》事,其所写报告已阅过。理论典样稿已还伯伟。上下各散步一小时余。

4 月

4 月 1 日(4)阴,小雨,16℃

函于景祥,通知《文学史》稿及推荐傅书均寄去,要求为《文学史》订合同。下午散步一小时余。丽则来,通知后日去浦口校区为名人园种树。秦子卿编名家词选,要祖棻及我的词,不理。

4 月 2 日(5)阴转昙,15℃

上午去校医院看病,除血糖仍较高外(9.6),心肺无大恙。函周晶。天纵来,云下周三将与宁健同往杭州归宁,天渝亦将于下周四去海南、广东等地。景祥昨晚打电话来,已调辽宁人民出版社,仍负责文史编辑室。

4 月 3 日(6)昙,15℃

下午去浦口校区名人园种树,章灿陪去。章灿捉刀之《千家诗选》序送来审阅。

4月4日(日)晴,17℃

上午小宁来接,同去鸡鸣寺看樱花,然后去天渝家午饭,下午三时归。伯伟整理好蒋寅、巩本栋、张伯伟《程门书绅录》送来。小燕来探视。芸书一草字条幅赠大纲。吴志达昨晚打电话来,告以自己生病住院。今日告诉高纪言,他拟去武汉探视吴。

4月5日(1)晴,22℃

伯伟整理好的《程门书绅录》已看好,还给伯伟。伯伟问过章灿,他所留存者内容有所不同,故此次不加入。伯伟征得蒋寅与本栋同意后,即将寄四川。伯伟借去《古诗考索》一本。伯伟托问武汉出版社能否购得《明实录类纂》中的《涉外史料卷》《人物传记卷》及《妇女史料卷》。砺锋问早早,其外婆文集之原稿是否在她处。

4月6日(2)晴,21℃

章灿送来捉刀之刘克庄诗选序,已寄傅璇琮。函潘长胜,请代购伯伟所需之《明实录类纂》中之三卷。早早打电话来,其外婆文集之原稿在她处,已嘱其保存好,并通知砺锋。张宏生来,谈继续编《全清词》工作的若干问题。下午去看病,血糖略高(9.6),医云,系有炎症(气管),嘱服头孢。

4月7日(3)晴,26℃

中午为早早饯行,全家都在。晚天纵、宁健打电话来辞行,去杭州归宁。恩美嫂打电话来,谈小健和她分家事,为之慨叹。

4月8日(4)阴,小雨,20℃

得志达函,因心绞痛、高血压住院;章子仲函,已回国定居,仍在湖北大学文学院。志达函已转高纪言。

4 月 9 日(5)阴,20℃

自己试血糖,正常。上下午散步。小鲲来,送来照片,并云明日出差,不能来接电话。王海燕来,送来一篇文、新茶等。

4 月 10 日(6)晴,25℃

上午散步。下午小虹、志明、阿晶、小雅一起来玩。韩隆福寄来《隋炀帝研究》一本。何永沂寄来为其所书对联照片数张。天眉晚间打电话来,互致问候,并谈雄哥家事。

4 月 11 日(日)阴雨,22℃

函韩隆福,谢其赠书。一中打电话来,了解退休人员之情况。函复章子仲。得何永沂函。晚小健打电话来,陈述与庞文华为雄哥遗产继承之矛盾,两边各有不同的看法,只好不过问。

4 月 12 日(1)昙,23℃

函复何永沂,附诗文及文集目录。得吴晴来函,还《诗世界》,并附寄来文一篇,又要求来访,已函复谢绝。早早昨晚回宁,来谈在沪参加考博之情况。收到杂志多种。

4 月 13 日(2)晴,23℃

两人出游,先去人民商场,芸购得羊毛衣和背心各一件,后又去绿柳居吃素菜,并带回菜和包子,与丽则等共享。章灿还来《文学史》三本,其职称基本解决。有富取去《校雠广义》的奖状,备展览。本栋送其第一本著作《辛弃疾评传》来,颇为欣慰。函复吴晴。今日量血糖(12),又较高。

4 月 14 日(3)多云,20℃

扬大秦子卿来访,送来《二十世纪中华词苑大观》约稿函及选好的词。已回复函,不拟收入该书,因已收入《文集》。王海燕之文已经有富看过后寄与《江苏古代文学》。天纵来,送龙井新茶一包,味极美。朱家维陪邹医生来诊脉，云较平稳，开一方，暂时不拟服。

4 月 15 日(4)阴，20℃

上午往医院取药，量血糖 5.8，不高。中国作协寄来会员证。郑惠来访，赠今年出版之《百年潮》四本，报以《校雠广义》一套。郑拟登载张伯伟整理的我的谈话，召伯伟来与郑面谈，张答应整理部分较为适合者寄与郑。美林送来一盆杜鹃。

4 月 16 日(5)阴，20℃

上午去中文系，参观为迎评布置的展览。张彦来修理浴霸，已拆卸将机器带去。得蒋寅函，已升为古代文学室副主任，即将再赴日本讲学。

【剪报：《光明日报》1999 年 4 月 16 日第 11 版程千帆《搜集完备　校勘精审》】

4 月 17 日(6)小雨，18℃

天气阴冷，一天未出门，也无人来访。函复蒋寅。函天眉，详告庞恩美与小健的矛盾。小健来电话，询问我和天渝的住址，准备下个月她爸爸的遗产问题解决后，由上海回合肥途中来宁。

4 月 18 日(日)阴，20℃

浴霸坏了，张彦来修好，工价 30 元。得天眉函，提到在美久居之困难，小海一家也是进退两难。周勋初来，带来蒋凡赠《世说新语研究》一本，周自己撰写的回忆胡小石先生的文章，已看完，明天将送还。下午散步一小时余。

4 月 19 日(1)昙转晴，20℃

上午去学校散步。收到《续修四库全书集部选目》一本。得中国作协寄来《作家图书信息登记表》待填。函志达，问候其病。复蒋凡，谢其赠书。

4 月 20 日(2)晴,22℃

得杨翊强函,并照片数张。孙原靖来,送来孙公遗文一份,并无章灿所需,而章灿所需之文已找到,在 82 年《江海》杂志,复转告原靖,可找来置入孙公文集中。原靖带来钟振振函附诗若干首。得一不识之人陈惠函,问一问题。去化学楼吊唁戴安邦先生(98 岁)。

4 月 21 日(3)晴,24℃

上午去医院取药,验血糖 6.1,可放心。随后去学校理发,再去广州路买助听器电池,大小各 6 个,可用半年。再后去丽则介绍的祁大妈面店,两人合吃一大碗皮肚面,还未吃完,仅用 7 元。后打的回家午睡。吴志达打长途电话来,已出院,回家休养。

4 月 22 日(4)阴转昙,24℃

函复杨翊强。《中华大典》工委会打电话来,已电话给志达,慰问。得白敦仁函,附诗文。

4 月 23 日(5)昙,25℃

函白敦仁,附文数纸;傅杰,请将庞文寄还白敦仁;《文史拾遗》,请改正所载诗中之误字("野"改"冶")。寄小传给《改革与发展文汇丛书》编委会。上午去学校散步,系里送了两本选集——本科生作品选集及本科生论文选集。又哲学系徐小跃赠《罗教·佛教·禅学》一本。志达打电话来,云将复入院,做心脏造影,并留言,如发生危险,请《大典》考虑由陈文新负责继续做。芸当劝慰之,告以绝无危险,不过闻之亦感伤。

4 月 24 日(6)小雨,22℃

整天绵绵小雨,天渝和美林二人来玩,孩子仍未来。上午去学校毅夫馆周围看花,开始下雨,即速回家。得吴晴(吴海发)函;今日作家互联网站函,调查作家文学观念,并请参加"中国文学数据库"。函复徐小跃,谢其赠书。

4月25日(日)大风,阴转晴,预报17℃,但下午温度提高

函吴晴(海发)。下午去宁海路散步。老陈的女婿为我们油漆门窗。

4月26日(1)晴,22℃

得徐放函,约请审改书和写书评;中国诗歌学会文化开发部丛书编委会函,请为《世纪回眸》撰稿。早早送论文稿及英语summary,请审阅。

4月27日(2)阴,小雨,19℃

天纵、宁健从杭州归来探望,带来火腿、笋尖、小核桃等,安徽先寄来新茶一斤。审阅好早早的论文及英语summary,论文写得很好。复徐放,告以衰老不能完成其要求。徐放《今译唐诗三百首》已收到。

4月28日(3)晴,20℃

早早考博,英语得58分,缺2分,陈尚君打电话来嘱其将曾写过的论文电传至沪,以便申请特派录取。已照办,录取有望。去医院取药。得王淡芳、何永沂函。莫砺锋来谈:沈集即将寄来二校;程集拟已二校过者可能先印,不等全部交印;齐鲁已答复河北教育,同意将纸版付与,河北将付与若干代价。

4月29日(4)晴,24℃

得匡一点暨上海教育出版社函,或约稿或售书,均不理。南京电视台拟来采访,拒之。上午验血糖,正常。

4月30日(5)晴,24℃

江苏古籍王华宝送来《光明日报》和《中国典籍与文化》各一。得傅杰函,将去北京,一周后返沪,庞先生书归后即办理;葛晓音寄来《诗国高潮与盛唐文化》一册。本校毕业研究生张明请为其书《在城市的边缘》正式出版题书笺。章灿来谈将参加高校古委会,准备发言,征求意见,赠无糖饼干。晚打电话到志达家,无人接,不知病情如何。

5 月

5 月 1 日(6)晴,25℃

函复葛晓音,谢寄书。为张明题书笺,交丽则。早早报告复旦录取大致不成问题,但可能收在骆玉明门下。丽则和早早来整理照片。得黄进德函,谈《大典》唐五代分典事。

5 月 2 日(日)阴,23℃

天纵、宁健携小雅来玩。小虹、阿晶去张家界旅游,后带来安徽新茶 4 斤。伯伟、曹虹来谈,送粽子若干。小易来装地板。

5 月 3 日(1)中雨,21℃

整日下雨不停,不好出去散步,也无人来。阿姨房间地板已装好,甚好。得郑州梁平甫函并照片(系 88 年拍摄,已不记得此人,信与照片也未留)。函黄进德、黄希坚。

5 月 4 日(2)晴,25℃

函潘海鸥,请照片用完后寄还。得夏利渊(不识)寄诗集两本;吴小铁赠《当代诗词手迹选》一本;郝延龄寄《西域文学论集》一本。

5 月 5 日(3)晴,25℃

函复夏利渊、郝延龄,收到书。得李广超赠《玉雪轩诗词》并来函约稿。本栋还来《古籍小组专刊》及《牧女与蚕娘》。今晨测血糖,又升高。函复李广超,拒将诗词稿投入其所编集子。徐有富还来《大典》样本及奖状。

5 月 6 日(4)晴,27℃

宏生来,谈金中拟开文学大会,请千帆讲话,决定由宏生代其写一小段文字以表示祝贺，不参加会。中午在尉淑玲家饭，赏月季，照相多张。下午郝延龄由新疆来探望，赠雪莲、枸杞及毛布，报以书6本。得天眉来函。函景祥，仍系前函事，促其速办。郭维森送来所著《屈原评传》。

5月7日(5)晴，28℃

得到两笔稿费：1.《湖南文史》30元；2.《中华读书报》200元。早早、郭斌送来二人的硕士论文，很好。

5月8日(6)晴，27℃

章灿打电话来，云景祥来电，《通史》5月出不了，将于6、7月才能出版，合同他拟得时间时自己来宁订。中午在天纵家饭。得姚雪垠讣告。将早早硕士论文寄往武汉大学冯天瑜。北约导弹炸我驻南大使馆，太可恨，全国学生游行示威。晚小鲲来接天眉电话，为母亲节送花篮一只。小海同事将回国来宁，可托其带项链与茶叶给小海。

5月9日(日)昙，29℃

从昨天到今天，电视台不断播送全国反对以美国为首的北约暴行的游行示威集会等。天渝夫妇来午饭，饭后我们二老和他们四人去丽则家玩，早早、郭斌即将登记结婚。今天自己测血糖成功，帆正常。

5月10日(1)昙转阴，27℃

得王文才寄来《蜀梼杌校笺》一本，《中大校友诗鸿》第五集。高纪言来谈《大典》事，8月底前决定出宋辽金元分典5本。

5月11日(2)晴，28℃

上午唐翼明由台湾来南大讲学，由伯伟陪同来访，章灿同在，带赠西洋参一盒，赠以《校雠广义》一套及《学记》一本。随后吴文治夫妇陪蔡厚示来访。蔡系路过南京，周先生亦请其为浦口校区学生讲学。带来水果，赠二人《俭腹抄》各一本。郭维森赠降糖快餐面两大包。吴志达打电话来，已出院，但只在右部血管作了支柱，左部较复杂，尚不能动。

5 月 12 日(3)晴，28℃

周勋初送来其文《西学东渐……》。函王文才，收到书。晚和丽则在雅士居饭。早早、郭斌回徐州，带去西洋参两盒，分赠郭斌父母及外婆。

5 月 13 日(4)晴，29℃

上午去医院看病，因感觉头昏和双脚麻木，照一心电图，与去年差不多，医生换了一味药，加了一味药，看看是否能有所进步。南大宣传部转来《大学生》杂志社约稿函。南大宣传部东方书画中心来函约作品。

5 月 14 日(5)晴，31℃

上午散步，回来后写一张字，写得不好。得何永沂函，附诗；《大典》函两件。

5 月 15 日(6)阴，小雨，27℃

上午一早去校园散步，回来后验血糖，正常。下午看周勋初文章。芸抄好《大学生》杂志所需稿，系《詹詹录》摘抄，照片亦找好，连同简历，拟后日送给宣传部。得侯亦兵函，《中国学者》一书已编好，征求意见，已回函无意见，可发。复旦大学博士生雷恩海(蒋凡之学生)携来其博士论文，请审，并带来蒋凡所赠《周易演说》一本。

5 月 16 日(日)雨，24℃

请章灿为复旦研究生雷恩海看论文写审阅意见。看完周勋初文章。

5 月 17 日(1)阴，22℃

得古代文论会通知改选会长，已填好寄与中玉并请其代索一文。浙江江山一老学生姜为英来函，问刘弘老事，已告知。夏利渊之友吴肇鸿(高纪言之邻)由高纪言带来，为夏购得之我与祖棻之书签名(吴即出百年老人书者)。

5月18日(2)雨转阴,20℃

早早、郭斌自徐州返,带来酒两瓶。沈集二校样已到,初步看了一下,改了上次发现的引文错误,待早早细校。下午饶宗颐来校作报告,并接受名誉教授,去与之会面,又送《闲堂诗文钞》一本。和祁蔚夫人赵医生电话,马文珠周一、周三上午门诊,须一大早去挂号。

5月19日(3)阴转晴,24℃

上午去校医院拿药,然后去系里拿信,只得《书品》一本,内有《校雠广义》书评两篇(孙言诚、黄永年)。武汉大学曾庆元来宁开会,吴志达托其来代为问候。全天校《沈祖棻文集》,大体看过后再交早早细校。饶宗颐赠词集一本,丁帆赠散文集两本。

5月20日(4)晴,26℃

上午去宁海路,芸购得绸布2件。下午去系里,得冯天瑜夫人刘同平函,云早早论文不能登载。复旦博士生论文章灿已写好评语送来,签字后即寄去。函丁帆谢赠书。

5月21日(5)晴转阴,28℃

函孙言诚、黄永年,谢作书评。复冯天瑜夫人刘同平。嘱郭斌去医院灌氧气瓶,未成功,可能瓶已坏,只好用威克所赠制氧瓶,亦尚有用。

5月22日(6)阴,24℃

早早、郭斌已于18日领得结婚证书,今晚家筵,共到20人。下午玩到晚间,很累,但也很愉快。清早,陈继明从武汉来,系学校组织旅游南京、无锡,在我们这里吃了一餐早饭,即赶回位,准备去无锡,赠其《俭腹抄》一本。

5 月 23 日(日)雨,22℃

整日下午,无人来,亦未出行,无信。上午测试血糖,正常。清晨陈继明打电话来辞行,已返武汉。

5 月 24 日(1)晴,24℃

复蔡厚示,收到寄来悼亡诗;得施议对寄《胡适词点评》;李汝伦《蜂蝶无缘》;中国矿业大学书画邀请函;匡一点寄诗;南京经济学院王晓林函,询关于《春江花月夜》事;贵州龙先绪函;江津政协寄《吴芳吉先生诞辰一百周年》。下午尉淑玲来玩,送来前次所照相片。

5 月 25 日(2)多云,27℃

函复施仪对、王晓林、匡一点、龙先绪、何永沂、李汝伦。得骆文寄来《贝多芬只有一个》散文集。写四副对子,拟赠宏生、本栋、早早及书画展。

5 月 26 日(3)阴转昙,26℃

得严中函,请为其著作题书名签《金陵百谜》。下午取药,理发。本栋来,送来《思想家丛书目录》,有所作序。购《国学概论》一本,给早早。

5 月 27 日(4)晴,29℃

得赖永海赠《中国佛教文化论》一本;吴晓明函,附复印《释陈寅恪古典今典解诗法》;《中国图书评论》一本。复严中,附《金陵百谜》书签;骆文,谢赠书。写条幅三纸,赠唐翼明、尉淑玲、尉天纵。砺锋来,谈在苏州为钱仲联博士生答辩事。托小宁将珍珠项链及茶叶送往王婷,托其带给小海。

5 月 28 日(5)晴,33℃

完成写字任务——早早、宏生、本栋三副对子已送史梅裱,唐异明已寄出,尉氏兄妹及国庆五十周年展出者暂存待取。取出工资卡上的存款,以后将由工商银行管理。得尉淑玲寄来的照相底片,她去盱眙,回来后取字。得陈继明函，附《当代寓言之最》，拟为之转《古典文学知识》。巩本栋由档案馆复印来张汉怡刻砚铭，拟收在《照片》中。

5月29日(6)晴，29℃

复吴晓明。将陈继明介绍黄《寓言》文送交卞孝萱，托其转江苏古籍的《古典文学知识》。得陶小健寄来茶叶。

5月30日(日)晴，30℃

大纲带女友张蓓来，又邀了早早、郭斌、小燕同去雅士居午餐。张蓓是成贤街小学教师，与大纲较为般配。

5月31日(1)阴，晚有小雨，27℃

上午去广州路书店为小雅购得中英书各一本，下午小虹来拿，托其代购小冰柜。早早、郭斌取来小健赠茶叶2斤，内有1斤是贡茶。得武大老学生姜为英函及照片2张。钱理群来访。

6月

6月1日(2)阴转昙，26℃

小虹送来草帽，不佳。天纵腰扭伤，但仍允往购冰柜。天渝电告已购电脑。

6月2日(3)昙，30℃

周勃寄来茶叶数小罐，我二人自往取之，颇累。晚丽则率早早、郭斌来，拟送校样给砺锋，他们不在家，留待明日自取。丽则告知张镜园为早早二人借得一小套房子，可住一个月左右，为之欣喜。

6月3日(4)昙，32℃

上午去医院取药，并做血糖，仍高。胡咏絮、鲍振元来访，大出意外，也很高兴。函小佳、晴佳,告知早早结婚;夕佳,告知早早结婚等事;周勃,收到茶叶。得周勃函。

6 月 4 日(5)阴,27℃

丽则送来中央商场中央杯楹联征对入围作品,请最后评定,并送来花篮一只。早早、郭斌可入洞房(张镜园为他们准备的)。复旦寄来审论文费 125 元,拟给章灿。以 6 折购得《宋诗话全编》一套,270 元,并代砺锋购一套。

6 月 5 日(6)晴 30℃

上午去邮局,取来复旦大学寄来的审论文费。下午孙原靖来,送来孙望生前所种枇杷树所结枇杷。送给高岑一本画书、一瓶肉松。得天眉来函。

6 月 6 日(日)昙,30℃

丽则取去中央商场楹联入围名单。函傅璇琮,请为陶敏书评介绍刊载及其他事。天眉给早早、郭斌寄来结婚贺卡及礼金支票(300 美元)一纸。为收到的各种杂志分类赠给各生及早早。

6 月 7 日(1)阴,小雨,27℃

函复匡一点,谢其赠诗集。砺锋来,送还购《宋诗话》款 270 元。章灿来,将审稿款 125 元交付。早早将天眉所赠 300 美元支票交小宁代办。

6 月 8 日(2)阴雨,25℃

上午去学校参加座谈会(古代文学与古委会安平秋等人座谈)。下午去超市购物。得王晓林函,仍请介绍有关《春江花月夜》的文章。

6 月 9 日(3)雨,21℃

终日落雨,未出门,亦无人来,无事可记。修须。

6月10日(4)雨,21℃

仍尽日下雨,不能外出。张宏生来,谈拟参加广州中山大学戏剧讨论会事。丽则、早早来,送来工商行工资存单及各种书与杂志。

6月11日(5)雨转阴,21℃

得江苏古籍函,退回陈继明稿;吴镕寄《杂碎集》(天渝认识此人)。晚家宴,庆祝早早、郭斌通过答辩,在西苑餐厅,菜价廉物美,因李开、张镜园皆出面。饭后又去早早所住房间稍坐即回。

6月12日(6)阴转昙,26℃

两天下雨,今日转好,上午出去散步。小虹、小严、小雅来玩,带来枇杷等。下午天渝、美林来。得周晶、孙言诚函,齐鲁不肯减少对河北教育的卖版费,因此要求河北自己另排。将陈继明文转给《江苏文史研究》。收到天眉寄给真真的贺卡,已转给小鲲。

6月13日(日)晴,29℃

上午去天渝家,午饭,天纵、张蓓亦在座。得《大典》办公室函,宋辽金元文学分典二、四册同意付印。函周晶,仍盼能将《广义》纸型转让给河北教育。函复吴镕谢赠书(由天渝转)。天纵代购得冰柜,价990.00元。

6月14日(1)晴,31℃

得杂志若干份;王运熙寄来《望海楼》一本;张伟华函,下月将与Royal一起回国。朱云春打电话来,陈继明文可刊载在《文史研究》第四期。高纪言来,坚持要帆去北京参加《大典》首发式(到时再看情况)。

6月15日(2)阴,闷热,33℃

函王运熙,谢赠书。尉淑玲打电话来,已得伟华函,知七月底可抵宁。小鲲皮包中钱与支票均被偷,我已打电话给天渝,嘱其打电话给小海,支票挂失。于景祥从北京打电话来,云北京正在评图书奖,《文学史》在三校，因想明年去参加评图书奖，故需细校，七月份可能出版，合同待其来宁时订。早早来，嘱其至校医院拿药。郭斌父母周末将来宁探亲。

6月16日(3)阴雨，25℃

昨夜大暴雨，市街多处积水，我家地势高，未进水，但厨房、浴室已返潮，地上微湿。阴雨，不能外出，砺锋送来各种刊物。《北京文艺》约稿（内有给钱谷融之约稿函，已转寄华师大钱收）。周笃文来函，要求写诗迎接澳门回归。

6月17日(4)昙，27℃

章灿来取去杂志两本。早早来，取得降糖药两种。钱谷融、徐中玉来访，老友久未见，聚谈甚欢。巩本栋来取去杂志。有富来，取去杂志，并带来申请省社科奖（《广义》）底稿，正在会谈，未看。王海燕送来载有其所作《学记》书评之杂志《出版科学》，拟请本栋复印后寄贵州出版社。王海燕并带来杂志数本、食油和咸鸭蛋。得工会书画展通知。抄《有恒斋求学记》寄《北京文艺》。函复周笃文，不能写诗。

6月18日(5)晴，28℃

得何永沂函，附诗；江苏古籍《大典》编辑部函，通知宋辽金元分典各项工作。曹虹率伯伟研究生（冯翠儿）来，赠荔枝，又曹虹赠领带一条。晚在天纵家过端午节。

6月19日(6)晴，31℃

郭斌的父母由徐州来，晚在雅士居会餐，带来酒和麻油、糕点等。

6月20日(日)晴，31℃

巩本栋、张宏生共同请我们和周勋初夫妇晚饭，两家新居都设计得很好，巩家更宽敞、朴实，周勋初感叹今天青年人比我们那一代年轻时生活要好多了。丽则与早早也随去。请本栋将《出版科学》上王海燕书评复印寄立朴。

6月21日(1)晴,30℃

黄希坚来,为《文学典》宋分典索引事给工委、编委说明,送来过目。黎如霞来,陪往华侨路81号销售 Japan Life 处试用,因价格过高,效果不敢确定,暂时听听意见再买(一套3万元)。史梅送来裱好的赠早早、郭斌喜对,甚精美,又赠无糖巧克力一包。得中华诗词社函,问所缺之刊数,可补寄来。丽则晚间来,赞成购磁床。

6月22日(2)昙,31℃

上午发致张伟华及天眉函。函中华诗词社,请补寄97年1期和99年1期。有富电话通知,傅璇琮电话告知已函齐鲁孙言诚请酌减《广义》版让河北教育的费用,并请酌删陶敏《广义》书评,徐已电告陶敏。请砺锋和潘海鸥商议借支稿费2万元,以便购 Japan Life。康肖义取去为国庆50周年所写之对联。得小佳函,谨已搞好出国读博,九月间将去荷兰,蕙已找好湖北省证券公司工作,因患肺结核未能考取硕士生。小燕应引以为戒。打电话给于景祥,希望预支稿费10000—15000元。

6月23日(3)大雨,26℃

得蔡厚示寄来《扬州瘦马》一本。江苏古籍周骋带来十三中教师曹某,请为该校的版物题辞。早早、郭斌来,郭七月上旬即将去穗。史梅送来曾一所赠《对影集》。

6月24日(4)小雨,25℃

函孙言诚,望能将《广义》纸型减价让与河北教育。本栋已将王海燕文寄李立朴。得日本某大学函,约书法作品。为十三中写好题辞。得无锡吴海发函,问一学术问题。

6月25日(5)小雨转晴,27℃

砺锋来,告知河北教育同意先支稿费2万元,要去银行账号。伯伟陪钱南秀来，谈海外汉学等，送巧克力一盒，赠以《学记》《俭腹抄》各一本。小宁已为早早储好美金 300 元。周骋与十三中老师曹某取去题辞。函复无锡吴海发。于景祥来电话，可以预支稿费，下周来宁时带来。

6 月 26 日(6)雨，24℃

因王静来宁，天渝请王和我们去吃午饭，小鲲来接，张蓓亦在座。王静告知香港早已有磁疗寝具，她亦用过，有疗效，且价较廉，已托其回港后代为了解。又函何永沂请其了解。天渝还 5000 元。

6 月 27 日(日)大雨，22℃

函小佳。函小平，询问磁疗寝具事(明日发)。陈继明来电话，询问其书稿事。丽则来，整理照片。

6 月 28 日(1)小雨转晴，25℃

上午芸再一次翻检照相册，又检出一些好的照片。下午去医院取药，找夏、王二医生咨询有关磁疗寝具的效用，二医生皆不赞成用此器械，认为磁场对不同的人有不同的作用，不一定对每个人有效，还怕有害。袁路的爱人在军区总院任职，请其打听军区总院用磁疗器后，复电无此设备。得李涵来函，已转早早，嘱其函复。打电话给吴志达，询问其身体情况及分典进行情况，并嘱其将《学记》借给李涵。

6 月 29 日(2)晴转阴，26℃

郭斌将赠与其书运去部分，还将继续来取，备下月上旬运去广州。得市作协函。上午去超市购物。芸继续整理照片。

6 月 30 日(3)雨，23℃

复李涵。《新世纪万有文库》中除笔记外，均赠郭斌，另郭预衡《文学史》、《校雠广义》等，嘱其带往广州。函黄伟经、詹伯慧、黄天骥，嘱郭斌带致。芸书《桑榆忆往录》书签，甚好。

7月

7月1日(4)阴,小雨,22℃

早早、郭斌毕业典礼,我未去参加,因小雨。郭斌已将行李托运广州。得郑自修《荆楚诗词大观》续集,已复函,令其找毕奂午找材料。《我与校雠学》稿费已到,转有富,收据已寄还。得《大典》通知,宋元分典第三册已通过;邵燕祥函,附剪报。芸继续整理照片。

7月2日(5)晴,30℃

久雨转晴,又不热,上午散步到系里。得黄进德函,为隋唐分典稿件事。黄希坚打电话来云,昨出版局局长、处长及高等三人均去淮阴印刷厂参加开印典礼,有出版局出面,印刷当不成问题。得《大典》工委、编委函,同意第三册付印。早早去徐州作新娘。复邵燕祥。

7月3日(6)晴,33℃

《中华诗词》补来97.1和99.1两本,齐。天渝一家来饭,谈甚久。天纵打电话来,宁健又感冒发烧,故未来。

7月4日(日)昙,31℃

晨天眉打电话来,告知已动手术,摘去胆囊。将南宁及云南拍摄的两张照片分别寄与杨翊强和徐中玉,请辨认照片上之人。下午大纲、张蓓来晚饭,芸与张谈学校事及真真事甚久。得武汉大学历史系刘同平函,早早论文已转回。

7月5日(1)昙,31℃

上午去省中医院看脚肿,朱广华嘱其妻汤主任治疗,极为马虎,甚至未诊脉,芸很失望。后回校取药,回家时两人极累,在大纛坪休息,遇闵乃本夫人,为我们拎回药罐,二人大喜。下午严中来,将为《人物》杂志写我的小传。下午黄进德来，谈《大典》事。下午史梅来，送来裱好的对联（赠宏生及本栋者），连同赠早早、郭斌者共 180 元。威克来为心脏做气功治疗。得何永沂函，谈治疗心脏病及磁疗事，认为磁疗只可作辅助，但仍拟代为了解；唐翼明函及照片多张。

7 月 6 日(2)阴，小雨，26℃

上午理发，将裱好的对子送交一涓，并转带给宏生一副，黄进德赠本栋的书也交一涓，向宏生索还夏承焘日记。黄进德赠伯伟的书，曹虹取去。得天眉来函，又附来赠真真的支票。威克接近三天来按摩腿脚，并做气功，脚肿已有好转。又今天起服中药。新雷来看照片，指明每个人。武汉大学刘同平寄还早早稿子。

7 月 7 日(3)中雨，23℃

将早早论文寄王小盾，盼能刊登。得安徽邵川函，即复。芸复何永沂函。为郭斌书“寸雪堂”。晚为郭斌饯行，丽则全家。

7 月 8 日(4)小雨渐止，24℃

上午到系里，取得九三开年会、思想家中心开会通知，均不能参加。系又赠大学生创作和学术论文集各一本。宏生还夏承焘日记。徐有富还《学林春秋》，又被宏生借去。

7 月 9 日(5)昙，29℃

上午去医院取药，测血糖，又升高了（12）。得《胡小石研究》一本（赠）。去九三，交一年会费（24 元）及希望工程捐款 100 元。得吴志达及李涵函（附照片）。郭斌今日飞穗。天眉送真真的 200 美元支票交给小鲲。

7 月 10 日(6)昙，27℃

七姐来，闲谈。本栋来，购得《吴宓日记》9、10 两本，45 元，又代购面包。杨翊强打电话来，已认出照片上三人为何文白、韦其麟与林焕标，照片即寄回。徐中玉来函，寄回照片，左二人亦不识。有富打电话来，省社科奖不能以《校雠广义》名，只能以《校勘》《典藏》二本申请。

7月11日(日)昙，28℃

吴志达打电话来，提出与四川联系，同意元与明界限的意见，已通知高与黄。大纲、张蓓来玩，请他们去大学口吃西餐，大纲带走录音机给小宁用。小燕来午饭。高惠立一家来，小高拍了与余冠英同摄之照片。

7月12日(1)阴，27℃

得中国作协函征《二十世纪之歌》，安徽大学寄来《古籍研究》99年2期三本。

7月13日(2)阴，25℃

得《学林漫录》14集一本，内有《与淡芳书》、宏生文一篇，写得很好；王淡芳函，闻台湾将出我的全集，恐系谣传，因为无人来联系。景祥打电话问款有否收到，明日请小宁查。

7月14日(3)昙，28℃

函复王淡芳、傅璇琮、黄进德。打电话给宏生，赞其载于《学林漫录》之文文风很好。笑梅接电话，云宏生去北京查资料，且带去张津，可谓好父亲。小宁告知景祥汇来15000元已收到。得黄裳寄来关于版本的一本散文集。早早今日可以校完《沈祖棻文集》。

7月15日(4)昙，27℃

上午散步至系里，得蒋寅及蔡文锦函，蒋寅叙述又得一女之状况甚详，妻名钱鸥，新生女婴名钱鹿菲。早早今晨将《沈祖棻文集》校样寄保定。严杰来，谈拟为白居易诗集作校注。砺锋来，谈河北教育拟将《校雠广义》改为横排，征求意见，我已同意。另谈潘海鸥拟月底月初来，照相集需加快进行。

7 月 16 日(5)阴,25℃

复蒋寅、黄裳、蔡文锦。高纪言来,谈宋辽金元分典最后一册事,另谈即将去北京商谈发布会事。天纵夫妇来,带小雅,小雅顽皮多了。丽则晚间来,商议照片集事。

7 月 17 日(6)雨,25℃

竟日雨不停,无人来,无书信,亦无电话,可谓三无日。未出门。

7 月 18 日(日)昙,28℃

仍然是无人来,亦无信。照片集已基本写好,待丽则编写的部分写好,即可抄好,待潘海鸥来。函北京的医生,询问治糖尿病之药。

7 月 19 日(1)昙,32℃

上午芸取药、存款,帆去系里拿信,得杂志又汇款 100 元(安徽《古籍研究》)。得何永沂函,论帆病甚详,亦不赞成磁疗。我们决定不购磁疗寝具,收到预支的稿费均已储入银行。严中来,送来所撰稿,多半系从我的书中抄袭,除过捧之处外,只好随他。

7 月 20 日(2)昙,33℃

函何永沂;天眉;严中,寄回稿件并告以基本是抄袭,不能发表。小鲲送来磁性床垫广告,并云真真学籍问题尚未解决。

7 月 21 日(3)昙,32℃

高纪言送《大典》宣传品来。

7 月 22 日(4)昙 31℃

周勋初打电话来,云黄先生日记的照片各处均找不到,只好重印。张宏生自北京回，来谈。古籍小组已组成，成为出版总署下属单位，人员亦均出版署之老人，工作人员亦均易人。打电话通知黎如霞，不拟购磁疗寝具。

7月23日(5)阴，阵雨，32℃

天纵、宁健带小雅来。阿晶送奶奶一件绸衣。周勋初打电话来，说傅璇琮打电话来，云齐鲁与河北教育关于《校雠广义》版卖与河北教育事已谈妥。伟华昨晚打电话来，云已抵沪，下周一来宁。

7月24日(6)晴(短暂阵雨)，34℃

今日热，而且闷。地板已修好。何永沂医生打电话来，指点一些医药。得施议对函，附文。曹□来，送油、茶事。

7月25日(日)晴，35℃

函黄天骥，请寄《董每戡文集》。得王小盾函，早早论文想带至第三次中青年诗词创作座谈会上，请在文集上发表。章灿来，赠大麻花。

7月26日(1)晴，35℃

复王小盾、施议对。北京中国作协又打电话来要作品，称新诗旧诗皆可。砺锋来，称河北教育坚持《校雠广义》要横排，因此需重排。赠千元给丽则夫妇，助旅游。陶敏《校雠广义》书评已在《中华读书报》刊出，已复印给有富和秀成各一份。天渝和伟华联系上，准备周三即办完事。

7月27日(2)昙，32℃

小鲲来谈一二十分钟，劝其注意少吃营养品，防血糖高。王庆元来，晚参加许惟贤请王和教育出版社责编之宴，遇到横山率女生来宁。寄三首旧作诗给作家杂志。

7月28日(3)昙，33℃

伟华及 Royal 来，共饭于金童，天纵、天渝、淑玲夫妇及我二人，结果费用是伟华付的。得羊春秋、王淡芳、浙江古籍出版社郑小军函。羊寄《春秋文白》。王言台湾出我文集事恐不确。郑小军言数十年前所写夏承焘集之序被发现已载于新版中。郴州中青年诗词创作会、河北古代文论会邀参加会议。

7月29日(4)晴,33℃

照片集《桑榆忆往录》整理完毕,共90页,照片95张。大功告成,甚悦。中午应伟华邀请去绿柳居午饭,和Royal谈很多。将细瓷茶具赠Royal。接连几天应酬,两人皆感疲劳。

7月30日(5)昙,阵雨,34℃

得小佳函,瑾、蕙均已上班,瑾办好护照再走。王晓林送来稿件请审,已允为其看。为郴州诗书画院写字一幅,已寄去。复羊春秋、潘海鸥、郑小军、古代文论会(不去)。莫砺锋来,取去照相册稿和祖棻书信稿、《祖棻文集》照片。莫告,黄天骥来电话说《董每戡集》已寄来,拟去羊城晚报会郭斌。

7月31日(6)晴,35℃

张伯伟送来《程千帆先生的诗学研究》稿审阅。丽则、早早今晚乘火车去贵阳。

8月

8月1日(日)昙,阵雨,34℃

砺锋陪横山弘来访,适伯伟、章灿均在,共谈近一小时,横山赠酒等,余赠书两本。王晓林文交章灿看。晚赴天纵家宴,因天纵过生日,即将横山所赠酒与果冻转赠天纵。得王运熙自选集一本。

8月2日(1)昙,32℃

今天较凉爽,去系里看信,得《书与人》及章灿所写诗。前省中施医生

（曾为我治痔疮）打电话来问候。

8月3日(2)晴,31℃

小燕打电话来，告知丽则、早早20晚11时已抵黔，但车上无空调，很热。得黄天骥函。复王运熙。得北京马重根医生复函。

8月4日(3)晴,33℃

伯伟接连三天来录音，今日暂告一段落，待整理后再说。砺锋来，照片集看完，指出一些问题待更正，等潘海鸥来时交给他。文集无需每本印照片，只需第一本印数张。蒋寅用传真寄来小女儿照片，伯伟给我们一张。复晴佳函。

8月5日(4)昙,32℃

无人来，无信。

8月6日(5)昙,32℃

得施医生来函，问典故。伯伟来，将《桑榆忆往》底稿送审。二人出去散步，皆趔趄。照相说明词已改好，只等潘海鸥来拿。

8月7日(6)晴,33℃

从昨日起，每清晨开始散步，今天比昨天已有进步。下午天渝夫妇、大纲、张蓓及小鲲来吃晚饭，并等天眉来电话，大家祝她生日快乐。小宁未来，跟同学出游。

8月8日(日)晴,颇热,34℃

得周晶函，并即复（关于《广义》事）。函复施医生。

8月9日(1)昙,阵雨,33℃

芸眼小血管出血，去省中眼科中心看病。去系里取信，但无关，还有杂志等。章灿送回王晓林文,准备寄还给她。《文学史》事,辽沈出版社一定要改名,我和章灿均不同意,宁可将稿收回,现仍在交涉中。伯伟继续来录音。

8月10日(2)晴,34℃

昨晚章灿与景祥通话,景祥已不再谈不能改名之事,说将与辽沈商议,如辽沈不肯改名,则可由人民出。今早章灿来电告知。张威克去青海,小燕来吃晚饭。王晓林之文及章灿所写意见已寄还王,明晨小燕送邮局。朱云春来电话通知副馆长宋文治今晨去世。

8月11日(3)昙,有阵雨,33℃

曹虹送文来审阅。伯伟送《桑榆忆往》目录来。得广东寄来《董每戡全集》;天眉函,附美国一球迷所写观中国女足的报告;王淡芳函,收到《漫录》;文史馆寄来体格健康调查表,已填好寄回。函于景祥,明示决不改《文学史》之名。

8月12日(4)晴(上午有雨),32℃

张伯伟录音毕,且已整理好送来。于景祥打电话来,云辽沈已同意用《程氏……》书名,但要求作者写一申明。已打电话嘱章灿办理,并要景祥请辽沈赶快派人来订合同。韩文忠来,送来吊唁宋文治的挽联审阅,另金坛有馆员组织诗社,请书社名及刊物名。伯伟请为其子张博求"有恒"二字,鼓励他有恒心。

8月13日(5)昙,32℃

请严杰去校医院取药。得张辉寄来茶叶的包裹,已请严杰去取;戴月寄来诗集一本。为文史馆馆员要求的"龙山诗社"及"社员吟草"两幅字交给韩文忠。为张博写"有恒"两字。看完张伯伟所记回忆录,已还伯伟。莫砺锋来,带来林继中所送洋参与虫草。

8月14日(6)昙,31℃

章灿来,写好给辽海的信,与后记一起寄去。伯伟来,送来章灿所记的一部分。张辉寄来茶已拿来,是贵州和海南名茶。得何永沂函,附诗;吴海发函。

【剪报:《程千帆全集》(即出)。】

8月15日(日)阵雨,33℃

严志明、小虹来探望。美林、小宁为我们买来长沙发,甚佳,2200元。伯伟整理好我的回忆录。曹虹的论文已看好还给她。复张辉、林继中、戴月、吴海发。托小宁买礼物送张辉。

8月16日(1)晴,32℃

芸取出工资款,还小宁购沙发款。小宁为张辉购买一件T Shirt 198元,已交砺锋带北京。章灿来电讲辽海云本月内可能将《文学史》出版,其编辑尚不知未订合同。丽则打电话给小燕,云已抵昆明,游后将乘飞机回宁,而早早则去广州,回来至沪即报到,再回宁取行李。小燕已将桌上书籍收入橱内。今日较凉爽,不闷热。

8月17日(2)晴,32℃

函天眉。二人理发。看《吴宓日记》,原住成都地址为:第一,刘君惠宅——光华街85号;第二,李思纯宅——小福建营16号(?);第三,与佘雪曼合租市房——东桂街41号。打电话给巩本栋请其来帮助整理书,已允。

8月18日(3)昙,33℃

本栋来整理藏书,极为仔细。为省文联写贺辞。

8月19日(4)雨,31℃

得严中函,仍拟写传记给《人物》,寄还《1957年的夏天》;沈家给丽则函。本栋继续整理藏书。填表请校医院在家设家庭病床。

8 月 20 日(5)阵雨,29℃

砺锋自京归,带来袁行霈赠送之《文学史》(部定教材)4 本一套。重写市文联 50 周年庆辞。阿晶回京打电话。函严中,寄去照片 1 张。

8 月 21 日(6)阴雨,25℃

函金克木,请其寄诗集来。王晓林打电话来,云稿件尚未收到。

8 月 22 日(日)雨,25℃

芸请天纵一家来,在雅士居吃午饭,祝贺小虹生日和阿晶就业。阿晶带来无锡酱排骨和雪花膏。小严和小靳未来。收到赵克勇寄来的《诗词曲联入门》,并提出推荐其为博士生之无理要求(不理)。天气很凉,不似夏日。

8 月 23 日(1)雨,冷,24℃

复赵克勇函,告以退休已久,不能办。市文联主席及办公室二人来,取去为其所题字,赠我一果篮。早早自广州打电话来。

8 月 24 日(2)昙阴,26℃

得韩德培函,其子想去南大兼课,已为之函韩、蒋二人推荐;余恕诚函,请教研究课题事。郭维森来,请作胡小石传事。周勋初来,谈出版《黄侃日记》事及其他事。小虹送田七来。高纪言来,谈《文学典》出版事。徐有富来,齐鲁为《广义》评奖事打电话来,想托任继愈等帮忙。

8 月 25 日(3)雨,25℃

伯伟来,上古已收到回忆录稿,但今年已来不及出,拟与砺锋商议,两出版社如何安排。有富来,写好与任继愈的信。安平秋处,拟找周勋初先生,打电话去。丽则晚 7 时余回宁。给韩、蒋信,已送达。函复韩德培、袁行霈。

8 月 26 日(4)阴转雨,25℃

丽则来午饭,谈旅游事。小佳打电话来问候。去医院取药,王医生怀疑是否有甲减,拟往鼓楼医院检查。

8 月 27 日(5)阴,26℃

程章灿还来《学林漫录》。章灿告知,辽海责编打电话来,云《文学史》已基本印好,只缺封面,嘱将照片及简历寄之。已找好,明日交章灿寄去。史梅来探问,送猕猴桃。晨去鼓楼医院抽血,作甲状功能检查,下周三可去取报告。

8 月 28 日(6)晴,29℃

得张辉、杨翊强函,即复杨。章灿来,取去照片寄给辽海《文学史》用。伯伟告知上古同意最迟明年中出回忆录,并索要照片 20 张左右,已准备好,待明日写好说明寄出。校医院王宁章医生来,将病历写好,并欣赏家中的字画。

8 月 29 日(日)阴,27℃

张伯伟取去给上古回忆录所需之照片,明日将快邮寄去。小鲲、小琴、真真来探望。打电话给许惟贤夫人,问候许先生。郁贤皓来,赠《唐代文史考论》一本,请写《唐刺史考全编》书签。萧效农打电话来。早早来电话,已见过黄天骥。威克回,晚来为爷爷做按摩。

8 月 30 日(1)大雨转晴,29℃

河北教育寄来《程氏文学史》的校样,砺锋转来。芸购一便宜手表,仅 58 元。夕佳打长途电话来问候。

8 月 31 日(2)昙,30℃

写好“南大庆祝国庆 50 周年书画展”,康育义取去,康并请为其所画三峡图题字。写好郁贤皓的“唐刺史传全编”,郁取去。章灿取去《文学史》校样。函复萧效农。得黄伟经函，将来宁旅游。严杰送来姚效群函，请为《世纪传薪丛书》做首席顾问。得武大寄来《胡国瑞九十诞辰纪念》一本。

9 月

9 月 1 日(3)昙，30℃

函复黄伟经、余恕诚。得古代文论学会顾问聘书。武秀成为我们拿来甲状功能报告，正常。和南大医院方荣海医生联系家庭病床事。

9 月 2 日(4)晴，30℃

得林继中函，请题书签。写好康育义题诗，因格式不对，仍将重写，画已还康。写好工会索要的对联。方荣海医生来，办好家庭病房手续，医生看病很细，以后一个星期来一两次。

9 月 3 日(5)晴转雨，32℃

为林继中写好书签，并函复。得严中函。为工会所写对子已交吴翠芬转工会。得工商银行通知取款。接连几天早晨感觉不适，吸氧、服救心丸，今日服硝酸甘油丸一粒后，愈。

9 月 4 日(6)阴有雨，30℃

天纵、天渝夫妇不约而同前来，小鲲在南大上课，亦来午餐，甚为热闹。小燕来报销考研购书费 400 元。得王晓林函，仍问“诗眼”问题，不复。吴志达打电话来，请为陈文新申请博士学位作推荐书，复以身体不好，拒之。得胡焕章及夔州杜甫诗会函，不复。

9 月 5 日(日)多云，29℃

曹虹送来和伯伟同拍的照片数张。复审《文学史》目次，提了一些意见，交给砺锋，请其再校对《文学史》时再看看。

9月6日(1)晴,30℃

上午去工商银行取款,系浙江寄来所写序的稿费100元。王晓林送来花篮,祝贺教师节。早早从穗归。函《学林漫录》编辑,通知我的银行账号,以便寄来稿费。

9月7日(2)晴,33℃

贵州人民出版社编辑黄涤明夫妇(杨)来探望,请共午餐,丽则、早早陪。黄送月饼及香蕉。徐有富要来函授专转本课程表,已交给小虹。为祝贺王元化八秩寿诞,写对子一副,交早早带沪。得天眉来信,附丹的近照。

9月8日(3)晴,34℃

黄希坚送来《大典·文学典》宋辽分典5册来观赏,仍需还印刷厂。印刷厂已装订好300册,待大批寄到,即可得一套。章灿打电话来,云辽海书社出版的《文学史》已印好,只待装好封面即可完成,9月22日长沙书市开市前必然完成,合同即购书折扣仍未谈。托黄希坚购《野叟曝言》,云有吉林版本,已决定要。阿晶读函授事仍有困难,因生源缺乏,明年可能不招档案班,则先学亦无用,故书尚未代买。湖北大学文献所寄来《尔雅诂林》5大册,连同以前寄来一册,共6册,早早取来。

9月9日(4)—9月12日(日)

这4天都是晴热,大体为35℃左右。芸感冒发烧,先在鼓楼医院看病,未愈,又在南大医院挂水3天,12日下午退烧。这期间得余恕诚函,尚未复;何永沂函,请来宁时为其订房间,已复,同意。函张辉,请其探询金克木近况,因去函未复,甚为记念。郭维森送糖来,郭欢已结婚。

【剪报:《光明日报》1999年9月10日《古籍类:具有相当水平》。】

9月13日(1)阴,32℃

晨接早早电话,问奶奶病,并云已确定陈尚君为导师,中秋节回。黄希坚来电话，云《大典》宋辽金元分典已送北京 4 套，其余 96 套亦在托运中，样书到后即通知我们。提出想以优惠价多购两套，黄复以和高联系后再说，《野叟曝言》已购到，这几日送来。王永芬来电话，谈家事。周晶打电话来报喜，《校雠广义》已获大奖。砺锋送来安徽师大祖保泉赠书。

9 月 14 日(2)昙，31℃

南京有限电视台记者花某（南大毕业）来采访录音，为匡老制作一节目中用。黄希坚送来代购的《野叟曝言》，打折扣后 62 元。函复余恕诚与祖保泉。丽则送来王叔岷女王国璎所著《陶渊明论析》。小虹送来代加工之西洋参。

9 月 15 日(3)雨，26℃

丽则下班后来探视，留吃炒粉，云陈尚君已请早早吃饭。

9 月 16 日(4)阴，26℃

于景祥打电话来，云正等待《文学史》样书，下午即将寄两册来。徐有富得齐鲁电话，下周一（9 月 20 日）在北京颁发出版图书奖，希作者亦去参加。在电话中嘱徐前往参加，路费可由二人合出，徐拟请系里资助，尚不知接洽结果。得姚雪垠子姚海天（中国青年出版社）函，请寄其父函，明日当为之办理。吴志华为文史馆送来月饼等，并携妻女同来，赠其女巧克力一盒。

9 月 17 日(5)昙，27℃

徐有富送来齐鲁转来去北京开会通知，我们力劝其去北京，章灿亦劝其去，路费各出一半。章灿来，云接到万业馨电话，有学生可用磁疗治病，上次史梅亦曾提及。姚海天索其父之书信复印件，已托有富办理，王一涓已去香港。得周晶寄来《藏书家》两本及信一封，索字。今晨已写好，交有富带京。

9月18日(6)阴,夜雨,26℃

张宏生自广州开会回,馈月饼一盒,又为郭斌捎来月饼、香肠等物,与丽则等共享之。黄伟经打长途来,云已抵沪,明傍晚来宁,请代订旅舍一间,已由宏生在南苑宾馆订好。徐有富已购好飞机票,明上午去北京,下周二可回,旅费系里可以报销。

9月19日(日)雨,25℃

得金克木寄来书三本,可以放心了。徐有富今日去京领奖。黄伟经抵宁,已住在南苑宾馆。康育义取去为其所写之字。

9月20日(1)阴,24℃

黄伟经及夫人刘静兰来访,赠以《学记》和《广义》,刘亦在《羊城晚报》,才退休,已见过郭斌。得孙钦善通知,《全宋诗》已由铁路运来,待通知;复旦大学通知,成立中国古代文学研究中心;古代文论会开会通知;《古典文学知识》周立波函,约稿;退休办公室通知,加工资等事。曹虹、伯伟来祝寿,带来寿面。晚曾广开、周勃打电话来祝寿。周勋初打电话来,云安平秋通知《广义》得大奖。

9月21日(2)晴,24℃

今日帆生日,已满86足岁,进入87。史梅来拜寿,送花篮及月饼等。万业馨打贺电来祝寿。吴志达打电话来祝寿。张辉寄来枸杞四包。晚小婉来吃寿面。得天眉函及祝寿卡。复旦古代文学研究中心所出《中国文学研究》收到。函天眉。

9月22日(3)晴,24℃

夕佳寄生日礼200元。王淡芳寄生日礼100元并贺信一封。函复张辉、万业馨。函章培恒、黄霖,并赠《广义》一套,祝贺其古代文学研究中心成立,待早早带去。得到于景祥寄来的《程氏汉语文学通史》2本,1本交与章灿。景祥同意大批购书打6折。徐有富归,奖状奖金尚未领到,因尚未写好，带来得奖名单。朱祖延打电话来祝贺《广义》得奖，并索要《广义》。

9 月 23 日(4)晴，25℃

函复金克木、王淡芳、夕佳。寄《广义》四本给朱祖延。张辉打电话给章灿，转告我们金克木先生尚好，只是不能多伏案写字。徐有富送来姚雪垠书信复印件。王庆元来，《黄侃日记》校样已校好，明日与许惟贤商定后，即交江苏教育出版。《学林春秋》宏生已还来。

9 月 24 日(5)晴，26℃

函姚海天，寄其父信函复印件。函辽海出版社，请订合同。函河北教育，询问《全集》出版情况。晚全家欢宴于南苑食堂，共 19 人，饭后又来家中，10 时始散。

9 月 25 日(6)晴，27℃

刘彦邦嘱刘一虹寄来 100 元。今日以休息为主，只早早来，为其谈作论文事。

9 月 26 日(日)晴，30℃

往取彦邦寄来汇款，理发。寄《校雠广义》四本给复旦中国古代文学研究中心，祝贺其成立。早早去穗。吴泽晶来，告知吴先生诗词集已开印，初校了一次，先将校样寄郑尚宪二校，今年应能出版。打电话通知徐有富和方延明联系，在校报上登一《广义》得大奖的消息。

9 月 27 日(1)晴，30℃

唐长孺子唐刚卯来访，知金克木夫人仍健在，立刻函金道歉。广州年轻诗人陈肩打电话来，云舒芜身体太差，不能多走路，介绍其与章灿会面。孙原靖嘱高岑送罗氏虾来，回赠月饼一包。严杰去火车站取来《全宋诗》50 余本。王晓林(经济学院)又寄来文请审。于景祥打电话来，云样书 18 本已寄出，又索要《古诗今选》。

9月28日(2)晴,31℃

上午去医院取药,将《古诗今选》上下两册挂号寄给景祥。景祥来电话,云《文学通史》合同即将快邮寄来。威克送来十月九日开退休人员大会之请柬及礼品单。赠梨与月饼给严杰,并还费用。周勋初打电话来通知顾学颉去世,拟明日请砺锋打唁电去。《全宋诗》昨已取来,今日始收到包裹条。今日将《全宋诗》全部上架。

9月29日(3)晴,32℃

上午黄希坚、饶钦珩送《大典》一套来。河海大学王海燕送马瑞芳《……》来。莫砺锋代发唁电(顾学颉)。孙原靖拟再要十套《校雠广义》,已和武秀成联系。吕永打电话来拜寿。得陈继明函,知已退休,仍在外教点课。下午去看许惟贤,在楼下即相遇,未上楼,在院子里略谈。后又往看周勋初夫妇,他已接到通知,下个月退休。伯伟来,为《桑榆忆往》增加三篇文事。得石定机函。

9月30日(4)阴,28℃

陈继明晨打电话来拜寿。上午去看南大书画展,数量不多。后又去中文系与武秀成联系,再向齐鲁购部分《广义》。晚去天渝家,归来时打的不易,十时始抵家。

10月

10月1日(5)晴,28℃

今日是建国50大庆。上午在家看电视,实况转播北京庆祝国庆大会,历时两小时。下午去砺锋家,想看看他们家的房屋,准备送一长沙发,坐谈约二小时始回。而章灿一家三口来未遇,带来洋水果等,乱花钱,将告之以后不可。得黄伟经函及照片三张。于景祥打电话来,合同已寄出。

10月2日(6)雨转阴,转冷,22℃

丽则来午饭,将丁山一盒月饼赠之。马瑞芳的博士生马珏玶来问学,她在南大随张宏生读博士后。康育义将中堂裱好，送来看。蔡厚示、刘庆云来电话，他们在湘潭结婚了。

10 月 3 日(日)晴，21℃

上午去邮局寄挂号信，未寄成，邮局休息，购酸奶回。函马瑞芳、赵昌平、伍杰、陈继明、《学林漫录》、孙钦善、王晓林(昨今两日)。中午在丽则家吃饭。参观工会书画展，章灿所写《春江花月夜》甚佳。吴志达来电话，月底将去美国看两个孩子。

10 月 4 日(1)晴，21℃

上午去天纵家吃螃蟹，甚饱满，约阿晶与小红后日去夫子庙吃蟹黄包。饭后去购助听器的电池。为蔡厚示、刘庆云写喜联，并挂号寄刘庆云收。函《文学遗产》徐公持，寄去姚雪垠的书信。

10 月 5 日(2)阴，20℃

海院张明(中文系毕业)送来其著作一本，曾为之题书签，并赠海军纪念品及水果等。张威克帮我们洗包风扇、空调等。清华石定机寄来其父之遗作数种，已复函致谢。

10 月 6 日(3)阴，21℃

中午和丽则、小燕去夫子庙吃螃蟹包，并带回一些赠威克及天纵一家。芸购棉毛衣一套。下午天纵送修好的助听器来。孙原靖、高惠立、高岑来，离开后又去丽则家。得金克木函，字迹模糊难认，但语言仍幽默。

10 月 7 日(4)阴，20℃

天渝一家来午饭，大纲现去学校上课，天渝等四时才走。得不识之二人来信，请为其所编杂志为顾问，因不了解，暂不回答。东南大学一徐教授打电话来，云其女在美国与王伊同相遇，知其两同学在南京，告知徐某，徐将我们电话告知王。

10月8日(5)昙,22℃

国庆假日结束,今日开始上班。上午去系里,得曾伯藩及几个不识之人的信及杂志等;王西彦讣告,又走了一位老友。辽海寄来《文学史》合同及样书,样书仅有14册。本栋来谈。

10月9日(6)雨,24℃

上午校报记者某君来采访《校雠广义》得奖及《大典》出版事。下午冒雨去学校拿老人节礼物(床罩一床、枕套二个)。会暾弟写信给丽则问我们的情况,他们夫妇二人退休后出来过一次,后即安居家中不出门。朱祖延打电话来,收到《广义》。天眉打电话来。蔡厚示打电话来,已收到所赠贺联。

10月10日(日)雨,22℃

函复会暾。做诗四首赠金克木。得王一桃寄来书一本,并索《闲堂诗文合钞》,不理。退协赠老人节礼百元及油,又收一年会费10元。

寄金克木朗润园四绝句

周(煦良)唐(长孺)久逝金程老(余今年八十有七,克木犹长余一岁),往迹消沉五十年。秋色珞珈容胜昔,壮心浑不似从前。

鹿苑初归意兴高,吠檀精髓敌诗骚。笔端秦梵无多子,乌尔都文亦颇劳。(初自印度鹿野苑归国,译吠檀多精髓,有称于时,然在北庠,以随顺世缘,亦偶用乌尔都文施教。)

白头追忆少年文(在武昌时,见偶说《十九首》"玉衡指孟冬"篇,树义精髓,至今记之),难共诗林再策勋。懒下楼知筋力异,亦知零梦乱如云。

泾阳先生古遗直,掉臂儒林半百年。晚为狂童折其胫,我欲为诉诸苍天。

10月11日(1)阴转昙,23℃

晨将赠金诗抄2份,一寄金,一寄《诗刊》。复北京出版社文史编辑部李晓波，同意将《黄季刚老师逸事》选入散文选《长相思》内。复曾伯藩函，只为其写一书签，另一人者不写。为湖南一炼钢厂王光文写一横幅寄去。南大电视台一女生送来省电视台将来采访之问题。许惟贤来取《黄侃日记》的后记。得台湾黄智信函，内附潘重规诗。

10月12日(2)阴转雨，22℃

上午去退协领到一瓶油，十斤重，拿不回家，幸遇袁玲，送回家。姚雪垠子姚海天来函，已收到其父书信复印件，并将《李自成》第4、5卷寄来。《大典》赵主任打电话来，编辑费即由邮局汇来，以后再用账号；各宣传《大典》的文章已都发给报纸，会陆续刊出；发布会约在十月廿八日开。得本校兰亚明赠《大学生》一册，内有我的照片及《詹詹录》摘句。得校办转来《江汉论坛》杂志社关于中国著名学者形象宣传工程的协商函。小燕已得到免试保送读硕士，皆大悦。

10月13日(3)雨转阴，22℃

得刘彦邦函，渐能适应美国生活，如再能获得移民补助金，则不回来之可能较大。周勋初写一文，嘱看一遍。

10月14日(4)阴，20℃

得舒芜寄来《回归五四》一本。文史馆韩文忠送来政协所赠纪念邮票本一册。经济学院王晓林来取其论文，并赠花一束。程章灿告知江苏古籍将重出版其《赋史》。方医生来，不赞成千帆去北京，已电告知老高。

10月15日(5)雨，19℃

上午芸去医院拿药，并向王医生购得血糖化验纸25枚，价50元。王国强来汇报刻古文光盘之进度。寄《文学史》给金克木、舒芜各一本。晚为小燕保送研究生庆祝，全家5人在军区饭，菜不佳。

10月16日(6)阴，17℃

得黄秋耘寄来散文集《风雨年华》四本。何永沂打电话来问文集是否已出版。得曾伯藩函,请告知家庭地址。

10月17日(日)晴,18℃

得蔡文锦函,请写书签,并附来冒叔子诗集一本。吴志达、郭斌打电话来祝贺老人节,早早亦打电话给家里,托转致她对我们的祝贺。下午去逛超市,途遇丽则一家三人去清凉山登高。写好赠莫砺锋50岁生日的对联,明日托史梅去裱。晚丽则、小燕来,嘱小燕代笔写信给早早。

10月18日(1)晴,19℃

上午去《南大报》取回《中华读书报》剪报,因剪时不慎,剪去一条,交砺锋补好,拟给《江汉评论》。得中华书局编辑信,《学林漫录》稿费已寄入账号。写好蔡文锦所撰书签两纸,已寄去。下午校有线电视台来录音录像,费时一小时余,甚累。得小海寄来照片及林晖给真真照片。赠砺锋对联已交史梅裱。

10月19日(2)晴,20℃

已看好周勋初文,并写一意见书当面交给周。于景祥来电话,云合同事已改好。因未提傅所撰编年史事,故又函于,请其催促辽海将傅书及唐诗书寄来。

10月20日(3)晴,22℃

寄给《江汉论坛》杂志社照片二张、简历一份、简介一纸。河北教育出版社要求代其写《沈祖棻全集》前言,已写好寄出。姚海天寄来《姚雪垠诗抄》一本。《南大报》载《中华大典·文学典》分典出版之稿。

10月21日(4)阴,21℃

晨去双龙巷,芸补牙,尚需一次。张伯伟来,送来《桑榆忆往》稿,待砺锋寄往河北教育。高纪言来,谈好帆不去北京,由伯伟参加代发言。得杨翊强函。

10月22日(5)多云,23℃

莫砺锋来,取去《桑榆忆往》。写了两幅字,一赠吕效平,一赠丽则同学张横平,已拿去。丽则又为作家班某生送来茶叶一包,求字,丽则说等其将毕业时再为其写。得一不识之人的函,请写字,不理。收到《大典》寄来800元,收据已寄出。

10月23日(6)晴,24℃

天纵一家来午饭,带来螃蟹。上午写两幅字,一副对联赠章灿,另一留与某作家。得北京人民文学出版社《人物》杂志社张伟涛电话,为李涵所作沈祖棻回忆录索照片。已找好三张(一人像、二文字),并挂号寄出。复刘彦邦。得《文学遗产》徐公持函,拟刊载姚函。伯伟来,商议在《大典》发布会上代发言之内容。

10月24日(日)晴,24℃

函复徐公持。函天眉。得早早函;杨翊强寄来各种腊味,分几种给丽则。七姐夫妇来访,送柚子和猕猴桃,回赠茶叶。

10月25日(1)昙,23℃

写两副对联,一赠有富,一赠伯伟、曹虹,连同上次所写赠章灿者,一起送往学校,置信箱中。章灿、宏生来谈,赠宏生《文学史》一本。复杨翊强。函赵昌平。校人事处来人,将复韩铁函送来阅,同意重发。高纪言来电将发布会内容通知,已转告伯伟。将102室事向姚松通告,他又通告了生物系。

10月26日(2)昙,23℃

芸补牙毕。伯伟来,将在《大典》发布会代发言的稿子送阅。将一鸡血图章刻有"为君刻意五七字"者赠与章灿。复早早。

10月27日(3)晴,24℃

函韩德培。得会瞰函。将各种杂志分给本栋、有富、严杰,是自己用小车送到中文系。晚吃锅贴与馄饨，不见高明。天渝打电话来祝芸寿，我们已忘却阴历生日。

10 月 28 日(4)阴转晴，23℃

宏生来谈学校有意恢复《全清词》的编纂工作，并希望能早出多出成果，为此韩星臣将来访谈。复会暾函，望他寄一部作品来，看可否推荐出版。今日上午去夫子庙刘长兴吃螃蟹包，比扬州茶社贵而不很佳。晚去天纵家。

10 月 29 日(5)晴，21℃

得横山弘寄来《宋元版》，吴功正寄来《唐代美学史》。巩本栋来，还《词话丛编》5 本，借去《文学典》第 1 卷。黄进德从北京回来，谈《大典》事，要千帆和高纪言谈尽快开审稿会。于景祥打电话来，要印唐宋诗选集，即由《古诗今选》中选用，要砺锋编此书，他答应晚些时编。早早从沪归，以后拟每月回来一次。小宁带李朝来，外貌及谈吐均甚好。于景祥又来电话，十一月内即需稿件。

10 月 30 日(6)晴转阴，19℃

函唐翼明，请为早早购《宋代遗民文学研究》。函顾青(《学林漫录》)，请查稿费是否已入账号。唐宋诗改编事，将由我二人合作，十一月中寄出。天渝夫妇来午饭，吃腊味饭。函复吴功正。伯伟来，谈《大典》开发布会事。得赵昌平函，允寄《虹影丛书》一套，并谈出版《桑榆忆往》事。辽宁大学中文系刘维治请为其书《元白研究》书签。抗战时四川省中老学生谢某来访。

【剪报：《光明日报》1999 年 10 月 29 日《〈中华大典〉首批成书面世》。】

10 月 31 日(日)雨，16℃

下雨，全天未出门。早早来，和她谈写小论文参加国际会议事。开始写《唐宋诗咏诵撷英》的前言。章灿来电话，云景祥给他电话说，赠他与我的两套傅先生的集子明日可寄出。

11 月

11 月 1 日(1)多云，13℃

《江汉学刊》函砺锋要求换一大照片，已付与。得潘海鸥函，已收到代写之前言。校电视台要一警语，已告以“不断否定自己，跨越自己”。高纪言来电话，云俟《大典》礼物收到后再来。《唐宋诗咏诵撷英》前言已抄好。

11 月 2 日(2)晴，15℃

将《唐宋诗咏诵撷英》前言及目录挂号寄景祥。卞孝萱送来华中师大致我的顾问费 1000 元，请我担任他们编写的教材《中国古代文学》的顾问，我已不记得此事，现书已出版，卞先生说他们将书寄来。史梅送来早早所需的有关范仲淹的材料的复印件。继续校审《唐宋诗》的注释。

11 月 3 日(3)晴，18℃

复印有关范仲淹材料，并连同史梅送来的材料，和信一并寄给早早(挂号)。昨刘君惠女打来电话，报其父丧，今日打电话去吊唁。

11 月 4 日(4)晴，20℃

天纵陪我们去家电商场购得浴霸 1、抽油烟机 1，共 1010 元，明日将来安装。校有线电视台程××借去《学记》一本，为播音做准备。小红来，代购得空心胶囊 4 瓶。函复横山弘。

11 月 5 日(5)阴转昙，17℃

今天安装浴霸与抽油烟机，一上午直至下午 1:30，可以安然过冬。高纪言来，送来《大典》所赠礼物(两大本书)。于景祥来电话，《文学史》5 册、《唐五代编年史》及担任顾问之书，一并挂号寄来，我们寄去的《唐宋诗吟诵撷英》前言、目录也已收到。得夕佳来信，11 月 7 日即将送滴滴去澳。已订 2000 年报纸，仍与 99 年相同。发给刘君惠家属唁电，未能送到，因地址不全，又用函将电报寄往四川师范大学。收到刘庆云寄来《词通》，并已函复。函复横山弘。

11 月 6 日(6)阴，16℃

今日芸生日，天渝请去为芸祝寿，有螃蟹、生日蛋糕等，极为丰盛。小宁和李朝接送，李朝送金箔挂历。无锡吴海发来，请为其书作序，拒之。天眉打电话来，小鲲来接电话。

11 月 7 日(日)昙，20℃

今日和天纵一家在绿柳居会餐，为芸和小雅过生日，菜味很好，大家满意。得王一桃函，又要求写书签；《文学遗产》徐公持函，对姚雪垠书信上的字有些模糊提出一些看法。一个不识之人姚效群(曾请帆作顾问，《世纪传薪丛书》)来访，送诗集一本，甚不高明。

11 月 8 日(1)晴转多云，18℃

得韩德培函，愿让韩铁来中美文化中心工作。将订《光明日报》收据及身份证复印件寄光明日报社。为王一桃写书签并寄去。函复徐公持。丽则来为作家班作品集请题签。

11 月 9 日(2)多云，18℃

芸上午参加廿一中退休教师游总统府，见到很多老朋友，很高兴。写信给韩、蒋两校领导，将韩德培信转给他们看。得王伊同函。为作家班写书签，写得不好。作家班某人所索字已交丽则。晚丽则送花来，补为芸祝寿，并送小雅衣一件。得徐公持函，致谢意。

11 月 10 日(3)昙，19℃

完成《唐宋诗撷英》整理稿，已寄景祥。系推举带头人票已填好送系。

重写作家班所需书签，交丽则。得中国社科院函，征《中国当代社会科学专家学者大辞典》稿；吴功正函。

11月11日(4)阴，16℃

为《湘泉之友》写一警句寄去。中国社科院征稿已在准备。洪银兴副校长代表校领导打电话来感谢对学校之支持，并请向韩德培致谢，欢迎他随时来母校，韩铁事当安排好。小虹代买三七脂肝片十包送来。

11月12日(5)晴，17℃

晨理发，在南芳园早点。史梅送来赠砺锋之对联，已裱好。小虹送波依定来。写好社科院所需的词条，交丽则请人打字。复南开大学陈洪，不能参加南北朝会议。函潘海鸥，排好《全集》次序。

11月13日(6)昙，16℃

函复韩德培、王伊同。美林看牙后与小宁同来，午饭后回。

11月14日(日)晴，19℃

得早早函，讲学习事颇详。将赠砺锋的对子和1000元送给陶友红转。写字两幅，给丽则同学。下午逛超市。美林送来李朝从扬州带回的包子。

11月15日(1)阴转多云，13℃

得横山弘寄来正仓院图片，于景祥寄来《文学史》五本、《评注全唐诗》一全套十本、《唐五代文学编年史》四本。于景祥打电话来，已收到《唐宋诗撷英》稿，合同明天将寄来，其领导意愿稿费为50元。莫砺锋来，道谢赠其对联，并准备将一千元购《汉语大辞典》。晚饶小平和其朋友汤玲来访。函中华书局顾青，问稿费事。

11月16日(2)晴，11℃

得一大学生来函，想考研究生。丁芒的夫人打电话来，转达林岫为

《中国艺术》向帆征迎接澳门回归的诗，不拟回复。小宁携李朝来午饭。

11 月 17 日(3)阴转昙，10℃

这两天来天气转凉，已穿上丝棉袄。复三峡大学一女生函。小鲲购来汽油两大壶。晓琴系患纤维肿瘤，无大碍。

11 月 18 日(4)晴，12℃

为骆玉明、陈尚君、傅杰、史梅各写一副对子，很顺利，写得较好。史梅代借得《郑孝胥日记》5 本，史梅今晚去北京开会，下周回来后，再取对子去裱。武秀成送来打印好的个人履历，已寄往中国社科院。函复早早。

11 月 19 日(5)晴，15℃

海信厂派人来回访空调机。增容事，小鲲在办理，因系和邻居共用一电表，所以不能增容，只能新装电表，装 8000 瓦，约需四千余元，但我们仍要装。于景祥来电话：(1) 书名改用《唐宋诗名作选》；(2) 稿费为 55 元，合同今日下午已发。中华顾青来电话，稿费五百余元已汇入工商银行，是芸误以为农行。贾平年来电话，为南大校友刊物索迎接澳门回归的诗。得施议对《今词达变》第 2 卷。

11 月 20 日(6)晴，17℃

中午请丽则一家至山西路扬州茶社吃点心。饭后又去湖南路商场购得帆棉鞋一双，仅 24 元。柏丽地板公司售后服务，为洗地板，甚清洁。小鲲来休息，讲好下周一请人去供电局办理新装电表事。复施议对，谢赠书。得《文学报》函，拟赠《文学报》一年，需自己先去订报后，再报销。

11 月 21 日(日)晴，18℃

天渝一家来午饭，小鲲亦来。交 4500 元给小鲲明天为我们新装一 8000 瓦的电表。

11 月 22 日(1)阴,小雨,20℃

得王贞一寄来其父王利器自选集;王辉斌寄来其所著杜诗书;许静函,为其《中国文学日历》索要照片及简介;王淡芳函。复王辉斌、王贞一,谢其赠书,为王辉斌写书签。函许静,寄照片及简历。

11 月 23 日(2)晴(雾),20℃

供电局来人装电表盒并接好外线,下周装大电表。高纪言来谈样书赠送事。胡宁仁介绍一申××来,带一册页要求题写,嘱其后日再来。得澳门大学邀请参加词学国际会议函。

11 月 24 日(3)露转昙,20℃

得天眉函;韩铁函,愿返国工作。巩本栋转来复旦杨明赠《文赋诗品译注》。赠砺锋的千元,已购《汉语大辞典》,今天为其题字。已订《文学报》一年,将收据复印本寄上海。

11 月 25 日(4)晴,15℃

昨报大风,气象局预报降温,实际不冷,明可能降。萧效农来,丽则带她到档案馆及图书馆,找其父有关材料。晚又来,征求对其父遗集的意见。朱云春来,征求对他的意见,是三讲的最后阶段。申××带册页来,请题。写得不好,眼花。医生来验血糖,高,需注意饮食。王一涓邀周六去她家,因徐师廖序东来宁。

11 月 26 日(5)小雨,10℃

得韩德培函。于景祥来电话,《唐宋诗名篇》已二校,据云得出版总局通知,凡获得国家出版奖者可得 16000 元奖金,由总局发,10000 元给作者,6000 元给编辑。挂号函于景祥,寄去砺锋为《唐宋诗名篇》所作勘误表。高纪言送给出版局之函来签名。北师大王宁教授由南师大教授陪同前来,赠人参等礼,送来杨克平送来之聘书。史梅取走对联 4 副去裱,万业馨送西洋参,史梅送黄酒。为萧印唐集写书签"印唐存稿",给萧效农带回。武大向志学打电话来问候。函天眉，附赠 Stephen 的生日卡。

11 月 27 日(6)雪，5℃

今年首次降雪，本拟去天纵家，或请他们全家来，因下雪只好各自在家休息。全天无人来，亦无电话。得会暾函。

11 月 28 日(日)晴，6℃

雪后放晴，甚冷。宏生来接，在本栋家与廖序东等同吃午饭，饭后本栋送回。得吴志达函，在美国仍记挂《大典》的编辑。

11 月 29 日(1)晴，10℃

得廿一世纪人才库函，索简历及寄言，已复。复印吴志达来函，转给高纪言。复韩德培，附韩铁来函复印件。函洪银兴，转韩铁来函复印件。砺锋告，潘海鸥电告照片集要印，需稍后，合同即将寄来。

11 月 30 日(2)晴，13℃

徐有富带他的三个博士生来会见，各赠以《闲堂诗文钞》一本。丽则送来贴友朋书札的纸，可慢慢贴起来。于景祥打电话来，云《唐宋诗名篇》第一次将印 6000 册，勘误表已收到。函于景祥，谈三事：(1) 合同未收到；(2)《文学通史》稿费未结；(3) 章灿未收到傅先生所编书。

12 月

12 月 1 日(3)晴，12℃

早早昨晚回宁，今日上午来，在家午饭。上午看眼睛，医云略有炎症。早早带来王元化所赠《文集》，印制极精美。晓琴住入省中医院 5 病区 6 床，乳房肿瘤需动手术。

12 月 2 日(4)雪转晴，16℃

收到辽宁人民出版社出版《唐宋诗》合同。函于景祥(《唐宋诗》寄 15

本给早早)。丽则和早早昨为我购得鸭绒衣一件,已穿上,很暖。得人民出版社寄回祖棻照片及手迹三张,晓佳函,王贞一函。

12 月 3 日(5)多云,15℃

辽宁出版社合同已签字寄还。函王元化谢赠书。早早来谈学习和写论文情况。得戴乃迭讣告。小宁为买水鸟被及被套各一,共价 234 元。徐有富收到周晶电话,《校雠广义》奖金将寄来。

12 月 4 日(6)阴,16℃

中午与丽则一家在绿柳居午餐。得贵州人民出版社寄来编辑费 1000 元。

12 月 5 日(日)晴,10℃

函复李立朴,收到编辑费。电话高纪言,询是否收到吴志达函,高告已收到,下周将函复吴。中午去天纵、天渝两家,在扬州茶馆吃点心。茶叶一斤、字典一本交早早带上海,待尹正去拿。

12 月 6 日(1)晴,10℃

得南师大钱小云讣告,已电请原靖代办花圈。函复小佳。江苏古籍王华宝送来出版社赠送的一套《江苏地方文献丛书》共 20 种 21 本,并请为其写一书评,又赠挂历一。于景祥打电话来,云信与寄回之合同均收到,《唐宋诗名作》一月份一定可出。

12 月 7 日(2)晴,10℃

得章子仲卡,问候。阅《江苏地方文献丛书》并为其写介绍。

12 月 8 日(3)晴,11℃

得邵燕祥寄来《旧信重温》一本,内有过去致燕祥函二通。函邵燕祥,收到书。函傅杰、会暾、子仲、淡芳。

12 月 9 日(4)晴,13℃

写好《江苏地方文献丛书》介绍文,暨致薛正兴函,过一周左右再寄出。《中国教育报》记者黄易青来采访有关《中华大典》事。赵国璋来访,因正与教育部记者谈,未能交谈。扩容已解决,大表已装好。

12 月 10 日(5)晴,16℃

天气晴暖,出外散步两次。上午去超市,购得食物若干种。下午去学校,得廿一世纪人才库寄回所填表,复加生活照片 2 张、2 寸照片 4 张及表寄回,不购书。又得张宏生转来其同学徐明所写文章,要求写字;另北京 25 中戴建华寄来所写沈祖棻词的注释,并乞沈诗词。

12 月 11 日(6)晴,13℃

复戴建华,告以沈集将在河北出版。得湖南工业大学某人来函,请任楹联研究所顾问,已复信拒之。天渝夫妇看望晓琴后来。天眉打电话来。

12 月 12 日(日)多云转阴,13℃

为张宏生同学徐明写字一幅。赠陶友红、曹虹各蜡梅一枝,得陶赠白果,曹虹赠苹果。丽则为我购得皮鞋一双。天眉打电话来准备回来。

12 月 13 日(1)多云转晴,14℃

《四库续编》寄来贺年片。丽则来午饭,摘去一大枝蜡梅。王华宝取去为《江苏地方丛书》所作介绍。

12 月 14 日(2)多云,12℃

天眉来电话,已购得飞机票,明晚可抵上海。

【剪报:《新闻出版报》1999 年 12 月 1 日第 3 版程千帆《青春岁月的情思实录》。】

12 月 15 日(3)晴,14℃

早晨去南芳园吃小笼包。购得贺卡 20 张,寄 1 张给王伊同。孙原靖来，送来江苏作协所出《江苏诗词 50 年》1 本及沈祖棻稿费 96 元。赵国璋来谈，借去《大典》1 本、《唐五代编年史》1 本。购得电 900 度。得蔡厚示、刘庆云贺卡。

12 月 16 日(4)昙，10℃

得辽宁大学朱明伦贺卡，《历史文献研究》第 18 辑，郭斌寄来贺年款 600 元，《江苏诗词》稿费 64 元。天眉今晚抵宁。

12 月 17 日(5)晴，9℃

天眉来，下午回迈皋桥。得邵燕祥函，附稿费 60 元(旧信)；蔡文锦函，附诗一首。赵国璋来，还上次所借二本书，又借去《尔雅集评》两本。

12 月 18 日(6)晴，8℃

得《中华大典》办公室贺年卡。写好在《中华大典》总结会上的讲话，请砺锋看过并打印好。天眉、丽则来，谈笑甚欢，并在家里午饭。写好赠徐复九旬诞辰寿联：

寿登大耋，

业绍先师。

12 月 19 日(日)晴，6℃

得文史馆、蒋寅、王晓林贺卡，安徽寄来舒芜祖父之诗集一本。天纵、天渝两家来和天眉聚会，共午餐。尉淑玲来谈张钰哲迁坟事。早早打电话来，云已收到唐翼明寄来的《宋代遗民文学研究》。

12 月 20 日(1)晴，4℃

澳门回归，一天看电视新闻。中午丽则一家来共午餐。高纪言来取去总结会上的讲话。函唐翼明，谢其寄复印件；舒芜，谢其祖之诗集；早早。

12月21日(2)晴,3℃

得王伊同函。得李庆立、中国韵文学会、周金冠、周裕锴、罗宗强贺卡,金志仁贺卡及函。函复金志仁。严志明打电话来,云宁健手术经过良好。民革数人来看天眉,送花篮一。小宁又代购得水鸟被一床、被套2床,共315元。

12月22日(3)晴,3℃

函张伟华、李涵。寄贺卡:陈一新、罗宗强、金克木、周一良、任木生、叶连生、张瑞洁、程会暾、程士民、陶艾、任秀金、沈寅宪、沈辰宪、林宪章、蔡厚示、庞恩美。收贺卡:潘海鸥、湖南省图书馆、胡大浚。得安徽美术界杂志社聘书。砺锋来,谈有《宋辽夏金社会生活史》,可供早早参考。芸和天眉去医院看宁健。

12月23日(4)晴,4℃

得黄瑞云、刘国武、万业馨[贺卡],李立朴挂历。寄贺卡:万业馨。

12月24日(5)晴,10℃

得贺卡:吴光兴、饶宗颐、任笃行、吴在庆、张智华、艾永霞(三峡学院)。李飞赠诗集。函周晶,请代购书。和天眉、真真一起在蓝雨晚餐。

12月25日(6)晴,14℃

得贺卡:朱明伦、张脉峰、市作协、贾文昭、周建国(市志办)。发贺卡:饶宗颐。去天渝家午饭。晚章灿、丽则陪陈尚君来访后,去雅士居晚餐。陈带来早早函和论文。

12月26日(日)晴,14℃

许结送来其兄许炯赠之挂历。高纪言陪《大典》赵主任来访,赠饼干、蜂蜜、肉松。黄希坚陪曾枣庄来,赠《三苏研究》一本。朱寿桐陪武大中文系主任龙泉明来访,赠皮蛋一盒。函早早(爷奶各写一封)。

12月27日(1)晴,15℃

得蒋寅(有照片)、李立朴、任秀金函,贺卡:王天海、林继中、马瑞芳、刘婉、《古典文学知识》、曾广开,浙江萧山城厢中学(311201)何兆一函暨词集一本。

12月28日(2)晴,11℃

得贺卡:周勃、韩梅村、唐翼明(有函)、张群华,上海古籍寄来《沈祖棻小说》8本。徐雁带来三个记者(见名片),送水果。

12月29日(3)晴,12℃

得施议对函,戴建华函(北京市25中学语文组,100006),曾仲珊诗集(湖南教育科学研究所,长沙市教育街39号,410005),贺卡:施议对、张叔之、刘维治、戴建华、邓国光、寅宪、庞瑞垠、王博仁,沈宁函并寄常任侠著《战云纪事》(北京朝阳区万红西街2号中央美术学院图书馆,100015),朱寿友贺卡及篆刻书画册。

12月30日(4)晴,12℃

得贺卡:骆文、沈辰宪、《中华诗词》,文史馆寄陈继明稿费100元。史梅送来托裱之字(送陈尚君等)三对(180元)。参加优秀带头人(中文系)颁奖会,得奖金万元。高惠立来为帆照相多张。得贺卡:邓南(成都龙王庙南街20号)、武汉大学中文系、于辅仁(山西人民出版社三编室)、屈守元、朱恒夫、吴代芳、刘敦纲(吉首大学新区22号信箱,416000,并请担任刘永济先生研究所特约研究员)。

12月31日(5)昙(雾),12℃

得贺卡:吴志达、《大典·文学典》编辑部、辽宁教育出版社《万有文库》工作室、顾农,何永沂函。程章灿全家来贺新年,赠鲜花一束,借去《回归五四》和王元化相集。芸往看陶友红。全家在成贤酒家晚宴,后在天渝家欢聚,晚11时始归。伯伟来赠台历一,取去《选集》一套。

2000 年

1 月

元月 1 日(6)阴,11℃

黄淑贤、巩本栋打电话贺年。得金克木、龚任之、杨翊强贺卡,《湘泉之友》寄稿费 100 元。芸、眉去天纵家午饭,帆未去。晚天渝一家、丽则在我们家畅谈,十时始归。

元月 2 日(日)昙,10℃

得吴柏森寄诗词若干首,朱晓海贺卡及函,张瑞洁贺卡,陈贻焮贺卡,吴海发函,王一桃贺卡(有信),程会暾函。中午请天眉在绿柳居吃饭,天渝、丽则两家陪。李朝来谈,并赠醋及酱菜等物。得中宣部新闻出版署文件。

元月 3 日(1)昙,12℃,大风

得姚继舜、葛晓音、金中、《古籍研究》贺卡。

元月 4 日(2)昙,12℃

得曾卓贺卡,《长沙诗词》,张昌华贺卡并请写一句话。尉淑玲来谈甚久。晚天渝在雅士居为天眉饯行。

元月5日(3)阴,12℃

得副市长许慧玲贺卡。周勋初来赠其著作《魏晋南北朝文学论丛》一本,并谈系里各种事。程章灿打电话来,云系里将出年鉴,请写一文。晚丽则来与天眉告别。高惠立、孙原靖来送为帆拍摄之照片。

元月6日(4)阴,小雨,12℃

函复吴柏森、吴海发、何永沂、程会暾、唐翼明。天眉去沪转美。史梅取去书赠徐复之寿联裱。史梅送来萧印唐书法照片。得安徽大学《古籍研究》顾问费及稿费共600元;徐雁赠《一代宗师》一本,并提出刘国钧先生的几个问题。张宏生打电话来,今日飞新加坡上课。

元月7日(5)晴转阴,6℃

得贺卡:宗福邦、李国章、张三夕、陆伟民(西安电视台)、康平、沈建中。得陈继明函。黄希坚送来董治安赠《两汉全书》2册。函复蒋寅、唐翼明。写好中文系年鉴所需之文,并交章灿。

元月8日(6)阴,小雨,10℃

函复陈继明、王伊同、沈宁、戴建华、董治安、李立朴。天眉打电话来,已安抵家中。答徐雁问。写张昌华卡片"永驻青春"。得长沙诗人协会寄《世纪心声》一本。

元月9日(日)阴,4℃

得夏先培(鲍明炜研究生)寄来《左传交际称谓研究》,已复。小佳寄豆丝。写字三幅(徐雁平等)。函陈辽,询问《姑妄言》何处可购得。

元月10日(1)阴,6℃

去省中医院看眼睛,医云系白内障,无其他眼病,亦较放心。所写字及答徐雁问,均分别交与丽则和有富。赠复旦三教授字已交丽则。取来豆丝,与丽则分享,晚饭即食之,已不感觉较面好。

元月11日(2)雨,7℃

为陆华、丽则、郭斌各写“龙”字,芸为早早写“虎”字。齐鲁书社已将国家给《校雠广义》图书奖之奖金一万元转来,已转给有富5000元。章灿打电话来,云辽海出版社已将《文学史》之稿费从邮局寄来,除已支一万五千元外,此次寄来一万六千余元,待稿费清单寄来后再分。

【剪报:《南大报》2000年1月10日《中文系民主推举优秀学科带头人》《〈校雠广义〉获国家图书奖》。】

元月12日(3)阴,5℃

腿抽筋,去医院治疗,云缺钙。走了一趟,又服了药,腿痛有好转。得贺卡:杨蔚、张志烈。卞孝萱来,云明日将开会审查初唐部分的稿子,无需参加。王长发从西苑借得《姑妄言》送来。

元月13日(4)阴,5℃

卞孝萱打电话来,云上午会开得很圆满。黄希坚打电话来,亦同卞意见。黄代购得《姑妄言》三本54元,待从苏州回来后送来。孙原靖陪南师大黄征来,赠《劫尘遗珠》一本、茶叶一盒,并将其所编《怀任斋诗词》送阅,请作一序。朱寿友夫妇及韩文忠送来朱所刻“二八佳人”石章。朱尚拟再送刻一章,请我拟词告知。又送来宣纸,请书数幅。服钙片后,腿抽筋好转。

1月14日(5)晴,5℃

写好《怀任斋诗词序》,并请孙原靖来拿去。收到《学林春秋》六本。本栋送来香港《大公报》,载有我书写的《廿一世纪中国古典文学研究的展望》。周晶打电话来,云已托去北京参加图书展的同志留意购买南宋与各民族关系的书。陈辽打电话来,云中国文联已出版《姑妄言》,另台湾有未删本,据说价约二千余美金。打电话给朱寿友,刻“闲堂老人戏墨”章。

【剪报:《大公报》1999年12月31日程千帆《希望与期待:二十一世纪中国古典文学研究的展望》。】

1 月 15 日(6)小雨,4℃

得广东番禺陶景明寄来诗书画册一本,甚精美;砺锋送来三夕赠送之虾米和无花果干;张文勋函,请题笺。复张文勋,附所题书笺;张世林,谢寄《学林春秋》;陶景明;张三夕。函武大《人文论丛》,请寄《人文论丛》99年号。

1 月 16 日(日)阴,3℃

得陶艾贺卡;曾伯藩函,已复;陈辽函;顾农寄《魏晋文章新探》,已复。函唐翼明,请不购《姑妄言》。小燕来,嘱其去邮局取 500 元,送给她过寒假。

1 月 17 日(1)晴,4℃

得李涵信,对早早所需写论文材料告之颇多;《人文论丛》一本;《学术界》一本;《文学报》寄回订报费六十余元。章灿送来《文学史》稿费 800 元(略多)。赵益付《黄侃日记》科研经费留存费 650 元。高纪言来谈《文学典》事,并送来黄希坚代购之《姑妄言》三本,54 元购书款已请高带还黄。得林先生及吕永贺卡。

【剪报:《新华日报》2000 年 1 月 15 日第 4 版程千帆《地方文化建设的一项重大工程》。】

1 月 18 日(2)阴,3℃

得《中华诗词鉴赏词典》稿酬 200 元(北京东四北大街 56 号贺新辉,100007),于景祥 500 元,金志仁函。函潘海鸥,请代购宋夏史,并谈文集事(交莫寄)。

1 月 19 日(3)晴,3℃

得沈祖庄函及照片(我的);何永沂函,附诗及文。刘舒来探望,赠洋参、虫草丸。写横幅多张,赠文史馆朱云春、朱寿友、韩文忠、郭斌及金志仁。金志仁的横幅已寄去。得胡遐之寄贺诗,鹭江出版社委托首都师范大学任士莫联系出《校雠学通论》(名师讲义)。

1月20日(4)晴,5℃

复胡遐之、何永沂。函于景祥,问唐宋诗事。得《大典》编辑费1000元,已寄还收据。天纵来探视。

1月21日(5)阴,3℃

得北京寄来《中华诗词辞典》一本,内选有帆与祖棻之诗词。本巩来谈,《中华大典》已还。《中华读书报》上载有莫砺锋文,系其所著《朱熹作为文学家的照相》序,见后即约莫来谈。莫谈中文系拟申请"诗学研究中心"。

1月22日(6)阴,小雨,3℃

去天渝家午饭,为小宁贺生日。函贺新辉,询《中华诗词鉴赏词典》稿酬事。

1月23日(日)小雨,4℃

得上古寄来《虹影丛书》十本,附有王立翔函。北京中央美术学院沈宁来探望(沈即上次寄来常任侠日记之人),并询问有关常的事,送来常给千帆的旧信复印件一纸。寄《沈祖棻词集》一本给大连周季华,周系石泉的亲戚。得周季华寄来诗集2本,附函。

1月24日(1)雪,0℃

得晴佳函。函天眉。得武大《人文论丛》稿费802元,分一半与章灿。

1月25日(2)晴,0℃

天晴了,但极冷,路滑不好出行。《广义》在江苏获社科三等奖,奖金2000元,学校复对等奖2000元,有富与我各2000元,有富送来。又所获国家图书奖一万元,学校也可对等发奖,需打一报告,有富送报告来签名。曹虹来为我们照雪景照片,并送馄饨等食物。函光明日报社催寄《书摘》。

1 月 26 日(3)晴，−7℃—0℃

得曾伯藩函，不复。吴新雷转来严中函及《金陵百谜》一本；西北大学傅光贺卡。张宏生送来从新加坡带回的咖啡等三样。

1 月 27 日(4)晴，−1℃

写字一幅，寄严中。社联冒名芳来赠贺卡及购物券 200 元。市文联送来 50 周纪念所出之美术、书法、摄影三画册。

1 月 28 日(5)晴，2℃

得天眉函，附 Stephen 照片。朱寿友送来所刻"闲堂老人戏墨"章，甚好。将写赠朱云春、韩文忠、朱寿友之横幅带去。张世林打电话来，询问《学林春秋》6 册是否收到。因前次复函写至中华未收到，因张已调至朝华出版社。并云仍将寄稿费来，如尚需《学林春秋》，可打 7 折，在稿费中扣。已询问几人，巩、程、徐要。曹虹送来雪景照片 3 张。省教育工会主席由校工会主席陪来拜年，送花、果篮各一。蒋校长来拜年，送燕窝及钱 500 元。又得金志仁函，不再复。得周晶寄来《宋辽夏金经济史研究》附函。

1 月 29 日(6)多云，4℃

为小燕过生日及丽则饯行，威克、丽则、小燕一起来吃饭，并吃蛋糕。有程章灿、张伯伟、张宏生、巩本栋、徐有富 5 人要买《学林春秋》，帆要购《学林往事》，已函张世林代购。打电话给天纵，嘱其寄 400 元给安徽老家。寄《沈祖棻词集》给周季华。

1 月 30 日(日)晴，3℃

得王淡芳函，萧效农贺卡，新闻出版局寄稿费 80 元。天渝、美林来玩。朱祖延打电话来拜年。

1 月 31 日(1)昙，2℃

晨写字三幅，一赠王淡芳，一赠萧效农，一赠史建华。除史之外，已寄出。芸写一幅，赠李朝。朱云春来拜年，赠500元，老史字已托小吴转交。两人理发。得张实函，另各种印刷品。

2月

2月1日(2)晴，1℃

江苏古籍薛正兴等来拜年，赠花篮及1000元。统战部戴部长等来拜年，赠1000元，花篮一个。吴志达打电话来拜年。苏昌辽来拜年，赠西洋参。高纪言、黄希坚来谈山东及理论典等事，赠糖果等。天纵来，赠鞋、酒等。丽则去穗。两花篮分赠天纵、威克。

2月2日(3)多云转雪，1℃

收到张实寄来的茶叶、莲子、枸杞等。天纵为我们去购买冷热两用的空调，换去平冷的，因天气一直不转暖。沈威峰来，送挂历(他自己所画)、扬州包子及皮蛋。和小宁同去苏果购物。得各种杂志。

2月3日(4)晴，2℃

装好书房里的空调。于景祥、李立朴、陈继明打电话来拜年。复张实，收到包裹。得贾文昭函。莫砺锋送花篮、苹果。章品镇、朱祖延打电话拜年。致朱晓海函退回。

2月4日(5)除夕，阴，小雨夹雪，4℃

复贾文昭。晚全家团圆吃年夜饭(天纵、天渝全家、威克、小燕)，小鲲、小琴、真真饭后来，看电视春节晚会。周勃、景祥、匡夫人丁老师、黎如霞、丽则等电话拜年。旧空调小严取去。会暾打电话来拜年。

2月5日(6)大年初一，阴，2℃

杨克平电话拜年。巩本栋、周祖譔、张宏生、吴翠芬、朱寿友、庞瑞垠、吴文治、蔡厚示、刘庆云、程章灿、小佳、凯凯、晴佳、小健、卞孝萱、郁贤皓、赵宪章、姚松、徐有富、王博仁、李洪明、周勋初、吴新雷、郭维森来拜年。郁贤皓带来贾晋华赠鱼油。中午在天纵家饭。打电话给恩美嫂拜年。天眉打电话来谈除夕活动。

2 月 6 日(日)晴,6℃

电话拜年:董健、姚继舜。打电话给下列人拜年:霍焕明、徐复、黄淑贤、金湟子。复贾晋华。得白敦仁函,中国作协各件。在天渝家午饭。

2 月 7 日(1)晴,大风,8℃

得陶景明函,同意刻章。朝华出版社寄来《我与校雠学》稿费 550 元。陈书录来拜年,赠花篮。李灵年、顾复生来拜年,赠花篮。何永沂来电话,通知陶景明同意刻章。威克、小燕来午饭。丁芒、王步高打电话来拜年。

2 月 8 日(2)晴,大风,4℃

莫砺锋来拜年(全家),赠以《四库全书续编》一册。尉淑玲打电话拜年。得张汉怡、刘业超、温州吴宪雷贺卡;北大中文系主任温儒敏函,请为其校刊题词;唐翼明函;康凯《黑客》一本。鲁国尧来拜年。七姐下午来,坐甚久。章灿由福州回宁,电告知。

2 月 9 日(3)晴,6℃

换大小电池。得陶爽函。函傅杰,请将庞老文寄回白敦仁。霍焕明及原靖来。李朝来,赠各种土产。

2 月 10 日(4)晴,8℃

吴锦夫妇、康育义、赵国璋、伯伟夫妇来拜来。天渝、美林下午来玩。小燕来午饭,并去取药。伯伟送来《文学遗产》。

2 月 11 日(5)晴,12℃

天暖。中午与威克饭于西苑。下午洗澡。《光明日报》载林国恩破译贵州“红崖天书”，为“燕反之心，迫朕逊国。叛逆残忍，金川门破。杀戮尸横，罄竹难书，大明日月无光，成囚杀之地。须降伏燕魔，作阶下囚。丙戌(年)甲天下之凤皇(御制)”。

2月12日(6)晴,14℃

写一幅字赠北大中文系，已寄出。挂号函光明日报社，催寄《书摘》。本栋、一涓来，赠内衣及豆奶粉。伯伟来，谈校对《桑榆忆往》事。李书有携南师大音乐教师来。张世林打电话来，通知《学林春秋》五本即将寄来，《学林往事》出版后亦将寄来。

2月13日(日)小雨,10℃

天纵、宁健率小雅来玩，在此午饭。老陈已回，已有人做饭矣。

2月14日(1)阴,6℃

上午去南大医院看牙，医云可补，但须照片子，已转口腔医院。得张文勋函及寄来《古今诗人咏大理》一本，已复函。章灿来，赠铁观音一盒。

2月15日(2)雾转晴,7℃

上午去口腔医院拍齿照，又去双龙巷医治。去助听器公司购电池。得周季华函，收到函及赠书。早早、丽则先后来，带来王继志赠所著《沈从文的文学世界》。潘长胜打电话来，请为其“十五”计划介绍出版物。

2月16日(3)阴,6℃

得王淡芳函，已收到所赠字；吴柏森诗。复王继志。函许逸民，请复印文。

2月17日(4)阴,7℃

得郭预衡寄《散文史》下册，即复。复吴柏森。早早来，与她谈作论文事。

2 月 18 日(5)中雨,7℃

蒋寅、伯伟来。上午忽感不适,请方医生来检查后,无事。

2 月 19 日(6)小雨,6℃

中午和丽则一家在雅士居共餐,庆祝元宵节。下午沐浴。曹晋携其男友小刘来,带来钟老所赠《履迹心痕》。

2 月 20 日(日)阴,5℃

得《溶川诗词》一本,不复。函北京谭凤森医生,问糖尿病事。复陶爽。会暾打电话来,通知已托法津系肖解成教授带来菌油。

2 月 21 日(1)晴,6℃

上午拔牙,经过良好。得何永沂函,附诗;灌云县何滔函,询何处可购得《沈祖棻诗词集》,另问一问题;上海华师大郭豫适寄来《学与思》一本。徐有富来,送来《广义》得大奖学校亦给予万元奖金,我分得 5000 元,并为徐所著书提一些意见。早早明日去沪,晚来谈。家庭病床由李医生代替方医生,校医院电话 3594470。

2 月 22 日(2)阴,5℃

函天眉,嘱其探听有无好助听器。复郭豫适、何永沂。天气仍冷,下午去苏果购物。

2 月 23 日(3)晴,8℃

得吴柏森函,寄还致郭预衡函,缘上次寄郭与吴之函错置,因将郭函另发,再复吴一函。复何滔,嘱其向黄希坚购沈词。得岳麓书社寄来《湘绮楼日记》及胡遐之函;古代文论会通知选举结果,郭豫适为会长。

2 月 24 日(4)昙,风大,6℃

得天眉函,谈过年事甚详,亦甚有趣;江苏涟水一不识人×晓南寄诗来。复胡遐之。砺锋来,云潘海鸥来电话,云两个文集今年内可出,《广义》社里校两次后,再寄来校对,相册暂缓来取。章灿打电话来,得张辉电话,请其代购之书已寄来。张世林打电话来,《学林春秋》已寄出。

2月25日(5)晴,9℃

复涟水×晓南。南师大音乐系林克仁来,赠有关箫笛书一本、宜兴茶壶一,请代题词,并介绍进文史馆,回赠乐谱一本。袁玲妹来搬走木柴,赠水果、干果各一。芸往唁张祖还夫人。

2月26日(6)晴,11℃

中午为有富饯行,砺锋一家陪,在雅士居,味美价廉。得山东王绍曾赠有其作序之《海源阁书目》。

2月27日(日)晴转昙,预报13℃,但较冷

往逛夫子庙,中午与天纵、天渝两家同在奇芳阁吃点心。《光明日报》补寄来《书摘》2000年1、2两期。

2月28日(1)昙,大风,预报12℃

上午补牙,很顺利。得会暾托肖先生带来的菌油及函,分1/3给丽则;傅杰函,已收到所赠对联,对早早颇有赞语。复傅杰。

2月29日(2)晴,13℃

写《文选》上《箫赋》中之一段,赠南师大音乐系林克仁,并已寄去。打电话问孙原靖,知徐复老生日为4月16日。

3月

3月1日(3)晴,13℃

孙原靖携黄征来,送来代购之《夏承焘全集》,280元,优惠至8折,付

220 元。得王淡芳函，云请其代购之《宋代诗学通论》已由作者寄赠(尚未收到)。复会暾，谢其赠菌油。本栋从香港回，来探问，赠点心二，并带来邝健行赠《科举考试文体论稿——律赋与八股文》一本。

3 月 2 日(4)晴，14℃

上午去《大典》(湖南路)看望高纪言等三人。得北京出版社文史部寄来《长相思——名人笔下的老师》选文稿酬 155 元;《古典文学知识》2000 年 1 期稿费 50 元;上古《沈祖棻小说》稿费 1443.92 元;北京张世林寄来《学林春秋》五套，已请威克明日去取。祖棻稿费拟全部给丽则。得刘梦芙函，请为《百年词选》及孔凡章之词集题签。

3 月 3 日(5)小雨，13℃

威克取来祖棻稿费及《学林春秋》。稿费已付丽则，嘱其分 300 元给早早，作为奖金。程章灿、曹虹取去《学林春秋》各一套。取来北京及《古典文学知识》的稿费共 205 元。寄 504 元给张世林，还其垫付书款。寄《元好问及辽金元文学》及几张剪报给早早。为刘梦芙题《百年词选》题笺，并函寄给刘，并告以不能为孔凡章题笺。

3 月 4 日(6)阴，12℃

中午天渝、美林、大纲来饭，谈话甚欢，小宁去沪未来。得张辉寄来《乾嘉考据学研究》一本，已电告章灿。徐阳取去《学林春秋》一套。函早早(未发，待丽则复印夏集中一段)。(7 日发，复印件待其回宁时给。)

3 月 5 日(日)阴转昙，15℃

下午逛街，购得仙人掌一盆、小文竹(拟送小宁)、肥土一包，准备移对对红。才回家，小红、志明即率小雅来玩，请他们去吃雅士居，还有小燕，结果是他们请了客，吃得不错，价亦廉，仅 120 元。巩本栋来，拿去他和张宏生所购之《学林春秋》。

3月6日(1)雾转晴,15℃

得四川周裕锴寄来《宋代诗学通论》,已复函,并寄赠《宋诗精选》《广义·版本编》各一(7日寄出);扬州祁龙威函,介扬大历史系副教授(现为南大历史系博士生)王永平来见,王亦附一函来,拟约其来见。史梅来,送来裱好之赠徐复之寿对。巩本栋来,取去赠中心及赠巩之杂志。

3月7日(2)昙,13℃

得早早函,知已选上三门课,旁听英语,较忙,很好。陈尚君已为其选毕业论文题,此事可由其师生自己决定,无意多加干预,对于她打算购电脑,则予以支持。打电话给王永平,已迁宿舍。

3月8日(3)晴,16℃

函复早早。中午请妻女及小宁在麦当劳午餐,系按例庆祝三八妇女节。送《史通笺记》一本给王永平,附一便笺,交历史系收发室,回家途中又遇之。

3月9日(4)昙,有风,13℃

为河北教育出版社王亚民和潘海鸥各写一幅字。

3月10日(5)小雨,11℃

终日下雨,未出门。莫砺锋来,取去送王亚民、潘海鸥之字。章灿来,拿走邝健行所送之书,送小菜2瓶。王一涓送来本栋文。得江汉大学蒋继平函。

3月11日(6)雨,7℃

得小佳函,讲家事和晴佳家事。把眼镜框搞坏,上午去配,用65元。眉眉打电话来。

3月12日(日)阴,11℃

得刘梦芙函,收到书笺,并为其老师孔凡章辩,不拟复;傅杰寄来《不一样的记忆》书一本。下午往看霍焕明,步行归来,甚累。

3 月 13 日(1)阴,12℃

上午去学校,得王伊同函,悉邓懿去世。同辈亲友相继去世者,时有所闻,但自然规律,不可抗拒,只有坦然处之。帆常为耳聋目瞀烦恼,芸常劝之,愿能平安度日。致蒋校长、韩书记函,反映设岗后收入反减少事,已由丽则交付。砺锋收到河北教育《诗文抄》校样,由莫校对。

3 月 14 日(2)阴昙,12℃

芸函周一良,唁邓懿丧。得饶宗颐寄赠其诗词赋骈文集《清晖集》。小虹带水工来修好龙头。下午出去散步,不适,已不能多散步。改本栋文。

3 月 15 日(3)小雨,12℃

函王伊同。张宏生来谈《全清词·顺康卷》出版事。

3 月 16 日(4)晴,15℃

得贾晋华函,陶景明函及图章一个。芸与王宁章医生咨询帆糖尿病问题,王认为脚麻可能是糖尿病引起的神经病变所致,开药去工人医院买,由本栋学生去买来,盼能有利于步行。眼睛难治,李建医生则认为均不易治。改好本栋文,约其来面谈。

3 月 17 日(5)晴,17℃

晨为陶景明、王宁章各写一对联。函复陶景明,附对联挂号寄出。威克取来辽宁教育出版社寄来《万有文库》第四辑 59 册。得吕永函,祝贺米寿,并附诗;成都傅静山函,附书请签名,附诗笺请写数语;灌云何滔函,索照片。

3 月 18 日(6)昙,19℃

函复何滔(附照片)。函复傅静山(附还书并诗笺)。天纵来探视。

3月19日(日)晴,大风,17℃

函施议对、饶宗颐、黄坤尧、王一桃,均系为本栋思购罗忼烈著《清真集笺注》及《周邦彦诗文抄存》。复吕永,附字一幅。中午请美林、天渝一家在绿柳居饭。

3月20日(1)晴,16℃

上午去校医院检查血脂及肾功能,明日才能看结果。理发。得湖北社科院陈昕挂号信,内空无一物。周勋初送来与高文之合影。得《中国图书评论》等杂志。

3月21日(2)晴,17℃

上午拿检查结果,然后找李、王、黎各医生看后,先后为开好彩超(心脏)、血糖检查单。晚早早、郭斌来谈,郭积攒了七天假,赴沪两日后今天下午来宁省亲,住两日即将返。为早早准备好各种其需用之书,让其带走,因有郭斌同行也。

3月22日(3)阴转昙,夜小雨,15℃

上午去鼓楼医院,在急诊室作彩超,又过街去门诊部做血糖,结果如何,需待医生看过始知。沐浴。晚早早、郭斌来饭,丽则、威克后亦来。与早早谈作论文事,始知陈尚君并未仔细和早早谈过,能否作好,殊不知,亦只能由其自己发挥。又摄影数张。晚周金冠来访,赠《沈尹默佚诗》一本,并乞为其手写本题字,又赠阿胶2。

3月23日(4)阴转昙,12℃

晨为周金冠手抄《沈尹默佚诗》书一笺,挂号寄去。早早、郭斌去沪。李医生来,见各种检查结果后,认为我们保持得很好,心功能不全系心脏某部分钙化及加厚所致,无法治疗,只有自己保重,不过分疲劳,特别注意不感冒,可以长久维持,亦可去省中及工人医院再看看,有无药可治。

3月24日(5)晴,15℃

上午去省中请朱广华医治,开了汤药7剂,据云一两个星期不会见效,至少要三个月。得中国社科院《中华人物丛书》编委会寄来千帆条样稿,略改一两个字后寄回,不购书。严杰来,本拟将宋辽金元分典拿去,因太重,准备28日上午来拿。

3月25日(6)晴,20℃

得何永沂寄来诗和联句。天纵一家来午饭,小燕亦来。伯伟来送来四川《新国学》稿费780元,此文系伯伟、蒋寅、本栋记录,伯伟整理者,稿费应大家共分,决定待蒋寅来后同会餐。

3月26日(日)晴,21℃

中午在天渝家饭,李朝接送,并陪我们去鸡鸣寺游玩看樱花。《光明日报》赠送之软件已由大纲取回。函严中,请再寄一本《人物》来。

3月27日(1)晴,17℃

得辽宁人民出版社寄来托运之《唐宋诗精选》通知书及领货单,四川《大典》分典寄来主编稿费(丽则去取)。王步高来,送来大一国文教材,请担任其顾问,已允。得金志仁函,附稿,已转砺锋代阅;数杂志。函天眉。

3月28日(2)晴,19℃

金志仁来函,已由砺锋回复。严杰、砺锋去上海,将宋辽金元分典带与早早。章灿来,将推荐其书之书送来签字(请图书奖)。《文学史》推荐书已由章灿寄走(请图书奖)。

3月29日(3)晴,21℃

威克取来宋辽金元分典给主编稿费1979元及辽宁人民出版社寄来《唐宋诗名篇》样书20本。已复四川大学古籍所。章灿去取铁路运来之《唐宋诗名篇》百本,未取到,因需文化局之证明,而又不事先通知,只好明日再去。得施议对邀请参加词学会之通知，决定不参加。

3月30日(4)晴，23℃

档案馆王振银、徐燕燕来，为校史博物馆征求史料。函复小佳、木生。程章灿及其研究生从下关取来托运的《唐宋诗名篇》100本。

3月31日(5)晴，24℃

上午去省中及校医院看病拿药。得会璥函，附文一篇。《大典》宋辽金元分典拟申请出版奖，想请武秀成审核，武已同意。小红送来汤药中所缺之药。电复周勋初，同意任宋代文学丛书顾问。电恩美嫂，请上雄哥坟时代献花。

【剪报：《光明日报》2000年3月30日程千帆《地方文化建设的一项重大工程》。】

4月

4月1日(6)阴，20℃

砺锋等三人从上海复旦开宋代文学会归。砺锋来谈会议情况，带来林继中赠桂圆肉一盒。

4月2日(日)阴，19℃

天渝嘱李朝一早送来治颈药，服后即不痛，芸非常高兴。打电话给天纵，嘱寄400元给安徽购新茶。陶敏来探望。下午二人携礼品往徐复家，预先祝寿，谈甚欢。伯伟送来《桑榆忆往》校样，已看过，还砺锋。金中校友会打电话来，云中央电视台来宁拍摄"百年回眸"，要来拍摄，已允明天下午来拍。

4月3日(1)阴，14℃

黄希坚、武秀成来，商妥审查《大典》事宜。下午金中汪××（校友会负责人)陪中央电视台三记者来拍摄"世纪回眸"节目,费时一小时。尚不太感累,说明身体有所改善,惟牙痛。本栋来,带来王水照赠书两本,并谈上海开会等事。张宏生送来给古籍小组两负责人的信,已签好字托本栋带还。赠四本书给金中汪先生及中央电视台三记者。

4 月 4 日(2)小雨转阴,15℃

函复王水照、会暾。下午逛两个超市,感累,以后只能更少走。助听器坏了,需修或重配。

4 月 5 日(3)昙,16℃

上午看牙,系过敏,需作三次脱敏。又去立聪堂配耳塞式助听器一个,3200 元。得王一桃函;《江汉论坛》2 本,封面有我照片,封底有介绍;中华书局文史部汪圣铎寄来《文史》两本,有给早早阅读的材料。函复汪圣铎,并寄两本《唐宋诗名篇》给汪及许逸民。卞孝萱陪丘良任来访。

4 月 6 日(4)晴,21℃

上午继续看牙。曹虹陪邓国光来看望,赠邓《唐宋诗名篇》一本。高纪言来谈两个分典审稿会事。本栋送所写文来审阅。得陶爽寄来照片,附致陈荣三函。校社科处来电话问校内参加《大典》工作者名单。

4 月 7 日(5)晴,23℃

下午取来耳塞式助听器,较前稍好。为王一桃写书签,并寄《唐宋诗名篇》给一桃。得何永沂函,附集句联;何滔函。与高纪言、赖永海通电话,确定论证会时间为 5 月 13 日—15 日。

4 月 8 日(6)昙,22℃

为何永沂书写书签,并寄两本《唐宋诗名篇》与何及陶,书签同寄去。徐阳来取去赠给他的《唐宋诗名篇》。莫砺锋电话告知曹虹升教授事系里已通过。《大典》两个分典论证会,已电请高纪言请莫砺锋参加,并已通知莫。晚天眉打电话来。

4月9日(日)昙,22℃

竟日在家无事。于景祥打电话来问候。陶爽致陈荣三函已交传达室转化学化工学院。

4月10日(1)晴,16℃

得王伊同函,谈同学事;吴志达函,谈《大典》进度及对美国的印象;吕永函,谈作诗之感受。本栋文看完,嘱其来取,并附致编者函。复旦大学函请参加文论研讨会,不拟参加。送给各小友之书已全部送出。

4月11日(2)晴,18℃

上午拔牙。原靖来,送来徐老纪念会请柬及黄征赠书4本(盛静霞诗集)。本栋来,谈所写之文。函复吴志达。陈辽赠《陈辽文存》4本。

4月12日(3)晴,25℃

得张世林寄来《学林往事》3本。为《学术界》写题词,并寄照片2张给杨玉圣。函复陈辽,收到赠书。许惟贤来访,还书两本。复复旦大学,不参加文论会议。

4月13日(4)晴,26℃

安徽泾县五星宣纸厂送宣纸来,请为其书写2对联、1斋名"农耕笔斋"、1中堂,不需上款。复张世林,收到《往事》。黄希坚送来文学理论和魏晋南北朝两分典校样,并谈武秀成审稿情况,及黄、顾合作尚好。得王一桃及黄坤尧复函,均未觅得罗忼烈两本著作,但均附有目录,拟转给本栋。得周金冠函。于景祥来电话,又将回辽海书社任副总编。

4月14日(5)雨,13℃

湖北大学李晨文及夫人(鲁)上午来访,谈甚欢。莫砺锋来问《文学史》校样事，当另问章灿。写好为龚斌《陶靖节传评》序，并发出。

4 月 15 日(6)昙转晴，17℃

为泾县宣纸厂写一副对联、一个中堂、一个斋名榜。天纵送茶叶来，谈久，午饭后走。小燕来。下午散步，腿甚健。

4 月 16 日(日)晴，20℃

中午在天纵家饭。函有富。得周一良复函，附照片。下午万业馨来，送鲜花，拟后晚请万吃饭。赵正峰来访，赠山参。伯伟来谈上海古籍拟出刘申叔、刘永济书，嘱写导读。

4 月 17 日(1)晴，23℃

上午参加徐复九十寿辰庆祝会，原靖接送，不觉累。王庆元来访，谈武大情况，赠《唐宋诗名篇》。寄《唐宋诗名篇》2 本分赠徐中玉、龚斌。得中华书局汪圣铎来函，收到《唐宋诗名篇》。路遇陈荣三，已收到转去的陶爽函。得《中华大典》简报，内有教育部致各校对参加《大典》工作者应在工作与生活上照顾。在祝寿大会上遇到山东大学二先生，皆 20 年前在山东听课者。

4 月 18 日(2)阴，22℃

周勃寄茶叶来，已请威克去取。得张世林函，询有无人需购《学林往事》，可打 7 折，并请为《学林杂记》写文；全国古籍整理出版规划领导小组通知，以后每月仍付 100 元，现补寄 1000 元(尚未到)。函文怀沙。

4 月 19 日(3)昙，25℃

晚筵万业馨，许惟贤夫妇、史梅一家和丽则陪，酬酢甚欢。章灿来，云《南方日报》记者(南大毕业生)拟为《程氏文学史》登载介绍文章。章灿要《学林往事》。

4月20日(4)阴转雨,23℃

得天眉函;《学术界》杨玉圣函,已收到照片及题字。

4月21日(5)晴,23℃

早晨去南芳园早点并理发。收到齐鲁书社寄来新版《校雠广义》两套,即以其中一套赠万业馨,托史梅代送至许惟贤家。今晚业馨将返京。小虹代购得地锦草600克,可供吃20付中药。打电话给张世林,托其代购《学林往事》4套,并答允为《学林杂记》写稿。

4月22日(6)晴,27℃

天渝夫妇来午饭,并同在校园散步。函周勃、章子仲。得周金冠寄来国立博物院院刊一本,附信一纸。严志明、小虹率小雅来逛。

4月23日(日)晴,25℃

天纵一家来午饭。沈文冲送子来南大应基础学院考试,来探视,带来西瓜一。写《黄侃日记》整理经过备忘录。

4月24日(1)昙,25℃

高纪言来,谈两分典论证会事,并送来请柬。沈文冲率子来见,并请将其子曾得航模奖事,通知基础学科院院长,又送枇杷一箱。莫砺锋送来《两宋文学史》校样,看后仍交还莫校对。本栋来,曹虹来,均为写刘永济、刘申叔两本书导读稿事。伯伟送来其著作《中国诗学研究》一本。章灿代购得《程氏文学史》一本送来。打电话问许惟贤关于《黄侃日记》出版事。祁老师电话告知周勋初入市中医院痔疮开刀。四川人民出版社寄来《走近南大》一书中载《黄季刚先生轶事》一文稿费240元,不知何时载入,亦未寄书来(四川人民出版社政治室周颖寄)。

4月25日(2)阴,27℃

得《走近南大》一本,系张宏生、丁帆主编;龚斌寄来《陶渊明集校笺》

及《中国人的休闲》各一本;包头一女大学生邵敏函;波阳江心清函,拟购《沈祖棻诗词集》。莫砺锋来,嘱其代写《大典》论证会上的发言词。

4 月 26 日(3)晴,25℃

徐复由原靖陪同前来,购西洋参一盒。下午去看周勋初,本栋亦在,带去西洋参及虫草。后本栋陪同逛夫子庙,吃油饼。函复徐雁平、邵敏、江心清、龚斌。吴新雷打电话来,转致罗宗强的问候,并谈及复旦大学古代文学中心事。

4 月 27 日(4)晴,24℃

得江心清函,附诗;何永沂函,得到对联;北京市名人文化研究中心要收入华人卷名人录。天纵、宁健来看芍药。砺锋送来《大典》论证会上的发言稿。

4 月 28 日(5)晴,27℃

得王一桃函及书一本。函天眉;蒋寅,请其参加《大典》论证会。古籍小组寄来学术费 1000 元。

4 月 29 日(6)阴,24℃

将收到 1000 元的收据寄还古籍小组。砺锋收到《校雠广义》校样。章灿来,还邝健行《律赋与八股文》。

4 月 30 日(日)晴,26℃

上午高纪言来,谈去上海请专家事,大会发言稿已交高带回复印,并拟请蒋寅参加大会事,高同意发请柬。得施议对寄来罗忼烈注释《清真集》,已借给本栋使用,并将大霍山人批《梦窗词》借巩。得一不识之人来信批评王步高主编之一本词赏析辞典,已转给王。

5月

5月1日(1)晴,27℃

中午在天渝家饭,李朝也在。赠李朝《唐宋诗名篇》一本。得会暾函。函复施议对,谢其赠书,并寄《唐宋诗名篇》一本。

5月2日(2)晴,27℃

终日在家,未出逛,亦无人来。沐浴。

5月3日(3)晴,30℃

和丽则一家在南秀山庄午饭,菜精美,但价较昂,不拟再去。下午又去超市购物,天热,颇累。吴志达、小佳打电话来问候。

5月4日(4)晴,32℃

得杂志数本(《楹联》及《书屋》)。未出行,也无人来。

5月5日(5)晴,33℃

在天纵家午饭。恩美嫂打电话来,讲其弟妹曾去苏州扫墓,亦去雄哥墓上献花,嫂因脚痛,未能去。

5月6日(6)阴,有时有小雨,转晴,28℃

小鲲打电话来,因其颈椎骨质增生不能来。天纵、天渝、丽则三家全部来家,再去雅士居午饭,价廉物美,老板很负责,怕鸭血不卫生,又重烧一锅鸭汤送来,带来的鸭汤倒去。

5月7日(日)晴,26℃

李灵年来,北京人民出版社拟出版《千家诗》,多年前帆曾为其作序,现北京陈新(该书主编)仍拟将此序登载,但须略加删改,托李灵年转达此意。帆已完全忘记此序，现陈新将把原序寄来，再斟酌。夕佳打电话来，因病（腱鞘囊肿）已回昆明治疗，杭生仍在澳。二人上街购得帽鞋袜三样，很顺利。

5 月 8 日(1)晴，29℃

得徐公持、徐有富函，徐公持同意在《文学遗产》上载本栋文，函已交至王一涓转本栋阅；新疆一女孩程军玲函，是一个文艺爱好者；山东寄上《日记报》。下午上街购得米兰一盒。

5 月 9 日(2)雨，25℃

函郝延霖，请协助程军玲。复新疆独山子热电厂程军玲。章灿来，请为其申请青年教师科研资助金书上签名。安徽泾县宣纸厂拿走为其所写字。

5 月 10 日(3)晴，26℃

得天眉来信，Stephen 将回国来宁。抄序文 5 小篇，寄《湘泉之友》。

5 月 11 日(4)昙，夜有雨，28℃

晨去外早餐，寄《湘泉之友》挂号信。早早从广州归，谈学习事。

5 月 12 日(5)晴，28℃

上午参加哲学系成立宗教系大会，宗教界人士到会者甚众，礼品有金箔画、钟、笔记本、笔等。中午请早早和小燕在儒林吃饭。晚上去凤凰台住宿，参加《大典・文学典》两分典审稿会，抵凤凰台时，遇怪风及骤雨。得和县邵川寄来书两本，附信一封，要求为其书《种瓜老人研究集》题诗。

5 月 13 日(6)晴，27℃

上午审稿会开始，砺锋代为发言。黄进德与伯伟分别代表两分典发言。最后任继愈发言，对两分典提了一些意见，又指出《文学典》的成绩，起了对《大典》的带队作用，最后又感谢帆对《文学典》所起的作用。下午休息，晚宴会后返家。天眉忘记打电话来，小鲲直等到十时余始归，夜十一时才打电话来。在会上会见王水照、朱恒夫、王培元（先秦两汉分典）、宫晓卫（齐鲁社长）、王於良（省出版局长）等原来不识之人。王水照带来章培恒函及赠茶叶 2 盒，程毅中赠书《宋元小说家话本集》2 本。

5 月 14 日(日)晴转雨,26℃

任继愈返京前来访，略坐后去赖永海家，赖赠《佛道要籍》一本。早早返沪，上午来略坐片刻。下午天渝夫妇来为芸祝母亲节，赠花、西瓜。晚武汉姜弘、吴志达来谈甚久。小鲲来接天眉电话。赠吴志达转其友《唐宋诗名篇》6 本。

5 月 15 日(1)昙,29℃

上午参加《大典》结束会议，发了言，会议圆满结束，午饭后回家。蒋寅赠《学术的年轮》一本及茶叶 2 小罐。下午李灵年送来为《千家诗》所写序，确系自己所作。

5 月 16 日(2)阴,26℃

上下午上街两次，不累，购得凉鞋等。芸为读蒋寅所写的《立雪私记》，深感当时对学生教诲之严与认真，现在已难做到。